L'ÉTRANGE SUICIDE
DE L'EUROPE

DOUGLAS MURRAY

L'ÉTRANGE SUICIDE DE L'EUROPE

Traduit de l'anglais par Julien Funnaro

Révision et adaptation par Anne-Sophie Nogaret
& Hubert de Jacquelin

L'ARTILLEUR

collection
« Interventions »

ISBN 978-2-81000-825-4

© Douglas Murray 2017 –
traduction autorisée par Bloomsbury Publishing Plc
© Éditions du Toucan/L'Artilleur 2018
pour la traduction française

© 2018, Éditions de l'Artilleur/Toucan éditeur indépendant
16 rue Vézelay – 75008 Paris

www.lartilleur.fr

IMPRESSION CORLET NUMÉRIC Z.A. CHARLES TELLIER 14110 CONDÉ EN NORMANDIE
DÉPÔT LÉGAL : JUIN 2018. N° D'IMPRESSION : 150021
Imprimé en France

Sommaire

Avant-propos pour l'édition française

The Strange Death of Europe a paru en Grande-Bretagne le 4 mai 2017. Six semaines plus tôt, le 22 mars, un Britannique de 52 ans converti à l'islam, Khalid Masood, lançait sa voiture sur des passants du pont de Westminster, tuant un touriste américain, une touriste roumaine et trois Britanniques. Des dizaines d'autres passants ont été blessés en cherchant à fuir la voiture-bélier, et certains tomberont dans la Tamise. Après avoir percuté la grille du palais de Westminster, siège du Parlement, Masood est descendu du véhicule de location et a couru jusqu'à l'entrée principale du Parlement, où il a poignardé à mort Keith Palmer, l'un des policiers en faction. Le terroriste sera ensuite abattu par deux officiers de police. Les derniers messages téléphoniques de Masood ont révélé qu'il pensait « mener le jihad ».

Dès le lendemain de l'attaque, la presse britannique retombe dans ses clichés habituels. Dans un papier largement diffusé, un journaliste britannique éminent rapporte au *New York Times* que le matin suivant l'attentat, « les affaires ont repris à Londres, même si la situation n'est pas complètement revenue à la normale. Traversant le sud de la ville, alors que je remonte de Chelsea à King's Cross, je croise des Londoniens qui vaquent à leurs occupations comme n'importe quel autre jour ». Il poursuit : « Ce comportement reflète bien plus qu'une simple attitude de défi, selon moi. Il témoigne du refus des 8,6 millions de citoyens de la mégalopole de se laisser intimider par un seul homme. Comme on dit dans l'East End, "faut rigoler[1]" ! » On se demande à quand remonte la dernière visite de l'auteur de l'article dans ce quartier de Londres, et s'il a réellement trouvé là-bas des pubs remplis de Cockneys[2] s'exprimant ainsi. Peut-être chantaient-ils aussi des chansons paillardes ?

Deux semaines après l'attentat de Westminster, et quelques jours avant les funérailles de Keith Palmer, une cérémonie nationale à la mémoire des victimes est organisée à l'abbaye de Westminster, située juste en face de l'endroit où le policier a été tué. Dans son sermon délivré lors du service interreligieux, le très révérend John Hall, doyen de Westminster, se fait la voix d'une nation qu'il décrit comme « abasourdie ». Il pose alors la question : « Qu'est-ce qui peut motiver un homme à louer une voiture, à faire la route de Birmingham à Londres, en passant par Brighton, puis à foncer sur des gens qu'il ne connaissait pas, qu'il ne pouvait connaître, des gens à qui il n'avait rien à reprocher, qu'il n'avait aucune raison de détester, avant d'aller percuter la grille du palais de Westminster, où il fera une nouvelle victime ? Il est fort probable que nous ne le saurons jamais. » D'autres événements sidérants vont bientôt suivre.

---

1. Matthew d'Ancona, « London Pride, Undaunted », *The New York Times*, 23 mars 2017.

2. « Cockney » désigne un habitant de l'East End, quartier de l'est de Londres, mais également son parler plutôt populaire (N.d.T.).

Le lundi 22 mai, des milliers d'adolescentes sortent d'un concert de la chanteuse américaine Ariana Grande à la Manchester Arena. À l'extérieur les attend Salman Abedi, 22 ans, fils de Libyens venus s'installer au Royaume-Uni dans les années 1990 pour fuir le régime de Kadhafi. Abedi déclenche alors une bombe remplie d'écrous, de boulons et d'autres projectiles. Vingt-deux personnes – parents et enfants – sont tuées sur le coup. Des centaines d'autres sont blessées, dont certaines garderont de graves séquelles. L'organisation État islamique annoncera qu'Abedi était l'un de ses combattants.

À la suite de l'attentat de Manchester, une nouvelle tradition s'instaure, venant remplacer celle, récente, d'interpréter la chanson « Imagine » de John Lennon après chaque attaque terroriste (« *Imagine there's no countries / It isn't hard to do / Nothing to kill or die for / And no religion, too*[1] »). On la doit aux habitants de la ville, qui entonnent la chanson « Don't look back in anger[2] » du groupe Oasis, lors d'une cérémonie d'hommage aux victimes organisée quelques jours après l'attentat. Ce tube des années 1990 semble si bien adapté à l'état d'esprit du moment que les politiques et la presse s'empressent d'encourager le mouvement. Très vite, les histoires de morts et de mutilés sont oubliées. Les chaînes de télévision ne souhaitent plus se focaliser sur les têtes et les colonnes vertébrales de ces adolescentes desquelles on extrait des morceaux de clous et de boulons. Au lieu de cela, en un peu plus de vingt-quatre heures, le mot

---

1. « Imagine qu'il n'y a aucun pays / Ce n'est pas difficile / Aucune cause pour laquelle tuer ou mourir / Aucune religion non plus » (N.d.T.).
2. « Ne rumine pas ta colère » (N.d.T.).

d'ordre de la réponse apportée à l'attentat de Manchester devient « Ne rumine pas ta colère ».

Personne, ou presque, ne s'est demandé : « Et pourquoi pas ? Pourquoi les gens n'auraient-ils pas le droit de ruminer leur colère, alors que leurs filles ont péri dans une explosion uniquement parce qu'elles étaient allées voir leur chanteuse préférée un lundi soir ? » Pourquoi les gens devraient-ils contenir leur colère à l'encontre de ce jeune Abedi, qui a tué vingt-deux personnes, une pour chaque année passée dans leur pays, où ils l'ont accueilli ? Une quinzaine de jours après l'attentat, Ariana Grande reviendra à Manchester à l'occasion du concert « One love », où elle montera sur scène aux côtés d'une pléiade d'autres stars de la pop, parmi lesquelles Justin Bieber. On y fera allusion au drame, puis la fête débutera et le public pourra recommencer à s'amuser. Certains observateurs salueront l'initiative comme une démonstration de résilience face à la terreur. Ils seront peu nombreux, en revanche, à noter que les gens étaient « passés à autre chose » alors même que les morts n'étaient pas encore enterrés, comme au moment de l'hommage du mois précédent.

La nuit précédant le concert « One love » de Manchester, Londres est de nouveau prise pour cible, dans ce qui commence à ressembler à une série d'événements implacable. Le soir du samedi 3 juin, trois hommes foncent sur des piétons à bord d'une camionnette sur le London Bridge. Après être sortis du véhicule, ils s'attaquent à des passants, leur portant des coups de couteau en prenant des femmes pour cibles principales. Puis ils prennent la fuite et poignardent touristes et Londoniens sur leur passage, dans les pubs et les rues de Borough Market. On les entend notamment crier « Pour Allah ! ». Huit personnes seront tuées et de nombreuses autres gravement blessées avant que la police abatte les trois assaillants. Ceux-ci seront par la suite identifiés comme étant Youssef Zaghba (22 ans), Khuram Butt (27 ans) et Rachid Redouane (30 ans). Zaghba et Redouane étaient tous les deux nés au Maroc. Une enquête ultérieure révélera que Redouane était entré en Grande-Bretagne sous un faux nom, se présentant comme un Libyen, et qu'il avait en réalité cinq ans de plus que ce qu'il prétendait. Il s'était vu refuser l'asile sous sa fausse identité libyenne et, ayant épuisé tous ses recours, avait disparu tout en vivant sous son identité marocaine. Quant à Khuram Butt, né au Pakistan, on le décrira comme un « enfant réfugié » dont la famille était venue au Royaume-Uni en 1998 demander l'asile pour motif d'« oppression politique[1] ».

Dans les heures qui suivent le massacre perpétré par ces hommes, le temps que la zone soit sécurisée, les Londoniens qui profitaient d'une soirée en ville sont contraints de mettre leurs mains sur leur tête et d'évacuer les lieux en file indienne, cernés par des policiers qui braquent leurs armes sur eux au cas où d'autres assaillants se seraient mêlés à la foule. Malgré la mise en avant permanente d'un état d'esprit résilient, les citoyens, cette nuit-là, ressemblent à un peuple vaincu qu'on mènerait en captivité. Au cours des jours suivants, d'autres barrières, murs et bornes de protection seront mis en place à travers toute la Grande-Bretagne, près des monuments et des infrastructures les plus vulnérables. Depuis des années, l'un des slogans

---

1. « Attacks in London and Manchester, March-June 2017 », rapport de David Anderson, conseiller de la Reine, basé sur une étude indépendante du MI5 et des rapports internes non classifiés de la police, décembre 2017.

habituels du mouvement pour l'ouverture des frontières est « Construisez des ponts, pas des murs ». Ces gens devraient aller faire un tour à Londres aujourd'hui. Fin 2017, tous les ponts de la ville étaient recouverts de murs.

Le thème de la « résilience » face à la terreur n'en a pas moins été mis en avant par la Première ministre Theresa May, ainsi que par d'autres leaders politiques. Ces attentats étant survenus à quelques jours des élections législatives, l'opposition travailliste est parvenue à tirer profit des événements en avançant qu'ils étaient en partie imputables aux réductions d'effectifs de la police. La Première ministre a déclaré sur le perron du 10 Downing Street qu'il y avait eu trop de tolérance vis-à-vis de l'extrémisme au Royaume-Uni, et que « trop, c'est trop ». Elle n'a pas plus développé, se contentant de promettre la création d'une commission de lutte contre l'extrémisme.

Parallèlement, l'accent a été mis sur la devise « *Keep Calm and Carry On*[1] », le *Blitz spirit*[2], et autres. Des mots à nouveau martelés dans le vide en septembre, quand, le 15 du mois, Ahmed Hassan monte à bord d'une rame de la District Line du métro londonien et y dépose une bombe en pleine heure de pointe. Cet Irakien de 18 ans était arrivé illégalement au Royaume-Uni en 2015 et vivait depuis dans une famille d'accueil. La bombe déposée dans le métro ce matin-là avait été assemblée dans leur maison. Heureusement pour les nombreux écoliers

---

1. « Restez calme et continuez » : affiche produite par le gouvernement britannique au début de la Seconde Guerre mondiale, destinée à remonter le moral de l'opinion publique britannique en cas d'invasion (N.d.T.).

2. Esprit de résistance ; en référence au *Blitz*, campagne de bombardements menée par la Luftwaffe contre le Royaume-Uni pendant la Seconde Guerre mondiale (N.d.T.).

et autres usagers, le détonateur explose sans déclencher l'engin explosif lui-même, ce qui entraîne un mouvement de panique et provoque des brûlures et autres blessures légères chez plusieurs dizaines d'usagers, au lieu de dizaines de cadavres extraits du métro dans des sacs mortuaires.

On ne voit évidemment pas pourquoi les Londoniens devraient avoir conservé un quelconque *Blitz spirit*. Comme l'a démontré le recensement de 2011, les familles de nombreuses personnes vivant aujourd'hui à Londres ne se trouvaient même pas en Grande-Bretagne pendant la Seconde Guerre mondiale. Il n'y a aucune raison que des individus adoptent les souvenirs d'une génération précédente uniquement parce qu'ils vivent sur le même bout de territoire que leurs prédécesseurs.

Comme pour confirmer le fait que le *Blitz spirit* n'est plus forcément ancré dans les gènes des Londoniens, un événement survenu en novembre de l'année où ont eu lieu tous ces attentats – et où nombre d'autres ont été déjoués – bénéficiera d'une couverture médiatique encore moins importante que celle accordée aux victimes desdites attaques. Le vendredi 24 novembre en fin d'après-midi, des tirs d'arme à feu sont signalés à la station Oxford Circus. Une bousculade s'ensuit, des centaines de personnes s'enfuyant paniquées dans les rues les plus passantes de Londres. Des piétons terrifiés se réfugient à l'intérieur de grands magasins. Olly Murs, chanteur et personnalité de la télévision, tweete alors à ses huit millions de followers qu'il se trouve dans le grand magasin Selfridges : « P**ain barrez-vous tous de Selfridges on entend des coups de feu !! Suis à l'intérieur. » Un tweet encore plus inconsidéré lui succède dans la foulée : « Je sais pas ce qui se passe ! Suis dans l'arrière-boutique…

mais les gens crient et s'enfuient ! » La police annonce qu'elle traite l'incident comme potentiellement terroriste et sur Internet, les réseaux sociaux et des journaux importants se font l'écho d'événements impliquant un véhicule qui aurait fauché des piétons sur Oxford Street, d'histoires de sang et de corps couchés partout dans la rue.

Une heure plus tard, on découvrira qu'il s'agissait d'une fausse alerte. Il n'y a eu ni véhicule-bélier, ni tireurs, ni cadavres, ni sang. Certes, on dénombrera seize blessés – dont l'un sérieux – mais c'est une conséquence du mouvement de panique qui a déferlé sur la station de métro et ses environs. On dit que l'incident aurait été provoqué par un affrontement entre bandes rivales, mais cette information aussi se révèle fausse. Le lendemain de l'incident, deux hommes craignant d'avoir involontairement déclenché la panique se présentent au poste de police, d'où ils ressortiront peu après sans avoir été inquiétés. Le 26 décembre, un événement similaire se produit. Un nouveau mouvement de foule a lieu à Oxford Street, après qu'une fausse information a fait état de coups de feu, causant la panique des clients venus profiter du premier jour des soldes d'hiver dans les magasins et les rues adjacentes.

Bien sûr, les incidents de ce genre – tels qu'on a pu en observer après les attentats du 13 novembre 2015 à Paris – disparaissent rapidement de l'actualité, et personne n'écrit dessus. Ils sont éludés avec embarras. Pourtant, ils laissent penser que le public n'est pas aussi stoïque que les éditorialistes et les politiques se plaisent à le dire. Les gens sont au contraire si nerveux que le moindre différend peut provoquer un mouvement de foule, et célébrités terrifiées comme inconnus peuvent alors prendre leurs jambes à leur cou pour échapper à des menaces totalement imaginaires.

Le seul événement qui s'inscrit aujourd'hui à contre-courant de ces tendances fait suite à une attaque perpétrée près de la mosquée de Finsbury Park, le 19 juin. Ce soir-là, Darren Osborne, 47 ans, originaire de Cardiff et père de quatre enfants, lance une camionnette sur un groupe de personnes rassemblées près de la mosquée et de la Muslim Welfare House. Un homme, qui avait fait un malaise avant l'attaque, décédera sur place, et une dizaine d'autres personnes seront blessées. Cet événement est frappant à plus d'un titre. Le plus évident tient au fait que la peur du fameux « retour de bâton » puisse devenir une réalité. Mais ce qui frappe le plus, c'est que le désir d'une condamnation aussi ciblée et dénuée d'amalgame que possible, exprimé avec tant d'ardeur après chacun des attentats islamistes, n'est ici plus du tout d'actualité. Au lendemain des évé-nements de Finsbury Park, des organisations islamiques et certains des principaux organes de presse auront le droit de rejeter la responsabilité de cette attaque sur des franges entières de la population. Sur des communautés entières, sur des individus qui n'avaient rien à voir avec l'attaque et n'avaient jamais encouragé ce genre de passage à l'acte, et sur toute personne contre laquelle ils avaient une dent. Le slogan « Ne rumine pas ta colère » n'aura qu'un faible retentissement après l'attaque de Finsbury Park.

Alors qu'une majorité de personnes s'accorde sur le fait que les musulmans sont pour la plupart d'honnêtes citoyens respectueux des lois, cette règle ne peut appa-remment s'appliquer au reste de la population, qu'on considère toujours comme près de basculer vers la xéno-phobie. C'est peut-être en réponse à des standards de présomption d'innocence si différents qu'une mouvance autoproclamée « identitaire » a commencé à fleurir en Europe. Il est trop tôt pour juger de la nature actuelle de ces mouvements, encore moins du chemin qu'ils vont suivre. Dans l'esprit de chacun réside la peur que leurs idées et leurs actions pourraient un jour légitimer la réaction contre laquelle ils se sont justement élevés à l'origine.

Le hasard veut que je fusse en train de traverser péniblement l'une des nouvelles barrières frontalières érigées récemment en Europe centrale quand est survenu le premier des attentats de 2017 au Royaume-Uni. Les flux de personnes avaient diminué mais l'état de préparation des autorités se trouvait à un tout autre niveau que celui de 2015. Les gardes-frontières entre la Hongrie et la Serbie faisaient la démonstration de leur nouvelle technologie de drones équipés de caméras, et décrivaient leurs efforts permanents pour sécuriser les frontières de leur pays. Bien sûr, aucune frontière n'aurait empêché Khalid Masood d'entrer. L'assaillant de Westminster était né au Royaume-Uni. Mais la nécessité d'avoir des frontières – ou du moins une politique d'asile viable et efficace – n'en restait pas moins un champ de bataille politique. Tout comme les rues d'un nombre croissant de villes européennes.

Le 7 avril, c'est au tour de Stockholm. Cet après-midi-là, un Ouzbek débouté du droit d'asile vole un camion et remonte l'une des rues les plus fréquentées de Suède, prenant pour cible des passants faisant du shopping. Selon certaines sources, le chauffeur semble viser délibérément des familles. L'attaque fera cinq morts et de nombreux blessés. L'auteur des faits était arrivé en Suède en 2014 pour demander l'asile, mais les autorités avaient très vite découvert qu'il ne pouvait légitimement y prétendre. Il avait été sommé de quitter le pays fin 2016, ce qu'il n'avait pas fait.

Le 17 août, l'Espagne est de nouveau frappée. Quatorze personnes trouvent la mort, et plus d'une centaine sont blessées, quand Younes Abouyaaqoub, un Marocain de 22 ans, fonce avec une camionnette sur la foule massée sur l'allée piétonne de la célèbre Rambla de Barcelone. Il fera une autre victime en tentant de voler une voiture pour prendre la fuite. L'assaillant se révèle appartenir à une cellule terroriste dont d'autres membres vont commettre peu de temps après un attentat à la voiture-bélier à Cambrils, tuant une femme et faisant six blessés. D'autres terroristes de la cellule avaient perdu la vie la nuit précédente dans l'explosion accidentelle d'une bombe qu'ils étaient en train d'assembler dans une maison d'Alcanar. On apprendra ultérieurement qu'ils préparaient des attentats encore plus spectaculaires, notamment contre la Sagrada Família, le chef-d'œuvre de Gaudí. Un mois plus tard, lors d'un autre incident, la police antiterroriste boucle la basilique et évacue tout le secteur après le signalement d'une camionnette « suspecte » stationnée près de l'édifice.

Le lendemain de l'attentat de Barcelone, deux Finlandaises sont poignardées à mort et huit autres personnes blessées par un assaillant à Turku, en Finlande, au cri de « *Allahu Akbar* » (Allah est le plus grand). L'homme – qui ciblait délibérément des femmes – se révélera une fois de plus issu de ce contingent de migrants arrivés en masse en Europe : un individu qui n'avait pas le droit de se trouver là. Abderrahman Bouanane était entré en Finlande en 2016 sous un faux nom, prétendant être un enfant réfugié. Âgé de 22 ans, il est originaire du Maroc, pays tout à fait pacifique. Bien qu'il se soit vu refuser l'asile et qu'il ait eu recours à diverses fausses identités, il n'avait jamais été expulsé de Finlande. Et voilà comment les vies d'autres familles ont de nouveau été brisées.

Pourtant, il est apparu que rien, ou presque, ne pouvait être entrepris pour empêcher ce genre d'attaques. Ce qu'on pouvait espérer de mieux, c'était une surveillance policière, des activités de renseignement, et la pose de nouveaux plots et bornes dans toutes les villes européennes. Concernant les questions plus importantes, personne ne semblait vouloir sortir du consensus politique belliqueux et lâche actuel.

En décembre 2017, Dimitris Avramopoulos, commissaire européen chargé de la migration, des affaires intérieures et de la citoyenneté, a résumé l'orientation du courant politique dominant dans un article intitulé « Les migrants d'Europe sont là pour rester ». « Il est temps de faire face à la vérité, a-t-il déclaré. Nous ne pouvons pas et ne pourrons jamais arrêter les migrations. » Il s'est félicité du fait que « L'Union européenne a accordé sa protection à plus de 700 000 personnes l'an dernier », ce qui, selon lui, n'était pas seulement « un impératif moral », mais aussi « un impératif économique et social pour notre continent vieillissant ». « En fin de compte, a-t-il écrit, nous devons tous être prêts à accepter la migration, la mobilité et la diversité comme nouvelle norme et adapter nos politiques en conséquence. La seule façon de rendre notre politique d'asile et de migration durable est de changer collectivement notre façon de penser. » Avramopoulos reconnaissait toutefois certaines défaillances : « Bien sûr, il reste encore beaucoup à faire dans l'Union européenne. Nous devons tenir nos promesses d'évacuer des milliers de migrants de Libye par le biais de la réinstallation ou du retour volontaire assisté dans les mois à venir[1]. »

Peu de temps après, le gouvernement italien a promis de remédier à ce manquement dans la politique migratoire de l'Union européenne. En décembre, les Italiens ont commencé à faire venir à Rome des migrants libyens, le ministre de l'Intérieur italien promettant d'acheminer 10 000 personnes de plus dans l'année à venir afin de les protéger des passeurs. Marco Minniti s'est même déplacé en personne pour rencontrer les premiers migrants débarqués de Libye, et a proclamé : « Ce moment est historique, car nous avons créé le premier couloir humanitaire pour sauver des griffes des criminels les migrants qui ont obtenu des Nations unies le statut de réfugié. » La nouvelle politique de l'Union européenne visait à aider les migrants à échapper à la dangereuse traversée de la Méditerranée en se substituant aux réseaux de passeurs et en utilisant des avions au lieu de bateaux. Dans l'année qui a précédé cette déclaration, les autorités italiennes avaient obtenu la preuve (par le biais d'une mission clandestine) que nombre d'ONG coopéraient activement avec les réseaux de passeurs, organisant les points et les horaires de rendez-vous, et allant jusqu'à restituer les bateaux aux trafiquants. La population italienne a réagi à cette annonce avec colère, mais sans surprise.

Bien entendu, Minniti et d'autres responsables italiens ont annoncé que ce nouveau dispositif ne permettrait l'entrée en Italie qu'à de vrais réfugiés. Mais l'expérience des

---

1. Dimitris Avramopoulos, « Europe's migrants are here to stay », *Politico*, 18 décembre 2017.

pays européens prouve que cette projection – comme tant d'autres choses – sera forcément irréelle. Minniti a avancé que les migrants qui n'auraient aucune raison de se trouver en Italie seraient expulsés à un rythme accru. Mais les peuples européens ont toutes les raisons d'être sceptiques sur ce point. En effet, des chiffres diffusés au Royaume-Uni au moment de l'annonce de Minniti ont révélé que seul un « enfant » migrant sur cinq ayant menti sur son âge dans le but de rester dans le pays avait réellement été expulsé. Une étude menée par la Direction nationale de la médecine légale de Suède (Rättsmedicinalverket) a cherché à déterminer l'âge de près de 8 000 personnes récemment arrivées en Suède, soi-disant en tant qu'« enfants réfugiés ». Les vérifications – effectuées dans le cas où il existait un doute sur l'âge des individus – ont conclu que 6 600 des 8 000 migrants contrôlés avaient en réalité plus de 18 ans. Cela représente une proportion de 82 %[1]. Que vont devenir ces gens ? La même chose que pratiquement tous les autres : ils vont rester.

Si les autorités européennes se sont montrées laxistes vis-à-vis des personnes qu'elles laissaient entrer, le temps passé et les conséquences de ce laxisme – et le peu de réflexion apportée aux conséquences à long terme – se sont fait ressentir de la pire des manières. Une réalité irréversible n'a cessé de se confirmer, par-dessus tout : en faisant venir des gens d'autres pays, on fait venir des problèmes d'autres pays, et peut-être de nouveaux problèmes. Ce qui se passe ailleurs dans le monde a dès lors des répercussions dans les pays d'Europe.

---

1. « Impact of Sweden's asylum age assessment tests revealed », *The Local*, 4 décembre 2017.

En décembre 2017, le Président américain a annoncé qu'il prévoyait de transférer l'ambassade des États-Unis en Israël de Tel-Aviv à Jérusalem. Les spécialistes et les opposants au Président ont tout de suite prévenu que cette décision risquait d'entraîner un soulèvement de la « rue arabe ». En fait, le monde arabe est resté remarquablement silencieux. Un journaliste de la BBC a reconnu non sans déception qu'on comptait moins de manifestants palestiniens que de journalistes à la porte de Damas le vendredi suivant l'annonce du Président. Si soulèvement de la mythique rue arabe il y a eu, c'est en Europe qu'il s'est produit.

Suite à l'annonce du Président américain, une foule de musulmans s'est rassemblée devant l'ambassade américaine à Londres, où parmi d'autres chants, on a pu entendre : « *Khaybar Khaybar, ya yahud, Jaish Muhammad, sa yahud.* » Ce qui signifie : « Khaybar, Khaybar ô Juifs, l'armée de Mahomet reviendra. » Un chant qui évoque le massacre de la communauté juive près de Médine par les armées de Mahomet au VIIe siècle. À Amsterdam, un homme muni d'un drapeau palestinien et coiffé d'un keffieh a brisé les vitres d'un restaurant casher dans un quartier juif de la ville. En Suède, la situation est encore plus choquante. Des manifestants ont scandé « Nous allons tuer les Juifs » à Malmö, tandis qu'à Göteborg, un groupe d'environ vingt hommes masqués a attaqué une synagogue à coups de cocktails Molotov. Entre vingt et trente jeunes Juifs présents à l'intérieur du centre communautaire adjacent ont réussi à s'enfuir sans être blessés. Deux jours plus tard, deux bombes incendiaires ont été retrouvées près d'une chapelle située dans un cimetière juif de Malmö. À Stockholm, ainsi qu'à Berlin, des manifestants ont brûlé une étoile de David, et un homme a traité les Juifs de « singes » et de « porcs » dans un haut-parleur. Des promesses ont été faites pour les martyrs. Un porte-parole de la communauté juive de Malmö a exprimé les choses sans détour : « On n'ose plus porter son étoile de David autour du cou. C'est un combat permanent pour mener une vie normale[1]. »

Dans l'année qui a suivi la parution de ce livre, des précisions sur les décisions catastrophiques mentionnées plus haut ont été dévoilées au grand jour. Un journaliste du journal *Die Welt* a rapporté des réflexions de Merkel datant d'août 2015, notamment sa peur de voir des photos de gardes-frontières allemands repoussant des migrants faire le tour du monde[2]. Dans le même temps, un ancien fonctionnaire européen a décrit la conversation au mini-sommet d'urgence de Bruxelles en octobre 2015. Il cite Merkel, soupirant « *Wir saufen ab* » (« Nous nous noyons »), et poursuivant : « Tant de réfugiés arrivent chez nous par l'Autriche aujourd'hui. Imaginez demain. » Sur quoi elle aurait apparemment noté qu'elle venait d'un pays où l'on avait dû vivre avec des murs, à une certaine époque, et ajouté qu'elle ne voulait pas qu'on dise dans sa biographie qu'elle en avait bâti de nouveaux[3].

Sur le plan politique, les prises de position de la nouvelle génération d'hommes et de femmes politiques européens ont commencé à avoir des conséquences prévisibles. Lors des élections de mars aux Pays-Bas, le VVD (Parti

---

1. Paulina Neuding, « The uncomfortable truth about Swedish anti-Semitism », *The New York Times*, 14 décembre 2017.
2. Voir Robin Alexander, *Die Getriebenen*, Siedler Verlag, 2017.
3. Bruno Maçães, *The Dawn of Eurasia: On the Trail of the New World Order*, Allen Lane, 2018, p. 247-248.

libéral hollandais), parti (libéral) en place, est parvenu à garder sa position de premier parti du pays, venant contredire les sondages qui prédisaient une victoire du parti de Geert Wilders et une deuxième place pour le VVD. Une nouvelle formation – Forum pour la démocratie – a grignoté l'électorat de Wilders. Mais le plus frappant, c'est qu'à l'approche du scrutin, la rhétorique électorale du VVD s'est de plus en plus confondue avec celle de Wilders. Dans une lettre ouverte publiée dans les journaux néerlandais, le Premier ministre Mark Rutte – qui concourait à sa réélection – mettait les migrants en garde : « Agissez normalement, ou partez. » Puis, quelques jours avant les élections, de vives tensions ont opposé les gouvernements turc et néerlandais. Une délégation d'hommes politiques turcs, incluant des ministres, devait atterrir aux Pays-Bas afin de soutenir un référendum visant à renforcer les pouvoirs du président Erdoğan. Déterminées à ne pas laisser des hommes politiques turcs faire campagne dans leur pays, les autorités néerlandaises ont décidé d'interdire l'atterrissage du vol du ministre des Affaires étrangères, et de refouler une autre ministre turque du pays. Cette ténacité affichée a payé, et le parti de Wilders est devenu la deuxième force politique au parlement des Pays-Bas.

Le mois suivant, en France, Marine Le Pen a réussi à se qualifier pour le second tour de l'élection présidentielle. Deux semaines plus tard, elle sera battue par Emmanuel Macron, sorti gagnant d'une campagne électorale insolite en se passant du soutien et de l'organisation des deux grands partis politiques du pays. Les chances de ses adversaires avaient peut-être été surestimées depuis le début. Le fait de se retrouver face à un membre de la famille Le Pen dans une élection au suffrage universel a peut-être simplement joué en sa faveur. Toujours est-il que l'élection de Macron a fait dire à certains observateurs que le paysage politique de l'Europe pouvait rester inchangé. D'autres semblaient garder à l'esprit l'évolution à long terme. Dans la course à la présidentielle de 2002, Jean-Marie Le Pen n'avait recueilli que 17,8 % des suffrages. En 2017, sa fille s'est hissée à 33,9 %.

Les élections de septembre en Allemagne ont fait taire tous ceux qui pensaient encore que les politiques centristes en Europe pouvaient demeurer en l'état. Thomas de Maizière, ministre de l'Intérieur de Merkel, a tenté de jouer le même jeu que le VVD néerlandais pour rester au pouvoir. « Nous ne sommes pas la burqa », a-t-il notamment déclaré dans un entretien accordé au journal *Bild*. Malgré cet effort désespéré pour imiter la tactique et le succès du Premier ministre Rutte, l'électorat allemand a infligé un sérieux revers à sa chancelière en septembre 2017, deux ans après sa décision fatidique au sujet des frontières. Son parti a enregistré ses pires résultats depuis 1949, et bien que la CDU soit toujours la première force politique du pays, le peuple allemand a secoué l'échiquier politique en faisant de l'AfD (Alternative für Deutschland), parti fondé quatre ans plus tôt, la troisième force au Bundestag, avec 94 sièges. Alexander Gauland, codirigeant de l'AfD, a déclaré une heure après les résultats : « Nous allons faire la chasse au gouvernement, à Mme Merkel, et récupérer notre pays et notre peuple. » Le parti frère de Merkel en Bavière, la CSU, s'est heurté au refus de la chancelière de durcir la politique d'immigration, comme il le souhaitait. Quant au SPD, il a essuyé une lourde défaite électorale. Bien sûr, on nous a servi des discours, comme tant d'autres fois auparavant. Un an après l'attentat du marché de Noël de Berlin, la chancelière a promis qu'elle « assurerait la sécurité » du peuple allemand. Mais ce n'étaient que de belles paroles. L'auteur des faits était un demandeur d'asile tunisien. Ni Merkel, ni aucun autre dirigeant européen n'a pris les mesures nécessaires pour empêcher ce genre d'individus d'entrer ou de rester en Europe. Tout ce qu'ils ont fait, c'est continuer à faire tourner les usines de fabrication de plots et de bornes, et transformer les marchés de Noël européens en un cauchemar pour la sécurité, pleins de policiers armés et de périmètres sécurisés. Mark Steyn a résumé l'étrangeté de ce dispositif par ces mots : « Si les pays libres doivent s'équiper de postes de contrôle disgracieux, pourquoi ne pas les positionner autour des frontières nationales au lieu de les mettre en place partout à l'intérieur de ces frontières[1] ? »

Exemple encore plus frappant que celui de l'élection en Allemagne, la transition qui s'est opérée le mois suivant chez son voisin autrichien. Sebastian Kurz, l'ancien ministre des Affaires européennes et internationales, a réussi à faire de son Parti populaire le premier parti du pays en prenant position sur les questions de l'immigration et de l'intégration lors de la campagne électorale. Le parti remportera 62 sièges et formera, après une brève période de négociation, un gouvernement avec le Parti de la liberté d'Autriche, qui a remporté 51 sièges. L'entrée au gouvernement autrichien d'un parti généralement placé à l'« extrême droite » suscitera une attention

---

1. Mark Steyn, « Market Force », www.steynonline.com, 19 décembre 2016.

internationale considérable. Mais ce scrutin mettra deux vérités en lumière. Premièrement, que le peuple autrichien souhaitait un gouvernement plus dur sur l'immigration et les questions identitaires. Deuxièmement, qu'il est possible pour un parti majoritaire de s'allier à un parti minoritaire pour gouverner. En ce sens, l'élection et la coalition autrichiennes pourraient constituer à ce jour les événements les plus importants de l'après-2015. Si ce nouveau type d'alliance fonctionne, il pourrait servir d'exemple pour les autres grands partis d'Europe. S'il échoue, même dans une faible mesure, le signal d'alarme sera tiré.

De leur côté, les pays d'Europe centrale et d'Europe de l'Est poursuivent l'affrontement avec Berlin et Bruxelles. Pour le groupe de Visegrad, l'union a fait la force. Face au refus de ces quatre pays d'accepter des quotas de migrants et de donner de quelque manière que ce soit le feu vert aux politiques qui ont conduit à la catastrophe de 2015, Bruxelles s'est faite de plus en plus menaçante. En décembre 2017, la Commission européenne a annoncé qu'elle renvoyait la Pologne, la Hongrie et la République tchèque devant la Cour de justice de l'Union européenne pour ne pas avoir rempli les obligations dictées par Bruxelles et Berlin en matière d'accueil de réfugiés. Bien que ces pays encourent des sanctions et de lourdes amendes, ils continuent actuellement à tenir bon face aux menaces de la Commission.

En discutant avec des habitants de ces pays depuis la parution de *The Strange Death of Europe*, j'ai été frappé par le nombre de responsables qui ont attiré mon attention sur la crise qui s'annonce. Une grande majorité de citoyens de ces pays est favorable à l'adhésion à l'Union européenne. Mais une grande majorité d'entre eux est aussi invariablement favorable à l'attitude hostile de leur gouvernement envers les exigences de Bruxelles concernant les migrants. Et ils s'opposent à toute tentative d'intimidation, refusant de s'entendre dire « Cela ne peut plus durer ». Il arrive fréquemment que l'on compose avec des situations très compliquées pendant de longues périodes. Si la Commission cherchait vraiment à unifier l'Europe plutôt qu'à diviser, elle ne ferait pas de chantage à ses États membres pour avoir refusé de payer les pots cassés après les erreurs de l'Allemagne. Encore moins quand on sait que Berlin ne fait preuve d'aucun remords et se montre tout à fait capable de répéter ses erreurs inavouées. En substance, les États d'Europe centrale et d'Europe de l'Est observent ce qui se passe en Europe centrale et refusent de reproduire ce schéma. Ce qu'ils voient, ce sont les manifestations des habitants de Malmö qui en appellent au gouvernement suédois pour redoubler d'efforts dans la lutte contre le nombre de viols, en augmentation constante dans leur ville[1]. Ils voient que dans la nuit du Nouvel An 2017, à Berlin, les autorités ont dû mettre en place une « zone de sécurité » pour les femmes, aux abords de la porte de Brandebourg, afin qu'elles puissent faire la fête sans craindre d'être agressées sexuellement. Et ils voient les rapports confirmant ce que tout le monde savait sans oser l'admettre. En janvier 2018, une étude a été publiée démontrant que la hausse récente de la criminalité en Allemagne avait une cause bien précise.

---

1. « Demonstrators call for Swedish government to do more to combat rape », *The Local*, 20 décembre 2017.

Elle est due, comme seule l'administration allemande aurait été en mesure de vouloir le nier, à l'afflux récent de migrants. Ce rapport, qui se base sur des données recueillies en Basse-Saxe, montre que dans plus de 90 % des cas, l'augmentation des crimes violents est attribuée à de jeunes hommes migrants[1]. Qui aurait envie de se confronter à ces problèmes, ou de les tolérer, alors qu'il y échappe encore ?

**

Dès sa publication au Royaume-Uni, *The Strange Death of Europe* a figuré sur les listes des meilleures ventes. Le livre est resté près de vingt semaines dans le top 10 des best-sellers du *Sunday Times*, catégorie essai et documents, et est devenu l'une des plus grosses ventes de l'année. La plupart des auteurs auraient réagi à cette nouvelle par une joie sans retenue. Ça n'a pas été le cas pour moi. J'étais en France lorsque j'ai appris que le livre était classé en tête des ventes par le *Sunday Times*. C'est à ce moment-là que j'ai commencé à recevoir des coups de fil d'amis et collègues inquiets en provenance de Londres, où se déroulaient les événements du London Bridge et de Borough Market.

Le livre a reçu un bon accueil des critiques et du public. Mais le plus étonnant, ce sont les réactions des nombreux responsables politiques ainsi que des dirigeants, en exercice ou non, qui ont admis l'avoir lu et, qui plus est, qui ont reconnu abonder sincèrement dans

---

1. « Germany: migrants "may have fuelled violent crime rise" », site internet de BBC News, 3 janvier 2018.

mon sens. En fait, l'accueil de certains hauts dirigeants politiques a été tel que je me suis demandé à plusieurs reprises pourquoi, s'ils adhéraient à ces idées, tout était allé de travers au départ. Cela tend à confirmer ce que je soupçonne depuis longtemps, à savoir qu'il est tout simplement plus facile de se complaire dans le statu quo puis de s'en plaindre, que de frapper un grand coup avec une politique à court terme visant au bien-être à long terme de nos sociétés. Le livre a également été bien accueilli par les lecteurs d'autres pays, en particulier les États-Unis et l'Australie. Dans chacun de ces deux pays, le public et les politiques me demandent souvent « Ça parle de nous, non ? ». La réponse est « Oui, bien sûr ».

Il est inévitable, je suppose, qu'on puisse repérer des erreurs dans un livre aussi long que celui-ci. Après la publication de l'édition reliée, je m'attendais à ce que des personnes fassent remarquer que les statistiques et les chiffres cités (aussi factuels et exacts soient-ils) étaient erronés, d'une façon ou d'une autre. Je m'attendais à ce qu'on conteste les chiffres des migrants accueillis en Europe, les chiffres de ceux qui étaient touchés par les différentes décisions, ou qui étaient attendus dans les années à venir. J'entendais déjà des voix clamer que j'avais « sélectionné » certaines parties de leurs discours, voire « sorti des phrases de leur contexte ».

Pourtant, aucun des nombreux éléments de ce livre n'a pu être réfuté, et aucune voix importante ne s'est élevée pour tenter de les contester ou de les nier. La seule personne qui, à ma connaissance, s'est opposée à la des- cription que j'ai faite d'elle est Jonathan Portes, l'une des personnalités mentionnées ici de manière indirecte pour avoir facilité la politique d'ouverture du gouvernement travailliste britannique d'après 1997 – une politique pour laquelle ses supérieurs ont longtemps exprimé des regrets. Depuis son poste au King's College de Londres, Portes a fait savoir via son site de médias sociaux que cette description de lui et de son implication dans cette politique extrêmement préjudiciable était truffée d'erreurs. Il n'a ni contesté les faits, ni réfuté le désastre politique. Au lieu de cela, il a émis une objection sur le rapprochement fait avec Sarah Spencer en tant qu'« universitaire », arguant qu'il était bel et bien dans le monde universitaire avant de tenir ce rôle et qu'il y était aussi depuis, mais qu'il n'était pas dans le monde universitaire à la période précise de son implication. Il a par ailleurs fait valoir qu'il n'était précédemment pas « réputé » pour ces opinions sur l'immigration, comme l'était Sarah Spencer, et qu'il n'avait en fait « jamais travaillé sur l'immigration » jusqu'au moment où le gouvernement britannique lui avait demandé de l'aider à formuler une orientation en la matière. Par conséquent, je retire mon accusation le taxant d'universitaire ou d'expert dans ces domaines. La preuve de ses travaux aurait dû suffire.

Il existe encore des personnes qui essaient de faire comme si tout ce que nous traversons – et tout ce que nous allons traverser dans les années à venir – était normal. Ou que ça n'arrivait pas. Ceux qui s'enferment dans ce mensonge ne font que de rares concessions à la réalité que les peuples européens peuvent observer tout autour d'eux. En novembre, le Pew Research Center[1] a publié une nouvelle étude qui confirmait étonnamment

---

1. Centre de recherche américain fournissant des statistiques et des informations sociales (N.d.T.).

les arguments développés dans ce livre, et renforçait l'inquiétude de ceux qui acceptaient de voir la réalité en face. Cette étude montre dans quelle mesure la population musulmane devrait augmenter en Europe, même sans une hausse substantielle des flux migratoires, telle que nous en avons connu ces dernières années. Elle élabore également d'autres scénarios, par exemple celui de la Suède (qui comptait 8 % de musulmans en 2016), dont la population musulmane s'élèverait à 11 % en 2050 si l'immigration cessait, à 21 % si les flux migratoires restaient « réguliers », et à 31 % si l'afflux actuel de migrants se poursuivait au même rythme[1]. Même *The Guardian*, journal britannique, a couvert cette histoire, titrant « La population musulmane de certains pays européens pourrait tripler, selon un rapport[2] ». La nouvelle a dû causer un choc aux lecteurs du journal. Ce n'est que par la suite qu'ils ont dû se demander ce qui avait pu pousser leur quotidien de gauche préféré à faire preuve d'un racisme aussi sulfureux.

Comme ce livre le suggère, des efforts permanents sont faits pour empêcher les citoyens européens de croire à la réalité de leur propre existence. Ce livre a entre autres pour objectif de souligner que ces faux-semblants n'ont aucune raison d'être – qu'il est inutile de faire comme si tous ces événements ne représentaient pas le plus grand bouleversement possible dans une culture. En 1950, la société suédoise était ethniquement homogène et ne connaissait quasiment pas d'immigration. Un siècle plus

---

1. « Croissance de la population musulmane en Europe », Pew Research Center, 29 novembre 2017.
2. *The Guardian*, 29 novembre 2017.

tard, la Suède ne ressemblera plus du tout à ce qu'elle était, ou presque. On peut affirmer que le temps d'une vie, un pays comme celui-ci – et comme une majorité d'autres pays d'Europe de l'Ouest – deviendra méconnaissable aux yeux de nombreux habitants, même les plus récents. Peut-être que tout ira bien. Peut-être que ceux qui se rappelaient encore ce qu'était la Suède, ce qu'était la France, ce qu'étaient la Grande-Bretagne et le reste de l'Europe disparaîtront, tout simplement. Peut-être, alors, tous les problèmes disparaîtront-ils aussi, en particulier celui de l'identification du problème. Peut-être. Ou peut-être qu'un tout nouveau monde de problèmes est en train de voir le jour.

Introduction

L'Europe est en train de se suicider. Du moins ses dirigeants en ont-ils décidé ainsi. Que les Européens l'acceptent, en revanche, est une autre histoire.

En disant que l'Europe s'autodétruit, je ne parle pas du diktat des réglementations européennes, ni du fait de savoir si la convention européenne des droits de l'homme a vraiment fait tout ce qui était en son pouvoir pour satisfaire aux exigences de telle ou telle communauté. Je parle du fait que cette civilisation que nous appelons « Europe » a entamé un processus d'autodestruction, et que ni l'Angleterre, ni aucun pays d'Europe occidentale ne saurait échapper à ce destin. Car il semble bien que nous souffrions tous des mêmes symptômes et des mêmes pathologies. Quand la génération européenne actuelle s'éteindra, l'Europe ne sera plus l'Europe et ses peuples auront perdu leur patrie. Le seul endroit au monde où nous étions chez nous.

On pourrait dire que les prédictions d'effondrement se sont multipliées au cours de notre histoire et que l'Europe n'aurait pas été elle-même si n'avait pas été régulièrement annoncée l'imminence de sa fin. Rappelons tout de même que certains ont su, bien mieux que d'autres, saisir l'esprit du temps. Dans *Le Monde d'hier* (*Die Welt von Gestern, 1942*), Stefan Zweig écrivait, dans les années précédant la Seconde Guerre mondiale : « J'avais le sentiment que l'Europe, dans sa folie, avait prononcé sa propre condamnation à mort ; notre foyer sacré, l'Europe, berceau et Parthénon de la civilisation occidentale[1]. »

Une des rares choses qui faisaient espérer Zweig était de déceler, dans les pays d'Amérique du Sud où il s'était finalement réfugié, les traces de sa propre culture. En Argentine et au Brésil, il observa la façon dont la culture émigre, d'un pays à l'autre, et nota que, même si l'arbre originel, celui qui avait donné vie à une civilisation, mourrait, ses bourgeons et ses fruits n'en subsistaient pas moins. Bien que l'Europe ait été à ce moment-là complètement détruite, Zweig se consolait en pensant que « l'œuvre des générations précédentes n'est jamais entièrement perdue ».

Aujourd'hui, en grande partie à cause de la catastrophe décrite par Zweig, l'arbre européen a fini par se déliter. L'Europe contemporaine n'éprouve pas vraiment le désir de se perpétuer, de se battre pour survivre ni même de donner de la voix en cas de conflit. Ceux qui sont au pouvoir semblent persuadés que la disparition de nos peuples et de notre culture serait anecdotique. Certains

---

1. Stefan Zweig, *The World of Yesterday*, Pushkin Press, 2014, p. 425.

ont manifestement décidé (comme Bertolt Brecht l'a écrit dans son poème de 1953 *La Solution*) de dissoudre le peuple et d'en élire un nouveau, comme en témoigne la phrase du nouveau Premier ministre conservateur suédois, Fredrik Reinfeldt : « la "barbarie" vient toujours de pays comme le mien, et le "progrès" toujours d'ailleurs ».

Une seule et unique cause ne peut suffire à expliquer la maladie dont nous souffrons. La culture issue de l'héritage judéo-chrétien, de l'Antiquité grecque et romaine, de l'esprit des Lumières n'a pas entièrement disparu. Mais deux réseaux de causalité simultanés ont précipité l'acte final, ce dont nous avons du mal à nous relever.

La première causalité à l'œuvre coïncide avec l'arrivée massive de peuples allogènes. Dans toute l'Europe de l'Ouest, le processus s'est enclenché après la Seconde Guerre mondiale : on manquait de main-d'œuvre. Bientôt dopée à l'immigration, l'Europe devint incapable d'endiguer les flux migratoires, quand bien même elle l'eût souhaité. Ce qui avait été le foyer des peuples européens s'est progressivement mué en refuge pour peuples du monde entier. Les lieux qui avaient été européens changèrent d'aspect. Les endroits habités par les immigrés pakistanais se mirent à ressembler en tout point au Pakistan, si on excepte leur situation géographique : les nouveaux venus et leurs enfants mangeaient la même chose, parlaient la même langue et vénéraient les mêmes dieux qu'au pays. Les rues froides et pluvieuses des villes d'Europe du Nord se remplirent de gens vêtus comme s'ils arpentaient les collines du Pakistan ou le désert d'Arabie. « L'Empire contre-attaque », faisaient remarquer certains, dans un ricanement à peine dissimulé. Pourtant, si les empires européens avaient sombré, ces nouvelles colonies étaient censées sauver l'Europe.

Régulièrement, les Européens tentaient de se persuader que cela pouvait fonctionner. Ils insistaient par exemple sur la normalité du phénomène migratoire. Ou alors, ils affirmaient que si la première génération ne s'intégrait pas, ses enfants, ses petits-enfants ou les générations suivantes y parviendraient. Ils disaient aussi que l'intégration, finalement, n'était pas essentielle. À chaque fois, nous refusions la probabilité pourtant toujours plus grande de l'échec à venir. Dénouement final que la crise migratoire des années récentes n'a fait qu'accélérer.

Ceci nous mène à la deuxième chaîne causale. À lui seul, l'afflux de millions de gens en Europe n'aurait pas suffi à sonner le glas du continent si, dans le même temps, l'Europe (que ce soit ou non l'effet du hasard) n'avait pas perdu la foi en ses croyances, ses traditions et sa légitimité. D'innombrables facteurs ont contribué à cette évolution et l'un d'entre eux n'est autre que la perte chez les Européens du « sens tragique de la vie », comme l'appelait le philosophe espagnol Miguel de Unamuno. Les Européens ont oublié la leçon que Zweig et sa génération avaient apprise dans la douleur : tout ce qu'on aime, les civilisations historiquement les plus brillantes et les plus cultivées, peut être balayé par des gens qui n'en sont pas dignes. On peut bien sûr ne pas en tenir compte, mais on peut aussi neutraliser ce « sens tragique de la vie » en lui substituant la croyance en la force du progrès humain. Cette tactique reste pour l'instant l'approche la plus répandue.

Nous sommes pourtant en train de douter, voire de rejeter, notre propre civilisation. Aujourd'hui, plus encore que tout autre continent, que toute autre culture, l'Europe est profondément déprimée par une culpabilité relative à son passé. Parallèlement à cette manifeste défiance de soi, il existe une version moins visible de cette culpabilité. C'est une fatigue existentielle, le sentiment que la dernière page de l'Europe a peut-être été écrite et qu'une nouvelle histoire doit commencer. L'immigration de masse, le remplacement de larges pans de la population européenne par d'autres peuples, est une façon d'envisager cette nouvelle histoire : un changement régénérateur et profitable comme beaucoup semblent le penser. Une telle fatigue civilisationnelle n'est pas propre à l'Europe moderne, mais la concomitance d'une perte d'élan vital et d'installation d'une autre société ne peut qu'entraîner de considérables mutations.

Si on avait pu évoquer ces questions, des solutions auraient pu être envisagées. Mais même en 2015, au plus fort de la crise migratoire, discussions et débats ont été étouffés. Au pic de la crise, en septembre 2015, la chancelière allemande, Mme Merkel, a demandé au fondateur de Facebook, Mark Zuckerberg, s'il était possible d'empêcher les citoyens européens de critiquer sa politique migratoire sur Facebook. « Allez-vous y travailler ? » lui avait-elle demandé. Il lui avait assuré que oui[1]. Or, au contraire, la liberté de critiquer, de penser et de discuter auraient dû être sans limites à ce moment-là. Si nous regardons en arrière, il est fascinant de voir à quel point nous avons été censurés, alors même que nous étions en train d'ouvrir grand nos frontières. Il y a mille ans, les peuples de Gênes et de Florence n'étaient pas aussi métissés qu'aujourd'hui, mais il n'empêche qu'aujourd'hui encore, on les identifie immédiatement comme étant italiens ; les particularismes se sont atténués avec le temps. On semble croire que les peuples d'Erythrée et d'Afghanistan s'intégreront en Europe, tout comme les Génois et les Florentins se sont mêlés pour former l'Italie. La couleur de peau des Erythréens et des Afghans aurait beau être différente, leurs origines ethniques être éloignées des nôtres, l'Europe resterait l'Europe et son peuple continuerait à admirer l'esprit de Voltaire, Saint-Paul, Dante, Goethe et Bach.

Comme souvent, les illusions populaires ont des choses à nous apprendre. L'essence de l'Europe n'est jamais restée identique à elle-même et – des villes commerçantes comme Venise en sont la preuve – ce continent a toujours fait preuve d'une rare ouverture aux idées et aux influences étrangères. Depuis les Grecs et les Romains de l'Antiquité, les peuples d'Europe ont envoyé des vaisseaux parcourir le monde pour en rapporter leurs découvertes. Le reste du monde ne leur a que rarement, voire jamais, rendu cette curiosité, mais

---

1. « Merkel confronts Facebook's Zuckerberg over policing hate posts », *Bloomberg*, 26 septembre 2015.

les bateaux partaient et revenaient, leurs cales emplies de trouvailles et de récits qui parfumaient l'air de l'Europe. L'ouverture d'esprit y était prodigieuse : elle n'était cependant pas sans limites.

La question des limites d'une culture est toujours débattue par les anthropologues et reste sans réponse. Mais ces limites existent. L'Europe par exemple n'a jamais été un continent islamisé. Pourtant, les Européens ont conscience que la culture évolue en permanence, même discrètement. Les philosophes de la Grèce antique comprenaient cette contradiction, qu'ils illustraient par le très célèbre paradoxe du bateau de Thésée. Plutarque rapporte en effet que les Athéniens gardaient le bateau de Thésée, remplaçant au fur et à mesure les morceaux de bois abîmés par de nouvelles planches. Mais, n'était-ce pas toujours le bateau de Thésée, même s'il ne présentait plus aucun des matériaux d'origine ?

Nous savons que les Grecs d'aujourd'hui ne forment plus le même peuple que les Grecs de l'Antiquité. Nous savons que les Anglais ne sont plus les mêmes qu'il y a un millénaire, il en va de même pour les Français. Néanmoins, ils sont indiscutablement grecs, anglais ou français et tous sont européens. Dans ces identités comme dans d'autres, nous reconnaissons la marque d'une succession culturelle : une tradition qui demeure avec certaines particularités (positives ou négatives), des coutumes et des comportements. Nous admettons que les grandes migrations des Normands, des Francs et des Gaulois ont provoqué des changements majeurs. L'histoire nous a appris que certains mouvements de population ont un impact modéré sur une culture, tandis que d'autres la transforment irrévocablement. Le problème n'est pas d'accepter ou non le changement mais de prendre conscience du fait que, si ces mutations sont trop rapides ou trop profondes, elles nous transforment, y compris en quelqu'un que nous ne souhaitons pas nécessairement devenir.

Nous ne savons pas vraiment comment fonctionne ce mécanisme. Si nous admettons communément qu'un individu peut, quelle que soit sa couleur de peau, assimiler une culture donnée (sous réserve d'un enthousiasme partagé entre l'individu et la « culture » en question), nous savons aussi que les Européens en tant que groupe ne peuvent pas adopter n'importe quelle identité. Nous ne pouvons pas devenir indiens ou chinois, par exemple. Et pourtant, on nous demande de croire que tout le monde sur la planète peut s'installer en Europe et devenir européen. Si devenir « européen » n'est pas une question de race, comme nous l'espérons, alors il est décidément impératif de considérer que c'est une question de « valeurs ». Une interrogation en découle : « Quelles sont les valeurs européennes ? »

Ce débat est crucial. Pourtant, c'est encore une question qui nous plonge dans la confusion.

Sommes-nous par exemple chrétiens ? Dans les années 2000, l'absence de toute mention de l'héritage chrétien dans la nouvelle constitution européenne a suscité le débat. Le pape Jean Paul II et son successeur ont demandé à ce qu'on corrige cette omission. Comme le premier l'écrivit en 2003 : « Dans le plein respect de la laïcité des institutions, je voudrais m'adresser encore une fois aux rédacteurs du futur traité constitutionnel de l'Europe pour que, dans ce dernier, figure une référence au patrimoine religieux et spécialement chrétien de l'Europe (texte français original[1]). » Cette question a provoqué une fracture géographique et politique en Europe, mais elle a également mis en évidence une profonde aspiration. En effet, la religion n'a pas reculé qu'en Europe de l'Ouest. Son effondrement a laissé place au désir de prouver que l'Europe du XXIe siècle avait sa propre structure, faite de droits, d'institutions et de lois autonomes qui pouvaient exister indépendamment des sources qui les avaient fait naître. Comme la colombe de Kant, nous nous demandions si nous ne volerions pas plus vite à « l'air libre », sans nous soucier du vent qui nous portait. Des enjeux cruciaux dépendaient du succès de ce rêve. Le langage des « droits de l'homme » (lui-même issu de concepts chrétiens), omniprésent, supplanta bientôt celui de la religion. Nous avons laissé sans réponse la question de l'origine de nos droits acquis : étaient-ils les fruits des croyances que le continent avait cessé de prôner ou bien avaient-ils une existence autonome ? C'était, pour le moins, une interrogation extrêmement importante que nous avons laissée en suspens, alors même que de nombreuses populations nouvelles devaient « s'intégrer ».

Au même moment s'est posée une autre question cruciale, concernant la pertinence du modèle de l'État-nation. Du traité de Westphalie de 1648 jusqu'à la fin du XXe siècle, l'État-nation européen était considéré comme le meilleur garant de l'ordre constitutionnel,

---

1. Pape Jean Paul II, *Ecclesia in Europa*, 28 juin 2003.

des droits individuels, mais aussi de la paix. Cette certitude s'est peu à peu érodée. Des personnalités européennes majeures, comme le chancelier allemand Kohl en 1996, soutenaient que « l'État-nation [...] ne pouvait pas résoudre les grands problèmes du XXIe siècle ». La fusion des États-nations européens dans une union politique largement intégrée était vitale, au point de devenir, selon les mots de Kohl, « une question de guerre et de paix au XXIe siècle[1] ». Certains n'étaient pas d'accord, et vingt ans plus tard, un peu plus de la moitié du peuple britannique a signifié par la voie des urnes son désaccord avec la position de Kohl. Mais une fois encore, quoi qu'on en pense, voilà une question capitale qu'on a laissée en suspens, au moment même où la population connaissait un renouvellement massif.

Alors que nos certitudes restaient bien fragiles dans nos propres pays, nous avons entrepris d'exporter nos valeurs. Partout où nos gouvernements s'impliquaient, toujours sous la bannière des « Droits de l'homme » – l'Irak en 2003, la Libye en 2011 –, nous avons donné l'impression d'aggraver les choses et de cumuler les erreurs. Au début de la guerre civile syrienne, les populations ont fait appel aux nations occidentales pour qu'elles interviennent au nom des droits de l'homme, lesquels étaient sans conteste bafoués. Mais nous avons mis bien peu d'ardeur à défendre ces droits : si nous considérons qu'ils sont valables chez nous, nous avons assurément perdu foi en notre capacité à les défendre à

---

1. Chancelier Helmut Kohl, discours à l'université catholique de Louvain, Belgique, 5 février 1996.

l'étranger. À un certain point, on commença à penser que ce que l'on avait appelé « la dernière utopie », le premier système universel qui distinguait les droits de l'homme de l'arbitraire des dieux et des tyrans, n'était rien d'autre que l'échec des aspirations européennes[1]. Si tel est en effet le cas, alors les Européens du XXIe siècle sont démunis de toute valeur unificatrice, qui pourrait rendre cohérent le présent et envisageable l'avenir.

L'oubli de l'histoire commune, l'absence d'un consensus présent et d'un projet d'avenir sont très problématiques. Mais lorsqu'ils se produisent en des temps troublés, temps de considérable changement, cela devient fatal. Le monde afflue en Europe au moment même où celle-ci a perdu son identité et son cap. Et si l'arrivée de millions de gens d'horizons culturels divers au sein d'une culture forte et fière d'elle-même peut donner de bons résultats, elle ne peut provoquer qu'un désastre dans une culture repentante, moribonde et comme frappée de convulsions.

Les dirigeants européens eux-mêmes parlent des efforts à fournir pour intégrer les millions de nouveaux venus. Ces efforts échoueront eux aussi. Pour intégrer des peuples aussi divers que nombreux, il est nécessaire d'établir une définition de l'intégration aussi vaste et puissante que possible. Si l'Europe doit devenir la demeure du monde entier, alors elle doit s'inventer une identité

---

1. Pour une analyse intéressante de beaucoup de ces questions, se reporter à Samuel Moyn, *The Last Utopia: Human Rights in History*, Harvard University Press, 2012.

suffisamment large pour être adaptée au monde entier. Mais avant même que cette utopie ne s'éteigne, nos valeurs seront devenues si étendues qu'elles en seront devenues creuses, superficielles et dépourvues de sens. Si l'identité européenne passée reposait sur des fondations précises, aux racines historiques et philosophiques profondes (les règles du droit, une éthique enracinée dans l'histoire et la philosophie du continent), aujourd'hui, l'éthique et les croyances de l'Europe, en d'autres termes, son identité et son idéologie, se limitent au « respect », à la « tolérance » et (terme qui va encore plus loin dans la négation de soi) à la « diversité ». Des définitions aussi superficielles de nous-mêmes serviront peut-être encore pendant quelques années, mais elles ne pourront en aucun cas créer le ciment nécessaire à la survie d'une société.

Tout cela ne constitue qu'une des raisons pour lesquelles il est probable que notre culture européenne, séculaire et dont les œuvres ont éclairé le monde, ne survive pas. Comme les récentes élections en Autriche ou la montée du parti Alternative für Deutschland en Allemagne semblent le prouver, alors que l'érosion culturelle paraît inéluctable, on continue à penser que le concept d'insécurité culturelle est inacceptable. Stefan Zweig avait raison de diagnostiquer la folie et d'évoquer la condamnation à mort que s'était infligée le berceau de la civilisation occidentale. Il s'était seulement trompé d'époque. Quelques années supplémentaires seront nécessaires à l'exécution de la condamnation finale prononcée par nous-mêmes, contre nous-mêmes. En attendant, plutôt que de rester la maison des peuples européens, nous avons décidé de devenir une « utopie » au sens que les Grecs donnaient à ce mot : un « non-lieu ». Ce livre a pour ambition de rendre compte de ce processus.

Les recherches nécessaires à l'écriture de ce livre m'ont conduit sur les routes d'un continent que j'ai parcouru pendant de longues années, mais aussi en des lieux où je ne me serais sans doute jamais rendu sinon. Au fil de ces années de voyage, j'ai sillonné la plupart des îles du sud-est de la Grèce et la périphérie méridionale de l'Italie, le cœur de la Suède septentrionale et les innombrables banlieues de France, des Pays-Bas, d'Allemagne et d'autres pays encore. Pendant l'écriture de cet ouvrage, j'ai pu rencontrer de nombreux employés administratifs, des politiciens de tous bords, des gardes-frontières, des agents de renseignements, des membres d'ONG et bien d'autres personnes directement concernées par les phénomènes que je décris. À bien des égards, la partie la plus intéressante de mon enquête s'est construite au fil des entretiens avec les migrants eux-mêmes, des gens parfois littéralement arrivés d'hier. Sur les îles d'Europe du Sud par lesquelles ils arrivent, dans les lieux où ils s'installent ou transitent au cours de leur périple vers le nord. Ils ont chacun leur histoire et, pour nombre d'entre eux, leur tragédie. Tous voient en l'Europe l'endroit idéal pour vivre leur vie.

Les personnes prêtes à parler et à évoquer leur histoire formaient nécessairement un groupe restreint. Parfois, le soir tombé, traînant devant le camp, certains apparaissaient puis disparaissaient, certains qui – à tout le moins – semblaient aborder notre continent sans la moindre once de générosité ou de gratitude. Mais beaucoup d'autres se sont montrés exceptionnellement amicaux, très reconnaissants de l'occasion qui leur était ainsi donnée de raconter leur histoire. Peu importent mes propres opinions quant à la situation qui les avait amenés jusqu'ici, peu importe la réponse que l'Europe y apportera, nos conversations se sont toujours terminées par les seuls mots que je pouvais leur dire en toute franchise : « Bonne chance. »

CHAPITRE I

Les débuts

Pour appréhender l'ampleur et la vitesse des changements qui ont lieu en Europe, il est intéressant de remonter plusieurs années en arrière, avant que se produise la dernière crise migratoire, à une époque que l'on considérerait aujourd'hui comme marquée par une « immigration normale ». Il est également intéressant de se pencher sur un pays alors relativement épargné par la tourmente à venir.

L'avant-dernier recensement de l'Angleterre et du pays de Galles a été publié en 2002. Établi un an plus tôt, il montrait comment le pays avait changé au cours de la décennie écoulée. Si quelqu'un en 2002 avait tenté une projection à partir de ce recensement, en affirmant par exemple que : « Les Britanniques blancs deviendront une minorité dans leur propre capitale avant la fin de la décennie et la population musulmane doublera au cours des dix prochaines années », comment aurait-il été reçu ? On aurait certainement parlé d'« alarmisme », de « propagande anxiogène », très probablement de « racisme » et, bien que cette dénomination en fût à cette époque encore à ses balbutiements, d'« islamophobie ». Au minimum, de telles prévisions n'auraient pas reçu un accueil très chaleureux. Quiconque en douterait doit se rappeler cet incident : lorsqu'en 2002 un journaliste du *Times* analysa de façon bien plus édulcorée la probable immigration à venir, ses propos furent condamnés par le secrétaire d'État de l'époque, David Blunkett, qui usait là de son privilège parlementaire. Cette analyse, selon lui, « flirtait avec le fascisme[1] ».

Pourtant, quels que soient les noms d'oiseaux dont on l'aurait accablé, celui qui en 2002 aurait proposé une telle analyse aurait eu raison sur toute la ligne. Le recensement suivant, établi en 2011 et publié à la fin 2012, a révélé non seulement les faits mentionnés plus haut mais bien d'autres encore. Il a prouvé que, dans les dix dernières années, le nombre d'habitants nés à l'étranger et vivant en Angleterre et au pays de Galles avait augmenté de près de 3 millions ; mais aussi que seuls 44,9 % des résidents londoniens se considéraient désormais comme des « Britanniques blancs ». Il a encore révélé qu'en Angleterre et au pays de Galles, près de 3 millions de personnes vivaient dans des foyers où aucun adulte n'utilisait l'anglais comme langue principale.

Le pays changeait complètement du point de vue ethnique. Mais ceci s'accompagnait du bouleversement, tout aussi surprenant, du paysage religieux. Par

---

1. Hansard, 2 décembre 2002, Blunkett parlait du journaliste du *Times* Anthony Browne.

exemple, ce recensement montrait un essor de presque toutes les croyances, à l'exception du christianisme. La religion nationale historique de l'Angleterre était la seule à être en chute libre. Depuis le dernier recensement, le nombre de personnes qui se revendiquaient chrétiennes était tombé de 72 à 59 %. Le nombre de chrétiens en Angleterre et au pays de Galles avait chuté de plus de 4 millions, et celui au Royaume-Uni était passé de 37 à 33 millions.

Mais alors que le christianisme voyait s'effondrer le nombre de ses fidèles, évolution appelée à s'accélérer, les migrations massives ont multiplié par deux la population musulmane. Entre 2001 et 2011, le nombre de musulmans en Angleterre et au pays de Galles est passé de 1,5 à 2,7 millions, sans compter l'immigration illégale, ce qui gonfle encore ces chiffres officiels. Au moins 1 million de personnes vivent en effet dans le pays sans apparaître sur les registres de recensement, et les deux villes qui se sont développées le plus rapidement – 20 % de population supplémentaire en dix ans – sont aussi celles qui accueillaient déjà les populations musulmanes les plus importantes du Royaume-Uni (Tower Hamlets et Newham). Elles connaissaient de surcroît le taux le plus élevé de non-réponse, avec une abstention de près d'un cinquième des ménages. Cela laisse penser que les résultats du recensement, bien que déjà spectaculaires, sous-estimaient massivement la réalité. Ce qu'ils montraient n'en demeurait pas moins frappant.

Bien qu'il ait fallu un an pour l'établir, le recensement une fois publié est passé aux oubliettes en moins de deux jours, comme il arrive à toute actualité éphémère. Mais ce n'était pas une affaire éphémère. C'était un état des lieux récent du pays et de son présent, et un aperçu de son futur inéluctable. En étudiant les résultats du recensement, on en concluait que l'immigration de masse était sur le point de métamorphoser – en réalité elle l'avait déjà fait – le visage du pays. En 2011, l'Angleterre était déjà radicalement différente du pays qu'elle avait été durant des siècles. Mais la constatation que les « Britanniques blancs » étaient devenus minoritaires dans 23 des 33 arrondissements londoniens fut accueillie par une réaction aussi parlante que les faits eux-mêmes. Un porte-parole du bureau pour les statistiques nationales (ONS) salua en effet ces résultats comme une démonstration exemplaire de « diversité[1] ».

La réaction politico-médiatique s'est montrée d'une unanimité frappante. Les politiques de tous bords n'ont évoqué les résultats du recensement que pour s'en féliciter. Cela faisait des années que ça durait : en 2007, le maire de Londres, Ken Livingstone avait évoqué avec fierté le fait que 35 % des travailleurs londoniens étaient nés à l'étranger[2]. La question demeure de savoir s'il existe une limite optimale à ce phénomène. Pendant des années, le sentiment d'excitation et d'optimisme face aux mutations du pays parut être le seul autorisé, renforcé par la thèse selon laquelle le phénomène n'avait rien de nouveau.

---

1. Guy Goodwin de l'ONS, cité dans « Census shows rise in foreign-born », BBC News, 11 décembre 2012.
2. Ken Livingstone dans « A world civilisation or a clash of civilisations? », conférence, Londres, 20 janvier 2007.

Pendant la plus grande partie de son histoire, et certainement pendant le dernier millénaire, la population de Grande-Bretagne est restée extraordinairement stable. Même la conquête normande de 1066, certainement l'événement le plus important dans l'histoire de l'île, n'a augmenté que de 5 % la part de Normands dans la population totale[1]. Avant et après cette conquête, il n'existait de migrations qu'entre l'Irlande et les pays du futur Royaume-Uni. Puis, après 1945, la Grande-Bretagne a eu besoin de pallier un manque de main-d'œuvre, notamment dans le secteur des transports et dans le service national de santé récemment créé. C'est ainsi que l'immigration de masse a débuté, modérément d'abord. Le British Nationality Act de 1948 a autorisé l'immigration des peuples de l'Ancien Empire, qui forment aujourd'hui le Commonwealth. Au début des années 1950, quelques milliers de personnes par an ont profité du dispositif. À la fin de la décennie, les nouveaux arrivants se comptaient en dizaines de milliers ; au cours des années 1960, leur nombre avait atteint des nombres à six chiffres. La plupart d'entre eux venaient des Caraïbes aussi bien que de l'Inde, du Pakistan et du Bangladesh. Ils arrivaient souvent en Grande-Bretagne comme ouvriers et invitaient d'autres candidats, généralement issus de leur famille ou de leur entourage, à les imiter.

Malgré les inquiétudes exprimées par l'opinion publique quant aux conséquences d'un tel phénomène,

---

1. Voir David Miles, *The Tribes of Britain*, Weidenfeld & Nicolson, 2005, p. 236.

ni les gouvernements travaillistes ni les gouvernements conservateurs, qui exerçaient alternativement le pouvoir, n'ont enrayé le processus. Comme dans d'autres pays européens, comme la France, les Pays-Bas et l'Allemagne, les conséquences de l'arrivée des travailleurs et la question de leur intégration restèrent opaques et suscitèrent la controverse. Lorsqu'il apparut clairement que les travailleurs étrangers allaient rester et qu'ils en profiteraient pour faire venir leur famille élargie, alors seulement les conséquences apparurent.

Dans les années qui suivirent, de nombreuses lois furent votées au Parlement pour traiter, par exemple, la criminalité chez les migrants. Mais quasiment rien ne fut tenté pour inverser la tendance migratoire. Même l'adoption de lois visant à rassurer une opinion publique de plus en plus inquiète eut des conséquences inattendues. Il en va ainsi du Commonwealth Immigrés Act, voté en 1962 pour limiter le flux migratoire et convaincre les immigrés de rentrer chez eux. Loin d'atteindre son but, il a produit l'effet inverse, incitant de nombreux immigrés à faire venir toute leur famille au Royaume-Uni tant qu'ils en avaient, de leur point de vue, encore la possibilité. Après 1962, les immigrés du Commonwealth n'eurent plus besoin d'avoir un emploi pour venir s'installer au Royaume-Uni, ce qui entraîna une recrudescence supplémentaire de leur nombre. Il fallut attendre 1971 pour que la loi sur l'immigration tente à nouveau d'endiguer le flot. Ainsi, bien qu'aucun plan n'ait jamais prévu et organisé de migration d'une telle ampleur, les Gouvernements de tout bord politique se trouvèrent contraints de gérer les conséquences d'une situation dans laquelle eux-mêmes et le peuple britannique étaient plongés jusqu'au cou. Situation que personne n'avait exactement prévue, mais dont les répercussions allaient obliger la future classe politique à réagir.

Ces répercussions comprenaient des émeutes raciales, et non des moindres. Chacun se souvient des émeutes de Notting Hill en 1958, violentes confrontations entre immigrés antillais et Londoniens blancs. Mais si de telles crises sont gravées dans les mémoires, c'est justement parce qu'elles constituaient l'exception plutôt que la règle. Même s'il est vain de nier qu'une suspicion diffuse et une inquiétude vis-à-vis des étrangers perduraient, toutes les manœuvres pour tirer un profit politique de cette insécurité se sont invariablement soldées par un échec complet – particulièrement les tentatives d'Oswald Mosley, ancien dirigeant du British Union of Fascists et désormais à la tête du Mouvement de l'union. Lorsque Mosley entreprit d'exploiter à des fins électorales les émeutes de Notting Hill et se présenta au Parlement lors de l'élection générale de 1959, il n'atteignit même pas un score à deux chiffres. Le peuple britannique admettait l'existence des problèmes grandissants causés par l'immigration à grande échelle, mais il pensait aussi que les extrémistes, qu'il ne connaissait que trop bien, ne pouvaient y apporter la bonne réponse.

Les tensions ne cessaient d'augmenter, notamment à l'encontre des nouveaux immigrés invités à venir et qui devenaient, une fois arrivés, la cible privilégiée de discriminations. Les lois sur les relations raciales, adoptées par le Parlement en 1965, 1968 et 1976, ont tenté de résoudre ce problème en rendant illégale la discrimination pour cause de « couleur de peau, race ou origines ethniques et nationales ». Que ces lois n'aient pas été pensées en amont mais conçues en réaction à la multiplication des problèmes prouve bien qu'aucune réflexion sérieuse n'avait été menée sur le sujet. Aucune loi de ce genre n'avait été rédigée en 1948, précisément parce que personne n'avait envisagé le nombre d'individus qui s'installeraient plus tard au Royaume-Uni ni les conséquences désagréables qui pourraient en résulter.

Pendant toute cette période, les sondages montraient que l'opinion publique britannique était majoritairement opposée à la politique de son Gouvernement, considérant que l'immigration en Grande-Bretagne était trop importante. En avril 1968, un sondage réalisé par Gallup révélait que 75 % de la population britannique jugeait les contrôles de l'immigration trop peu stricts. Ces chiffres s'élèveraient bientôt à 83 %[1]. C'est à ce moment précis que la question de l'immigration manqua de se politiser. Ce même mois, le ministre du cabinet d'opposition conservateur, Enoch Powell, tint un discours devant une association conservatrice de Birmingham, ouvrant le débat pour le refermer aussitôt. Bien qu'il n'ait pas utilisé les mots pour lesquels il est resté célèbre, le discours sur les « fleuves de sang » regorgeait de prophéties quant au futur de la Grande-Bretagne, si jamais l'immigration se maintenait au même rythme. « Quand les dieux veulent détruire un peuple, ils commencent par le rendre fou, déclara Powell. Nous devons être fous,

---

1. Simon Heffer, *Like the Roman: The Life of Enoch Powell*, Weidenfeld & Nicolson, 1998, p. 467-468.

littéralement fous, en tant que nation, pour permettre chaque année l'arrivée de quelque 50 000 ex-colonisés qui plus tard viendront grossir la population d'origine immigrée. J'ai l'impression de regarder un pays élever frénétiquement son propre bûcher funéraire[1]. » Bien que le discours de Powell traite des questions identitaires et de l'avenir du pays, il soulevait aussi des questions très concrètes, parlant des électeurs qui peinaient à trouver une place à l'hôpital ou à l'école, dans un secteur public sous tension démographique.

Powell fut immédiatement démis de ses fonctions au sein du cabinet fantôme par le chef de son parti, Edward Heath. L'ensemble des soutiens politiques qu'il avait su conquérir disparurent, à l'instar de son avenir politique. Néanmoins, l'opinion publique soutenait largement ses idées : les sondages d'opinion ont montré que près des trois quarts des personnes interrogées partageaient ses positions. 69 % estimaient qu'Heath avait eu tort de le renvoyer[2]. Quelques années après, un des opposants de Powell au sein du Parti conservateur, Michael Heseltine, déclara que si Powell s'était présenté pour briguer la direction du Parti conservateur après son discours, il aurait obtenu le poste haut la main et qu'il en aurait été de même pour celui de Premier Ministre[3]. Mais aucune issue politique ne s'offrit à Powell. Sa carrière n'a pas seulement périclité : jusqu'à la fin de ses jours, elle est restée dans le néant.

---

1. Texte complet dans *Reflections of a Statesman: The Writings and Speeches of Enoch Powell*, Bellew Publishing, 1991, p. 373-379.
2. *Ibid.*
3. Voir le documentaire de la BBC de 2008, *Rivers of Blood*.

Depuis le discours des « fleuves de sang », le bon sens populaire anglais a bien compris que l'intervention de Powell n'avait pas seulement mis un terme à sa carrière mais aussi à toute possibilité d'engager un débat transparent sur l'immigration, et ce pour au moins une génération. Les mots de Powell étaient si durs et ses mises en garde si terribles que toute personne s'inquiétant des conséquences de l'immigration risquait d'être dénoncée comme « powelliste ». Sans aucun doute, certains passages du discours de Powell avaient facilité la tâche à ses adversaires, et il avait donné trop de gages à la droite la plus dure. Mais ce qui est frappant lorsqu'on relit son discours aujourd'hui – ainsi que les réactions qu'il a suscitées –, c'est l'extrême modération des passages qu'on lui avait reprochés à l'époque. Par exemple, Powell avait insisté sur une rue anglaise, dans laquelle vivait une seule femme blanche. Dans les interviews et les discussions qui s'étaient ensuivies, cette anecdote avait été vigoureusement dénoncée comme étant une affabulation : l'existence d'une telle rue paraissait complètement invraisemblable. Pourtant, si en 1968 quelqu'un avait conseillé à Powell d'utiliser son discours de Birmingham pour prédire que, du vivant même de la plupart de ses auditeurs, les « Britanniques blancs » seraient en minorité dans leur propre capitale, Powell n'aurait pas manqué de traiter son interlocuteur de fou furieux. Comme ce fut le cas dans l'ensemble des pays européens, même le plus célèbre des prophètes de l'immigration avait sous-estimé et minoré le phénomène.

Les discours qui accusaient Powell d'avoir empêché toute discussion sur l'immigration, et ce pour vingt ans au moins, masquaient une tout autre vérité : son intervention et l'esclandre qu'elle avait provoqué ont en réalité dispensé les politiciens d'évoquer les conséquences de leur politique. Nombre d'entre eux avaient déjà compris que la mutation en cours dans le pays était inévitable. Dans les années 1960, le débat parlementaire envisageait la possibilité de renvoyer les immigrés dans leur pays d'origine si, par exemple, ils avaient commis un crime en Grande-Bretagne[1]. On avait ensuite adopté une loi qui empêchait la « pratique des mariages blancs » contractés uniquement en vue d'obtenir la nationalité[2]. Mais dès les années 1970 et 1980, l'importance des communautés immigrées était telle qu'en diminuer les effectifs était devenu impossible, même si on l'avait voulu. Comme d'autres pays européens, la Grande-Bretagne se retrouvait dans une position qu'elle n'avait pas souhaitée et devait improviser pour répondre aux défis et aux nouveaux enjeux qui se posaient. Pour prendre la mesure du non-dit qui marquait ces nouveaux défis, il faut comprendre que pendant cette période, il devint impossible d'évoquer directement ces questions.

En janvier 1984, le directeur d'une école à Bradford, Ray Honeyford, publia un article dans une petite revue, *The Salisbury Review* : il y décrivait son métier, la direction d'une école dans un quartier où 90 % des élèves sont issus de familles immigrées. Il racontait le refus de certains pères de laisser participer leurs filles aux cours

---

1. Par exemple le Commonwealth Immigrants Act (1962).
2. Suite au Franks Report de 1977.

de danse, de théâtre ou de sport, le silence des autorités sur ces faits ou sur d'autres pratiques culturelles, comme l'envoi des enfants en vacances au Pakistan pendant les périodes de cours. Il plaidait également pour le fait que les élèves soient encouragés à parler anglais et à comprendre la culture du pays où ils vivaient, plutôt qu'à mener des vies parallèles au sein de sociétés séparées, ce que prônaient les défenseurs du « communautarisme ».

Une campagne contre Honeyford fut rapidement organisée par le lobby communautariste qu'il avait critiqué dans son article. Le maire musulman de Bradford exigea le licenciement d'Honeyford, l'accusant encore des années après (entre autres choses) de « chauvinisme culturel[1] ». Sous les protestations virulentes et les accusations de « raycisme » proférées dans tout le pays, Honeyford dut renoncer à son emploi et quitta pour toujours le monde de l'éducation. Dans l'article incriminé, il dénonçait la corruption des politiques et de la langue, qui empêchait d'écrire avec honnêteté sur ces questions-là ; la manière dont il fut traité lui donna largement raison. Pourquoi un directeur reconnu, dont personne ne s'était jamais plaint, avait-il été contraint à la retraite anticipée après avoir tenu ces propos ? Une seule explication : les vérités les plus évidentes sur ces questions-là étaient devenues insupportables. Un paradigme politique et social – maladroitement présenté comme du « multiculturalisme » – s'était établi et il était impossible en 1984 d'en détruire les présupposés. Maigre consolation sans doute pour Ray Honeyford,

---

1. Voir « Ray Honeyford: Racist or right? », BBC, 10 février 2012.

quelques décennies après la publication de son article, ceux qui lui donnaient raison étaient devenus bien plus nombreux, et lorsqu'il mourut en 2012, la pertinence de son propos était largement reconnue.

Pendant les années 1980 et 1990, au nom du nouveau concept de « multiculturalisme », un flot ininterrompu de migrants continua à se déverser du sous-continent indien et d'ailleurs vers l'Angleterre. Pourtant, un consensus silencieux s'était formé autour de l'idée que l'immigration, en constante augmentation par ailleurs, avait tout de même ses limites. Après la victoire historique du Parti travailliste en 1997, ce consensus s'est rompu. Bien qu'il n'en ait fait ni un manifeste ayant valeur d'obligation ni même un objectif officiel, le gouvernement de Tony Blair, une fois au pouvoir, entreprit d'ouvrir les frontières comme jamais depuis l'après-guerre. Il abolit la « règle de la raison première » qui visait à éliminer les mariages blancs. Les frontières s'ouvrirent à tous ceux qu'on considérait comme essentiels à l'économie britannique, définition si large qu'elle incluait, par exemple, les employés du secteur de la restauration sous l'appellation de « travailleurs qualifiés ». Tout en ouvrant ses portes au reste du monde, Blair ouvrit également les frontières aux ressortissants des nouveaux États membres d'Europe de l'Est. Cela, associé à d'autres mesures, contribua à créer le paysage national révélé par le recensement de 2011.

Bien sûr, on avança plusieurs explications à l'explosion migratoire d'après 1997. Une d'entre elles, exprimée en 2009 par l'ancien rédacteur du Parti travailliste Andrew Neather, avançait l'idée que le gouvernement de Tony Blair avait volontairement assoupli les règles en matière migratoire pour « plonger le nez de la droite dans la diversité » et créer ce qu'il avait à l'époque, très imprudemment, considéré comme un futur électorat, qui voterait loyalement pour le Parti travailliste[1]. Après les protestations que suscitèrent ses commentaires, Neather affirma que ses propos n'étaient que des « souvenirs personnels ». D'autres dignitaires du Parti travailliste de cette époque affirmèrent ne pas connaître Neather. Mais on comprend bien comment quelqu'un, même de peu d'expérience, a pu en arriver à de telles conclusions.

Ainsi, dès sa nomination comme ministre de l'Asile et de l'Immigration sous le premier mandat de Tony Blair, il parut évident que Barbara Roche souhaitait repenser en profondeur les politiques d'asile et d'immigration britanniques. Pendant que le Premier Ministre se consacrait à d'autres questions, Roche modifia de fond en comble la politique gouvernementale britannique. Ainsi, toute personne se prétendant réfugiée aurait le droit de rester en Grande-Bretagne, qu'elle soit ou non vraiment demandeur d'asile, au motif que, comme Mme Roche le dit à un fonctionnaire, « le retour au pays était trop long et trop éprouvant sur le plan émotionnel ». Roche pensait également que les restrictions en matière migratoire étaient « racistes » et que toute « l'atmosphère » qui flottait autour du débat sur l'immigration « était toxique ». Sous son ministère, elle réitéra avec constance son désir de transformer l'Angleterre. Comme le confia un de ses

---

1. Andrew Neather, « Don't listen the whingers – London needs immigrants », *Evening Standard*, 23 octobre 2009.

collègues : « D'après Roche, il ne lui incombait pas de contrôler l'accès à la Grande-Bretagne mais plutôt de nous faire sentir les bienfaits d'une société "multiculturelle", en considérant la question dans une perspective "holistique". »

Ni le Premier Ministre ni son ministre de l'Intérieur, Jack Straw, ne souhaitaient remettre en cause la nouvelle politique d'asile et encore moins le statut de « migrant économique » attribué, sous la responsabilité de Roche, à toute personne entrant en Angleterre, qu'elle eût ou non un emploi. Lorsque la moindre critique s'élevait contre sa politique, que ce soit en interne ou en externe, Roche accusait la voix dissonante de racisme. En fait, la ministre – qui critiquait ses collègues parce qu'ils avaient la peau trop blanche – martelait que le seul fait de parler de politique d'immigration était raciste[1]. Elle et ses proches collaborateurs aspiraient à une transformation profonde de la société britannique. Roche – une descendante de juifs de l'East End – pensait que l'immigration était fondamentalement positive. Dix ans après les mutations qu'elle avait provoquées, elle confiait avec satisfaction, lors d'un entretien : « J'aime la diversité de Londres. Je m'y sens à l'aise[2]. » Les activités de Roche et de quelques autres dans le gouvernement travailliste de 1997 confirment l'idée selon laquelle il existait une volonté délibérée de transformer la société britannique : une guerre culturelle

---

1. Tom Bower, *Broken Vows: Tony Blair, the Tragedy of Power*, Faber & Faber, 2016, p 171-178.
2. Hugh Muir, « Hideously diverse Britain: The immigration "conspiracy" », *The Guardian*, 2 mars 2011.

était lancée contre le peuple britannique, dans laquelle on faisait jouer aux immigrés le rôle du cheval de Troie.

Une autre théorie, qui ne contredit pas complètement celle-ci, avançait que ce phénomène n'était qu'une bourde bureaucratique, qui avait déjà échappé au contrôle des gouvernements précédents, et que le New Labour n'avait fait que rendre visible. L'écart entre le nombre de nouveaux arrivants soi-disant planifié par le Labour et les chiffres réels plaide en faveur de cette hypothèse. Par exemple, lorsque le gouvernement britannique a autorisé la libre entrée au Royaume-Uni des pays qui avaient intégré l'UE en 2004, il avait spécifié que ceci ne devait concerner que 13 000 personnes par an. Une étude commandée par ce même gouvernement prétendit que celui-ci pourrait « contrôler complètement » le flux, même sans cette restriction. Il n'en fut rien. Le permis de travail, entre autres, fut réformé afin que les immigrés, qualifiés ou non, puissent entrer dans le pays et y rester sous le statut de « travailleurs étrangers ». La plupart d'entre eux allaient rester. Les chiffres, de manière totalement prévisible, s'affolèrent, dépassant même les prévisions des partisans les plus acharnés de l'immigration massive. Dans le même temps, le nombre de citoyens des pays hors UE n'aurait dû que doubler et passer de 100 000 personnes par an en 1997 à 170 000 en 2004. En réalité, pendant ces cinq ans, les prévisions du gouvernement ont été sous-estimées de près de 1 million de personnes[1]. Les experts gouvernementaux, entre autres, n'avaient pas anticipé l'attractivité qu'exercerait le Royaume-Uni sur les

---

1. Tom Bower, *Broken Vows, op. cit.*, p. 175-176.

habitants de pays aux revenus plus faibles et où n'existait pas de salaire minimum. À cause de ces mesures, le nombre d'Européens de l'Est vivant en Grande-Bretagne est passé de 170 000 en 2004 à 1,24 million en 2013[1].

Cette mésestimation de l'ampleur du phénomène migratoire était évidemment prévisible pour qui disposait de connaissances minimales sur l'histoire de l'immigration d'après-guerre, histoire jalonnée par ce genre d'erreurs d'appréciation. Mais ceci démontrait surtout que le contrôle minutieux de l'immigration n'était pas la priorité du début de mandat travailliste. En outre, l'impression qu'il était « raciste » de limiter l'immigration, y compris l'immigration des Européens de l'Est « blancs », rendait difficile la formulation d'une quelconque opposition, interne ou externe. Que la politique d'explosion migratoire ait échappé au radar gouvernemental ou qu'elle ait été au contraire officiellement approuvée, elle ne rencontra quoi qu'il en soit aucune résistance au sein du gouvernement.

Quel qu'en fût la cause ou le motif, on oublie trop souvent à quel point la réaction de l'opinion publique face à cette flambée migratoire et à la transformation brutale de quartiers entiers en Angleterre fut remarquablement tolérante. Au cours de la décennie suivante, la xénophobie ou la violence ne crûrent pas de façon significative et le seul parti politique raciste du pays, le British National Party, chuta dans les sondages. Les enquêtes d'opinion comme l'expérience quotidienne montraient que la majorité de la population n'éprouvait aucune animosité

---

1. Chiffres de l'ONS.

personnelle envers les immigrés ou les gens d'une autre origine ethnique qu'eux. Au fil des sondages se dégageait pourtant une majorité profondément inquiète de ce qu'impliquaient ces phénomènes pour le pays et son avenir. Mais en dépit de tout ceci, même les tentatives les plus modérées des politiques pour évoquer ces questions (à l'instar de l'affiche de campagne électorale conservatrice de 2005 qui suggérait de poser des « limites » à l'immigration) étaient condamnées par le reste de la classe politique, fermant ainsi la porte à toute discussion sérieuse.

Peut-être les gouvernements successifs, de bords politiques différents, ont-ils voulu empêcher toute discussion sérieuse sur la question, non seulement parce qu'ils redoutaient d'être en désaccord avec l'opinion publique, mais aussi parce qu'ils savaient qu'ils avaient perdu tout contrôle sur l'immigration. En 2010, le Parti conservateur avait constitué un gouvernement de coalition avec les démocrates libéraux et s'était engagé à réduire l'immigration de plusieurs centaines de milliers par an à quelques dizaines de milliers ; promesse qu'il avait continué à défendre une fois au pouvoir. Mais il n'atteint jamais son objectif. Le gouvernement conservateur qui lui succéda n'y parvint pas davantage, malgré le renouvellement de cette promesse. En réalité, après cinq ans d'un gouvernement de coalition et l'arrivée d'un gouvernement conservateur – qui tous deux s'étaient engagés à réduire l'immigration –, cette dernière n'avait pas diminué. Elle avait même augmenté pour atteindre un nouveau record : le solde migratoire annuel était désormais estimé à 330 000 personnes[1].

---

1. *Ibid.*, Migration Statistics Quarterly Report, novembre 2015.

CHAPITRE II

Comment nous sommes devenus accros
à l'immigration

Durant les dernières décennies, le même phénomène s'est produit partout en Europe occidentale, à quelques variantes près. Après la Seconde Guerre mondiale, chaque pays a autorisé puis encouragé la venue de main-d'œuvre étrangère. Pendant les années 1950 et 1960, l'Allemagne de l'Ouest, la Suède, les Pays-Bas et la Belgique, entre autres pays, ont mis en place un programme de « travailleurs invités » pour combler leur déficit de main-d'œuvre. En Europe, ce système de *Gastarbeiter* à l'allemande, faisait appel aux mêmes nationalités. En Allemagne, les travailleurs venaient principalement de Turquie, notamment après l'accord germano-turc sur le travail de 1961, qui avait provoqué un grand appel d'air. Aux Pays-Bas et en Belgique, ils venaient de Turquie, mais aussi d'Afrique du Nord et d'anciennes colonies. Alors qu'une partie de ces nouveaux travailleurs était venue combler le manque de main-d'œuvre, particulièrement dans les secteurs peu qualifiés de l'industrie, une autre partie devait son arrivée en Europe à la décolonisation. Au XIXe siècle, la France s'était établie en Afrique du Nord tandis que la Grande-Bretagne avait colonisé le sous-continent indien. Après l'indépendance de leurs anciennes colonies, la France et la Grande-Bretagne avaient estimé – à des degrés divers – avoir une dette envers les anciens colonisés (qui dans le cas des Algériens étaient citoyens français) : à ce titre, il convenait au moins de leur donner la priorité dans les programmes de travailleurs immigrés. Comme le suggérait la blague de « L'Empire contre-attaque », il était inévitable, et peut-être même juste, qu'au xxe siècle, les peuples des anciennes colonies s'installent à leur tour dans ces vieilles nations d'Europe, à la différence qu'eux venaient en simples citoyens et non en conquérants.

Dans tous les pays européens, les autorités commirent les mêmes erreurs d'appréciation que les autorités britanniques, croyant notamment que les premiers travailleurs immigrés ne s'installeraient que temporairement, qu'ils retourneraient chez eux une fois leur mission accomplie. Dans tout le continent, les Gouvernements semblèrent surpris de voir que la plupart de ces travailleurs prenaient racine et s'installaient durablement dans le pays où ils étaient entrés. Qu'ils cherchaient à y faire venir leurs familles, que ces familles avaient besoin d'aide et que leurs enfants avaient besoin d'aller à l'école. Une fois ces nouvelles racines consolidées, la probabilité de les « remercier » se faisait moins évidente. Et même si l'aura de la mère patrie continuait à briller, le niveau de vie que ces travailleurs trouvaient en Europe convainquait la majeure partie de rester. Bien que l'Europe eût ouvert ses frontières par nécessité, le continent, même sur son déclin, ne semblait pas conscient de l'attraction qu'il exerçait encore sur le reste du monde.

Lorsque les accords pourtant sur les travailleurs immigrés prirent fin, comme ce fut le cas entre l'Allemagne et la Turquie en 1973, l'afflux continua. Et ceux qui avaient d'abord été des « travailleurs invités » firent peu à peu partie des pays où ils résidaient. Certains en obtenaient la citoyenneté. D'autres avaient la double nationalité. Cinquante ans après l'amorce du processus, en 2010, il y avait au moins 4 millions de personnes d'origine turque en Allemagne.

Certains pays, dont la France, adoptèrent une démarche légèrement différente. Lorsque le pays s'ouvrit aux migrants algériens, c'était au nom de l'idée généreuse, énoncée par Charles de Gaulle en Algérie le 4 juin 1958, qu'« en réalité il n'y a en Algérie qu'une catégorie d'habitant – il n'y a que le peuple français qui jouit des mêmes droits et a les mêmes devoirs ». Néanmoins, lorsque les flux migratoires d'Afrique du Nord vers la France s'intensifièrent, de Gaulle reconnut lui-même en privé que la France ne pouvait s'ouvrir aux autres peuples que si les peuples en question constituaient une « petite minorité » en France. Les biographes de de Gaulle estiment que lui-même s'inquiétait de savoir si le pays pourrait absorber ces millions de nouveaux arrivants, venus d'horizons si différents[1].

Bien qu'il y ait eu différentes formes d'immigration dans la période d'après-guerre, tous les pays européens firent la même expérience, celle d'une politique de court

---

1. Cette conversation de mars 1959 fut remémorée par son ministre et biographe Alain Peyrefitte dans *C'était de Gaulle* (1994) et fait l'objet de controverse.

terme qui devait pourtant entraîner des conséquences à
très long terme. Chaque pays se lança dans une fuite en
avant visant à rattraper ses erreurs, prenant des décisions
politiques majeures dans l'improvisation la plus totale.
Partout, le débat suivit la même évolution au fil des ans.
Les prévisions des années 1950 s'étaient avérées fausses,
il en alla de même pour celles des décennies qui s'ensui-
virent. Les estimations des effectifs à venir, sans commune mesure avec les chiffres réels, témoignaient dans
tous les pays d'un décalage qui ne se résorbait jamais.
Si les statistiques gouvernementales racontaient une
histoire, les peuples européens en vivaient une autre.

Pour répondre aux inquiétudes de l'opinion, les
Gouvernements et les principaux partis politiques parlèrent de contrôler l'immigration. Parfois, ils se retrou-
vaient piégés, pris dans la surenchère, voulant paraître
plus fermes que leurs adversaires sur la question. Mais
les années passaient, et il apparaissait progressivement
que tout ceci n'avait été qu'un discours électoraliste, un
piège à électeurs. Le fossé entre l'opinion publique et la
réalité politique commença à ressembler à un gouffre,
creusé par d'autres facteurs encore que le manque de
volonté ou la surdité aux inquiétudes du peuple. Peut-
être que rien n'était fait pour inverser la tendance parce
qu'au fond personne au pouvoir ne pensait que c'était
encore possible. Si tel était le cas, cette vérité politique
ne pouvait pas être formulée telle quelle. Personne ne
saurait être élu sur un tel programme, et c'est ainsi que
partout en Europe s'installa la figure traditionnelle du
politicien qui parle et fait des promesses, dont il sait
pertinemment qu'elles sont irréalisables.

Peut-être est-ce pour ces raisons que l'hostilité devint la réaction la plus commune envers ceux qui s'inquiétaient de cette réalité nouvelle, même si leur inquiétude était largement partagée. Plutôt que d'évoquer les préoccupations de l'opinion, les politiques et la presse commencèrent à l'accuser tous azimuts. Ce n'étaient pas seulement les reproches de « racisme » ou de « xénophobie » qui lui étaient lancées au visage. On avait également recours à quelques manipulations qui visaient à faire systématiquement diversion, et qui en vinrent d'ailleurs à remplacer l'action. C'est ce qui avait été à l'œuvre dans l'affaire du recensement de 2011, tout comme l'exigence que les gens « passent à autre chose ».

Dans un article intitulé « Ne nous attardons pas sur l'immigration, semons plutôt les graines de l'intégration », le maire de Londres de l'époque, le conservateur Boris Johnson, réagit au recensement en déclarant : « Il n'y a rien que nous ne puissions faire maintenant, si ce n'est rendre le processus d'intégration aussi efficace que possible[1]. » Sunder Katwala, du think tank de gauche British Future, évoqua le recensement de la même manière, considérant que : « La question de savoir si on veut que cela arrive suppose qu'on ait le choix et qu'on puisse dire "je ne veux pas de cette diversité". » Chose qui selon lui n'était pas possible : « Nous sommes en plein dedans, c'est inévitable[2]. »

---

1. Boris Johnson, « Let's not dwell on immigration but sow the seeds of integration », *The Telegraph*, 17 décembre 2012.
2. Sunder Katwala, citation tirée de « Census shows rise in foreign-born », BBC News, 11 décembre 2012.

Peut-être avaient-ils tous deux raison de dire à voix haute ce qu'auraient dû exprimer les hommes politiques. Mais ces remarques résonnaient étrangement, par la froideur dont elles témoignaient. Tout d'abord, elles manifestaient au minimum de l'indifférence pour ceux qui refusaient de « passer à autre chose », qui n'aimaient pas les mutations qui affectaient leur société et ne les avaient jamais voulues. En fait, il semble que ni Johnson ni Katwala n'aient vraiment pris la mesure de la colère de l'opinion, révoltée par l'importance des décisions que prenait le corps politique, décisions qui allaient à l'encontre de la volonté populaire. Aucun des deux n'avait paru comprendre que leur discours était profondément antidémocratique. Non seulement ils faisaient comme si l'histoire était achevée, alors qu'elle était en train de s'écrire, mais ils avaient préféré s'adresser à une minorité active, voire activiste, plutôt qu'à la majorité que constituaient les électeurs.

Le mois même où l'on avait exhorté le peuple britannique à « passer à autre chose », un sondage de YouGov révéla que 67 % de l'opinion publique britannique considérait l'immigration des dix dernières années comme « une mauvaise chose pour la Grande-Bretagne ». 11 % seulement des sondés estimaient qu'elle avait été « une bonne chose[1] ». Les électeurs de chacun des trois grands partis se rejoignaient sur ce constat. Depuis, sondage

---

1. Sondage YouGov pour *The Sunday Times*. Travail de terrain les 13 et 14 décembre 2012. Disponible sur http://cdn.yougov.com/cumulus_uploads/document/wohvkihpjg/YG-Archive-Pol-Sunday-Times-results-14-161212.pdf.

après sondage, la réponse reste constante. En plus de faire de l'immigration leur préoccupation numéro un, une majorité d'électeurs britanniques considèrent que ses effets sont négatifs sur les services publics et le logement notamment, qu'elle provoque une surpopulation et qu'elle érode l'identité nationale.

Bien sûr, les incitations politiques à « faire preuve de discernement » et à ne pas « stigmatiser » laissent penser que les politiciens, trop heureux d'avoir pu se sortir indemnes de leurs erreurs, se sentaient prêts – avec de tels mots d'ordre – à reproduire exactement les mêmes erreurs. En 2012, les dirigeants des principaux partis de Grande-Bretagne ont reconnu que l'immigration était trop élevée. Pourtant, malgré ce constat, ils ont continué à marteler que les gens devaient « passer à autre chose ». Aucun d'entre eux ne proposa de politique claire – ni efficace, comme le montra la suite – pour modifier le cours des choses. Les études d'opinion montrent que l'échec de la gestion de l'immigration est une des principales causes de la rupture de confiance entre les électeurs et leurs représentants politiques.

La classe politique n'était pas la seule à ne pas pouvoir répondre aux inquiétudes de la population. Le soir de l'annonce des résultats du recensement de 2011, l'émission vedette de débat de la BBC Newsnight organisa un débat : les trois quarts des participants se montrèrent enchantés des résultats du sondage, disant n'y lire aucun motif d'inquiétude. À cette occasion, le philosophe A. C. Grayling, lui-même immigré célèbre, originaire de Zambie, déclara en découvrant le recensement : « Je pense que c'est une chose très positive, c'est un événement qu'il faut fêter. » La critique et dramaturge Bonnie Greer, elle aussi immigrée, originaire des États-Unis, partagea cet avis et affirma, tout comme Boris Johnson, qu'« on ne pouvait plus arrêter ce mouvement[1] ». Tout au long du débat, ce fut donc l'air du temps qui prévalut. Peut-être que si la tentation « d'aller dans le sens du courant » est si forte, c'est que le prix à payer pour rompre le consensus est particulièrement élevé. Qu'on émette un avis discordant dans une discussion sur le budget, on peut se retrouver accusé d'être ignorant en économie, ou de mal interpréter l'opinion publique. Mais qu'on acquiesce, au sujet de l'immigration, à l'opinion majoritaire, qu'on le fasse savoir publiquement, et là, on risque sa réputation, sa carrière et son emploi.

Dans le beau consensus du studio de Central London, on pouvait déplorer l'absence de l'opinion, de tous ces gens qui depuis leur salon suivaient le débat, de cette majorité qu'on ne voulait pas vraiment voir s'exprimer dans l'espace public. Les bienfaits de l'immigration sont faciles à évoquer : les approuver, c'est exprimer des valeurs d'ouverture et de tolérance. Néanmoins, reconnaître ou, pire encore, exposer les méfaits de l'immigration, c'est susciter des accusations à peine voilées d'étroitesse d'esprit, d'intolérance, de xénophobie, voire de racisme. Tout ceci empêche la majorité de la population de s'exprimer.

En effet, même si on croit, comme la plupart des gens, qu'une immigration modérée est profitable et

---

1. BBC Newsnight, 11 décembre 2012.

qu'elle peut enrichir un pays, cela ne signifie pas qu'un pays se porte d'autant mieux que l'immigration y est importante. Cela ne signifie pas non plus – indépendamment de ses avantages – que l'immigration ne présente aucun aspect négatif, aspects qu'il devrait être possible d'exprimer sans s'attirer des accusations de racisme. En effet, le bénéfice qu'apporte l'immigration à une société n'est pas proportionnel à son importance quantitative. S'il est possible de louer l'immigration de masse comme facteur de notre enrichissement collectif, il devrait être aussi possible d'expliquer que ce processus nous a également appauvris sur un autre plan, notamment en introduisant ou en réintroduisant dans nos sociétés des problèmes culturels que nous avions espéré ne plus jamais devoir affronter.

Au mois de janvier, avant que soient publiés les résultats du recensement de 2011, un gang de neuf musulmans – sept d'origine pakistanaise et deux d'Afrique du Nord – ont été condamnés à Old Bailey, à Londres, pour une affaire de proxénétisme impliquant des enfants âgés de 11 à 15 ans. À cette occasion, une des victimes, une fillette de 11 ans vendue dans le cadre de cet esclavage moderne, avait été marquée de l'initiale de son « propriétaire » et violeur : « M » pour Mohammed. Le tribunal entendit que Mohammed « l'avait marquée au fer rouge pour en faire sa propriété et pour s'assurer que les autres la reconnaissent comme telle ». Cela n'est pas arrivé aux confins de l'Arabie Saoudite ou du Pakistan, ni dans une de ces villes du Nord oubliées de tous et qui à la même époque avaient connu des affaires comparables. Cela s'est passé dans l'Oxfordshire, entre 2004 et 2012.

Personne ne peut affirmer que ceux qui se livrent à des viols collectifs ou à des actes pédophiles sont exclusivement des immigrés. Pourtant, l'apparition de types particuliers de gangs pédophiles révéla – et l'enquête gouvernementale qui s'ensuivit le confirma[1] – des façons de penser et des comportements culturels spécifiques à certains immigrés. Ainsi, des conceptions de la femme, notamment de la femme non musulmane, des religions, des races et des minorités sexuelles, qui sont pour nous moyenâgeuses. La crainte d'être accusé de « racisme » pour dénonciation de ces faits, les quelques carrières qui, comme celle de Ray Honeyford (ils furent peu nombreux, mais leur action fut salutaire), avaient été publiquement détruites pour en avoir dit bien moins, explique qu'il ait fallu des années pour que ces faits éclatent au grand jour.

Tout ceci a terrorisé les populations, bien au-delà des studios de télévision. Les conséquences aussi sont allées bien au-delà. Ces affaires de viol collectif ont été jugées contre la volonté de la police locale, des travailleurs sociaux et des conseillers municipaux. Nombre d'entre eux étaient impliqués, pour avoir étouffé les crimes impliquant des gangs d'immigrés. Ils avaient eu peur d'être taxés de « racisme ». Les médias ont fait preuve de la même prudence, multipliant les euphémismes, comme pour tenter d'empêcher l'opinion publique de tirer ses propres conclusions. Ainsi, dans l'affaire de

---

1. L'analyse de Louise Casey dans le conseil de borough de Rotherham, 4 février 2015.

l'Oxfordshire, les gangs étaient-ils décrits comme « asiatiques » alors qu'ils regroupaient quasi exclusivement des musulmans d'origine pakistanaise. On ne mentionna que rarement dans les tribunaux, et encore moins dans la presse, que les victimes étaient choisies précisément parce qu'elles n'étaient pas musulmanes. Plutôt que d'accomplir leur travail avec courage et impartialité, la police, les journalistes et les procureurs se sont comportés comme si leur métier consistait à faire écran entre le public et les faits.

Naturellement, rien de tout ceci n'apparaît jamais dans une « discussion raisonnable » sur l'immigration. Évoquer les viols en bande organisée pendant un débat de la BBC consacré à l'immigration reviendrait à parler de bestialité sauvage dans un reportage consacré aux chatons. Seules les bonnes nouvelles ont droit de cité. Les mauvaises doivent être occultées, et ce ne sont pas seulement les aspects les plus violents de la question qui sont ainsi écartés, mais aussi les inquiétudes moins profondes, mais quotidiennes, les angoisses qui ne relèvent pas de la dénonciation virulente, mais de la nostalgie face au changement drastique qui affecte une société dans laquelle les gens ne se reconnaissent plus.

Ce qui est également gommé dans ces discussions consensuelles et confortables, ce sont les références à ce que nous appelions jadis « notre culture ». Comme toujours, au milieu des célébrations infinies de la diversité, il est de la plus grande ironie de constater que nul n'a plus le droit de se féliciter d'appartenir à la culture qui, précisément, a rendu possible cette diversité. Les réactions politiques et médiatiques au recensement de 2011 ont montré une fois de plus les différentes facettes d'une évolution profondément autodestructrice.

Certains prétendent même qu'après les dernières décennies qui ont profondément transformé l'Angleterre, « il n'y a rien de nouveau ». Ce discours est tenu dans toute l'Europe, mais en Angleterre, il se présente généralement ainsi : « L'Angleterre a toujours été le creuset des peuples et des classes sociales. En réalité, nous sommes une nation d'immigrés. » C'est par exemple ce que prétend le très consensuel ouvrage de Robert Winder, consacré à l'immigration. Publié pendant les années Blair, on y a souvent eu recours pour défendre les politiques du gouvernement. Le livre défend l'idée que « nous sommes tous des immigrés. Tout dépend de jusqu'où on remonte dans le temps ». Le livre avançait notamment l'idée que l'Angleterre avait toujours été une « nation bâtarde[1] ». En 2011, Barbara Roche avait elle aussi tenu ce genre de propos, lors d'un débat dans l'East End, à Londres : « Lorsque nous pensons à l'immigration ou aux migrations, il est tentant de penser qu'elles ne datent que du XIXe siècle. Je suis juive. Une partie de ma famille est arrivée à la fin du XIXe siècle. Je suis sépharade par ma mère, donc une autre partie de ma famille est arrivée bien avant cela. Mais on a tendance à penser que ce phénomène est récent, que s'il ne date pas du XIXe siècle, alors il date de l'après-guerre. Rien ne saurait être plus éloigné de la réalité. J'ai toujours pensé que l'Angleterre était

---

1. Robert Winder, *Bloody Foreigners: The Story of Immigration to Britain*, Little Brown, 2004, p. x et 2.

un pays d'immigrés[1]. » Bien sûr, Mme Roche a le droit d'y croire. Mais cela n'en fait pas une vérité.

Jusqu'à la seconde moitié du siècle dernier, l'Angleterre avait un taux d'immigration quasi négligeable. À la différence de l'Amérique, par exemple, l'Angleterre n'a jamais été une « nation d'immigrés ». Et bien qu'une poignée d'immigrés s'y soit installée de temps à autre, il n'existait pas de mouvement massif de population. En réalité, ce phénomène était si rare que lorsqu'arrivaient des migrants, on en parlait pendant longtemps. Quand on évoque aujourd'hui les flux migratoires vers le Royaume-Uni, on entend souvent parler des huguenots, ces protestants contraints de fuir les persécutions en France, et à qui Charles II avait offert un refuge en 1681. L'exemple des huguenots est très révélateur. Tout d'abord, malgré la proximité culturelle et religieuse entre protestants français et anglais de l'époque, il a fallu des siècles aux huguenots pour s'intégrer à la Grande-Bretagne, et nombreux sont ceux qui s'en revendiquent encore les descendants. L'ampleur de cette migration est tout aussi remarquable, ce qui explique pourquoi on la cite si fréquemment en exemple. On estime en effet que près de 50 000 huguenots sont arrivés en Grande-Bretagne après 1681, ce qui fut sans conteste un mouvement de grande ampleur à l'époque. Mais cette immigration est bien faible à l'échelle de celle qu'a connue l'Angleterre ces dernières années. Du début du

---

1. Barbara Roche parlant à TEDxEastEnd, mis en ligne le 3 octobre 2011, « The British story of migration », https://www.youtube.com/watch?v=_fMpxkHJRtk.

mandat de Tony Blair à nos jours, la Grande-Bretagne a accueilli tous les deux mois l'équivalent du contingent entier de huguenots qui s'était installé dans le pays. Et ces immigrés-là ne sont pas des protestants français. Un autre exemple souvent donné pour défendre la fiction de la « nation des immigrés » est celui des 30 000 Asiatiques ougandais, arrivés en Grande-Bretagne après qu'Amin Dada les a expulsés. Dans les mémoires britanniques, cet afflux exceptionnel suscite fierté et satisfaction, non seulement parce qu'il s'agissait d'un unique sauvetage, qui a concrètement sauvé des gens désespérés, mais aussi parce que les Asiatiques ougandais qui sont ainsi arrivés en Grande-Bretagne ont ensuite manifesté leur gratitude en contribuant à la vie publique. Dans les années qui ont suivi 1997, toutes les six semaines, 30 000 personnes ont afflué vers l'Angleterre.

Les flux de population de ces dernières années, avant même la crise migratoire européenne, ne sont en rien comparables à ce que nous avons connu, en termes de quantité, de qualité et de régularité. Malgré cela, prétendre que l'histoire a connu des épisodes similaires aux nôtres reste une manière très appréciée de masquer la réalité des faits. Cette affabulation a l'avantage de faire croire que les problèmes liés à l'immigration ne sont pas nouveaux et que nous les avons déjà surmontés par le passé. Elle présente, de façon erronée, les difficultés actuelles comme étant au fond normales. Mais cette révision du passé n'est qu'une des mises en scène possibles. Toute une série d'arguments, implicites ou explicites, visent ainsi à montrer que le pays d'accueil n'a pas de culture, ou que son identité et sa culture

COMMENT NOUS SOMMES DEVENUS ACCROS À L'IMMIGRATION

sont particulièrement fragiles, usées ou médiocres. On en conclut dès lors que sa disparition ne serait pas une grosse perte.

Bonnie Greer affirmait sur le plateau de *Newsnight* : « Formulée ou latente, il existe toujours cette certitude d'une identité britannique. Cela m'interpelle. Je pense qu'un des génies de la britannicité – du fait d'être britannique – est justement de ne pas avoir une conception de l'identité aussi solide, aussi forte que celle des Américains. » Il est difficile d'imaginer entendre ce discours dans un autre coin du monde, encore moins dans la bouche d'un immigré : notre culture a toujours été ainsi – elle n'a jamais vraiment existé. Si quelqu'un tenait ce genre de propos dans la ville de Chicago, où Greer est née, à plus forte raison sur une de ses chaînes de télévision, il ne serait certainement pas aussi bien accueilli que sur le plateau de *Newsnight*.

Des variantes plus crues de cet argument ont proliféré à l'époque de l'immigration de masse. En 2006, Channel 4 diffusait le documentaire *100 % English*. On y regroupait des Britanniques blancs, clairement considérés comme racistes, au milieu desquels se trouvait un collaborateur du cabinet de Margaret Thatcher, Norman Tebbit, pour les soumettre à des tests ADN. Les résultats étaient destinés à prouver que l'ensemble du panel était en réalité constitué d'« étrangers ». Tous les prétextes étaient bons pour exhiber triomphalement les résultats et en conclure immanquablement : « Vous voyez, nous sommes tous des étrangers, en réalité. Nul besoin, donc, de se soucier d'immigration et d'identité nationale. »

Encore une fois, nul n'aurait été suffisamment grossier pour oser se livrer à cette expérience sur un autre groupe témoin. Mais avec le peuple britannique, comme avec les autres peuples européens, prendre des gants n'est plus de rigueur. On cherche ici à faire face aux transformations de la société, non pas en s'y attaquant, mais en altérant le jugement des citoyens.

Il existe un autre type de raisonnement, plus violent encore. Certains vont en effet jusqu'à prétendre que nos sociétés méritent ce type de destruction. « Savez-vous ce que les Blancs ont fait ? demande-t-on. Et vous les Européens, en particulier ? Vous avez voyagé de par le monde, vécu dans des pays que vous avez pillés, en tentant de détruire leur culture. C'est leur vengeance. Ou bien le karma. » Le romancier Will Self (actuelle-ment professeur de pensée contemporaine à l'université Brunel) déploya exactement cette stratégie sur la BBC, la semaine de la publication du recensement de 2011. Dans la principale émission de débat de la chaîne, *Question Time*, il déclara : « Jusqu'à la crise de Suez… beaucoup ont réduit l'identité britannique à la soumission des peuples noirs d'outre-mer, et au vol de leurs biens et du fruit de leur labeur. C'était une composante centrale de l'identité britannique, elle avait pour nom l'Empire britannique. Plusieurs membres de la classe politique ont récemment tenté de remettre cette idée au goût du jour, sans grand succès. »

Si on fait abstraction de la thèse selon laquelle il exis-terait à ce jour des hommes politiques soucieux de res-susciter l'Empire britannique, on entend surtout dans ce discours la voix sans fard de la vengeance. Prouvant par là que le ressentiment dépasse toute considération raciale ou religieuse, et qu'il peut aussi être appliqué à soi-même qu'aux autres, on nous suggère ici que l'Angleterre doit connaître un châtiment exemplaire pour expier ses actes passés. Les implications d'un tel raisonnement donnent le vertige. Car si ce raisonnement est, même partiellement, responsable de la transformation récente de notre pays, cela signifie que cette dernière n'est pas accidentelle, qu'elle n'est pas le fruit d'un certain laxisme au contrôle de nos frontières, mais bien le résultat d'un acte de sabotage national, froid et délibéré. Outre le problème des causes, cela pose une autre série de questions auxquelles nos politiciens refusent de répondre : combien de temps cela va-t-il encore durer ? Approchons-nous de la fin de cette transformation ? Ou n'en sommes-nous qu'au début ?

Le recensement de 2011 fournissait un prétexte extraordinaire pour régler enfin ces questions liées à l'immigration. Ce fut pourtant, comme toutes les occasions du même genre depuis la Seconde Guerre mondiale, une occasion ratée. Non seulement parce qu'aucune réponse satisfaisante n'a été proposée, mais aussi parce qu'aucune question pertinente n'a été posée. Par exemple, dans la marée d'autosatisfaction qui noya les problématiques en jeu, nul ne souleva celle-ci : si la désormais minoritaire communauté de « Britanniques blancs » de la capitale participait de la diversité (comme le clamait le représentant de l'ONS), en serait-il toujours ainsi ? Le recensement avait montré que certains quartiers londoniens manquaient déjà de « diversité ». Non pas parce qu'ils manquaient d'individus issus de l'immigration mais parce qu'il n'y avait plus assez de Britanniques pour « diversifier la diversité ».

Depuis le recensement de 2011, les arrivées de migrants en Grande-Bretagne ont continué à augmenter. Le fossé entre les statistiques officielles et la réalité ne cesse de se creuser. L'écart du simple au double entre le solde migratoire annuel officiel depuis 2011 (300 000 personnes) et le nombre annuel de nouveaux numéros d'assurance sociale (nécessaires pour travailler) en est un excellent indicateur. L'augmentation de la population au Royaume-Uni est désormais presque exclusivement due à l'immigration et au taux de natalité des communautés d'immigrés. En 2014, les femmes nées outre-mer représentaient 27 % de l'ensemble des parturientes en Angleterre et au pays de Galles, et 33 % des nouveau-nés avaient au moins un parent immigré, chiffre qui a doublé depuis les années 1990.

En se fondant sur les dynamiques démographiques actuelles, et sans nouvelle augmentation du nombre d'immigrés, les estimations les plus conservatrices de l'ONS indiquent que la population britannique passera de 65 millions d'habitants à 70 millions en l'espace de dix ans, atteindra les 77 millions d'habitants en 2050 et plus de 80 millions en 2060[1]. Mais cette estimation repose sur le postulat que l'immigration diminue. Si les taux enregistrés après 2011 restent les mêmes qu'aujourd'hui, la population britannique dépassera les

---

1. Projections principales de l'ONS, à partir des chiffres de 2014.

80 millions d'habitants dès 2040 et culminera à 90 millions d'habitants en 2060, soit une augmentation de 50 % par rapport à 2011.

Les prévisions démographiques sont particulièrement difficiles à établir, car de multiples variables peuvent les faire mentir. Mais parmi les universitaires sérieux, le changement du visage démographique du pays, du vivant même de la plupart des lecteurs de cet ouvrage, fait consensus, même dans l'hypothèse où l'immigration diminuerait. David Coleman, professeur de démographie à l'université d'Oxford, a ainsi montré à partir des évolutions actuelles que les personnes qui s'identifiaient comme « Britanniques blancs » dans le recensement de 2011 cesseront d'être majoritaires au Royaume-Uni au cours des années 2060. Néanmoins, il souligne que cela se produira plus tôt si les niveaux d'immigration actuels se maintiennent, et plus encore s'ils augmentent. Comme il l'explique, l'Angleterre sera alors devenue « méconnaissable pour ses habitants actuels[1] ».

Plutôt que de se réjouir de ces taux d'immigration, les choses seraient peut-être plus simples si les partisans de l'immigration de masse nous indiquaient les niveaux de « diversité » qu'ils aimeraient atteindre et leurs objectifs optimaux chiffrés. Un plafond à 25 % de Britanniques blancs à Londres – ou dans le pays au sens large – est-il un objectif ? Ou serait-ce plutôt 10 % ? Ou pas du tout ? Une dernière question, sans doute la plus difficile à poser,

---

1. Voir David Coleman, « Uncontrolled migration means Finis Britanniae », *Standpoint*, juin 2016, numéro 83.

pourrait être : quand ces « Britanniques blancs », si tant est qu'on leur donne la parole au vu de la gravité des fautes dont on les accuse, auront-ils le droit d'évoquer leur sort, voire de s'en plaindre ?

En l'absence de plan concret du gouvernement britannique pour empêcher cette évolution, il semble difficile d'enrayer ce processus. Non seulement parce que les Gouvernements successifs se sont montrés incapables d'anticiper ou de prévoir l'immigration depuis au moins soixante-dix ans, mais aussi parce qu'on continuerait à rejeter massivement ce plan. D'ailleurs les commentaires de Will Self recueillirent un tonnerre d'applaudissements sur la BBC, au moment où les résultats du recensement de 2011 avaient été publiés : « Ceux qui ont l'audace de s'opposer à l'immigration sont surtout des racistes... [applaudissements] pleins de haine envers autrui, et notamment envers ceux qui ont la peau noire ou foncée. » Nous en sommes aujourd'hui, et depuis longtemps, arrivés au point où les Britanniques blancs n'ont plus droit qu'au silence face à la transformation de leur pays. Il semble qu'on attende désormais d'eux qu'ils continuent à se déliter dans le silence et la bonne humeur, qu'ils continuent à accepter les moqueries et la disparition de leur pays : « Tournez la page. Il n'y a rien de nouveau. Vous étiez très méchants. Maintenant vous n'êtes plus rien. »

En observant les faits, il est impossible de ne pas relever la tonalité hargneuse des réponses qu'apportent les politiciens et autres experts aux inquiétudes du peuple britannique, et en particulier à celles qu'expriment les classes ouvrières et moyennes. Peut-être un jour l'ère du « Taisez-vous et acceptez ! » touchera-t-elle à sa fin, avec des répercussions difficilement imaginables aujourd'hui. Mais en attendant, si le moindre politicien voulait prévenir cette éventualité et se livrer à un acte de contrition, il ne pourrait faire mieux que de retourner à l'origine du problème. Il pourrait, par exemple, s'intéresser aux propos tenus ces dernières années par des électeurs blancs des classes moyennes et ouvrières, propos décriés comme autant de clichés, et les comparer aux déclarations des dirigeants des grands partis politiques. Pendant toutes ces années, malgré les insultes et l'indifférence à leurs inquiétudes, les électeurs blancs moyens n'avaient-ils pas raison de dire qu'ils étaient en train de perdre leur pays ? Que vous considériez qu'ils aient eu raison de penser cela ou non, que vous pensiez qu'ils auraient dû le dire différemment, ou qu'ils auraient dû accepter plus ouvertement le changement, il faudra à un moment donné que chacun prenne du recul et comprenne que ces voix, diabolisées et méprisées, s'avèrent être les plus proches de la vérité.

CHAPITRE III

Les excuses que nous nous sommes trouvées

À la fin du xxe siècle et au début du xxie siècle, les gouvernements européens ont engagé des politiques d'immigration de masse sans l'assentiment du peuple. Néanmoins des mutations aussi considérables ne peuvent être imposées à une société contre sa volonté sans qu'une série d'arguments soit mise en place pour les lui faire accepter. On a donc servi aux Européens des arguments très divers, allant de la leçon de morale au discours technocratique, qui évoluaient au gré des courants politiques et des besoins. À titre d'exemple, on a souvent prétendu qu'une immigration de cette ampleur apportait à notre pays des bénéfices économiques, qu'une « société vieillissante » exigeait une augmentation de l'immigration, que l'immigration rendait nos sociétés plus cultivées et plus intéressantes et que, même si tout ceci ne se vérifiait pas, la mondialisation rendait de toute façon l'immigration inévitable.

Ces justifications ont eu tendance à s'entremêler, à se substituer les unes aux autres, si bien que, dès qu'une d'entre elles vacillait, d'autres venaient la remplacer. On commence souvent par avancer l'argument économique, mais l'argument moral peut également faire l'affaire. Si l'immigration de masse ne vous enrichit pas, elle fera au moins de vous quelqu'un de bon. Et si elle ne fait pas de votre pays un pays plus élevé moralement, au moins l'enrichira-t-elle. Au fil du temps, chacun de ces arguments a trouvé des bataillons de zélotes déterminés à prouver leur vérité. À chaque fois, les arguments font suite aux événements, au point de donner l'impression que ces justifications sont établies a posteriori, afin de donner sens à des effets qui de toute façon se sont déjà produits.

L'économie

Au fil des dernières années, la recherche s'est essayée à prouver que la mutation sociétale de l'Europe d'aujourd'hui enrichissait significativement le continent. C'est en fait le contraire. Tous ceux qui vivent dans un État providence au XXIe siècle peuvent le constater. Les Européens, qui ont financé ce système toute leur vie, savent que l'État providence moderne permet d'obtenir des services (quand vous tombez malade, êtes au chômage ou atteignez l'âge de la retraite) parce que vous avez cotisé pour ce système pendant toute votre vie active. Certaines personnes l'auront certes peu financé, mais leur nombre sera compensé par celui des gens qui de leur côté en auront peu profité.

Il est évident qu'une famille qui arrive en Europe et qui n'a jamais participé à ce système va avoir besoin d'un certain laps de temps avant d'avoir suffisamment cotisé pour financer les aides au logement, à la scolarisation, les allocations et autres avantages reçus de l'État providence. De la même manière, il est évident pour toute personne intégrée dans le monde du travail, surtout dans ses secteurs les plus modestes, qu'un marché fermé ne fonctionne pas de la même manière qu'un marché capable d'intégrer une force de travail non qualifiée, venue des quatre coins du monde. Bien que dans la perspective de l'employeur, il soit évidemment très avantageux d'importer en masse des travailleurs bon marché, il est également évident que dans un marché du travail très ouvert, ceux qui occupent le bas de la pyramide sociale seront remplacés dans leurs emplois par des gens venus de pays où les salaires sont bien moins élevés, et qui seront prêts à travailler à moindre coût.

D'autres aspects du problème sautent aux yeux. Le Royaume-Uni, par exemple, souffre depuis plusieurs années du manque de logements. De vastes secteurs de la « Green Belt » (la « ceinture verte » qui entoure les grandes agglomérations anglaises) doivent être bétonnés pour compenser le manque de logements, qui s'est traduit en 2016 par le projet d'en construire 240 000 par an – soit près d'un nouveau logement toutes les deux minutes... Prenant en compte l'augmentation du nombre de personnes qui vivent seules, ce chiffre de 240 000 logements par an nous est présenté comme une donnée nécessaire. Mais ce n'est pas le cas. Si on doit construire toutes ces nouvelles habitations, c'est pour héberger l'ensemble des personnes arrivées en Angleterre chaque année. Dans les faits, si l'immigration se maintient, le Royaume-Uni devra bâtir tous les ans une ville de la taille de Liverpool. Mais bien sûr, l'offre n'est pas à la hauteur de la demande. De même pour les places d'école. Le manque de places dans les écoles de Grande-Bretagne n'est pas une légende urbaine, ce n'est pas non plus la conséquence d'une hausse de la natalité chez les habitants du Royaume-Uni. C'est le fait des nouveaux arrivants, qui doivent envoyer leurs enfants à l'école. En 2018, on estime que 60 % des municipalités manqueront de places à l'école primaire. Le service national de santé connaît lui aussi des tensions (et dépense plus de 20 millions de livres sterling par an, uniquement pour payer les traducteurs), comme tous les autres services publics.

Parce que de telles choses sont évidentes, il faut un effort concerté pour pouvoir dire qu'elles sont fausses. Le rapport du gouvernement Blair qui initia la vague d'immigration de masse en est un. « Migration : une analyse économique et sociale[1] » fut publié en 2000 comme une coproduction de « l'unité d'analyse de l'économie et des ressources du Home Office » et de « l'unité sur l'innovation et la performance du cabinet » (même ces noms semblent avoir été conçus pour abrutir d'éventuels adversaires et endormir leur méfiance). Ces deux entités, composées de partisans de l'immigration de masse, avaient la ferme intention de fournir « des armes intellectuelles » aux ministres, afin qu'ils puissent fonder leur discours politique.

---

1. « Migration: an economic and social analysis », Home Office Economics and Resource Analysis Unit et Cabinet Office Performance and Innovation Unit, novembre 2000, https://www.gov.uk/government/uploads/system/uploads/attachment_data/file/61131/migrationreportnov2000.pdf.

Parmi les déclarations de ce rapport fondateur, on trouve l'idée « que les migrants n'ont globalement qu'un effet mineur sur les salaires ou sur l'emploi ». Pour le démontrer, un des artifices consiste à présenter la présence exceptionnelle des migrants comme étant en fait normale, tout en soulignant « qu'il existe peu de preuves établissant que les travailleurs autochtones sont handicapés par l'immigration ». Le rapport continue ainsi : « L'entrepreneuriat et le travail en free-lance semblent également être particulièrement répandus chez les immigrés (et encore davantage chez les immigrés vivant au Royaume-Uni). *Le Figaro* a en effet estimé que 150 000 entrepreneurs français sont partis au Royaume-Uni depuis 1995, grâce au tunnel sous la Manche qui a facilité les déplacements. Ils y ont développé des start-up spécialisées dans les nouvelles technologies et Internet.

Après des décennies d'immigration en provenance du tiers-monde, présenter l'entrepreneur français qui travaille dans la haute technologie comme le migrant de base requiert un degré de mauvaise foi conséquent. La plupart de ceux qui sont venus en Grande-Bretagne après la Seconde Guerre mondiale n'étaient pas hautement qualifiés, mais plutôt peu éduqués, issus de sociétés pauvres : c'était d'ailleurs là la raison qui les poussait à tenter leur chance au Royaume-Uni. Parmi ceux qui avaient des qualifications, nombreux furent ceux qui ne les virent pas reconnues par leur pays d'accueil et qui durent repartir à zéro. Mais la seule manière de présenter les migrants comme des contributeurs, non pas égaux mais supérieurs à ceux qui travaillent déjà et paient leurs impôts en Grande-Bretagne, consiste à ne prendre en considération que les plus éduqués d'entre eux, originaires de pays développés. Le cliché du « migrant moyen » comme aubaine économique pour le pays ne fonctionne que si les exceptions sont présentées comme étant la règle.

Tous les efforts consacrés à la défense du bilan économique de l'immigration de masse s'appuient sur ce tour de passe-passe. Au rang des personnes qui y ont eu recours, on trouve la commissaire européenne Cecilia Malmström et le représentant de l'ONU Peter Sutherland. Dans un rapport de 2012, ils laissaient entendre qu'à moins que l'Europe n'ouvre ses frontières à une immigration de masse, « les entrepreneurs, les immigrés à haut potentiel et les docteurs » partiraient pour « le Brésil, l'Afrique du Sud, l'Indonésie, le Mexique, la Chine ou l'Inde », laissant l'Europe s'enfoncer dans la pauvreté[1].

Une des rares études sur cette question a été publiée par le centre pour la recherche et l'analyse des migrations de l'University College of London (UCL). Cette étude a été largement relayée. En 2013, le centre a publié une ébauche de travail de recherche intitulée « Les effets fiscaux de l'immigration au Royaume-Uni ». Cette ébauche (plutôt que le rapport final) fut massivement reprise par les médias. La BBC, comme s'il s'agissait d'une nouvelle brûlante, l'a mise en avant,

---

1. Peter Sutherland et Cecilia Malmström, « Europe's migration challenge », Project Syndicate, 20 juillet 2012.

choisissant comme gros titre : « Les récents immigrés au Royaume-Uni apportent une contribution positive ». Le reportage prétendit que loin d'être les fardeaux du système, les « immigrés récents » apportaient une contribution financière « particulièrement élevée[1] ». Reprenant le communiqué de presse de l'UCL, lui-même extrêmement positif, le média national se focalisa sur l'affirmation que les « vagues récentes d'immigrés », c'est-à-dire ceux qui étaient arrivés au Royaume-Uni depuis 2000 et qui avaient donc fortement augmenté la population britannique née à l'étranger, avaient « rapporté bien plus d'impôts qu'ils n'avaient reçu de subventions[2] ».

L'étude affirmait encore que les immigrés, loin d'être un poids pour le contribuable, présentaient en réalité « moins de risque » d'être un poids financier pour l'État que les autochtones du pays où ils s'étaient installés. Elle prétendait aussi, en les comparant aux Britanniques de souche, qu'il était moins probable que les récents immigrés aient besoin d'un logement social, tout comme il était 45 % moins probable qu'ils aient besoin d'allocations sociales ou de crédits d'impôt. Il ne fait aucun doute qu'une grande partie de l'opinion publique fut stupéfaite par ces affirmations, se demandant comment les Somaliens, les Pakistanais et les Bangladais avaient réussi à injecter autant d'argent dans les comptes publics.

---

1. Voir par exemple « Recent immigrants to UK make net contribution », BBC News, 5 novembre 2013.
2. Pr Christian Dustmann et Dr Tommaso Frattini, « The fiscal effects of immigration to the UK », University College of London, Centre for Research and Analysis of Migration, 27 novembre 2013.

Mais cette étude avait été menée en usant des manipulations habituelles. Elle avait présenté les immigrés les plus riches et issus des cultures les plus proches comme des immigrés types. En effet, l'étude de l'UCL portait son attention sur les « immigrés hautement éduqués » et plus particulièrement sur les immigrés de la zone économique européenne : l'UE ainsi que la Norvège, l'Islande et le Liechtenstein. L'ébauche du rapport soulignait que ces immigrés payaient 34 % d'impôts de plus que ce qu'ils percevaient en subventions, alors que les Britanniques autochtones payaient 11 % de taxes en moins que ce qu'ils percevaient. Toute personne qui mettrait en doute les bénéfices financiers de l'immigration de masse se voyait brutalement opposer l'exemple des résidents riches du Liechtenstein, mutés à Londres pour raisons de travail.

En se penchant sérieusement sur cette ébauche de rapport, on y découvrait une réalité bien différente de celle véhiculée par les médias, et même par les établissements universitaires qui l'avaient produit. En effet, bien que les propres estimations de l'institut affirment que les « immigrés récents issus de la zone économique européenne entre 2001 et 2011 ont rapporté près de 22 milliards de livres à l'économie britannique », l'impact fiscal de l'ensemble des immigrés, toutes origines confondues, dessinait une tout autre réalité. En effet, les « récents » arrivants issus de la zone économique européenne formaient la seule communauté immigrée dont on pouvait parler en des termes élogieux. Cet artifice écarté, les recherches montraient simplement que les immigrés non originaires de la zone économique européenne avaient absorbé près de 95 milliards de livres sterling de services supplémentaires par rapport à leur contribution. Ce qui signifiait qu'en considérant la période 1995-2001 et en prenant en compte l'ensemble des immigrés (et pas seulement ceux qui avaient été triés sur le volet en fonction de leur rentabilité), selon les propres chiffres des chercheurs, les immigrés du Royaume-Uni avaient reçu bien plus qu'ils n'avaient rapporté. L'immigration massive, en d'autres termes, avait notablement appauvri le pays pendant la période étudiée.

Après quelques critiques sur sa méthodologie, sa manière de fausser ou d'effacer des données cruciales, l'institut publia l'année suivante ses résultats intégraux. À ce moment, et en prenant en compte ses propres données, les résultats étaient encore plus parlants. Le rapport complet montrait que le chiffre précédent de 95 milliards de livres sterling sous-estimait encore le coût de l'immigration au Royaume-Uni. En réalité, les migrants sur la période 1995-2001 avaient sans doute coûté au Royaume-Uni 114 milliards de livres sterling, voire 159 milliards. Il va sans dire que cette découverte ne fit pas la une et que personne n'attira l'attention du public par un titre choc du type « Les immigrés récents au Royaume-Uni ont coûté au contribuable britannique plus de 100 milliards de livres ». Comment aurait-il pu en être autrement, alors que la découverte centrale de l'étude ne fut même pas intégrée aux conclusions du rapport lors de sa publication[1] ?

---

1. Pr Christian Dustmann et Dr Tommaso Frattini, « The fiscal effects of immigration to the UK », *The Economic Journal*, vol. 124, issue 580, novembre 2014. Voir particulièrement le tableau 5.

Dès qu'on parle d'immigration, l'administration de la preuve se pratique ainsi. Il en va de même pour la rétro-ingénierie. Pour réaliser son rapport des années 2000 sur l'immigration, le gouvernement britannique fit appel à deux universitaires, connus pour être favorables à l'immigration de masse, Sarah Spencer et Jonathan Portes. Ils devaient fournir la justification des mesures que des politiciens comme Barbara Roche souhaitaient mettre en place. Pour ces travaux, les standards habituels de la rigueur universitaire ne s'appliquaient pas. Dès lors qu'on souhaitait établir un fait, on trouvait une « preuve » pour le justifier. Dès lors qu'une situation jugée indésirable existait, il suffisait donc de dire « pas de preuve », ou simplement « preuve non confirmée ». Dans la catégorie des « preuves non établies », on trouvait l'hypothèse selon laquelle les « fortes concentrations d'enfants migrants ne maîtrisant pas l'anglais comme langue maternelle pouvaient mettre les écoles sous pression » et que « ceci inquiétait les parents ». Ces preuves n'étaient même pas « non confirmées », mais tout simplement reléguées au rang d'anecdotes. On ajoutait que l'immigration de masse ne « pouvait augmenter la pression sur les marchés du logement, des transports et d'autres infrastructures, exacerber la surpopulation et l'engorgement » qu'« en théorie ». La réalité, voulait-on ainsi suggérer, n'avait rien à voir avec ces angoisses. Comment pouvait-on imaginer en effet qu'un afflux massif de gens implique de construire des maisons ?

Ces découvertes étaient fort peu surprenantes de la part d'auteurs notoirement favorables à l'immigration de masse, considérée comme un bien en soi. Mais parce que leur travail se présentait comme une analyse économique des bienfaits de l'immigration, il reflétait en réalité le changement majeur à l'œuvre, et surtout, il l'encourageait. Pour défendre la cause de l'immigration de masse, les auteurs soutenaient que les enfants des immigrés permettaient une « plus grande diversité dans les écoles britanniques ». Toutes les inquiétudes des travailleurs britanniques furent balayées d'un revers de main. Il n'existait par exemple « pas de preuve que les travailleurs autochtones soient désavantagés » par cette immigration de masse. En réalité, les « migrants n'auraient aucun effet sur les perspectives d'emploi des autochtones ».

L'entrée sur la scène publique de personnalités comme Spencer et Portes, venus des tréfonds du monde universitaire et propulsés à Whitehall, donna à leurs opinions un vernis de respectabilité, mais surtout la caution du Gouvernement. Après la publication de ce rapport, des ministres comme Roche disposaient d'un point d'appui pour vanter les incontestables bienfaits économiques de l'immigration de masse. Si quiconque se demandait pourquoi le Parti travailliste laissait sciemment libre cours au torrent migratoire, il avait la réponse : c'était en partie grâce au travail de sape mis en œuvre par les rapports comme celui-ci.

Quels que soient ses autres aspects positifs, les bienfaits économiques de l'immigration ne retombent en réalité quasiment que sur le migrant lui-même. Ce sont les immigrés qui ont accès aux infrastructures publiques pour lesquelles ils n'ont pas payé au préalable. Ce sont les immigrés qui bénéficient d'un salaire plus élevé que celui qu'ils pourraient atteindre dans leur pays d'origine. Et très souvent, l'argent qu'ils gagnent, ou du moins une bonne partie de cet argent, est envoyé à leur famille, résidant hors du Royaume-Uni, plutôt que d'être réinjecté dans l'économie locale. Les médias, qui affirment que l'immigration de masse nous enrichit tous et que nous profitons d'une vague de richesse créée par l'immigration, oublient un point essentiel. Même si le PIB d'un pays croît – comme cela doit être le cas avec une population active en constante augmentation – les individus n'en tirent pas nécessairement de bénéfice. Il faudrait pour cela que le PIB per capita augmente. Or, il n'existe aucune preuve que l'immigration de masse agisse là-dessus. C'est pourquoi, une fois cet argument invalidé, les défenseurs de l'immigration de masse se mirent en quête d'autres justifications.

Une population vieillissante

Si l'argument économique justifiant l'immigration de masse n'est rien d'autre qu'un mirage électoraliste, les autres justifications invoquées prennent plutôt l'allure d'une menace. Ces arguments soulignent le vieillissement des Européens, qualifient l'Europe de société « aux cheveux blancs » et présentent l'immigration comme nécessaire. Sans elle, notre société ne disposerait plus d'un nombre suffisant de jeunes actifs pour permettre aux seniors de conserver leur train de vie.

C'est un des arguments avancés par la commissaire européenne Cecilia Malmström et par le représentant de l'ONU Peter Sutherland, deux éminentes autorités internationales, partisanes de l'immigration de masse. En 2012, ils défendirent l'idée que « le vieillissement de la population de l'Europe est sans précédent historique. Le nombre de travailleurs y déclinera d'un seul coup : nous pourrions avoir perdu un tiers de notre population d'ici quarante ans, ce qui aura de sérieuses conséquences sur le modèle social européen, la vitalité de nos villes, nos capacités d'innovation, notre compétitivité et un impact sur les relations intergénérationnelles, au moment où les personnes âgées deviendront extrêmement dépendantes des jeunes. Et alors que l'histoire nous apprend que les pays qui acceptent l'énergie et le dynamisme de nouveaux venus sont capables de tirer leur épingle du jeu dans la compétition internationale, l'Europe prend le chemin inverse en fermant ses frontières[1] ». Pour faire face à ces défis, concluaient-ils tous deux, il faut importer la prochaine génération d'outre-mer. Avant de démontrer que cette argumentation ne tient pas la route, il convient de reconnaître la petite part de vérité qu'elle contient.

Pour qu'une population conserve un effectif stable, une société doit avoir un taux de fécondité de 2,1 enfants par femme. Cela signifie que chaque couple devrait avoir 2,1 enfants, pour maintenir la croissance de la population autochtone. Ces deux dernières années, le taux de fécondité en Europe est tombé bien en deçà de ces seuils. Le taux de fécondité du Portugal, par exemple, n'était que de 1,23. Si ce taux n'est pas redressé, la population

---

1. Peter Sutherland et Cecilia Malmström, « Europe's migration challenge », art. cit.

sera divisée par deux à la prochaine génération. À l'aube du nouveau millénaire, il n'y avait pas un seul pays européen dont le taux de fécondité eut atteint le palier crucial de 2,1. Certains, et notamment l'Allemagne (à 1,38), étaient même tombés nettement en dessous[1].

Il est intéressant de rappeler qu'il fut un temps où les partis d'extrême gauche, et notamment les partis écologistes occidentaux, avaient l'habitude de militer pour la limitation démographique. Ils arguaient notamment, malgré l'arrière-goût amer que laissent ces propositions après la mise en place d'une politique de ce genre par la Chine, qu'afin d'atteindre « l'optimum de population » dans le monde, chaque couple devrait se limiter à n'avoir qu'un enfant. Les pays développés étaient alors invités à montrer l'exemple. Quand l'immigration en provenance du tiers-monde s'est envolée en Europe, on a pu incidemment noter que les écologistes avaient cessé de promouvoir la diminution de la population et de réclamer la restriction de la natalité. S'ils étaient disposés à demander aux Européens « blancs » de cesser de se reproduire, ils avaient une profonde réticence à exiger la même chose des migrants plus colorés. Néanmoins, penser que les Européens n'ont plus suffisamment d'enfants et que la prochaine génération doit en conséquence être composée d'immigrés est une erreur désastreuse, et ce pour plusieurs raisons.

---

1. Pour ceci et d'autres informations sur les taux de fécondité, voir Eurostat, « Total fertility rate, 1960-2014 » (naissances en vie par femme) (http://ec.europa.eu/eurostat/statistics-explained/index.php/File:Total_ferti-lity_rate,_1960%E2%80%932014_(live_births_per_woman)_YB16.png).

Tout d'abord, cette idée repose sur un axiome inexact : la population d'un pays devrait toujours rester stable, voire augmenter. Les États-nations d'Europe regroupent certains des pays les plus densément peuplés de la planète. Il n'est pas du tout évident que la qualité de vie dans ces pays augmente si la population continue à croître. En outre, lorsque les migrants arrivent dans ces pays, ils s'installent dans les grandes villes, et non dans les zones rurales faiblement peuplées. Donc, la Grande-Bretagne étant, avec les Pays-Bas et la Belgique, un des pays les plus peuplés d'Europe, elle serait à elle seule le deuxième pays le plus densément peuplé du continent[1]. Les migrants ne se dirigent que rarement vers les Highlands écossais ou les étendues sauvages du Dartmoor. L'augmentation constante de la population crée ainsi des problèmes de surpeuplement dans des zones qui souffrent déjà d'un déficit de logements et où les infrastructures, dont les transports publics, ont du mal à suivre. Si on se souciait de la qualité de vie des Européens, il faudrait se demander comment diminuer leur population, plutôt que de chercher à l'augmenter de manière substantielle.

Mais considérons que l'immigration soit nécessaire pour maintenir une démographie stable, si tel était le problème. Quand bien même nous admettrions l'idée qu'un pays particulier souhaite maintenir une population stable ou en lente augmentation, alors avant de faire venir des populations d'autres pays, il serait sans doute opportun de comprendre pourquoi notre propre

---

1. Eurostat.

peuple n'est plus aujourd'hui en mesure de faire suffisamment d'enfants. Est-ce parce qu'ils n'en veulent pas,
ou parce qu'ils en veulent mais qu'ils ne peuvent pas
en avoir ? Si la seconde hypothèse se confirme, alors la
question est de savoir si le Gouvernement peut encore
bâtir une société où les gens soient libres d'avoir autant
d'enfants qu'ils le souhaitent.

Les témoignages venant de la plupart des pays, y compris du Royaume-Uni, indiquent que si la population
autochtone est en dessous du seuil de renouvellement,
ce n'est pas parce que les gens ne veulent pas avoir
d'enfants. En réalité, les chiffres montrent le contraire.
En 2002, à un moment crucial de l'explosion migratoire
sous le gouvernement travailliste, une étude de population de l'ONS montrait que seules 8 % des femmes
britanniques ne souhaitaient pas avoir d'enfants. Et seulement 4 % d'entre elles ne désiraient avoir qu'un seul
enfant. L'aspiration la plus répandue chez les femmes
britanniques – à hauteur de 55 % – était d'avoir deux
enfants. 14 % voulaient trois enfants, 14 % quatre et
5 % en voulaient cinq ou plus, ce qui, si vous aspiriez
à une population stable ou en lente augmentation, permettrait largement de compenser les 8 % de femmes qui
ne voulaient pas d'enfants[1].

Pourquoi les Européens font-ils si peu d'enfants ? La
question a été évoquée au cours des dernières années,
aussi bien sous un angle biologique que sociologique.
Mais on oublie un élément qui parlera à beaucoup

---

1. ONS, « Population Trends », été 2002.

d'Européens. Dans la plupart de nos pays, un couple à revenus standards s'inquiète déjà d'avoir un seul enfant, se demande s'il en aura les moyens, notamment en cas de perte, même temporaire, d'un salaire dans le ménage. Avoir deux enfants entraîne encore plus d'inquiétudes et encore plus de soucis. Tous les Européens ou presque connaissent des couples qui ont des emplois stables et ne se sentiront pourtant jamais capables de financer un troisième enfant. En réalité, trois types de personnes seulement ont trois enfants ou plus – les riches, les pauvres et les immigrés de fraîche date. Chez les immigrés, particulièrement ceux qui viennent de pays du tiers-monde, le nécessaire pour les enfants, financé par l'État providence, surpasse tout ce qu'ils auraient pu avoir dans leur pays d'origine. Les Européens natifs, quant à eux, se soucient des places à l'école, de la pression démographique qui, dans leur quartier, fait monter le prix des loyers. Ils se soucient donc de la manière dont ils vont pouvoir entretenir un enfant, sans parler de trois ou quatre. Il est aussi possible qu'à l'opposé de Portes et Spencer, certains parents n'apprécient pas la « diversité » à tous crins des écoles de leur quartier et qu'ils désirent que leurs enfants soient éduqués parmi des gens du même horizon culturel. Cela signifie, surtout si ces parents vivent en centre-ville ou en banlieue, qu'ils voudront probablement acheter une maison dans un quartier habité par la classe moyenne, pour que leur enfant aille dans une école moins « diversifiée ». S'ils n'ont pas les moyens d'éduquer leurs enfants comme ils le veulent, ils sont nombreux à renoncer à avoir le nombre d'enfants souhaités.

L'incertitude quant à l'avenir du pays suscite chez les parents des hésitations à mettre au monde et à élever un enfant. Lorsque les gens sont optimistes, ils le sont aussi pour faire des enfants. En revanche, s'ils entrevoient un futur miné par les fragmentations ethniques et religieuses, ils se demandent s'ils veulent vraiment élever leurs enfants dans ce monde-là. Si les gouvernements européens sont réellement inquiets du déclin de la population, au point d'envisager l'installation de peuples venus d'ailleurs à la natalité plus dynamique, il serait sans doute bienvenu de leur part de mettre en œuvre certaines mesures, propres à encourager la procréation au sein de leur propre peuple. En Pologne, par exemple, le parti Droit et justice a récemment augmenté les allocations familiales pour améliorer la natalité locale et diminuer toute dépendance future à l'immigration. Les Gouvernements devraient a minima se demander si les politiques mises en œuvre aujourd'hui n'aggravent pas la situation.

La question du vieillissement se pose également. Il est exact que les peuples en Europe vivent plus longtemps aujourd'hui qu'à n'importe quel autre moment de leur histoire. À moins qu'une guerre ou une épidémie terrible ne surviennent, les avancées médicales devraient permettre à la génération future de vivre plus longtemps encore. Et bien sûr, si vivre longtemps apparaît comme un fardeau, un fléau pour la société, il faut garder en mémoire qu'il s'agit tout de même d'une bonne nouvelle pour la plupart des gens. Cela peut aussi s'avérer bénéfique pour la société en général, le respect pour l'expérience de l'âge contrebalançant notre obsession culturelle de la jeunesse. Le « fléau » d'une « population vieillissante » n'en est un que si on le décrit comme tel. Dans tous les cas, même en estimant que la longévité constitue une menace pour la société, il existe bien d'autres options que celle qui consiste à importer d'un autre continent la génération à venir.

Après la Seconde Guerre mondiale, on pensait qu'après la retraite, les gens n'auraient que quelques années à vivre. Aujourd'hui, on estime qu'ils ont encore deux décennies devant eux. La solution évidente pour relever ce défi économique consiste à augmenter l'âge du départ à la retraite : ainsi, les retraités n'obtiennent pas davantage de bénéfices sociaux et de pensions qu'ils n'en ont financés pendant leur période d'activité. Dans certains pays, cette mesure a déjà été prise. Par exemple, entre 2004 et 2010, l'âge moyen du départ à la retraite en Grande-Bretagne a augmenté d'un an (63-64 ans pour les hommes, 61-62 pour les femmes[1]). Il n'est bien sûr jamais facile d'engager ce processus. Après la crise financière de 2008 et les crises monétaires qui ont suivi en Europe, les citoyens grecs aussi ont vu l'âge de leur départ à la retraite augmenter. Avant cette mesure, certaines professions, figurant dans une longue liste quelque peu excentrique (coiffeurs, animateurs radio, etc.), permettaient de partir à la retraite dès 50 ans. Face aux réalités économiques, l'âge de départ a été repoussé dans le temps. Mais il est toujours possible que les Gouvernements, en quête de soutien populaire,

---

1. ONS, « Average age of retirement rises as people work longer », 16 février 2012.

refusent de plier devant la réalité économique. En 2010, le président français Nicolas Sarkozy s'est battu pour élever l'âge de départ à la retraite de 60 à 62 ans. Deux ans plus tard, son successeur, François Hollande, l'a ramené à 60 ans.

On trouvera toujours des gens pour protester contre le fait de travailler après 60 ans. Mais peut-être certaines personnes prendront-elles conscience qu'il est préférable de travailler plus longtemps dans une société qui leur est familière plutôt que de mourir dans une société où ils se sentent étrangers. Si certains estiment qu'il n'y a pas de travail pour la population active « vieillissante », cela appelle peut-être une réflexion sérieuse sur la manière dont il faut infléchir l'économie et améliorer la productivité des « seniors ». Dans un entretien accordé en 2012, la chancelière Merkel exposa de manière succincte le défi du continent : « Si l'Europe représente à l'heure actuelle à peine 7 % de la population mondiale, elle produit 25 % du PIB et doit financer 50 % des dépenses sociales. Il est donc évident que nous devrons travailler dur si nous voulons maintenir notre prospérité et notre mode de vie. Nous allons tous devoir cesser de dépenser plus que ce que nous gagnons annuellement[1]. »

Il y a plusieurs réponses possibles à ce problème, et aucune n'est simple. Mais la réponse la plus inutilement complexe consiste à importer en masse des

---

1. « Merkel warns on cost of welfare », *Financial Times*, 16 décembre 2012.

populations immigrées pour reconstituer la population active de la prochaine génération. En premier lieu parce que nous ne pouvons maîtriser tous les facteurs de l'immigration. L'immigration d'après-guerre a mis en scène des gens qui n'ont jamais fait ce à quoi on s'attendait. Même si les gouvernants européens croient savoir que la prochaine génération de migrants contribuera à l'économie nationale, il n'existe aucune preuve que leurs prédictions concernant les générations précédentes se soient jamais avérées exactes. Il existe également des facteurs prévisibles, dont on ne tient absolument pas compte, notamment le fait que les migrants, eux aussi, vieillissent. Bien que cela puisse surprendre nombre de leaders politiques, faire venir de vastes contingents de jeunes migrants ne résout pas le problème du vieillissement de la population, dans la mesure où les immigrés « grisonnent » à leur tour et où, une fois âgés, ils espèrent et méritent les mêmes droits que tout autre. La solution à court terme ici proposée va à long terme empirer les choses : le besoin de faire venir des populations immigrées, toujours plus nombreuses, sera constant, pour pouvoir, selon une logique pyramidale, maintenir le train de vie de gens âgés de plus en plus nombreux, train de vie auquel ils sont habitués.

Nous entendons partout dans les pays d'Europe dire qu'il y a des emplois que les jeunes Européens « refusent d'occuper ». C'est vrai, dans la mesure où les aides sociales rendent parfois plus avantageux le fait de rester au chômage que de s'épuiser à des tâches mal rémunérées. Mais cela vient aussi de l'éducation dispensée aux jeunes gens, qui les pousse à mépriser les emplois soi-disant sans intérêt et ingrats. C'est là une opinion extrêmement répandue dans la société. On estime, par exemple, qu'il faut faire venir des gens pour remplir les rayons des supermarchés (emploi devenu emblématique) parce que les Européens de souche ne veulent plus s'en charger. Pendant le débat du Brexit, un entrepreneur millionnaire europhile affirma que l'immigration en Grande-Bretagne était nécessaire parce qu'il ne voulait pas que sa fille devienne une « ramasseuse de pommes de terre[1] ». Outre le présupposé racial sous-jacent, selon lequel nous serions au-dessus de ces emplois tandis que d'autres peuples seraient faits pour ça, nous devrions nous demander pourquoi nos jeunes sont (si c'est bien le cas) « au-dessus » de ce genre de travail. Sommes-nous vraiment satisfaits de cette fin de non-recevoir ? De nombreux jeunes sont au chômage en Europe. Ils n'ont peut-être pas les compétences nécessaires pour occuper des postes très qualifiés. Pourquoi devrions-nous faire venir des gens pour occuper des postes peu qualifiés alors que nous disposons déjà de la main-d'œuvre nécessaire en Europe ?

Parfois, on défend l'immigration de masse en ce qu'elle maintiendrait le niveau de vie des retraités. Parfois en ce qu'elle éviterait aux jeunes gens les emplois dont ils ne veulent pas. Mais dans les deux cas, les solutions proposées ne sont qu'une fuite en avant qui aggravera les choses au fil des ans : on va devoir financer de plus en plus de retraités, tandis que de moins en moins de jeunes

---

1. Richard Reed, dans *The Daily Express*, 3 juin 2016.

accéderont à l'emploi. L'Europe a pris cette habitude et s'y enlise chaque année davantage.

La diversité

Les arguments les plus saisissants en faveur de l'immigration de masse dans les pays européens témoignent d'une capacité certaine à se réinventer sans cesse. Lorsque les plaidoyers économiques pro-immigration de masse sont remis en cause, les arguments culturels et moraux ne tardent pas à pointer le bout de leur nez. Sans faire la moindre concession, ses soutiens affirment : « Admettons que l'immigration de masse ne nous enrichisse pas financièrement : cela n'a aucune importance dans la mesure où elle nous enrichit d'autres manières. En fait, même si elle nous rend plus pauvres, ce que nous perdons d'un point de vue économique, nous le gagnons d'un point de vue culturel. »

Cette thèse repose sur l'idée que les sociétés européennes sont vaguement ennuyeuses et ternes, idée qui ne serait pas acceptée si facilement dans d'autres sociétés. Elle présuppose que le reste du monde n'a pas besoin d'être perfectionné par l'apport d'autres cultures, à la différence des cultures européennes, qui, elles, en tireraient bénéfice. C'est comme s'il existait un consensus selon lequel le cœur de l'Europe souffrirait d'un manque qui doit absolument être comblé, sous peine de nous laisser plus pauvres que nous n'étions. Les nouveaux venus apportent des cultures différentes, des modes de vie différents et des langues différentes et, bien sûr – exemple cité jusqu'à la nausée – une cuisine exotique, nouvelle et excitante.

Comme la plupart des arguments en faveur de l'immigration de masse, ce consensus comporte une part de vérité. Malgré la richesse déjà présente en Europe en matière de langues, de traditions et de cuisine, qui ne souhaiterait pas accroître sa connaissance du monde et de ses cultures ? Et si une autre culture ne veut rien apprendre du monde, alors n'en sera-t-elle pas plus pauvre ? Mais une telle thèse présente aussi des faiblesses. D'abord, le meilleur moyen de découvrir la terre et sa diversité reste de voyager à travers le monde, et non pas d'inciter le monde à venir ici pour y rester. Ensuite, postuler que la valeur des immigrés augmente en fonction de leur nombre reste discutable. Si quelqu'un s'installe dans une ville avec son propre bagage culturel, la ville bénéficiera de sa culture, mais il n'est pas certain que si une autre personne suit, la ville bénéficie doublement de ces apports et ainsi de suite à chaque nouvelle arrivée. La connaissance, les avantages qu'apporte la diversité culturelle n'augmentent pas en proportion du nombre de personnes qui appartiennent à cette culture. On prend souvent l'exemple de la nourriture pour contrer cet argument. Mais prenons l'exemple du plaisir que nous avons à manger turc : il n'augmente pas chaque année en fonction du nombre de Turcs qui affluent dans notre pays. Chaque contingent de 100 000 Somaliens, d'Érythréens ou de Pakistanais qui arrive en Europe ne multiplie pas par 100 000 l'enrichissement culturel du continent. Il est probable que l'Europe ait déjà appris tout ce qu'elle avait à apprendre de la cuisine étrangère, qu'elle ait pris tout ce qu'elle avait besoin d'y prendre et que, pour continuer à apprécier la nourriture indienne, il ne soit pas absolument nécessaire de faire venir davantage d'Indiens dans nos sociétés. Si défendre la « diversité » est une bonne chose, cela n'explique pas pourquoi dans la plupart des États, les immigrés proviennent majoritairement d'une poignée de pays. Si nous, Européens, aspirions passionnément à introduire de la « diversité » en Europe, après les premières décennies d'immigration de masse, il aurait été bienvenu de ne pas nous restreindre aux peuples des anciennes colonies, mais de nous ouvrir aussi aux pays que nous n'avons jamais colonisés et sur lesquels nous savons peu de chose.

Néanmoins, la valorisation de la « diversité » comme fondamentalement bénéfique masque d'autres éléments, plus difficilement acceptables aux yeux du grand public. Le document du New Labour paru en 2000 se voulait une analyse économique, mais un de ses auteurs s'est plutôt intéressé aux aspects sociaux de l'immigration. Dans un livre édité en 1994 et intitulé *Strangers and Citizens: A Positive Approach to Migrants and Refugees*, Sarah Spencer, du centre sur la politique migratoire et la société d'Oxford, écrivait : « Les jours où la notion d'allégeance était nécessaire à l'obtention de la nationalité britannique sont derrière nous[1]. » Avec ses coauteurs, elle affirmait aussi que l'État-nation s'était métamorphosé et que l'État moderne était devenu « une association

---

1. Sarah Spencer (éd.), *Strangers and Citizens: A Positive Approach to Migrants and Refugees*, Paul and Company, 1994, p. 340.

ouverte et formelle capable de s'accommoder de divers modes de vie » et que dans cet État, « la politique d'immigration doit être vue... également comme un moyen d'enrichir la diversité culturelle du pays[1] ». Un an plus tard, dans une autre publication, Sarah Spencer approuvait la citation selon laquelle : « Le concept traditionnel de nationalité n'a plus qu'une valeur symbolique », et elle ajoutait de sa plume : « Nous sommes des sociétés diverses aux identités entremêlées et nous ne sommes pas liés, ni ne pouvons l'être, par des valeurs universelles ou par des alliances particulières. Si nous devons être liés les uns aux autres, c'est par la jouissance partagée de droits et de responsabilités[2]. »

Elle proposait, du peuple ou de la nation, une conception radicalement nouvelle qui avait des implications profondes et, pour l'opinion publique, insoupçonnées. Sarah Spencer les soulignait en 2003 lorsqu'elle écrivait que « l'intégration » ne résulte pas de l'effort du migrant pour s'adapter à la société d'accueil mais plutôt d'un processus d'adaptation à double sens réalisé par le migrant et par la société d'accueil[3]. Si on explique aux gens qu'ils vont bénéficier de l'immigration, c'est une chose positive. Si on leur explique qu'ils vont devoir changer à cause de l'immigration, cela risque de moins bien passer. Et c'est pourquoi on prendra soin de ne souligner que les éléments positifs de l'échange.

1. *Ibid.*, p. 109.
2. Sarah Spencer, *Migrants, Refugees and the Boundaries of Citizenship*, IPPR pamphlet, 1995.
3. Sarah Spencer (éd.), *The Politics of Migration*, Blackwell, 2003, p. 6.

Mais ce plaidoyer pour l'immigration de masse au nom de la « diversité » soi-disant salutaire laisse de côté une question majeure, et jusqu'à récemment, complètement taboue. De même que chaque culture a des aspects positifs, chaque culture présente aussi des aspects plus déplaisants. Et si les points positifs peuvent être mis en avant, voire exagérés au début, il faut parfois que des années se passent avant qu'on puisse admettre l'existence de points négatifs... si tant est que cela se produise.

Il suffit pour cela de compter le nombre d'années qu'il a fallu pour admettre que certains groupes d'immigrés avaient des valeurs moins libérales que la majorité des gens de leur pays d'accueil. Une étude Gallup menée en Grande-Bretagne révéla précisément que 0 % des musulmans britanniques (à partir d'un échantillon de 500) considéraient que l'homosexualité était moralement acceptable[1]. Une autre étude menée en 2016 révéla que 52 % des musulmans britanniques estimaient qu'il faudrait rendre l'homosexualité illégale[2]. On répondait souvent à ces résultats que la plupart des Britanniques avaient les mêmes réactions, une ou deux générations plus tôt. On sous-entendait donc que les homosexuels en Grande-Bretagne devaient se montrer patients et attendre une ou deux générations que les nouveaux arrivants évoluent. On ignora pendant ce temps l'éventualité qu'ils pouvaient ne jamais changer

---

1. « Muslims in Britain have zero tolerance of homosexuality, says poll », *The Guardian*, 7 mai 2009.
2. Sondage ICM rapporté dans « Half of all British Muslims think homosexuality should be illegal, poll finds », *The Guardian*, 11 avril 2016.

et que leurs convictions pouvaient, à terme, du fait de la croissance démographique ou par d'autres moyens, changer du tout au tout l'image du pays. Ainsi, lorsqu'en 2015 YouGov mena une nouvelle étude des comportements britanniques vis-à-vis de l'homosexualité, on demanda aux personnes interrogées si elles considéraient que l'homosexualité était « moralement acceptable » ou « moralement condamnable ». On aurait pu penser que cette étude débusquerait une homophobie latente dans certaines zones rurales, alors que les diverses zones urbaines branchées seraient plus tolérantes. Les résultats montrèrent précisément le contraire. 16 % des personnes déclaraient considérer l'homosexualité comme « moralement condamnable » dans le reste du pays, contre le double à Londres (29 %[1]). Pourquoi les Londoniens seraient-ils deux fois plus homophobes que dans le reste du pays ? Pour la simple raison que la diversité ethnique de la capitale impliquait la présence d'un nombre disproportionné de personnes dont la mentalité était considérée comme arriérée par le reste du pays.

Mais si les idées de certaines communautés immigrées concernant l'homosexualité retardent de quelques générations, c'est avec (au moins) plusieurs siècles de retard que la plupart d'entre elles semblent aborder la question des femmes.

Comme évoqué plus haut, il fallut en Angleterre attendre le début des années 2000 pour que les médias s'intéressent enfin à ce que racontaient depuis des

---

1. Étude de YouGov, 23-24 février 2015.

années des Sikhs et les ouvriers blancs et qu'ils se mettent à enquêter. Ces enquêtes révélèrent des cas d'agressions sexuelles commises sur des jeunes filles, souvent mineures, par des gangs de musulmans d'origine pakistanaise ou nord-africaine, dans des villes du nord de l'Angleterre et leurs alentours. À chaque fois, la police locale avait eu trop peur pour se pencher sur l'affaire et lorsque les médias avaient fini par s'y intéresser, ils avaient eux aussi détourné les yeux. En 2004, un documentaire sur les services sociaux de Bradford vit sa projection retardée : des antifascistes autoproclamés et les chefs locaux de la police avaient ordonné à Channel 4 de ne pas le diffuser. Les passages évoquant l'exploitation sexuelle de jeunes filles blanches par des gangs « asiatiques » étaient des sujets sensibles, disait-on. Les autorités avaient particulièrement insisté sur le risque que la diffusion du documentaire avant les élections locales renforce le vote en faveur du British National Party. Le documentaire fut finalement diffusé deux mois après les élections. Mais cette affaire et ses suites sont très révélatrices du problème qui était en train de se répandre en Europe.

Pendant ces années, faire campagne sur ces agressions sexuelles, voire les mentionner, vous exposait à de très gros ennuis. Lorsque la députée Labour du Nord, Ann Cryer, s'empara de la question du viol de filles mineures dans sa propre circonscription, elle fut dénoncée comme « islamophobe » et « raciste ». Elle dut solliciter une protection policière. Il fallut des années au gouvernement central, à la police, aux édiles locaux et à l'autorité judiciaire pour oser faire affronter le problème.

Lorsqu'ils commencèrent enfin à s'en préoccuper, une enquête officielle dans la ville de Rotherham révéla l'exploitation d'au moins 1 400 enfants de 1997 à 2014. Les victimes étaient toutes des jeunes filles blanches non musulmanes de la communauté locale, la plus jeune d'entre elles n'avait que 11 ans. Elles avaient toutes été sauvagement violées, certaines avaient été aspergées de pétrole et menacées d'être brûlées vives. D'autres avaient été obligées, sous la menace d'une arme, de regarder le viol d'une autre fille : on voulait ainsi les dissuader de raconter ce qu'elles avaient subi. En enquêtant sur ces faits, on découvrit que, même si les coupables étaient presque tous des hommes d'origine pakistanaise, opérant en gangs, les membres du conseil municipal exprimaient une « réticence à reconnaître les origines ethniques des coupables, de crainte d'être considérés comme racistes » ; d'autres se rappelaient les consignes claires de leurs directeurs de ne pas mentionner lesdites origines. On découvrit également que la police avait failli à sa mission par crainte d'être accusée de « racisme » et pour éviter les conséquences qu'auraient entraînées, selon elle, ces révélations sur les relations entre les deux communautés[1].

L'histoire de Rotherham, comme d'autres affaires dans d'autres villes de Grande-Bretagne, avait éclaté grâce à deux journalistes, décidés à la faire connaître. Mais les communautés impliquées ne voulurent pas affronter le problème et souhaitèrent avant tout étouffer

---

1. Pr Alexis Jay, enquête indépendante sur l'exploitation sexuelle des enfants à Rotherham (1997-2013).

l'affaire. Même au tribunal, après l'annonce de la condamnation, les familles des accusés dirent haut et fort qu'il s'agissait d'une manipulation du Gouvernement[1]. Lorsqu'un musulman du nord de l'Angleterre s'exprima pour dénoncer le viol collectif de femmes blanches perpétré par des membres de sa communauté, il affirma avoir reçu des menaces de mort de la part d'autres musulmans britanniques, qui voulaient lui faire payer ses déclarations[2].

L'histoire était partout la même : les filles étaient choisies, pour reprendre les termes des juges qui présidèrent au tribunal, parce qu'elles étaient d'une communauté différente, non musulmanes et apparaissant comme des « proies faciles ». Nombre d'hommes originaires du Pakistan et d'autres cultures musulmanes patriarcales étaient marqués par une certaine conception de la femme, et particulièrement de la femme « non protégée » et non accompagnée. Confronté à ces comportements d'un autre âge, qui s'étaient exprimés au Royaume-Uni, l'État britannique à tous les niveaux échoua à défendre ce que furent ses valeurs, y compris l'État de droit. Si on avait cherché à l'excuser, on aurait pu dire que l'afflux de tous ces gens, issus de ces cultures-là, avait perturbé les autorités, qui ne savaient plus comment poser de limites. Mais c'était bien pire que cela. À chaque fois que des scandales d'agressions sexuelles éclataient, il apparaissait que les autorités locales avaient fermé les yeux par crainte

---

1. Par exemple à l'extérieur d'Old Bailey à Londres après l'opération du jugement Bullfinch.
2. Mohammed Shafiq de la fondation Ramadhan.

de provoquer des problèmes communautaires ou d'être accusées de racisme. La police britannique, intimidée par le rapport Macpherson de 1999 qui l'avait mise en cause pour « racisme institutionnel », craignait que cette accusation ne soit remise sur la table.

Partout en Europe de l'Ouest, la même vérité émergeait, au moins aussi lentement, souvent presque en même temps, qu'en Grande-Bretagne. Dans chaque pays, le refus des autorités d'intégrer aux statistiques criminelles des considérations ethniques ou religieuses contribua au maintien du silence. En 2009, la police en Norvège révéla que les immigrés d'origine non occidentale étaient responsables de « l'ensemble des viols rapportés » à Oslo[1]. En 2011, le bureau statistique de l'État norvégien accepta de reconnaître que les immigrés étaient « surreprésentés dans les statistiques de criminalité ». Ils ajoutèrent néanmoins que ceci n'était pas lié à des différences culturelles mais plutôt à la proportion anormalement élevée de jeunes hommes au sein des populations immigrées. Une des anciennes dirigeantes de la section des crimes violents du département de la police d'Oslo, Hanne Kristin Rohde, témoigna de l'extraordinaire mauvaise volonté des autorités norvégiennes à reconnaître les faits. En réaction à « l'évidente corrélation statistique » entre les viols et les migrants à qui la culture enseigne que « les femmes n'ont pas de valeur intrinsèque », elle déclara que « c'était un gros problème mais qu'il était difficile d'en parler ». Quant aux attitudes des violeurs

---

1. « Innwandere bak alle anmeldte overfallsvoldtekter i Oslo », *Dagbladet*, 15 avril 2009.

vis-à-vis des femmes, « c'est un problème culturel », avait concédé Rohde[1].

Évidemment, ces affaires de viols en réunions sont un exemple inhabituel et non représentatif du comportement des immigrés en tant que groupe. Elles témoignent néanmoins de comportements déviants faciles à mettre au jour et à sanctionner. Pourtant, il a fallu des dizaines d'années avant que la police et les juges d'instruction ne prennent le problème à bras-le-corps. Ce constat laisse entrevoir une éventualité très inquiétante. Ces affaires — comme l'excision — devraient être faciles à traiter. Mais les sociétés d'Europe occidentale ont tergiversé pendant des années avant de s'y attaquer. Si des affaires d'une telle ampleur peinent déjà à éclater au grand jour, d'autres comportements, moins visibles ou moins violents, générés par l'arrivée des immigrés, ont peu de chance d'attirer un jour l'attention. S'il faut plus d'une décennie pour que des viols en réunion d'enfants commis à cette échelle soient évoqués, combien de temps faudra-t-il pour que des attitudes moins violentes, mais tout aussi incompatibles avec nos lois, soient repérées ?

Tout ceci démontre que, si les avantages liés à l'immigration existent indubitablement — ce qu'on a bien expliqué à tout le monde —, il faut énormément de temps en revanche pour admettre les inconvénients causés par l'arrivée de ces gens venus en masse d'autres horizons culturels. Mais il semble qu'on se soit mis d'accord avec

---

1. « Norway offers migrants a lesson in how to treat women », *The New York Times*, 19 décembre 2015.

le peuple pour considérer que ce n'était pas une si mauvaise affaire : si les agressions sexuelles sont un peu plus nombreuses qu'auparavant en Europe, nous pouvons au moins nous régaler d'une gastronomie beaucoup plus éclectique.

L'idée que l'immigration est inéluctable à cause de la mondialisation

Le dernier élément utilisé pour justifier ou excuser l'immigration de masse dépasse l'entendement. Même si tous les autres arguments en faveur de cette politique ont été mis à bas, celui-ci reste insubmersible. Il prétend que ces questions n'ont pas d'importance parce qu'on ne peut de toute façon rien y faire. Personne n'en est responsable. C'est notre destin.

Au début de la crise migratoire, à Athènes, j'ai participé à un débat portant sur l'élaboration d'une politique européenne d'immigration. Alors que j'y présentais mes thèses, j'ai remarqué que d'autres intervenants (notamment l'économiste grec Antigone Lyberaki et l'homme politique et militant français Bernard Kouchner) semblaient sur le point de dire au public qu'« on ne pouvait rien faire ». Ce n'est que plus tard que j'ai vu que Kouchner avait en fait rayé la première ligne de son discours. Celui-ci devait commencer par rappeler que l'Europe ne pouvait pas endiguer le flux de migrants venant en Grèce et qu'« on ne pouvait rien faire ». C'est une injonction bien connue, mais lorsqu'ils en prennent conscience, les politiciens les plus sages réalisent qu'elle est potentiellement désastreuse. Entre-temps, les politiciens de premier rang, y compris Theresa May (ministre de l'Intérieur britannique en 2015), ont invité les pays européens à essayer d'améliorer les conditions de vie dans les pays du tiers-monde pour éviter que les populations viennent en Europe. Mais paradoxalement, comme de nombreuses études l'ont montré, c'est seulement lorsque les niveaux de vie augmentent (sans pour autant atteindre l'opulence) que l'immigration de masse commence réellement. Les gens pauvres n'ont pas assez d'argent pour payer les passeurs.

Certains ont tenté de donner à cette vision fataliste un vernis de respectabilité académique. Au cours des dernières années, un courant a pris de l'ampleur dans le discours universitaire sur la question migratoire. Il montre que les flux migratoires sont en réalité le produit des contrôles aux frontières. Les travaux, entre autres, de Hein de Haas des universités d'Oxford et de Maastricht rappellent que non seulement les contrôles migratoires ne fonctionnent pas mais qu'en outre, ils accélèrent l'immigration en décourageant la circulation normale des migrants entre l'Europe et leurs pays d'origine. Cette thèse, qui emporte l'assentiment de la communauté scientifique, n'est bien sûr défendue que par ceux qui s'opposent à tout contrôle du phénomène migratoire.

Avant de détailler la charge antidémocratique de ces propos, il est nécessaire d'analyser la part de vérité qu'ils comportent. Certainement, l'omniprésence des téléphones portables, des médias de masse, notamment télévisuels, dans le tiers-monde et l'abaissement du prix des voyages au cours des dernières décennies expliquent qu'il n'ait jamais été aussi facile ni tentant de voyager pour tous les habitants de la planète. Si la mondialisation fait qu'on ne peut plus empêcher quiconque de venir en Europe, il faut noter pourtant que ce problème planétaire n'affecte pas tous les pays. Si la cause en est l'attraction économique, alors il n'y a aucune raison pour que le Japon ne soit pas touché par les vagues d'immigration. En 2016, le pays était la troisième plus grande économie au monde, devant l'Allemagne et la Grande-Bretagne. Mais bien sûr, malgré sa vitalité économique considérable, supérieure à celle de tous les pays européens, le Japon a évité l'immigration de masse en mettant en œuvre des mesures pour l'arrêter, en dissuadant les migrants de s'installer, en rendant l'accès à la citoyenneté japonaise difficile. Peu importe que l'on cautionne ou non la politique du Japon, mais l'exemple de ce pays montre que même à notre époque hyperconnectée, il est possible à une économie moderne d'éviter l'immigration de masse. Le processus n'est pas « inévitable ». De la même manière, bien que la Chine soit la deuxième plus grande économie mondiale, elle n'est pas un pays d'accueil pour demandeurs d'asile ou migrants économiques. En mettant de côté la question de la moralité de ce refus, il est assurément possible, y compris pour les nations les plus riches de la terre, de ne pas devenir le pôle d'attraction des migrants du monde entier.

Si l'Europe est attractive, ce n'est pas seulement parce qu'elle fait miroiter richesse et emplois. Certaines raisons spécifiques expliquent qu'elle soit devenue une destination de choix pour les migrants, et ces raisons sont de son fait. Tout d'abord, les migrants ont conscience que l'Europe les autorisera très probablement à rester sur son territoire. Au top des motifs qui les poussent à affluer en Europe figure leur connaissance des mécanismes de l'État providence. Ils savent que l'État providence s'occupe des migrants qui arrivent et que, même s'il leur faudra du temps, même s'ils sont mal pris en charge, leur niveau de vie sera plus élevé et leurs droits plus étendus que nulle part ailleurs, a fortiori dans leur pays d'origine. La croyance, exacte et flatteuse pour les Européens, que l'Europe est plus tolérante, plus pacifique et plus accueillante que n'importe quelle autre partie du monde en fait aussi une destination privilégiée. S'il y avait plus de continents comme l'Europe, nous ne pourrions pas nous vanter d'être une des sociétés les plus généreuses de la planète. Si cette image d'unique endroit sur terre où il est facile de rentrer, facile de rester et sûr de vivre se renforce, alors le continent pourrait découvrir que l'attention qu'il suscite est bien moins flatteuse à long terme qu'elle peut l'être à court terme. Cependant, il n'est pas inévitable que les migrants du monde entier viennent en Europe. Ils viennent parce que l'Europe s'est rendue, pour de bonnes comme pour de mauvaises raisons, attractive.

Il est tout à fait possible de réagir. Qu'on l'estime ou non souhaitable, l'Europe peut juguler les flux en paraissant et en étant moins séduisante – et à tous les niveaux – aux yeux d'un monde en pleine évolution. Si elle pouvait offrir au monde un visage plus rigoureux, renvoyer les personnes qui n'ont pas le droit d'y résider, cesser de fournir des aides sociales aux nouveaux venus et adopter à l'avenir une politique sociale de « premier arrivé, premier servi », cela changerait la donne. Si ce sont les attraits de l'Europe qui provoquent les migrations, alors il faut trouver un moyen de gommer ces attraits. Ce sont des éventualités désagréables à envisager, notamment parce qu'elles impactent la vision que les Européens aiment à avoir d'eux-mêmes et qu'elles peuvent sur le long terme modifier la manière dont nous nous voyons. Mais la route ne sera peut-être pas aussi difficile que la plupart des gens le redoutent. Rares sont ceux qui prétendent que le Japon est un pays barbare à cause de ses règles migratoires strictes. En tout cas, il est dangereux de croire que le phénomène migratoire en Europe est inévitable, non seulement parce que c'est faux, mais aussi parce que cela crée des tensions.

Depuis de nombreuses années en Europe occidentale, la question de l'immigration figure en tête de liste des peurs exprimées par l'opinion publique. Les sondages menés dans les différents pays ont tous abondé en ce sens. Si une majorité de gens ressent pendant des années une grande inquiétude et que rien n'est fait pour la dissiper, alors les tensions et le ressentiment s'accumulent nécessairement. Si la réaction face à cette inquiétude se résume à l'ignorer et à affirmer qu'on ne peut rien faire, alors des alternatives plus radicales vont menacer de prendre forme. Au mieux, ces angoisses s'exprimeront par le vote, au pire, elles éclateront dans les rues. On imagine difficilement répondre « On ne peut rien faire » lorsqu'il s'agit de prendre en compte un problème, et encore moins si celui-ci constitue un sujet d'inquiétude majeur pour les citoyens.

Cette réponse au problème, définitive et fataliste, est elle-même le résultat d'une politique qui n'a jamais été réellement pensée et qui semble désormais être devenue – aux yeux des politiciens et des universitaires – complètement irréversible. Après tout, les prévisions se sont révélées fausses les unes après les autres et ce qui est effectivement arrivé semble n'avoir jamais été anticipé ou mal anticipé. Après avoir travaillé pour le gouvernement britannique, Sarah Spencer fut couverte d'honneurs académiques. Puis, lorsque certaines conséquences de son angélisme à tous crins (et elle n'était pas la seule) ont commencé à se faire sentir, elle s'est livrée à une déclaration larmoyante, admettant qu'elle avait « ouvert les vannes » avec ses collègues du Gouvernement alors qu'« il n'y avait pas de politique d'intégration. Nous croyions juste que les migrants s'intégreraient[1] ». Tout ceci a eu lieu bien avant la grande crise à laquelle nous sommes confrontés aujourd'hui, mais les discours qui visent à excuser le bouleversement à l'œuvre sur le continent sont toujours les mêmes.

---

1. Tom Bower, *Broken Vows: Tony Blair, the Tragedy of Power,* Faber & Faber, 2016, p. 175.

CHAPITRE IV

« Bienvenue en Europe »

L'île de Lampedusa est la partie la plus méridionale de l'Italie. Elle est plus proche de l'Afrique du Nord que de l'Europe et il faut neuf heures au ferry pour relier Lampedusa à la Sicile. Une fois sur place, on peut sentir cet isolement. Ces huit kilomètres carrés de roche aride évoquent un paysage tunisien ou libyen plutôt qu'italien. Son histoire est celle des postes avancés méditerranéens, utiles bien que peu engageants. L'île a souvent changé de mains et son parcours est marqué par les dépopulations et les repopulations successives. Les attaques ont toujours été un problème, notamment au XVIe siècle lorsque des pirates venus de Turquie se sont emparés du millier d'habitants de l'île et les ont réduits en esclavage. Un visiteur anglais du XVIIIe siècle n'y trouva qu'un seul habitant.

Les princes de Lampedusa – qui après avoir reçu leur titre eurent suffisamment de bon sens pour rester dans leurs palais siciliens – encouragèrent la repopulation de l'île. Aujourd'hui, si le nom de l'île évoque autre chose que les malheurs récents qui l'ont frappée, c'est grâce à un de ces princes, auteur du chef-d'œuvre *Le Guépard*, le dernier de sa lignée. Mais rien, sur l'île avec laquelle il partage son nom, ne l'évoque, lui ou son univers. La grandeur décadente du baroque sicilien semble totalement étrangère à ces plaines poussiéreuses et ces maisons basses. Aujourd'hui, l'île est habitée par environ cinq mille personnes, majoritairement concentrées autour du port. La principale rue commerçante, la Via Roma, qui mène au port, accueille les groupes de jeunes de l'île qui flânent en bandes ou foncent, à deux, sur un scooter dans les quelques rues de la ville. De vieilles femmes, assises côte à côte sur les bancs du square en face de l'église et des hommes qui se saluent constamment les uns les autres comme s'ils ne s'étaient pas vus depuis des années, complètent le tableau. C'est le genre d'endroit qu'un Italien jeune et ambitieux fuirait par tous les moyens. Et pourtant, chaque jour, des milliers de personnes risquent leur vie pour tenter d'y accoster.

Bien sûr, des gens ont fui l'Afrique du Nord pendant des décennies. Et comme en atteste le cimetière de l'île, ce n'est pas d'hier que le voyage est dangereux. Dans le cimetière, aux côtés des autochtones, reposent ceux dont le voyage pour Lampedusa s'est soldé par une noyade, « *Migrante non identificato. Qui riposa* » peut-on lire sur une épitaphe inscrite par le Gouvernement local : « 29 septembre 2000 ». Pendant les années 2000, des bateaux chargés de migrants sont régulièrement arrivés à Lampedusa, déversant hommes et femmes venus d'Afrique du Nord et subsaharienne mais également du Moyen et de l'Extrême-Orient. Les passeurs facturaient cher le trajet mais des individus désespérés donnaient ce qu'ils avaient pour une traversée aussi rapide. Avec moins d'une journée de voyage, peu importe la vétusté du bateau, cette route devint la plus prisée pour entamer une nouvelle vie. Une fois à Lampedusa, on est en Italie et une fois en Italie, on est en Europe.

Le premier aperçu de l'Europe est étonnant. Ceux dont les bateaux échouent sur le rivage peinent à différencier leur point d'arrivée de l'endroit qu'ils viennent de quitter. Ceux qui accostent la jetée orientée au sud découvrent un petit port, avec ses quelques boutiques et cafés calmes pour accueillir les touristes italiens habitués à passer ici leurs vacances. La pêche demeure la principale activité de l'île, et on distingue sur une grande colonne au-dessus du port une statue de la Vierge à l'Enfant, surveillant les entrées et sorties des bateaux.

Au cours des années 2000, les autorités locales ont commencé à s'inquiéter du nombre d'arrivées provenant d'Afrique du Nord et ont été contraintes de bâtir un centre de rétention. Le centre originel avait été conçu pour accueillir 350 personnes. Les migrants devaient être gérés rapidement et envoyés par bateau en Sicile et sur la péninsule italienne, où leurs demandes d'asile pourraient être examinées. Mais le nouveau centre s'est vite montré insuffisant face à l'intensité du flux, surpeuplé à partir de 500 individus. Pendant les années 2000, la structure accueillit parfois jusqu'à 2 000 personnes en même temps et les migrants se répandaient aux alentours, créant un village de tentes. Les tensions locales menacèrent alors de devenir problématiques.

Pendant tout ce temps, malgré ses difficultés, l'Italie a supporté ce fardeau financier et humain, pratiquement sans aide. Comme on pouvait s'y attendre, le Gouvernement improvisa lui aussi. Pendant ce qui devait devenir la dernière décennie du Gouvernement du colonel Kadhafi en Libye, les Italiens passèrent un contrat secret avec le régime afin de renvoyer les Africains qui n'avaient pas le droit de rester et qui devaient être expulsés d'Italie. Lorsque les détails de cet arrangement furent rendus publics, l'Italie fut critiquée par les autres pays européens. Mais le pays faisait l'expérience des difficultés et des compromis que tous en Europe allaient bientôt connaître. Très vite, selon une logique désormais bien connue, si tant est qu'elle ne l'ait pas été auparavant, la quasi-totalité des gens arrivés à Lampedusa restèrent en Italie. Même lorsque leurs demandes d'asile étaient examinées et refusées, les appels traînaient en longueur, les ordres d'expulsion n'étaient pas appliqués et les migrants s'installaient. Les contingents qui affluaient étaient bien trop importants et l'ensemble du processus était déjà suffisamment onéreux pour y adjoindre le coût supplémentaire d'un rapatriement forcé. Finalement, à la suite d'un accord officiel ou d'une acceptation tacite de l'inévitable, on considéra qu'il était trop coûteux mais aussi trop difficile, au point de vue diplomatique, de renvoyer ces gens d'où ils venaient. Il était plus facile de les laisser s'évanouir dans la nature, peut-être aller ailleurs en Europe s'ils le pouvaient ou sinon, rester en Italie et essayer de trouver de quoi vivre. Certains obtiendraient la citoyenneté. La plupart intégreraient l'économie informelle du pays et du continent, gagnant un salaire à peine plus élevé que celui qu'ils touchaient chez eux et travaillant souvent pour des gangs du pays dont ils étaient originaires, leur seul réseau en Europe.

Alors que le reste de l'Italie espérait voir le problème disparaître de lui-même, le centre de détention de Lampedusa, juste derrière le port, fut régulièrement saturé et on dut trouver des solutions. La situation devenait dangereuse. Des combats et des émeutes éclataient entre les résidents, souvent à cause de rivalités interethniques. Le centre des migrants était conçu pour être un centre de rétention mais les migrants commencèrent à vagabonder en ville. Lorsque les autorités tentèrent d'empêcher les migrants de sortir par l'entrée principale, certains découpèrent les grilles pour s'en aller à leur guise. Le centre n'est pas une prison et les migrants ne sont pas des prisonniers. La prise en charge de leur identification, l'établissement de leur statut furent improvisés. Les migrants connaissaient de mieux en mieux leurs droits et ce que les autorités italiennes pouvaient faire ou ne pas faire avec eux.

Il est naturel que les autochtones, généralement très sympathiques et compréhensifs face aux nouvelles arrivées, aient commencé à être perturbés par l'ampleur du phénomène. À marée haute, le nombre de migrants pouvait en quelques jours dépasser largement les effectifs de la population locale. Et bien que les commerçants locaux vendent leurs quelques marchandises aux derniers arrivés et leur offrent parfois des cadeaux, les autorités savaient qu'elles devaient améliorer la gestion de ces populations. Elles devaient parvenir à les envoyer plus rapidement loin de l'île, vers la péninsule italienne. Voilà le Lampedusa des années 2000, qu'on pourrait rétrospectivement comparer à un goutte-à-goutte.

À partir de 2011, après ce que l'on appellerait bientôt les « printemps arabes », le goutte-à-goutte devint raz-de-marée. Il fut provoqué par le nombre croissant de gens qui fuyaient les changements de Gouvernements, le chaos civil mais aussi la fin des accords secrets avec les vieux dictateurs qui avaient limité les activités des passeurs. À partir de 2011, des centaines et parfois des milliers de personnes arrivaient à Lampedusa, nuit et jour. Ils accostaient sur des embarcations en bois, de vieux vaisseaux de pêche d'Afrique du Nord achetés ou volés par des trafiquants qui faisaient payer « le prix » à leurs clients même si le vaisseau était impropre à prendre la mer. Bientôt la gestion de tous ces rafiots devint un vrai problème à Lampedusa. Incapables de réutiliser ces épaves, les autorités locales les empilaient derrière le port, formant de grands cimetières de bateaux maudits. Régulièrement, lorsqu'ils prenaient trop de place, les bateaux étaient brûlés.

La première année des « printemps arabes » eut de terribles répercussions sur l'île. Pour 500 personnes envoyées par ferry loin de Lampedusa, un millier d'autres arrivaient. À partir de 2011, le centre pour migrants était le plus souvent plein à craquer, accueillant entre 1 000 et 2 000 personnes. Et bien sûr, tous ceux qui prenaient la mer ne réussissaient pas à arriver à bon port, compte tenu des embarcations de plus en plus précaires que les passeurs utilisaient. Sur l'île elle-même, les autorités durent construire de nouveaux cimetières pour enterrer les cadavres rejetés par la mer. Elles identifiaient les corps lorsque c'était possible et enterraient les autres avec une croix et le numéro d'identité attribué à chaque nouveau cadavre. « Où sont les autres corps ? » ai-je un jour demandé à un habitant. « La mer garde la plupart », me fut-il répondu.

Au début de la guerre civile syrienne, de nombreux Syriens affluèrent, issus notamment des classes moyennes et supérieures. Un jour, un yacht entra même dans le port de Lampedusa et des Syriens vêtus avec élégance débarquèrent pour être traités selon la procédure habituelle. Mais après 2011, les Syriens qui arrivaient étaient de plus en plus pauvres et de moins en moins nombreux. Les survivants parlaient d'une route qui traversait l'Égypte en empruntant de vastes systèmes de tunnels où les enfants avaient besoin de masques à oxygène. Les différents groupes ethniques empruntaient des routes différentes, mais avaient aussi des vœux et des attentes différents. La plupart désiraient rester en Italie. Seuls les Érythréens ne voulaient pas, peut-être en souvenir des temps coloniaux. Ils étaient les seuls à désirer partir vers le Nord pour s'éparpiller dans le reste de l'Europe.

Comme certains observateurs le firent remarquer dès le début, la démographie de cette population était parlante. Peut-être 80 % des arrivants étaient des hommes jeunes. Il y avait aussi des enfants, notamment des mineurs non accompagnés qui posaient d'importantes difficultés aux autorités chargées de gérer l'attente. Les enfants nigérians, seuls, étaient souvent envoyés en

Europe à des trafiquants. Il y avait aussi parfois des femmes, à qui on avait promis du travail en Europe. En réalité, les contacts de leur passeur, en Italie ou plus au Nord, leur prêtaient de l'argent et une fois endettées elles découvraient que « l'emploi » promis consistait en réalité à se prostituer. La plupart des gens savent à quel point le trajet est dangereux pour une femme non accompagnée. Il est rare que les femmes ou les filles musulmanes se déplacent seules.

Une fois les migrants arrivés à Lampedusa, leur comportement change. Ceux qui ont de l'argent partent faire des emplettes sur la Via Roma. Les Syriens sont connus pour acheter des vêtements à leur arrivée. Certains migrants achètent de l'alcool. Beaucoup d'entre eux se procurent des cartes de téléphone et les utilisent pour appeler leur famille, leur annoncer qu'ils sont arrivés en Europe et pour organiser avec les contacts dont ils disposent la deuxième phase de leur voyage.

Un jour j'ai rencontré trois jeunes Érythréens, qui n'avaient pas plus de 16 ans. Ils arboraient avec fierté des chapeaux souvenir de l'île ornés de la légende « I love Lampedusa ». Ailleurs, dans le square de l'église, huit jeunes garçons semblaient suivre les instructions d'un migrant plus âgé. Ils ne se mélangeaient pas. Parmi les petits groupes de migrants qui rôdent dans la ville, certains font l'effort de saluer les locaux. D'autres errent dans les rues, d'un air déjà revêche et vengeur. Les jeunes hommes sont incontestablement majoritaires. Ils sont venus ici pour soutenir leur famille. Avec le temps, ils espèrent pouvoir leur envoyer de l'argent. La plupart d'entre eux espèrent les faire venir.

En 2013, le flux prit une telle ampleur que le Gouvernement décida, contre son habitude, d'évacuer les derniers arrivants de l'île par avion et de les envoyer en Sicile ou sur la péninsule. En juillet de cette année-là, le pape François a visité Lampedusa suscitant l'extase de la population locale. Il jeta une couronne à la mer et célébra une messe en plein air, choisissant un bateau peint pour autel. Le pape profita de cette visite pour condamner « l'indifférence mondiale » aux événements en cours et inviter le monde à un « réveil des consciences ». Les habitants de l'île obtenaient enfin la reconnaissance appropriée.

Puis le 3 octobre 2013, un navire parti de Misrata en Libye et transportant principalement des Africains subsahariens coula au large des côtes de Lampedusa. Les gardes-côtes italiens sauvèrent plus d'une centaine de personnes, mais près de trois cents migrants périrent noyés. Cela provoqua un scandale considérable. L'Italie proclama un jour de deuil national, mit ses drapeaux en berne et fit observer une minute de silence dans toutes les écoles. À Lampedusa, on organisa une procession aux flambeaux silencieuse et une messe du soir. La plupart des résidents de l'île y participèrent. On déposa les corps dans le hangar du petit aéroport de Lampedusa, temporairement transformé en morgue.

Cet événement fit naître une vive polémique en Italie mais aussi partout dans le monde. Le secrétaire général de l'ONU, Ban Ki-moon, déclara que cette tragédie prouvait la nécessité d'établir « plus de routes pour une migration sécurisée et organisée ». D'autres naufrages, pendant ce même mois, entraînèrent la perte de dizaines de vies humaines et suscitèrent des réactions de plus en plus marquées. Tout en appelant à davantage de solidarité européenne, le Premier ministre de l'île voisine de Malte regretta que la Méditerranée devienne un « cimetière ». Finalement, l'attention internationale se tourna vers les mers qui entouraient Lampedusa. En guise de réponse, le gouvernement italien, largement soutenu par la communauté internationale, lança l'opération Mare Nostrum. Elle autorisait la marine italienne à patrouiller sur les soixante-dix mille kilomètres carrés au large de Lampedusa, pour mener des missions de recherche et de sauvetage des bateaux de migrants. Les frégates de la marine et les hélicoptères étaient secondés par un système de radars littoraux financés par le gouvernement italien, pour la somme de 9 millions d'euros par mois. Les ONG coopérèrent également et prirent place à bord des vaisseaux gouvernementaux pour apporter leur aide lors de l'interception des bateaux de migrants. Certes, cette politique sauva de nombreuses vies, mais elle engendra à son tour des problèmes.

Ainsi, les passeurs des zones de non-droit du littoral libyen n'avaient plus besoin d'utiliser des navires aussi solides qu'auparavant. Mare Nostrum avait encore rapproché les frontières européennes des frontières libyennes. Les passeurs n'avaient plus qu'à lancer n'importe quel bateau à la mer. S'il restait à flot, la marine italienne le rencontrerait à mi-chemin de Lampedusa et parfois même plus près encore de la Libye. Si l'embarcation pouvait naviguer, la marine italienne la remorquerait jusqu'à un port de Lampedusa. Sinon, les migrants seraient transportés à bord des vaisseaux italiens. Cette opération – qui dura moins d'un an – fut applaudie par l'Organisation internationale pour les migrations (OIM), entre autres institutions internationales. Il fut ensuite estimé que 150 000 personnes avaient été amenées en Europe pendant cette période. Répétant le mot d'ordre officiel, l'OIM assurait que cette opération n'avait pas d'effet incitatif sur l'immigration[1].

Cependant, avec des résultats aussi considérables, et sans que l'on en voie la fin, les coûts de Mare Nostrum furent bientôt trop importants pour un État italien encore mal remis des crises diverses qui avaient affecté la zone euro. Après avoir demandé de l'aide sans succès pendant un an, les dirigeants italiens confièrent l'opération Mare Nostrum, rebaptisée « opération Triton », à l'agence de contrôle aux frontières de l'UE, Frontex. Cette opération consistait elle aussi à intercepter les navires traversant la Méditerranée depuis l'Afrique du Nord, à aider les migrants à monter dans des navires de Frontex ou à guider leurs embarcations vers le port de Lampedusa ou les ports siciliens comme Augusta. Pendant cette période, Frontex et les responsables politiques continuèrent à nier que l'opération créait un appel d'air migratoire.

Mais comment aurait-il pu en être autrement ? D'un côté de la Méditerranée se trouvaient des hommes et

---

1. IOM, « IOM applauds Italy's life-saving Mare Nostrum operation: "Not a migrant pull factor" », communiqué de presse, 31 octobre 2014.

des femmes venus d'Afrique, du Moyen-Orient et de l'Extrême-Orient, dont certains avaient voyagé pendant des mois pour atteindre les rivages de la Libye et entamaient la dernière étape de leur voyage. La politique du gouvernement italien et l'attitude des Européens eurent un impact. Elles avantageaient considérablement les passeurs. D'abord parce que l'augmentation de la demande leur permettait d'augmenter leurs tarifs et grossissait leur clientèle. Avec les migrants affluèrent aussi les récits sur les comportements des passeurs. Certains d'entre eux facturaient 4 000 euros pour la seule traversée. Le marché était rarement honnête. Les viols étaient monnaie courante, surtout pour les femmes, qu'elles soient ou non accompagnées. De nombreux migrants arrivaient en Libye pour se voir demander plus que ce qu'ils avaient déjà payé. On leur prenait leurs biens. Certains migrants racontèrent que les trafiquants utilisaient leurs propres téléphones pour filmer les tortures qu'ils leur infligeaient. On envoyait ensuite la vidéo à la famille en menaçant de continuer les tortures si elle n'envoyait pas d'argent. Les fonctionnaires qui géraient les migrants arrivés en Italie purent localiser les repères des trafiquants, mais il était presque impossible d'agir en Libye pour punir les gangs.

Bien que l'on englobe ces hommes et femmes sous l'appellation de « migrants » ou de « réfugiés », leur unité n'est qu'apparente, on y trouve des personnes très différentes, aux origines très variées et qui ont des raisons souvent très diverses de se rencontrer au cours du même voyage. La hiérarchie établie entre les migrants, valable même sur les embarcations, en est une illustration. Le racisme y est un phénomène commun. Par exemple, les Tunisiens et les Syriens méprisent les Africains subsahariens, et pas seulement dans les mots. Lorsque les navires partent, les meilleures places sur le bateau – à la poupe ou sur le pont – sont occupées par les groupes les plus fortunés du Moyen-Orient et d'Afrique du Nord. Les Érythréens, les Somaliens et les autres sont assis dans la cale du navire. Si le navire coule, ils seront les premiers à se noyer.

Pendant l'été 2015 à Lampedusa, j'ai parlé à deux Érythréens d'une vingtaine d'années, assis en silence aux abords du port, contemplant la mer qu'ils avaient traversée. Alors que de gigantesques vaisseaux traversaient l'horizon, les deux jeunes hommes me montrèrent le bateau sur lequel ils étaient arrivés la semaine précédente, amarré dans le port entre les navires de guerre italiens. Au milieu des vieux bateaux arrivés de Libye, il semblait relativement bien paré pour la mer. Il avait été aperçu par les gardes-côtes et escorté dans le port par un hélicoptère secondé de bateaux de secours. Les deux Érythréens avaient fait la traversée aux places les plus profondes, dans la cale sombre, mais le bateau n'avait pas coulé et ils avaient eu la vie sauve.

Les membres des ONG, chargés de sauver les gens de ces radeaux de fortune en pleine mer, ont de nombreuses histoires, souvent difficiles, à raconter. Lorsqu'un bateau est aperçu, à n'importe quelle heure du jour et de la nuit, et que les employés de l'ONG ne sont pas sur un navire officiel, ils ont au maximum une heure ou deux pour arriver au port. L'un des membres raconte qu'à peine les migrants montés sur le navire en mer, on leur dit « Vous êtes en Italie ! ». Puis les membres les assurent qu'ils sont en sécurité. Si on excepte les Érythréens, la plupart des migrants sont très heureux et souriants. Dans leurs pays d'origine, les gens se méfient des fonctionnaires et particulièrement de la police. C'est pourquoi ces intermédiaires rassurent davantage les migrants que la police ou les autorités officielles. Un membre d'une ONG raconte qu'elle accueille les migrants d'un simple « Bienvenue en Europe » lorsqu'ils posent un pied sur le bateau en pleine mer.

Après ce que les migrants ont dû endurer, il n'est pas surprenant qu'ils arrivent à Lampedusa épuisés et traumatisés. Certains ont perdu un membre de leur famille pendant le voyage. En 2015, un homme nigérian était assis sur le sol du port, pleurant et frappant le sol de la main. Le bateau qu'il avait emprunté avait chaviré et bien qu'il ait réussi à sauver un de ses enfants, sa femme et un autre de ses fils s'étaient noyés devant lui.

Mais ils viennent quand même, en toute connaissance des risques, parce qu'en dépit de toutes ces histoires de navires qui coulent et de noyades, la majorité de ceux qui partent survivront, atteindront les eaux italiennes puis deviendront des citoyens européens. Qu'ils fuient des persécutions religieuses, politiques, ethniques, ou qu'ils soient à la recherche d'une vie meilleure dans les pays développés, ils demanderont tous l'asile. Beaucoup auront des raisons légitimes de le faire et l'Italie a le devoir de leur octroyer l'asile : sous l'égide des conventions de Genève et du traité de Dublin, le premier pays où un migrant entre et demande l'asile doit gérer la demande et offrir sa protection. Mais la réalité est plus complexe, il est quasiment impossible de déterminer qui est qui et ce qui est vrai. Si le flot de demandeurs n'avait pas pris une telle ampleur, on pourrait examiner avec attention les entretiens, les empreintes digitales et tout le reste. On pourrait vérifier et enquêter sur les histoires individuelles. Mais compte tenu de l'ampleur et de l'intensité de l'affluence, tous ces contrôles sont illusoires.

Deux autres éléments aggravent encore la situation. Une majorité, parfois la plupart, des gens qui arrivent viennent volontairement sans papiers car ne pas être identifié présente des avantages. Prenant les agences de court, ils peuvent ainsi mentir sur leur âge, sur leur identité, voire sur leur pays d'origine. Lorsqu'on apprend qu'un groupe particulier est prioritaire pour les demandes d'asile, les Syriens par exemple, beaucoup prétendent être syriens, même si ceux qui travaillent avec les réfugiés remarquent qu'ils ne parlent aucun dialecte syrien et qu'ils ne savent rien du pays d'où ils prétendent venir.

Ce phénomène est au moins partiellement causé par les ONG qui encouragent toutes les migrations vers l'Europe et alimentent ainsi l'idée du « monde sans frontières ». Alors que les flux de migrants avaient augmenté dans les années 2010, certaines ONG décidèrent de les aider avant même qu'ils atteignent l'Europe. Elles leur fournissaient des informations, facilement accessibles sur

Internet ou sur des applications téléphoniques, pour guider ces futurs « Européens » dans leurs démarches. On leur donnait ainsi des conseils pour rentrer en Europe et sur les propos à tenir une fois sur place. Les membres sur le terrain remarquent qu'au fil du temps, les migrants ont une conscience de plus en plus claire de ce qui va leur arriver et de ce qu'ils peuvent obtenir. Le bouche-à-oreille dans leur pays d'origine et les informations glanées auprès de ceux qui ont réussi le voyage y sont pour beaucoup. Mais cela s'explique aussi par cette tendance actuelle à expliquer aux migrants comment rester en Europe, quelle que soit la légitimité de leur demande d'asile. Tous ont raison lorsqu'ils estiment que l'Italie du XXIᵉ siècle n'a ni l'argent, ni le temps, ni la volonté d'éplucher chacune des demandes. Bien sûr, certains n'obtiennent pas l'asile, mais ils peuvent faire appel de la décision. Même s'ils échouent en appel, les poursuites s'arrêtent généralement là. Il est très rare que quelqu'un qui arrive en Italie se voit refuser le droit de rester et soit renvoyé chez lui. Exceptionnellement, on a pu rapatrier ceux qui avaient été jugés en Italie pour des crimes. Mais même en cas de reconduite demandée vers le pays d'origine, il est plus facile de laisser tout le monde se répandre en Italie puis en Europe que de faire respecter la loi. La vérité, c'est qu'une fois que vous avez survécu aux eaux de Lampedusa, vous êtes en Europe pour de bon.

Bien sûr, même ceux qui mentent pour obtenir l'asile aspirent à une vie meilleure que celle qu'ils ont laissée derrière eux. Il semble facile d'imaginer des plans pour répartir équitablement et harmonieusement cette vague immense et continue de gens vers le continent depuis

Lampedusa. Mais ceux qui connaissent l'Italie savent bien que cela ne se passe pas comme cela. À l'exception des migrants les plus aisés, arrivés en premier, la plupart des arrivants finiront par dormir autour de la gare de Milan ou dans un parking à Ravenne. Ceux qui ont de la chance travailleront pour des gangs ou tenteront de vendre des imitations de biens de luxe sur les ponts de Venise ou dans les basses rues de Naples. Lorsqu'ils voient un policier ou les gyrophares d'une voiture de police, ils rassemblent rapidement leurs sacs de contrefaçons et s'écartent brusquement avec leur chariot d'imitations de lunettes de soleil de luxe pour quitter prestement les lieux. Ils sont probablement plus protégés, libres et en sécurité qu'ils ne l'étaient chez eux, mais leur avenir est loin d'être radieux.

Et Lampedusa n'est qu'une petite île. Ces dernières années, des bateaux remplis de migrants ont abordé les rivages des îles les plus proches de Lampedusa, notamment Malte et la Sicile. En 2014, année qui précéda la crise des migrants, seulement 170 000 personnes sont arrivées ainsi. Les élus parlent de résoudre le problème en comblant le vide laissé par le récent gouvernement libyen. Mais ils oublient que le flux de migrants n'avait pas cessé, même quand les gouvernements européens (y compris les Français) versaient des pots-de-vin à Kadhafi. Et ils oublient que les navires ne partent pas seulement de Libye mais aussi d'Égypte, de Tunisie et d'Algérie. Ce n'est pas la seule route.

À l'ouest de la Méditerranée, il existe une autre route reliant le Maroc à l'Espagne. Depuis des décennies, les migrants ont afflué par le passage le plus étroit entre l'Afrique et l'Europe, le détroit de Gibraltar. Malgré les relations privilégiées qu'entretiennent le Maroc et les gouvernements européens, qui en font un interlocuteur privilégié avec qui coopérer pour arrêter les passeurs, la migration vers l'Espagne n'a jamais été stoppée. En réalité, au début des années 1990, le flux de migrants qui empruntait cette route laissait présager ce qui allait advenir. Il fallait alors verser 600 dollars aux passeurs pour traverser la mer. Aujourd'hui, comme par le passé, des navires partent chaque jour et les corps de ceux qui périssent dans leur entreprise (souvent parce que les passeurs forcent les migrants à nager sur la dernière partie du trajet) jonchent les plages espagnoles.

Aujourd'hui, comme hier, le flux n'est pas constant mais évolue. Un rapport daté de 1992 attestait de la détention de 1 547 migrants illégaux, arrêtés par les autorités espagnoles de Tarifa pendant dix mois. Parmi eux, on comptait 258 Éthiopiens, 193 Libériens et 64 Somaliens. Comme le rapport l'observait, la nouvelle route s'est fait connaître bien au-delà du Maroc, on trouve parmi les détenus non plus seulement des Algériens mais aussi des effectifs toujours plus nombreux d'Africains subsahariens, mais aussi de Philippins, de Chinois et même parfois d'Européens de l'Est. Parmi tous ceux qui fuyaient, certains voulaient échapper à l'oppression tandis que d'autres voulaient simplement travailler ou profiter d'un niveau de vie plus élevé. Comme Santiago Varela, le ministre de l'Intérieur espagnol de l'époque, l'expliquait : « En Afrique du Nord, il existe un problème structurel. Nous ne savons pas comment sa situation politique et économique évoluera. Et la pression démographique est énorme. » Au moment où il s'exprimait, 70 % de la population marocaine avait moins de 30 ans et le taux de chômage plafonnait à 17,5 %. « Vous ne pouvez pas comparer notre problème avec celui des autres pays européens, ajoutait Varela. Mais c'est un avertissement de ce qui peut advenir. De pays d'émigration, l'Espagne est vite devenue un pays d'immigration[1]. »

Varela s'exprimait après que les Nord-Africains s'étaient finalement détournés de la France et de la Belgique pour chercher des emplois en Italie et en Espagne, à une époque où aucun des deux pays n'exigeait de visas. Les migrants pouvaient entrer dans n'importe lequel de ces pays en tant que touristes, puis continuer à voyager dans l'ensemble de la zone Schengen. L'engagement européen de démanteler les frontières intérieures entre les pays pour faciliter la liberté de circulation était plein de promesse pour les migrants. Dans les années 1990, les efforts pour empêcher les entrées illégales furent gênés par le refus du Maroc de reprendre tout non-Marocain ayant quitté le pays. Donc, comme le nota un fonctionnaire espagnol, même si le Gouvernement réussissait à faire peur aux bateaux dans cette région, « ils trouveront d'autres moyens pour rentrer. Ils voyageront dans de plus gros bateaux et débarqueront plus loin. Ils essaieront de passer par l'Italie et le Portugal. Tant que la misère continuera à faire rage de l'autre côté de la Méditerranée, ils continueront à venir[2] ».

---

1. « Aliens find a European gateway at Spain's coast », *The New York Times*, rapport par Alan Riding, 18 octobre 1992.
2. *Ibid.*

Bien que les efforts pour endiguer le flot de migrants aient été plus efficaces en Espagne qu'en Italie ou en Grèce, les flux perdurent aujourd'hui encore. Dans les années 2010, ils se sont concentrés dans les enclaves espagnoles nord-africaines de Melilla et Ceuta, qui restent des points de passage stratégiques pour ceux qui souhaitent pénétrer en Europe. Les tentatives répétées des migrants de briser les barrières et d'escalader les murs qui encerclent ces enclaves provoquent des heurts avec la police et les émeutes sont fréquentes. En même temps – et bien que les pressions sur ces enclaves demeurent fortes – les bateaux de migrants continuent à mettre le cap sur la péninsule Ibérique ou sur de minuscules territoires comme l'îlot d'Alborán. En décembre 2014, un jour où la mer était agitée, un navire parti des alentours de Nador dans le nord du Maroc et transportant plus de 50 Africains subsahariens tenta de rejoindre la côte du sud de l'Espagne. Le capitaine musulman camerounais accusa un pasteur nigérian chrétien d'être responsable du mauvais temps parce qu'il priait à bord. Le capitaine et l'équipage frappèrent le pasteur et le jetèrent par-dessus bord avant de contrôler les autres passagers, d'identifier les chrétiens, de les frapper, et de les jeter eux aussi par-dessus bord[1].

C'est pourtant vers l'autre côté de la Méditerranée que l'attention du monde s'est tournée pendant l'année cruciale de la crise.

---

1. Cette affaire finit devant les tribunaux en Espagne deux années plus tard. Voir « Muslim migrant boat captain faces murder charges for pushing Christians overboard », *The Daily Telegraph*, 19 septembre 2016.

CHAPITRE V

« Nous avons tout vu »

Comme pour les îles italiennes, cela fait des années que des navires accostent sur les îles grecques. Comme les Italiens, les autorités grecques ont longtemps dû régler seules le problème. À nouveau, c'était à un pays en difficulté qu'il incombait de relever ce défi. En 2015, l'économie grecque se trouvait déjà depuis six ans ravagée par une crise de la dette nationale. Dévastée par les mesures d'austérité économique imposées par les autres pays de la zone euro, l'Allemagne en tête, la Grèce était confrontée à l'urgence humanitaire qui couvait à ses frontières.

En Grèce aussi, l'immigration avait commencé des années avant que le reste du continent ne commence à s'en soucier. Comme Lampedusa, les îles grecques ont toujours été victimes à la fois de leur proximité géographique avec un autre continent et de leur propre histoire. La proximité d'une douzaine d'îles grecques avec le littoral turc fait des îles du nord de la mer Égée et du Dodécanèse un ventre encore plus mou que les îles les plus proches de l'Afrique du Nord. Comme en Italie, les îles grecques étaient déjà déstabilisées par des problèmes sociaux et financiers. Elles envoyaient elles aussi les migrants sur le continent dans l'espoir qu'ils quittent la Grèce par le nord pour rejoindre le reste de l'Europe.

Au cours de l'histoire, cette partie de la côte a souvent été vulnérable. C'est pourquoi les Byzantins, les Ottomans, et d'autres se sont battus pour ces îles qu'ils ont conquises à différentes époques. Depuis les parties les plus au nord de l'île de Lesbos, vous pouvez voir la Turquie plus distinctement que les îles grecques ne sont visibles entre elles. Huit kilomètres séparent cette partie de l'Europe de la Turquie. Les passeurs disent donc à leurs passagers que la dernière étape de leur voyage vers l'Europe n'est pas plus compliquée que de traverser une rivière. La durée du trajet est inférieure à celle qui sépare l'Afrique du Nord de Lampedusa et le prix de la traversée est de 1 500 dollars. En hiver, lorsque les eaux sont agitées, certains migrants refusent de monter à bord des embarcations de fortune qu'on leur propose. S'ils ne montent pas, ils devront malgré tout payer les 1 500 dollars, auxquels il faudra rajouter 1 500 dollars pour un nouvel embarquement.

Une fois qu'ils quittent le rivage, il faut entre quatre-vingt-dix minutes et deux heures aux bateaux pour atteindre la Grèce. À la différence des passeurs libyens, les passeurs turcs n'utilisent pas de canots en bois pour une traversée si courte et préfèrent le plastique. Ceux-ci ne peuvent pas être brûlés comme dans les grands bûchers funéraires de Lampedusa. Ils ne pourront pas non plus être recyclés sur l'île à cause de la mauvaise qualité du plastique qui les compose. Ces épaves en plastique sont périodiquement collectées et envoyées par bateau sur le continent grec afin d'être recyclées. Mais bien sûr, il peut aussi arriver que les embarcations coulent, par beau temps comme par mauvais temps.

Comme les habitants de Lampedusa, pendant toutes ces années où le monde se désintéressait de leur sort, les habitants des îles grecques ont réagi, guidés par la charité et le souvenir de leur propre histoire. La plupart des familles ont aussi connu l'immigration. Lorsque la guerre gréco-turque s'est achevée en 1922, ces îles ont été envahies de citoyens grecs qui fuyaient l'Asie Mineure. Plus de 3 millions de Grecs se sont enfuis de la Turquie actuelle vers des îles comme Lesbos, où un résident sur trois descend aujourd'hui de ces réfugiés. Les jours où la « rivière » entre la Turquie et Lesbos se constelle de bateaux, formant une sorte d'armada du pauvre, le petit village de Skala Skaminias sur la côte nord de Lesbos est un des premiers sites que les migrants peuvent apercevoir. Ce petit port, doté de quelques bars-restaurants adossés à la mer et d'une minuscule chapelle sur le promontoire du port, fut fondé par des réfugiés grecs en 1922.

Bien que l'histoire de ces îles soit faite de mouvements de population et de migrations, les événements récents sont inédits, de par la régulière augmentation des arrivées et la provenance des migrants. Si les habitants de ces îles grecques insistent peu sur la différence, ces nouveaux arrivants ne sont pas des Grecs qui fuient un conflit à l'étranger pour revenir chez eux. Ce sont des gens qui fuient des conflits très lointains, et qui ont traversé de nombreux pays sûrs au cours de leur périple. On trouve aussi un nombre croissant de gens fuyant la pauvreté, le chômage ou l'absence de perspectives, qui voient l'Europe comme la solution à leurs problèmes, et la Grèce comme la porte d'entrée pour l'Europe.

Comme en Italie, le flux de migrants vers les îles grecques s'est intensifié suite aux « printemps arabes » et à la guerre civile en Syrie. À nouveau, les migrants arrivent de loin. Ils viennent de pays aux gouvernements instables ou en situation d'insurrection, notamment d'Afghanistan, mais aussi d'États alliés aux puissances européennes, États au gouvernement apparemment stable, comme le Pakistan. Ils peuvent aussi venir d'Afrique et ont alors traversé quatre ou cinq pays avant d'arriver aux points de partance que sont les rivages turcs.

Même pour la Grèce qui subissait cette marée humaine depuis des années, l'année 2015 a marqué un tournant. Non pas à cause d'événements survenus en Extrême-Orient, au Moyen-Orient ni en Afrique mais bien plus au nord, en Allemagne.

Les télévisions, qui avaient fait voir aux Moyen-Orientaux et aux Africains le mode de vie européen, avaient aussi fait voir aux Européens la vie des peuples d'Afrique et du Moyen-Orient. Et rien dans le journal télévisé n'était plus impressionnant que ces récits de naufrage en Méditerranée, que cette transformation du sud de l'Europe en un vaste cimetière marin. Après 2011, ces récits de la misère humaine, qui avaient déjà touché le cœur de ceux qui vivaient en Italie et en Grèce, commencèrent à se répandre ailleurs en Europe.

Nulle part on ne les commenta et on ne les déplora davantage qu'en Allemagne. Mais le contexte n'était pas favorable à ce qui était en train d'advenir. À la suite d'une forte augmentation du nombre de migrants, l'Allemagne avait atteint dès 2014 son plus haut taux d'immigration sur les vingt dernières années. Cette année-là, on estimait que 200 000 personnes avaient demandé l'asile dans le pays. Certains Allemands commençaient à s'inquiéter pour leur sécurité et leur identité. Comment l'Allemagne parviendrait-elle à accueillir à ce rythme des réfugiés et des demandeurs d'asile, après des décennies d'ouverture des frontières aux « travailleurs invités » venus légalement ou non ? Quelles seraient les conséquences sur le pays, sachant que la plupart des nouveaux arrivants étaient de confession musulmane ? En 2014, ces inquiétudes, d'abord contenues dans la sphère privée, se manifestèrent plus bruyamment dans les rues. Le mouvement « Pegida » (Le peuple contre l'islamisation de l'Occident) se développa à Dresde et dans d'autres villes allemandes pour s'opposer à l'immigration.

Lors de son message du 31 décembre 2014, la chancelière Merkel critiqua ces mouvements. Elle insista sur le fait que le cœur des Allemands ne devait pas s'emplir de « préjugés, de froideur ni de haine », contrairement à ce que représentaient ces groupes. Elle pria instamment la nation allemande de réaffirmer son ouverture d'esprit à l'égard des réfugiés. Elle expliqua que les guerres et les crises mondiales avaient créé « plus de réfugiés qu'il n'y en avait jamais eu depuis la Seconde Guerre mondiale. Nombre d'entre eux ont littéralement échappé à la mort. Il va sans dire que nous les aiderons et que nous accueillerons à nos côtés ceux qui cherchent asile ». Elle évoqua également la démographie allemande et expliqua qu'avec une « population vieillissante », l'immigration qui nous inquiétait tant pourrait être « un gain pour chacun d'entre nous[1] ». Au mois de mai, le ministre de l'Intérieur fédéral Thomas de Maizière annonça à Berlin que le gouvernement allemand attendait 450 000 réfugiés dans le pays pour l'année à venir.

Puis, en juillet 2015, les migrants firent une apparition plus incarnée dans les médias allemands, grâce à la médiatisation d'une jeune fille libanaise âgée de 14 ans dont la famille avait quitté le Liban. À Rostock, pendant une émission en direct qui mettait en scène un débat sous forme de questions-réponses entre des enfants et la chancelière, la jeune fille expliqua à Merkel qu'elle redoutait que sa famille soit expulsée. La réponse de la chancelière fut très révélatrice de la difficulté à concilier empathie humaine et problème politique d'envergure. Elle dit à la jeune fille qui se tenait face à elle qu'elle semblait être « quelqu'un de très gentil ». Mais elle ajouta aussitôt que « la politique était dure ». Des milliers et des milliers d'autres gens vivaient au Liban, lui rappela la chancelière, et si l'Allemagne leur disait

---

1. Neujahrsansprache von Bundeskanzlerin Angela Merkel, Die Bundesregierung, 31 décembre 2014.

« Vous pouvez tous venir » et que tous venaient, alors elle devait bien comprendre que ce serait « ingérable » pour l'Allemagne. Merkel promit que son dossier serait traité rapidement mais elle ne laissa planer aucun doute : « Certains devront rentrer chez eux. » Puis, alors que la chancelière se préparait à répondre à une autre question, les téléspectateurs eurent droit à une séquence terriblement poignante, dont les producteurs et le présentateur savaient parfaitement qu'elle serait rediffusée dans les journaux télévisés du soir. Un bruit se fit entendre du côté de la jeune fille. Elle avait fondu en larmes. Merkel s'avança pour la réconforter. Une altercation eut lieu avec le présentateur qui semblait avoir espéré un règlement de ce cas à l'antenne. La chancelière gardait manifestement à l'esprit la récente explosion du nombre de migrants en Grèce et en Italie. Mais bouleversés par ces histoires personnelles, les médias allemands critiquèrent Merkel pour la « froideur » de sa réponse. Cette froideur, si c'est le terme qui convient, allait bientôt disparaître.

Comme la Grèce et l'Italie permettaient aux migrants d'entrer en Europe, un mois plus tard, le ministre de l'Intérieur allemand avait déjà révisé à la hausse les chiffres des nouveaux arrivés en Allemagne pour 2015 : il tablait désormais sur 800 000 migrants, soit plus de quatre fois le nombre total d'arrivées de 2014. Une semaine plus tard, le ministère, de concert avec le bureau fédéral pour les migrations et les réfugiés, s'interrogeait sur la gestion des migrants venus de Grèce, de Hongrie et d'Allemagne. Seraient-ils renvoyés en Hongrie, comme le voulaient les procédures ? L'accord conclu rejeta cette option. Cette décision fut annoncée

le 25 août sur Twitter par le bureau pour les migrations, dans un message qui indiquait : « Nous n'appli-
quons pas à l'heure actuelle les procédures de Dublin
pour les citoyens syriens. » Le tweet fut rapidement
relayé. Puis, le dernier jour du mois d'août, la chancelière prononça la plus importante de ses déclarations.
À Berlin, au cours d'une conférence de presse internationale, elle annonça : « La rigueur allemande est
excellente, mais maintenant nous avons besoin de la
flexibilité allemande. » L'Europe dans son ensemble
« devait aller de l'avant et ses États doivent partager
leur responsabilité face aux demandes d'asile des réfugiés. Les droits de l'homme universels sont étroitement
liés à l'Europe et à son histoire. Si l'Europe échoue sur
la question des réfugiés, son lien solide avec les droits
de l'homme sera détruit. Elle ne sera plus l'Europe que
nous imaginons[1] ». La chancelière allemande ouvrait
les portes de l'Europe et les paroles d'encouragement
qu'elle donna à ses concitoyens étaient résolument
optimistes : « *Wir schaffen das* » (« Nous pouvons le
faire »). L'Allemagne, selon elle, était économiquement
et politiquement suffisamment forte pour surmonter
ce défi, comme elle en avait surmonté d'autres par le
passé. La plupart des médias lui apportèrent leur soutien. « Courageuse Merkel », trouvait-on en gros titre
de *The Economist.* On pouvait lire dans le corps de
l'article : « Sur la question des réfugiés, la chancelière
allemande est courageuse, décidée et elle a raison[2]. »

1. Sommerpressekonferenz von Bundeskanzlerin Merkel, Die Bundesregierung, 31 août 2015.
2. *The Economist*, 5 septembre 2015.

Bien qu'il ne revînt pas à Merkel de prendre cette décision seule, la déclaration percutante de la chancelière allemande entraîna bon gré mal gré l'ensemble du continent derrière elle. Dans une Europe dont les frontières avaient disparu et où la libre circulation était devenue un principe doctrinal, les déplacements massifs d'étrangers commencèrent à susciter des problèmes. Les voisins de l'Allemagne virent leur territoire traversé par des centaines de milliers de personnes. Pendant l'année 2015, près de 400 000 migrants ont traversé la Hongrie. Moins de 20 d'entre eux s'y arrêtèrent pour demander asile. Toute l'Europe fut concernée par cet afflux brutal. Des dizaines de milliers d'habitants des Balkans, qui n'auraient sans cela jamais pu trouver de route légale vers le nord et l'Allemagne, rejoignirent le grand périple de ceux qui quittaient les pays du Sud. Le mouvement prenait encore plus d'ampleur en Scandinavie. Le gouvernement suédois réaffirma sa volonté d'accueillir ces migrants, et quelques jours plus tard, des milliers de personnes se dirigeaient vers le Danemark pour parfois y rester, plutôt que de continuer vers la Suède. Pendant l'année 2015, plus de 21 000 personnes ont demandé l'asile au Danemark (trois fois les chiffres des deux années précédentes) mais ils ont été bien plus nombreux à continuer leur route jusqu'en Suède. Des objections se firent entendre et, bien sûr, certains protestèrent contre la politique ainsi décidée. Mais à ce moment critique, le mouvement, qui risquait de se dépersonnaliser tant les migrants étaient nombreux, prit tout à coup un visage humain.

Déjà, à la fin d'août, alors qu'une opposition intérieure à la politique de Merkel commençait à se faire entendre, on trouva sur une route autrichienne un camion abandonné. À l'instant même où la chancelière allemande arrivait à Vienne pour une réunion, on découvrit 71 cadavres de migrants dans le camion. Le débat se faisait déjà l'écho de cette nouvelle. Puis, deux jours après l'annonce clé de Merkel, une famille de Kurdes syriens prit la mer depuis Bodrum en Turquie, sur un bateau en plastique, espérant atteindre l'île grecque de Kos. Leur bateau coula. On compta parmi les noyés un petit garçon de 3 ans, Aylan Kurdi. Son corps échoué, face contre terre, sur une plage de Turquie fut immortalisé par un photographe. L'image a fait le tour du monde. À cet instant précis, la tension déjà problématique entre le cœur et la raison, entre l'émotion et l'analyse rationnelle, vit le cœur l'emporter sur le reste. Le cliché fit taire l'opposition rationnelle à la politique d'ouverture des frontières en Europe. Les opposants devaient rendre compte de leur insensibilité devant l'image du petit Aylan mort. Les journaux qui appelaient souvent à un contrôle strict de l'immigration changèrent brutalement de position pour se mettre au diapason de leur couverture. Certains journaux et certains politiciens commencèrent à se demander s'il n'était pas temps de bombarder la Syrie, pour mettre fin à ces souffrances. Entre-temps, des acteurs et des célébrités s'emparèrent de l'événement sur Twitter avec le #RefugeesWelcome et répétèrent que l'Europe devait ouvrir ses portes. Pour s'opposer à cela, il fallait se déclarer indifférent aux enfants morts. Sans surprise, même le Premier Ministre britannique qui s'était opposé aux quotas de migrants imposés par l'UE dut faire marche arrière : il autorisa l'entrée de 20 000 réfugiés syriens supplémentaires (même si ce chiffre devait être atteint en cinq ans). Partout en Europe les barrages se brisèrent, les cameramans des médias couraient derrière les migrants pendant leur traversée des champs, des routes et des frontières. Quant à Angela Merkel, elle annonça que l'Allemagne accepterait les migrants « sans limites » : « En tant que pays puissant, en bonne santé économique, nous avons la force de réaliser le nécessaire. » Dans les quarante-huit heures qui suivirent, le *New York Times* rapporta le renforcement du mouvement migratoire au départ, entre autres pays, du Nigeria ; les gens avaient senti qu'une possibilité d'obtenir la citoyenneté européenne leur était offerte.

Il est plus facile de mépriser ce type de décisions que de les prendre, et peut-être plus facile de les prendre qu'il ne faudrait. Dans chaque pays, les hommes politiques européens étaient empêtrés dans une situation comparable à celle d'un homme qui voit depuis le rivage un navire arriver. Si les gens à bord luttaient sous leurs yeux pour atteindre la terre ferme, la plupart des observateurs, et certainement la plupart des Européens modernes, leur viendraient instinctivement en aide, sans même se poser la question de savoir si certains parmi eux pourraient constituer une menace. Rares seraient ceux qui les rejetteraient à la mer. Quelques mois seulement après avoir affirmé que « la politique était dure » pour ne pas céder à une jeune libanaise de 14 ans, Angela Merkel avait choisi de faire preuve de douceur. Bien que sa décision ait été prise au nom de l'Europe plutôt qu'en son nom propre, son comportement n'est pas si surprenant qu'il paraît.

La volonté d'accueillir décemment tout nouvel arrivant n'est peut-être pas toujours allée de soi, au cours de notre histoire, mais elle est devenue naturelle aux Européens d'aujourd'hui. Le contraire semblerait même inimaginable.

Les habitants de Lesbos, comme ceux d'autres îles, en sont un parfait exemple. Leur port principal – Mytilène – est un des plus proches de la Turquie. Lorsqu'ils partent pour Mytilène, les migrants peuvent voir l'Europe depuis leurs navires. Le dôme Saint-Thérapon illumine et domine le point central du port. Il tient son nom de l'évêque de Chypre, massacré par les musulmans arabes alors qu'il célébrait la messe en 632. À l'intérieur, on trouve le sarcophage de l'évêque Ignatios, chef de la résistance à l'occupation ottomane au XIXe siècle. Le long des quais du port s'étalent des magasins, des bars et des hôtels, dont l'hôtel *Sappho*, un nom que l'on retrouve partout sur l'île, dont l'ancienne poétesse était originaire. Avec ses 87 000 habitants, c'est une des îles grecques les plus étendues et les plus densément peuplées. Dans la chaleur de la journée, l'odeur d'huile, de poisson et d'eau saumâtre rend ce port moins séduisant qu'au premier abord. Mais le soir souffle une légère brise qui rafraîchit l'air, les bars et les cafés du port s'animent et les enceintes diffusent de la musique pop.

Comme à Lampedusa, les contrastes y sont déconcertants. Sur l'île italienne, un travailleur humanitaire m'avait raconté comment, pendant l'été, on pouvait ramener au port une embarcation de migrants où se mêlaient cadavres et vivants, tout en entendant depuis les falaises et les plages la musique des Italiens fortunés venus faire la fête. À Mytilène, les migrants, qui ont souvent fui et traversé un enfer personnel pour venir jusqu'ici, font les premiers pas de leur nouvelle vie et découvrent le meilleur de la douceur de vivre grecque.

En 2015, il y eut une période où 8 000 personnes arrivaient chaque jour à Mytilène (une ville de 30 000 habitants). Les navires s'arrêtaient le long de la route littorale, entre l'aéroport et la ville. Certains migrants entraient à pied dans la ville. D'autres appelaient un taxi lorsqu'ils sortaient du bateau et demandaient au conducteur de les amener à Moria, le principal centre d'accueil, derrière la ville. Les conducteurs locaux remarquèrent que les migrants savaient que le prix du taxi pour Moria était de 10 euros.

Comme sur les îles italiennes, les autorités locales grecques étaient seules à prendre en charge la situation. Le maire de Lesbos organisa l'accueil sur son île. Le maire de Samos, l'île voisine, fit de même. Ont-ils coopéré ? La réponse de la mairie est non : chacun s'est arrangé de son côté. L'organisation était déjà complexe sur chacune des îles prises individuellement. Lorsque le flot devint un raz de marée, l'ancien camp militaire de Moria fut converti en centre d'accueil provisoire, sous la responsabilité du ministère responsable à Athènes. L'autre camp de Lesbos, Kara Tepe, est quant à lui sous le contrôle de la municipalité locale. Quand vous demandez pourquoi, les gens soupirent. En tout cas, pendant un certain temps, les efforts consentis pour permettre à chaque migrant d'obtenir rapidement des papiers pour son voyage futur portèrent leurs fruits. Deux jours après leur arrivée, ils pouvaient retourner au port et partir sur un autre navire, cette fois un ferry, pour se rendre à Athènes ou à Kavalla (le long de la côte de Thessalonique). À partir de là, les autorités grecques se moquaient bien de perdre leur trace. La plupart des migrants ne voulaient pas rester dans un pays où le chômage était déjà dévastateur pour les habitants. Ils continuaient à voyager, à travers l'Europe du Sud-Est, vers les pays susceptibles de les recevoir, notamment la Suède et l'Allemagne. Quand le processus durait plus longtemps, parce que les contingents dépassaient les capacités de gestion des autorités, des troubles éclataient. En septembre 2015, la politique d'ouverture de la chancelière allemande amplifia les mouvements de population et de sérieux incidents opposèrent à Lesbos les migrants et la police antiémeute locale. Certains migrants, coincés sur l'île pendant deux semaines à cause des délais de gestion des dossiers, étaient descendus sur le port et avaient chanté « Asile » et « Nous voulons aller à Athènes ». Quelques migrants syriens avaient lancé des pierres et des bouteilles à la police. D'autres avaient tenté de les arrêter.

Bien que ces solutions soient temporaires, pendant l'hiver 2015-2016, le processus a peu à peu ralenti. Les masses de migrants continuaient d'affluer, mais l'enthousiasme premier du reste de l'Europe commençait déjà à faiblir. Il y eut à un moment 20 000 réfugiés à Mytilène. Ni Moria ni Kara Tepe ne sont conçus pour accueillir ne serait-ce qu'un quart de ce nombre. Mais les habitants de Mytilène ne se sont pas montrés hostiles aux nouveaux arrivants, bien qu'ils aient clairement été sur le point de devenir minoritaires sur leur île. Comme les deux centres de migrants arrivaient à saturation, des tentes furent montées dans le centre-ville, sur la moindre place, le moindre espace vert, sur les trottoirs ou les ronds-points. Pendant l'hiver, très rigoureux, les autochtones ouvrirent les portes de leurs maisons, vidèrent leurs garages pour y accueillir les migrants qui essayaient d'échapper à l'âpreté du climat.

Pendant l'été 2016, alors que les accords entre puissances étrangères et les mises en garde européennes étaient censés avoir stoppé l'immigration sur ces îles, les bateaux accostaient toujours. Mais un accord d'urgence, conclu en mars entre l'UE et la Turquie, parvint malgré tout à ralentir le flux et à faire baisser la pression. En échange de 6 milliards d'euros versés par l'UE au gouvernement turc et de l'autorisation accordée à de nombreux Turcs d'entrer sans visa sur son territoire, le nombre de migrants affluant sur le continent put diminuer. Pendant le mois d'août, les arrivées quotidiennes à Lesbos ne se comptaient plus que par centaines, voire par dizaines. Ce même mois, en pleine nuit, alors que la mer était plate, trois bateaux réussirent à accoster, deux au nord de l'île et un au port de Mytilène. Un quatrième fut arrêté par les forces navales turques. Aux dires des migrants et des humanitaires, celles-ci faisaient preuve d'une certaine « nonchalance » vis-à-vis des bateaux que l'accord passé entre l'UE et la Turquie forçait à renvoyer. En réalité, lorsqu'elles les voyaient arriver, elles en arrêtaient quelques-uns et laissaient passer les autres.

La deuxième structure de l'île, Kara Tepe, avait été construite en 2015 par la municipalité pour loger les familles, les femmes et les enfants, mais pas les mineurs non accompagnés, qui étaient installés dans des maisons. Bien que Kara Tepe ait eu la capacité d'accueillir 1 500 migrants, les bâtiments sont restés à moitié vides durant des semaines entières, au mois d'août 2016. Même si le récent coup d'État en Turquie avait alerté les organisations sur le risque d'intensification des flux, l'île était pour l'instant relativement calme. À l'entrée du camp, on pouvait proposer ses services et faire du commerce. Les tenanciers d'échoppes avaient installé des baraques à nourriture et des buvettes. Quand j'y suis allé, une seule personne tentait d'entrer dans le camp, un jeune Congolais qui s'était installé sur la route de Moria mais qui venait rendre visite à sa sœur et à ses neveux à Kara Tepe. Dehors, il buvait une bière et fumait, patientant sous le soleil de midi. Il disait n'avoir pas pu rester au Congo. Il était en lien avec l'opposition politique et ne s'y sentait plus en sécurité. Il ajouta qu'il avait un diplôme universitaire, qu'au Congo, il avait travaillé en hôpital psychiatrique et qu'il n'arrivait pas à joindre sa sœur par téléphone à Kara Tepe. Dans cette structure, les gens ne sont pas enfermés mais on ne peut pas non plus y rentrer à sa guise.

À l'intérieur le camp ressemble exactement à ce à quoi un abri de fortune, indigent et conçu pour plus d'un millier de personnes, peut ressembler. On y voit des bâtiments minuscules destinés à héberger les familles et des bâtiments médicaux ou réservés à d'autres nécessités. Un terrain de football pour les enfants a été installé et on trouve un petit amphithéâtre en tôle ondulée, pour quelques prestations musicales occasionnelles visant à améliorer le moral des résidents. Les personnes âgées et les handicapés, comme ce vieil homme syrien qui porte un keffieh traditionnel et fixe les passants depuis sa cabane en tôle, disposent d'installations dédiées, notamment des toilettes, loin du large complexe construit pour tout le reste du camp. Les gens du camp sont principalement syriens ; ils représentent peut-être 70 % du contingent à l'heure actuelle. Le second groupe le plus important est composé d'Afghans et d'Irakiens. La femme athénienne qui gère le camp pour le compte de la municipalité est très fière de l'esprit d'innovation qui règne ici. Car les gens n'y sont pas des « réfugiés » ou des « immigrés » : ce sont des « visiteurs ». Le camp est atypique par bien d'autres aspects et elle est ravie d'y recevoir les journalistes qui disposent du permis requis. À la différence d'autres organisations, dont celle de Moria, les visiteurs bénéficient de trois repas par jour, sans avoir besoin de faire la queue. Les repas sont déposés devant les portes de leurs bâtiments. On leur fournit des vêtements, pour qu'ils puissent se changer si nécessaire. Une famille syrienne est assise à côté de son bungalow, tandis qu'un jeune homme, encore marqué par l'acné et trop jeune pour se raser, utilise un rasoir électrique et retire les trois poils qu'il a au menton, un miroir à la main. Une petite fille de 2 ou 3 ans a perdu sa chaussure et s'escrime dans la poussière pour la remettre. Nous l'aidons, elle se relève, court et retombe immédiatement par terre.

Malgré les avantages qu'il y avait à résider au camp de Kara Tepe, les « visiteurs » de l'été 2016 y étaient bloqués, ce qui leur posait évidemment problème. Depuis le pic migratoire de 2015, les autres pays d'Europe avaient fermé leurs frontières, il n'était donc plus possible de relancer le flux migratoire vers le continent européen. Ces visiteurs ne pouvaient même pas partir vers Athènes car les autorités savaient qu'un goulot d'étranglement en Grèce continentale causerait des tensions d'un nouveau genre. Certaines familles, qui n'auraient jadis passé que quarante-huit heures dans le camp – où il était problématique de rester quinze jours –, y restaient maintenant parfois pendant des mois. À l'extérieur du camp, une fille de 17 ans et sa sœur cadette de 7 ans achètent des frites en sauce. Elles viennent d'Alep et sont ici depuis quatre ou cinq mois. Elles sont désormais scolarisées et on essaie de les initier à diverses disciplines, notamment la musique, grâce à des cours de violon. Mais elles ne savent pas quand elles repartiront, ni où elles et les autres « visiteurs » finiront par aller.

On peut le comprendre, les autorités et les ONG qui aident à gérer et à financer ce lieu sont méfiantes à l'idée de laisser les « visiteurs » discuter avec des journalistes. Beaucoup d'entre eux sont traumatisés et, comme à Lampedusa, personne ne sait vraiment quoi faire des migrants, ni quelles restrictions sont légales ou possibles. Mais sur la route qui descend à la plage s'étend un groupe de tentes improvisées. Sur le mur de l'autoroute de l'autre côté, quelqu'un a tagué en gigantesques lettres capitales : « Réfugiés ! Condamnez l'accord ! Personne n'est illégal ! Bienvenue aux réfugiés ! » Des messages du même genre sont peints en espagnol. Si vous descendez du bateau à cet endroit, comme c'est le cas pour certains migrants, ces mots sont la première chose que vous voyez de l'Europe.

Le campement d'en face est tenu par un groupe de No Borders. Un jeune Allemand, Justus, sort en fumant une cigarette roulée. Il vient de Dresde, avoue-t-il un peu honteux. Il y a quinze jours, il a ouvert, avec des Allemands, des Français et des Suisses qui partagent ses convictions, un centre social dans la ruine décrépie d'un bâtiment, de l'autre côté de la route. Ils n'avaient pas pour ambition d'être un centre d'asile, mais un centre de jour, ouvert aux migrants pour qu'ils puissent s'y réfugier et échapper à la routine du camp. Quelques jours seulement après l'ouverture, la banque propriétaire du bâtiment les a jetés dehors, de crainte qu'ils n'installent un campement illégal. Ils se sont donc retrouvés sur la plage la plus proche, munis de quelques tentes et s'efforçant de poursuivre leur action. Oda, une quadragénaire allemande venue de Hanovre, qui supporte mal le soleil du Midi, explique : « Participer à des manifestations et chanter *No Borders* ne suffit pas. Il faut agir concrètement. »

L'endroit où ce groupe, principalement composé d'Allemands, fait du mieux qu'il peut pour apporter leur aide, est un lieu délabré, sous-financé et quelque peu désorganisé. Une famille, qui passe gaiement devant les pancartes destinées aux réfugiés et qui vient chaque jour au campement se faire servir un thé, s'avère être une famille du coin, des Roms vivant déjà à Lesbos. Oda montre les photographies du bâtiment qu'ils ont dû quitter. Dans les pièces principales de ce qui avait été leur centre social, ils avaient nettoyé les murs et suspendu des babioles colorées. Les règles du centre étaient peintes en bleu et en rouge sur les murs. Elles se résumaient en quatre points : « Pas de racisme. Pas de violence. Pas de sexisme. Pas d'homophobie. »

Oda et ses collègues confient que la cinquantaine de personnes qui défilent chaque jour dans leur tente ne viennent pas vraiment pour le thé, l'eau ou les trois à six cents portions de nourriture distribuées pour compléter les repas fournis dans le camp. Ce que ces Afghans, ces Pakistanais, ces Marocains, ces Érythréens – tous mélangés – veulent, disent-ils, ce sont « des gens qui les respectent ». Ils ont récemment rencontré un chrétien pakistanais dont la famille avait été massacrée par les talibans. Quand ils lui ont demandé ce qu'il souhaitait le plus au monde, il avait répondu : « Un sourire. »

Mais le groupe allemand des No Borders n'est pas partout bienvenu. Outre les problèmes qu'ils ont connus avec l'ancien propriétaire et les autorités de l'île, il se trouve que certains autochtones se méfient d'eux. Et pas seulement parce qu'ils pensent que ce groupe les trouve impuissants à gérer la situation. Un responsable local dit aussi que les membres du groupe sont « mauvais. Ce sont des activistes politiques ». D'autres habitants sont cependant beaucoup plus serviables. Certains leur apportent même leur aide. Un marchand de légumes leur distribue gratuitement ses produits. Et ici, au moins, à la différence de Moria, les gens n'ont pas à faire la queue sur deux cents mètres pour avoir de quoi manger. Les plaintes portant sur le manque de nourriture, les intoxications alimentaires et les conditions de vie déplorables du camp de Moria expliquent le refus des autorités à ce que l'installation soit visitée. Trois Afghans de 16 ans affirment qu'ils n'ont même pas le droit de prendre en photo l'installation de Moria, où 3 000 personnes résident actuellement. Un non-migrant ne peut même pas franchir la porte de l'extérieur ; il est évident que les conditions de vie y sont autres qu'à Kara Tepe.

L'ancien camp militaire de Moria compte désormais trois ou quatre sections différentes, entourées de barbelés. Ses résidents viennent de tout le Moyen-Orient, d'Afrique ou d'Asie. La plupart sont originaires de Syrie, d'Irak, d'Afrique et d'Afghanistan, mais il y a aussi des Bangladais, des Birmans et des Népalais. Un jeune Érythréen raconte son voyage vers le Soudan, l'avion qu'il a ensuite pris pour l'Irak, la traversée de la Turquie et son départ pour Lesbos. Les Afghans, en revanche, sont passés par l'Iran, parfois par le Pakistan, avant d'entrer en Turquie. Tous disent qu'aujourd'hui, on ne rencontre pas les passeurs qu'on a payés pour venir. Tout se passe par téléphone, y compris les instructions qui leur sont données aux différentes étapes de leur voyage. Un garçon afghan de 9 ans accompagné de son père raconte son périple. Cela fait maintenant deux mois qu'il est en Europe. Son père demande à discuter en privé.

Sur le front de mer, nous trouvons un bâtiment où il me raconte leur histoire. Ils sont arrivés sur un bateau qui a chaviré à deux reprises, sur un trajet qui était censé durer une heure, au départ de la Turquie. La seconde fois, ils ont été recueillis par des gardes-côtes grecs. Il a 31 ans. Il est venu avec sa femme, ses deux fils et ses deux sœurs. Les fillettes ont 5 et 18 mois. Beau, solide, une mèche blanche tranchant sur ses cheveux noirs, il porte les vêtements de sport qu'il a vraisemblablement reçus après son arrivée. En Afghanistan, il avait un emploi au ministère de l'Éducation : responsable des écoles de la circonscription d'Herat. Quand les talibans ont repris la région, des appels téléphoniques lui donnèrent l'ordre d'abandonner son poste. Il a refusé, a été enlevé et emprisonné pendant trois jours. Pendant sa détention, ils lui ont brisé les deux mains. Elles présentent toutes deux des bosses proéminentes au niveau des poignets. Il raconte qu'il a réussi à s'échapper de la prison mais qu'en trébuchant lors de sa fuite dans les montagnes afghanes, il s'est blessé en tombant sur des rochers et s'est ouvert le crâne.

Il est resté chez lui pendant deux mois, incapable de travailler. Après cela, il a repris ses fonctions. Les talibans l'ont à nouveau capturé. Cette fois-ci, ils l'ont emprisonné pendant vingt et un jours. Ils l'ont encore torturé (les cicatrices sur ses côtes et sur ses bras en témoignent). Ils l'ont également violé, ou, comme le formula l'Afghan du camp qui était notre traducteur, « ils l'ont attaqué par-derrière ». « Vous savez ce que ça veut dire ? » demanda-t-il en mimant la scène, pendant que l'homme détournait le regard. Chaque nuit, les talibans l'avaient violé. Ce faisant, ils lui disaient : « Tu n'as plus de Dieu. Nous sommes maintenant ton Dieu et cela signifie que tu dois faire tout ce qu'on te demande. » À ce moment, il reconnut avoir accepté de les aider. Ils lui avaient demandé d'user de sa position pour placer un de leurs hommes dans l'administration éducative. Ils projetaient d'empoisonner l'eau des écoles qui accueillaient 600 à 700 enfants entre les villages d'Adraskan et de Gozareth. Selon la logique des talibans, les parents arrêteraient d'envoyer leurs enfants à l'école s'ils risquaient tous d'être empoisonnés. Comme il avait accepté de coopérer, ils l'ont autorisé à rentrer chez lui.

Mais une fois chez lui, il s'est enfui avec sa famille, sans laisser aux talibans le temps de placer leur homme au poste qu'ils souhaitaient. En arrivant en Turquie, il me dit avoir appelé un fonctionnaire de son pays pour l'informer du plan des talibans, afin d'empêcher qu'il soit mis à exécution. « J'ai tout perdu conclut-il. Mais je suis heureux d'avoir sauvé des vies d'enfants. » Il dit qu'il ne peut pas rentrer chez lui et « si le gouvernement grec me refoule, je me suicide ». « Qu'est-ce que cela signifie pour vous d'être en Europe ? » lui ai-je demandé. « Je suis heureux d'être ici parce que j'ai le droit d'être en vie. Parce que je suis en sécurité, maintenant », dit-il. Puis il se retourne. Il tente de retenir les larmes qui coulent sur son visage. Nous restons assis en silence. Plus tard, il me montre certaines des cicatrices qu'ont laissées sur ses jambes les tortures des talibans. Nous nous serrons la main, et sur la route, nous rencontrons sa famille. Il me présente sa femme et ses filles, la plus âgée porte une casquette pour enfants rose vif, qu'une des agences lui a manifestement donnée, et toute la famille rentre au camp.

Parmi les autres migrants du camp de Moria, j'ai rencontré deux frères de la région de Ghazni, au sud-est de l'Afghanistan. Ils disent avoir 20 et 18 ans et appartenir à l'ethnie Hazara, une minorité chiite devenue cible privilégiée de Daech en Afghanistan. Qualifiés de « secte hérétique », les Hazaras ont subi des décapitations de masse. Daech n'est que le dernier des fléaux qui se sont abattus sur leur terre natale. Avant eux, les talibans ont brûlé leur école et tenté de les recruter. Ils me dirent que Daech aussi avait tenté de les enrôler lorsqu'ils s'étaient implantés dans la région. Se voyant proposer de « rejoindre notre groupe, où nous tuerons tous les gens de votre famille », les garçons avaient fui leur village et étaient partis pour Kaboul. Leur père et leur mère étant malades, il leur incombait, en tant qu'aînés mâles de la fratrie, de subvenir aux besoins de la famille.

Pendant que nous sommes assis sur le sol rocailleux de Grèce, tous ces garçons et hommes afghans jouent dans la poussière avec leurs mains. Un homme âgé de 62 ans, originaire de la même province que les deux frères, souffre de problèmes cardiaques mais espère rejoindre sa fille en Autriche. Il a traversé tout l'Iran, où vivent d'autres Hazaras. Si l'Afghanistan n'était pas sûr, n'aurait-il pas pu rester en Iran ? « Je ne connais personne en Iran », rétorque-t-il, les yeux remplis de larmes. « Qu'est-ce que je ferais en Iran ? » Pendant qu'il parle, il fait des petits tas de poussière et remplit des trous dans le sol. Mais je remarque que le frère cadet, dont la frange noire cache presque les yeux sombres et profonds, ramasse de petits galets et les jette machinalement au sol pendant que nous parlons.

Ils expliquent que le peuple hazara est persécuté où qu'il aille. Même la vie au Pakistan est devenue difficile. On vole leur argent, ils sont enlevés contre des rançons qui peuvent s'élever à 1 million de dollars américains. Les frères sont entrés au Pakistan illégalement, et de la même manière, ils ont traversé l'Iran et la Turquie. Le frère aîné m'explique que son cadet souffre certainement de problèmes psychologiques. Ce n'est pas une surprise. Lorsqu'il parle, il a tendance à s'exprimer par des explosions de colère. « Chaque pays a des gentils et des méchants, dit-il à un moment. Pourquoi les Européens nous voient-ils comme des chiens ou des criminels ? Ils ne sont pas bons avec nous. Pourquoi ? » Ils se plaignent du fait que la Grèce ne les accepte pas. Dans le bus, les gens les regardent avec hostilité. À Moria, se plaint-il, la police du camp leur distribue la nourriture comme s'ils étaient des animaux, en s'adressant à eux par borborygmes. Ils sont nombreux à se plaindre du camp de Moria. Il ajoute que des serpents ont troué la paroi des tentes et ont déjà tué deux migrants ; un accident que les autorités ont passé sous silence.

Au détour d'une conversation, le frère aîné mentionne que son jeune frère a été violé par les talibans en Afghanistan. Le plus jeune parle en son propre nom lorsqu'on lui demande ce qu'il a vu en chemin. « Nous sommes afghans, dit-il. Nous avons tout vu. Les décapitations. Les corps morts. Tout. » Il veut se suicider et, comme tous les autres, il dit qu'il le fera s'il est renvoyé dans son pays. Quand on lui demande ce qu'il aimerait faire s'il pouvait rester, le frère aîné dit qu'il avait commencé des études à l'université pour devenir pharmacien avant de fuir l'Afghanistan. Il aimerait poursuivre dans cette voie. Le cadet aspire seulement à « construire sa vie ».

La communauté afghane est en colère contre les Syriens, dont elle a le sentiment qu'ils sont favorisés. Il est vrai que l'invitation de la chancelière Merkel en 2015 dispensait explicitement les Syriens d'avoir à justifier leur demande d'asile. « Pourquoi ? s'interrogent les Afghans. En Syrie, il n'y a la guerre que depuis cinq ans. En Afghanistan, nous avons eu la guerre pendant quinze ans. » Et qu'en est-il des allégations selon lesquelles les gens viennent ici pour améliorer leur niveau de vie ? Un des Afghans, un jeune homme qui maîtrise bien l'anglais, répond : « Chaque jour, une bombe explose en Afghanistan. Mais, ils croient que nous venons ici pour trouver le bonheur, pour nous amuser. Nous n'avons pas de problèmes économiques en Afghanistan, insiste-t-il. En Afghanistan, nous pouvons gagner de l'argent. Mais nous avons un problème de sécurité. »

À l'écoute de ces propos, à de tels moments, tenus par des gens qui viennent d'endroits si terribles, la réaction de la chancelière Merkel et de ses ministres en 2015 paraît éminemment justifiée. Elle et ses collègues ont trouvé une partie de la réponse en reconnaissant que notre continent fait sans doute la seule chose qu'un peuple civilisé puisse faire en secourant ces personnes, en les accueillant et en s'efforçant de garantir leur sécurité. Mais cet instinct généreux pourrait bien – pour elle comme pour ceux qui ont traversé la mer – représenter la partie la plus facile du « voyage ».

CHAPITRE VI

Multiculturalisme

C'est à Berlin, le 31 août 2015, que la chancelière allemande expose ses nouveaux projets et prononce sa déclaration d'intention : « *Wir schaffen das* » (« Nous pouvons y arriver »). Pourtant, ces quelques paroles soulèvent des questions. Que recouvre ce « y » qu'elle veut mettre en œuvre ? Quels sont ses objectifs et ses intentions ? Sa phrase se termine-t-elle par un point final ou par des points de suspension ? À quoi ressemblerait le succès d'une telle entreprise ? Dans leur genre, ces questions sont en soi assez conséquentes. Mais ces trois mots brefs soulèvent une autre question essentielle. Qui était ce « nous » ? Quelle était cette entité, priée d'accomplir cette chose, si difficile à définir ? En s'exprimant ainsi, Angela Merkel avait tenu pour acquis l'existence d'un « nous ». Mais dans les années qui avaient précédé son discours, l'Europe s'était scrutée attentivement pour répondre à cette question. Et si elle retournait sans cesse sur le divan du psychanalyste, ce n'était pas pour se pencher sur une question sans importance, mais au contraire pour répondre à une question essentielle, sans cesse alimentée par la conscience que, comme l'auteur hollandais Paul Scheffer l'avait indiqué huit ans auparavant, « sans un "nous", cela ne pourra pas marcher[1] ».

La chancelière Merkel elle-même en était tout à fait consciente. En 2010 déjà, cinq ans avant qu'elle donne dans le grandiose, elle avait évoqué dans un discours à Potsdam une des angoisses montantes du pays. Elle avait entraîné dans son sillage plusieurs dirigeants européens, prompts à critiquer la politique européenne en vigueur sur les questions d'immigration et d'intégration. Dans ce discours sur « l'état de la nation », elle s'était exprimée alors qu'un vif débat public agitait déjà l'Allemagne. Quelques semaines plus tôt, Thilo Sarrazin, ancien sénateur et membre du comité exécutif de la Bundesbank, avait publié un livre intitulé *Deutschland schafft sich ab* (*L'Allemagne disparaît*), ouvrage qui, dans une société aussi consensuelle, fit l'effet d'un coup de canon. Dans son livre, Sarrazin expose la façon dont le faible taux de fécondité allemand et le niveau d'immigration excessivement élevé – l'immigration musulmane en particulier – transforment la nature de la société allemande. Il fit notamment scandale en soutenant l'idée que le taux de fécondité, en étant plus élevé chez les personnes les moins éduquées, et plus bas chez les gens cultivés, menaçait le succès et la prospérité allemande d'après-guerre.

L'incapacité des migrants à s'intégrer en Allemagne était évidente, et Sarrazin ne se privait pas de le souligner. Mais médias et politiques lui sont tombés dessus

1. Paul Scheffer, *Het Land van Aankomst*, De Bezige Bij, 2007.

comme un seul homme pour avoir osé proférer de telles hérésies. La polémique qui s'ensuivit contraint Sarrazin à quitter le poste qu'il occupait à la Bundesbank. Et bien qu'il fût issu des rangs de la gauche allemande, son propre parti (le Parti social-démocrate), tout comme Angela Merkel et le CDU, prirent leurs distances avec lui. Diverses organisations musulmanes en Allemagne tentèrent de le traîner devant les tribunaux et, plus grave encore (même si c'était une accusation gratuite), il fut accusé d'antisémitisme. Son livre trouva néanmoins son public. Un sondage commandé à peu près à la même époque révéla que 47 % des Allemands souscrivaient à l'affirmation selon laquelle l'islam n'avait pas sa place en Allemagne. Malgré le solide cordon sanitaire mis en place par les politiques allemands autour du débat sur l'immigration, l'intégration et l'islam, la vente à deux millions d'exemplaires du livre de Sarrazin montra que les représentants politiques ne pouvaient pas imposer leur idéologie à toute une société.

Politicienne indiscutablement douée, Merkel décida de s'exprimer sur cette question, à la fois pour garder les plus inquiets au sein de son parti et pour corriger ce qu'elle considérait comme erroné dans les thèses développées par Sarrazin et ses partisans. Lors de son discours à Potsdam, elle évoqua d'abord le programme des *Gastarbeiter* et les immigrés venus de Turquie et d'ailleurs vivre et travailler en Allemagne, au début des années 1960. Elle reconnut que le pays, comme cela avait été le cas après guerre en Grande-Bretagne et dans d'autres pays européens, « s'était bercé d'illusions pendant un certain temps ». Elle continua : « Nous disions qu'ils n'allaient pas rester, qu'ils allaient vite repartir, mais ce n'est pas ce qui s'est passé. » Il y avait eu un manque d'anticipation, aucune des conséquences découlant de cette politique migratoire n'avait été envisagée. Elle continua son discours en critiquant d'autres erreurs courantes en matière d'immigration et d'intégration.

On commenta son discours dans le monde entier. Si cette allocution a fait les gros titres, c'est parce qu'elle présentait le bilan le plus intransigeant jamais dressé par un dirigeant politique sur les échecs d'un pays européen en matière d'intégration. Certains éléments de ce discours avaient déjà été exprimés par des partis périphériques de la vie politique, mais ils n'avaient jusqu'alors jamais été repris par un parti de premier plan. En analysant les difficultés qui marquaient la relation entre l'Allemagne et ses immigrés, la chancelière avait ajouté : « Bien sûr, le désir de bâtir une société multiculturelle, de vivre ensemble et de nous enrichir mutuellement a échoué, radicalement échoué. » « C'est pourquoi, avait-elle asséné, il faut mettre l'accent sur l'intégration. » « Ceux qui veulent faire partie de la société allemande doivent en respecter les lois et la constitution, ajouta-t-elle, et doivent aussi apprendre à parler allemand[1]. »

Les médias allemands accusèrent la chancelière d'avoir posé des jalons en vue des élections qui devaient se tenir au printemps suivant. Un sondage d'opinion, publié le même mois, avait révélé une nette hausse de l'inquiétude

---

1. « Merkel dit que la société multiculturelle allemande a échoué », BBC News, 17 octobre 2010.

au sujet de l'immigration, indiquant que 30 % de la population craignait d'être « envahis par les étrangers » qu'attiraient en Allemagne les aides sociales octroyées par le pays[1]. Politiquement ingénieux, le discours de Merkel répondait aux attentes de la société qui pouvait y trouver ce qu'elle voulait entendre, tout en prenant soin de garder un esprit d'ouverture, en insistant sur le fait que les immigrés étaient toujours bienvenus en Allemagne.

Néanmoins, l'idée et l'expression deux fois répétée, selon laquelle le multiculturalisme avait « échoué, radicalement échoué », avaient fait mouche. Après l'ovation suscitée par son discours à Postdam, on félicita Merkel pour son courage à s'exprimer sur une question aussi sensible. Dans toute l'Europe, on la compara aux autres dirigeants politiques pour saluer son audace. Les journaux du monde entier suggéraient que la chancelière allemande avait été la seule à avoir eu le courage et la force de rappeler une vérité si difficile.

Il ne fut donc pas étonnant de voir d'autres hommes politiques se saisir de l'occasion et plonger à leur tour dans des eaux qui ne paraissaient plus si froides depuis que Merkel s'y était risquée. Au mois de février, le Premier Ministre britannique, David Cameron, déclara lors d'un discours à la conférence de sécurité de Munich que « sous l'empire de la doctrine du multiculturalisme d'État, nous avons encouragé différentes cultures à vivre séparément, séparées les unes des autres, et séparées de la culture dominante. Nous avons échoué à leur proposer une conception motivante de la société. Nous avons

---

1. Étude de la fondation Friedrich Ebert, octobre 2010.

même toléré de ces communautés ségrégées qu'elles se comportent en totale opposition à nos valeurs[1] ». Quelques jours plus tard, lors d'un débat télévisé, le président français, Nicolas Sarkozy, qualifia également le multiculturalisme d'« échec » et ajouta : « La vérité, c'est que dans toutes nos démocraties, nous nous sommes trop souciés de l'identité des nouveaux arrivants et pas assez de la nôtre[2]. » Ces dirigeants furent bientôt rejoints par d'autres, notamment l'ancien Premier ministre australien John Howard et l'ancien Premier ministre espagnol José Maria Aznar.

En l'espace de quelques mois, ce qui avait été tabou était l'objet de tous les discours ou presque. Dans chaque pays, un grand débat avait éclaté. David Cameron avait-il raison de lier la question de la sécurité à celle de la cohésion nationale ? Merkel essayait-elle simplement de réagir aux pressions en s'assurant intelligemment la loyauté du bloc de centre droit ? Quelles qu'en soient les raisons, partout en Europe, l'échec du multiculturalisme était entré dans le débat et semblait marquer un tournant.

Pour autant, malgré ces multiples débats, le sens de ces déclarations restait peu clair. Le terme « multiculturalisme » (et plus encore celui de *multikulti* en allemand) résonnait différemment selon les individus. Pendant des années et encore aujourd'hui, pour

---

1. Discours de David Cameron à la conférence de sécurité de Munich, 5 février 2011.
2. « Sarkozy : le multiculturalisme, un échec », *Le Figaro*, 10 février 2011.

la plupart des gens, le terme signifie « pluralisme » et désigne simplement une société ethniquement diversifiée. Dire à ce moment-là qu'on était en faveur du multiculturalisme revenait à dire qu'on ne se souciait pas du fait que des gens de tous horizons vivent dans son pays. Cela pouvait aussi renvoyer à une conception selon laquelle l'avenir civilisationnel consistait à créer un immense pot-pourri de toutes les cultures à l'intérieur de chaque pays : des Nations unies en miniature. Mais pour d'autres électeurs, dire que « le multiculturalisme avait échoué » sonnait comme la reconnaissance que l'immigration d'après-guerre avait été une erreur. Cette phrase a même pu être interprétée comme un appel à stopper l'immigration de masse, voire à inverser les flux. Dans chaque pays, la confusion entre ces différentes acceptions était sans nul doute bénéfique du point de vue politique : elle donnait aux politiciens l'opportunité de brasser large et de convaincre des électeurs qui auraient, autrement, résisté à leurs sirènes. Les dirigeants qui se sont risqués au grand plongeon étaient de droite et ce n'est pas une coïncidence. Ils tentaient de maintenir la cohésion d'un mouvement politique fragile et menacé par la division.

Mais la confusion autour du sens de ce discours avait aussi une origine plus ancienne. Le « multiculturalisme » a toujours été difficile à définir. Dans la limite où il est possible de tisser des liens entre leurs discours, on pourrait dire que Merkel, Cameron et Sarkozy avaient en tête une vision spécifique du multiculturalisme, en tant qu'il était organisé par l'État. Il ne s'agissait certainement pas pour eux de critiquer une société accueillant des gens d'origines diverses et des immigrés. Au contraire, par-delà la partie de leur discours destinée à attirer les médias, ils soutenaient tous une immigration de grande ampleur. Ils prétendaient en revanche critiquer le « multiculturalisme » en tant que politique soutenue par l'État, qui encourageait les gens à mener des vies parallèles dans le même pays, et surtout à vivre selon des coutumes et des lois contraires à celles du pays d'accueil. Ces dirigeants européens semblaient défendre une société postmulticulturelle, où le même système juridique et les mêmes normes sociales s'appliqueraient à tous[1]. Il était certes un peu tard pour parler de telles choses, mais c'était quand même une étape de franchie.

De nombreux opposants de gauche critiquèrent ce débat, estimant que ces arguments étaient spécieux, niant l'existence de problèmes, qui, quand bien même ils auraient existé, étaient selon eux de faux problèmes. Mais en 2010, les inquiétudes de l'opinion face à ces sociétés parallèles allaient croissant dans toute l'Europe. Cela s'expliquait par l'augmentation du nombre d'attentats, effectifs ou déjoués, perpétrés par des individus nés et éduqués en Europe. Alors que ces attaques suscitaient des inquiétudes, on commençait aussi à s'inquiéter de l'expression moins violente, ou non-violente de la différence – différence qui n'était pas toujours du fait des minorités.

---

1. Pour une des meilleures analyses de l'idée du multiculturalisme en tant qu'idéologie, voir Rumy Hasan, *Multiculturalism: Some Inconvenient Truths*, Methuen, 2010.

En 2006, le ministre de la Justice hollandais, Piet Hein Donner, souleva une vague de colère aux Pays-Bas, en laissant entendre dans un entretien que, si les musulmans souhaitaient remplacer la loi du pays par la charia, ils pourraient le faire par des moyens démocratiques (sous-entendant par là : lorsque les musulmans seront devenus majoritaires). En 2004, Donner avait temporairement proposé la réinstauration du délit de blasphème afin de satisfaire aux exigences de certains musulmans. En 2008, un scandale de même importance éclata en Angleterre lorsque l'archevêque de Canterbury, Rowan Williams, analysa lors de sa conférence à la cour de justice royale les juridictions légales parallèles qui se développaient dans le pays. Pendant cette conférence, l'archevêque avait déclaré que l'adoption de certains préceptes de la charia au Royaume-Uni « semblait inévitable ». Suite à la première vague de mécontentement public, l'archevêque déclara avoir été mal compris. Mais lors d'un entretien à la BBC le lendemain, prié de clarifier ses remarques, il était allé plus loin encore, en indiquant que l'idée d'« une même loi pour tout le monde et puis c'est tout » était « un peu dangereuse[1] ».

Malgré des années d'inquiétudes grandissantes concernant l'immigration et la sécurité, le socle le plus fondamental de la civilisation occidentale était devenu négociable. Il semblait même qu'on pût désormais faire main basse sur le passé. Une quinzaine de jours seulement avant le discours de Merkel à Potsdam, le président

---

1. « Sharia law in UK is unavoidable », BBC News, 7 février 2007.

allemand, Christian Wulff, s'exprima lors du « jour de l'unité allemande », cherchant notamment à répondre au questionnement de Sarrazin sur la place de l'islam en Allemagne. Wulff avança que l'islam appartenait à l'histoire du pays, au même titre que le christianisme et le judaïsme jadis. Ceci fit scandale en Allemagne, y compris au sein de son propre parti. Mais le Président n'était pas le seul à vouloir changer le passé pour l'adapter à la situation présente.

À chaque fois, le sentiment que l'Europe, dans une ère multiculturelle, doit renoncer à ce qu'elle est, y compris à son histoire – alors que les nouveaux arrivants peuvent conserver leurs traditions –, a suscité bien des protestations. Si c'était bien une des voies dans lesquelles l'Europe avait pu s'engager, Cameron, Merkel, Sarkozy et d'autres politiciens de droite avaient tenté d'ouvrir un autre chemin. Aucun d'eux ne niait que le processus d'intégration implique des efforts des deux côtés, mais ils mettaient en exergue le fait que les immigrés devaient apprendre la langue du pays où ils se trouvaient et y vivre en respectant ses lois.

La virulence avec laquelle ces injonctions élémentaires ont été débattues nous rappelle que, pendant les années d'après-guerre, rien de tout ceci n'avait été planifié. C'était la dernière étape d'un processus mené au petit bonheur la chance. Et cela impliquait que les dénominations employées changent elles aussi constamment. Comme l'historien et critique du multiculturalisme Rumy Hasan l'a écrit dans un livre publié à l'époque, les différentes phases de l'immigration d'après-guerre en Grande-Bretagne en étaient la preuve. Pendant la première phase (des années 1940 aux années 1970) les immigrés non blancs du Commonwealth étaient connus sous le nom d'«immigrés de couleur» et considérés comme différents du reste de la société. Puis, durant les années 1970 et 1980, en partie pour lutter contre la discrimination, ils sont devenus des « Britanniques noirs », considérés comme des citoyens égaux et normaux. Puis, peu de temps après, on considéra le pays comme une société « multiculturelle », au sens où elle accueillait des personnes de cultures différentes. Comme Hasan l'explique, parler de société « multiraciale » ou « multiethnique » eût été plus pertinent, mais l'idée de « race » étant tombée en discrédit, le terme « multiculturalisme » semblait plus adapté. Néanmoins, si son intention était d'unir les individus sous le même drapeau national, cette nouvelle définition eut un effet opposé. En effet, plutôt que d'unifier les identités, elle les a fracturées. Plutôt que de bâtir une société indifférente à la couleur de peau et à l'identité, elle a en réalité donné à l'identité et à la couleur de peau une place prépondérante.

La société connut alors une nouvelle version de la politique de l'assiette au beurre. Des organisations et des lobbys apparurent, prétendant parler au nom de toutes sortes de groupes identitaires. Les ambitieux, généralement autoproclamés, qui s'accaparaient ce rôle devenaient les intermédiaires entre les autorités et chaque communauté particulière. Ils n'étaient pas les seuls à profiter du système. À l'échelle locale et nationale, les hommes politiques aussi ont su profiter d'un processus qui leur facilitait la vie, donnant l'impression qu'il suffisait de décrocher son téléphone pour entrer en relation avec telle ou telle communauté. Bien sûr, défendre ladite communauté permettait d'obtenir son vote, supposément univoque. Il arriva parfois que les communautés tiennent promesse.

Inévitablement, les conseils municipaux et autres organes commencèrent à financer des groupes religieux ou ethniques. Bien qu'une partie de ces fonds fût versée dans une optique électoraliste, une autre partie était versée pour de plus nobles raisons, au nom notamment de la volonté désintéressée de lutter contre les discriminations. Pourtant, même les associations « antiracistes » tendaient à se politiser, outrepassant le domaine qu'elles s'étaient préalablement assigné. Ces associations désireuses de lutter contre les discriminations cherchèrent avec le temps à étendre leur influence, leur réseau et leur financement. Elles étaient cependant conscientes qu'elles ne pourraient obtenir ceci qu'à la condition que le problème ne soit surtout pas résolu. Ainsi, ils mirent en avant une aggravation de la discrimination – appelant donc à une lutte plus vigoureuse –, alors même que la situation s'améliorait. Se présenter comme victime de la société offrait une sérieuse opportunité de croissance. Afficher sa satisfaction en revanche garantissait la faillite.

Ce faisant, la seule culture qu'on ne pouvait pas honorer était celle qui avait permis à toutes les autres d'être honorées. Pour devenir multiculturels, les pays conclurent qu'ils devaient se livrer à un examen de conscience, en se concentrant essentiellement sur leurs défauts. Ainsi, les États qui avaient été ouverts et libéraux au point d'autoriser, voire d'encourager, une immigration de grande ampleur furent-ils dépeints comme racistes. Et tandis qu'en Europe on célébrait toutes les cultures du monde, louer les bonnes actions de cette même Europe devenait suspect. L'ère multiculturelle fut l'ère de la renonciation européenne et la société d'accueil sembla s'éloigner d'elle-même, se réduisant au rôle de gentille animatrice. Ce fut pour cette raison, entre autres, que le célèbre philosophe politique américain, Samuel Huntington, écrivit dans son dernier livre : « Le multiculturalisme est une civilisation ontologiquement anti-européenne. C'est fondamentalement une idéologie anti-occidentale[1]. »

Dans les pays européens, le tabou concernant cette rupture civilisationnelle tomba pendant le même laps de temps, plus ou moins rapidement. Au Royaume-Uni, le travail de l'organisation non-gouvernementale Race Relation avait réussi à maintenir le couvercle bien fermé jusqu'à l'été 2001. À ce moment-là, à cause d'émeutes ayant éclaté dans le nord de l'Angleterre et impliquant de jeunes musulmans, à cause des événements de New York et Washington, on débattit plus ouvertement de l'existence de communautés parallèles. Le concept de « multiculturalisme » commença à être remis en question. Aux Pays-Bas, les barrages rompirent un peu plus tôt. En France, ils sont restés presque intacts, jusqu'aux émeutes qui ont éclaté en banlieue, en 2005. L'Allemagne et la Suède ont mis un peu plus de temps. Mais globalement,

---

1. Samuel P. Huntington, *Who Are We?*, Free Press, 2005, p. 171.

dans les années 2000, les dissidents du consensus multiculturaliste commençaient à apparaître un peu partout.

Parmi ceux qui brisèrent le consensus, on trouvait des hommes politiques de gauche. Leur apostasie eut un impact singulier. Si on s'attendait souvent à ce que les politiques et les éditorialistes de droite critiquent le multiculturalisme et nourrissent quelque coupable inclination à la défense des Européens, on ne soupçonnait généralement pas les politiciens de gauche de cultiver d'aussi condamnables idées.

Cela les rendait d'autant plus crédibles. Néanmoins, les ruptures les plus libératrices (notamment parce qu'elles donnaient la parole à d'autres personnes) furent provoquées par des citoyens européens aux origines ethniques extra-européennes. En Grande-Bretagne, la lente évolution de Trevor Phillips, un des anciens leaders de l'organisation Race Relation, ouvrit une voie que d'autres n'avaient pas osé emprunter. Sa prise de conscience que Race Relation faisait partie du problème et que pointer du doigt les différences provoquerait une « marche somnambulique du pays vers la ségrégation » commença à se répandre et fut rapidement partagée. Parmi les dissidents du multiculturalisme qui ont émergé pendant cette décennie, certains sont entrés en politique et d'autres sont devenus des leaders d'opinion. Mais les apparitions pendant les années 2000 d'Ahmed Aboutaleb et Ayaan Hirsi Ali aux Pays-Bas, de Nyamko Sabuni en Suède, de Naser Khader au Danemark et de Magdi Allam en Italie ont exercé un effet libérateur palpable. Tous s'adressaient depuis leurs propres communautés à des pays qui avaient besoin que des non-Européens brisent la glace. Leurs paroles furent salutaires à divers degrés.

Les premières critiques tournaient autour des mêmes problèmes. Les pratiques les plus extrêmes et les moins acceptables de certaines communautés constituaient la première marche à franchir pour rompre l'orthodoxie dominante. Dans chaque pays, la question des meurtres « d'honneur » ou de l'excision attira massivement l'attention. C'était en partie parce que nombre de gens, tout en étant sincèrement choqués de ces pratiques, savaient que quelques années plus tôt, ils ne les auraient pas dénoncées s'ils en avaient eu connaissance. Ces questions par ailleurs soulevaient les inquiétudes les plus légitimes et les plus faciles à exprimer à l'égard de l'ère multiculturelle. Ces questions, même si elles ne faisaient pas l'unanimité absolue, étaient au moins capables d'unir les gens sur un large spectre politique, des féministes d'extrême gauche aux nationalistes de droite dure. Presque tous s'accordaient à condamner le meurtre de jeunes femmes. Et la plupart des gens étaient unis par un même sentiment d'horreur à l'idée qu'on puisse mutiler les parties génitales d'une jeune fille dans l'Europe du XXIᵉ siècle.

Pendant les années 2000, la critique de ces manifestations extrêmes du multiculturalisme est allée grandissant dans la société européenne. Partout, les Européens s'interrogeaient sur les limites de la tolérance. Les sociétés libérales doivent-elles tolérer l'intolérance ? Y avait-il un moment où même la société la plus tolérante devait dire « stop » ? Nos sociétés avaient-elles été trop libérales, au point d'admettre l'opposition à la liberté et l'intolérance ? Pendant ces mêmes années, comme Rumy Hasan le fit remarquer, l'ère du multiculturalisme se transforma doucement en ère de la « diversité des croyances ». L'identité ethnique, qui avait été le point central du débat sur le multiculturalisme, s'effaça, et l'identité religieuse, qui semblait pour beaucoup sortir de nulle part, devint la question essentielle. Ce qui avait été une question de Noirs, de Caribéens ou de Nord-Africains devint subitement une question de musulmans et d'islam.

Comme toutes les mutations de l'après-guerre, il fallut un certain temps pour comprendre le phénomène. Il avait fallu des décennies aux gouvernements européens pour reconnaître que l'ère des *Gastarbeiter* ne s'était pas conformée à leurs prévisions. De la même manière, les gouvernements européens avaient mis longtemps à réaliser que si les migrants restaient dans leur pays d'adoption, il fallait des lois pour les protéger de la discrimination. Le multiculturalisme a lui aussi eu besoin de quelques décennies pour s'éteindre. Mais à l'instar des épisodes précédents, même si sa fin est reconnue et annoncée, il est difficile de déterminer ce que cela implique exactement et d'identifier ce qui pourrait le remplacer.

Une culture dominante ?

Bassam Tibi est une des rares personnes à avoir réfléchi sur la question. L'universitaire, qui en 1962 avait lui-même émigré de Syrie en Allemagne, a exhorté pendant des années les communautés minoritaires d'Allemagne à s'intégrer. Dans une atmosphère d'abord fort décourageante, il avait imaginé un concept pour y parvenir. Les pays européens, selon lui, devaient prôner une *Leitkultur* (culture dominante) plutôt que de défendre le multiculturalisme. Cette notion, élaborée dans les années 1990, plaidait pour une société multiethnique regroupant des individus de différents horizons, mais unis autour de thèmes communs[1]. Comme le jazz, elle fonctionnerait si tout le monde connaissait le thème à partir duquel improviser. Mais elle ne pourrait pas fonctionner si on méconnaissait, oubliait ou perdait le thème. Non seulement la société en serait désunie, mais elle deviendrait aussi cacophonique. Ce fut une des premières tentatives de résolution du problème multiculturel européen, autour de la question de l'union de peuples d'horizons lointains. La réponse la plus immédiate consistait à penser cette union, non pas autour de la vénération d'un héritage partagé, mais au moins autour d'une commune adhésion aux concepts centraux de l'État libéral moderne : État de droit, séparation de l'Église et de l'État, droits de l'homme. Néanmoins, même si quelques individus isolés comme Tibi s'interrogeaient sur leur époque, la plupart des citoyens se contentaient de la vivre. S'il fut si douloureusement long de sortir de cette situation, c'est entre autres à cause des mêmes dissonances cognitives, pénibles et récurrentes.

Une fois que l'Europe eut pris conscience que les immigrés allaient s'installer, elle s'accrocha à deux thèses

---

1. Dans son essai de 1996, « Multikultureller Werte-Relativismus und Werte-Verlust ».

complètement contradictoires mais qui ont néanmoins longtemps coexisté. Les Européens ont commencé à définir eux-mêmes la première de ces thèses à partir des années 1970 et 1980. Elle reposait sur la conviction que les pays européens pouvaient former un nouveau type de société, multiculturelle et multiraciale, où chacun, d'où qu'il vienne, pouvait venir et s'installer si bon lui semblait. Cette idée n'obtint jamais l'assentiment du public mais elle séduisit certaines élites politiques qui la rendirent populaire pour masquer leur incapacité à enrayer l'immigration de masse. Pendant les premières vagues de migration, en particulier lorsqu'on s'attendait à ce que les migrants retournent dans leur pays d'origine, rares furent ceux qui se soucièrent de voir si les nouveaux arrivants s'intégraient. En réalité, ils ne le souhaitaient pas vraiment.

À des niveaux divers selon les pays, on a installé les nouveaux venus dans les villes ou les banlieues qui leur étaient destinées, généralement sur leur lieu de travail. Même lorsqu'il n'y avait plus de travail, les gens avaient tendance à se regrouper entre membres de la même communauté. S'ils ne furent pas toujours encouragés à procéder ainsi, peu d'efforts ont été consentis pour les en décourager. On a plus tard reproché aux divers Gouvernements d'avoir organisé cette ségrégation, mais la plupart des migrants s'étaient en réalité exclus eux-mêmes, guidés par le désir parfaitement compréhensible de conserver leur culture et leurs coutumes, dans une société en tout point différente de celle qu'ils connaissaient.

Lorsqu'on comprit que les nouveaux venus ne se répartiraient pas sur le territoire, une forme de résistance locale à leur présence se développa et toute suggestion que les immigrés changent de façon de vivre pour s'adapter en devint par ricochet suspecte. Si les migrants devaient rester, alors il fallait qu'ils se sentent chez eux. Pour cela, il fallait entreprendre toutes sortes d'actions. Mais il se trouve que les actions symboliques sont plus faciles à mener que les actions concrètes. Parmi celles-ci, on notera l'effort manifeste d'adapter ou de changer l'histoire du pays d'accueil. Parfois, cela implique seulement une certaine réécriture de l'histoire, une modification de ses points d'inflexion. D'autres fois, cela suppose un dénigrement actif de cette histoire.

Cet effort, le président Wulff l'a mis en œuvre en entreprenant d'élever tous les aspects de la culture non européenne pour la mettre a minima sur un pied d'égalité avec la culture européenne. Ainsi, plus les attentats islamistes se multipliaient, et plus on insistait sur l'influence des néo-platoniciens musulmans, et plus on soulignait l'importance de la science musulmane. Dans les décennies qui ont suivi les attentats, le califat musulman de Cordoue en Andalousie, au sud de l'Espagne, entre les VIIIe et XIe siècles, sortit de son obscurité historique pour devenir un modèle exemplaire de tolérance et de coexistence multiculturelle. Ceci nécessitait d'ailleurs de réécrire l'histoire, mais c'était pour donner de l'espoir au présent qu'on conjurait ainsi le passé.

La culture musulmane allait devoir supporter un fardeau de plus en plus lourd. Une exposition intitulée

« 1 001 inventions musulmanes », présentée au musée de la science de Londres, expliquait que tout ce qui constituait la civilisation occidentale – ou presque – trouvait son origine dans le monde musulman. Aussi peu historiquement fondées que furent ces déclarations, elles ont suscité une croyance aveugle. Les gens avaient besoin qu'elles soient vraies et ne tentèrent pas de les remettre en cause. Il n'était plus seulement courtois, mais bel et bien nécessaire, de souligner jusqu'à l'écœurement à quel point nous étions redevables, en tant que culture européenne, des influences des communautés les plus tourmentées. Lorsqu'en 2008, le médiéviste français Sylvain Gouguenheim défendit dans un essai la thèse que les textes de la Grèce antique, que l'on disait avoir été sauvés par les musulmans arabes qui ne connaissaient pas le grec, avaient en réalité été préservés par les chrétiens syriaques, le débat devint un problème politique brûlant. Des pétitions, des lettres dénoncèrent Gouguenheim pour son « islamophobie », qui l'aurait poussé à cette découverte. Rares furent les universitaires qui défendirent le droit qu'il avait de présenter une thèse toujours justifiée par des documents historiques. Outre la lâcheté, cette polémique démontrait une fois de plus le besoin urgent – que montrait aussi l'argument « nous avons toujours été une nation de migrants », qui, à peu près au même moment, commençait à prendre dans les consciences – de modifier le passé globalement mono-culturel de l'Europe pour le faire correspondre à son présent, très multiculturel.

Certains poussèrent alors très loin ces méthodes. Car le moyen qu'on trouva ensuite de créer une véritable égalité entre culture du pays d'accueil et culture importée consista à dénigrer la première. Nous devons à la ministre suédoise de l'Intégration, Mona Sahlin, un exemple réputé et célèbre de ce procédé. Alors qu'elle s'exprimait dans une mosquée kurde en 2004, la ministre sociale-démocrate (qui portait le voile à cette occasion) expliqua à l'audience que de nombreux Suédois jalousaient les Kurdes pour leur culture et leur histoire, riche et cohérente, alors qu'eux n'avaient à présenter que des choses dérisoires, comme le festival de la nuit, qui a lieu au milieu de l'été[1]. Un autre moyen de produire le même effet consistait à affirmer qu'il n'existait pas d'essence culturelle européenne. En 2005, un journaliste demanda à la secrétaire parlementaire du gouvernement suédois et chargée de l'intégration, Lise Bergh, si la culture suédoise méritait d'être préservée. Voici sa réponse : « Eh bien, qu'est-ce que la culture suédoise ? Et avec cela, je crois que j'ai répondu à votre question[2]. »

Il est difficilement possible de rendre responsables les seuls immigrés des confusions de cette époque. Ce sont les sociétés européennes elles-mêmes qui les ont créées, parce qu'elles n'avaient aucune idée de l'attitude à adopter à leur égard. Il a fallu six décennies d'immigration avant que les dirigeants français, allemands ou britanniques (entre autres) se donnent la peine de déclarer que les immigrés devaient parler la langue du pays où ils vivaient ! Voilà une bonne illustration du problème.

---

1. Cité dans une tribune d'opinion par Karen Jespersen dans *Berlingske Tidende*, 19 février 2005.

2. Hege Storhaug, *But the Greatest of These Is Freedom* (publié à l'origine en norvégien par Kagge Forlag, 2006), 2011, p. 282-283.

Quelques années plus tôt, cette injonction aurait été – et était de fait – rejetée comme étant « raciste ». Qu'il ait fallu attendre 2010 pour qu'une chancelière allemande insiste sur le fait que la loi et la Constitution allemandes devaient être respectées par les immigrés exprimait autant l'échec de l'Allemagne que celui des immigrés. Encore une fois, celui qui aurait exprimé ces évidences quelques années plus tôt aurait été accusé de nourrir secrètement les plus vils desseins. Mais avant que la fin de l'ère culturelle ne soit annoncée et que le champ politique ne commence à bouger, un certain nombre de confusions s'étaient installées.

Une de ces confusions résultait d'une hésitation : fallait-il que les immigrés s'assimilent ou au contraire, fallait-il les encourager à garder leur propre culture ? Ne fallait-il pas, comme le défendaient la plupart des hommes politiques en 2011, trouver un juste milieu, en écartant certains aspects de la culture des immigrés et en adaptant à leur cas certains aspects de la culture autochtone ? S'il n'y eut pas de débat à ce propos, c'est parce que les dirigeants avaient conscience que cette discussion serait nécessairement pénible à la plupart des Européens. Quelles facettes de leur culture accepteraient-ils d'abandonner ? Quelle récompense obtiendraient-ils en retour et comment vivraient-ils les conséquences de cette récompense ? Bien sûr, cette réflexion ne fut jamais formulée publiquement parce qu'elle n'aurait sans doute jamais obtenu d'assentiment. Néanmoins, elle reposait sur des présupposés qui allaient encore plus loin.

Si le pays hôte ne lâchait rien, alors il fallait bien que les nouveaux arrivés cèdent, n'est-ce pas ? Mais de quels éléments, qui jamais ne furent explicités, devraient-ils alors se défaire ? Et quelles seraient les punitions encourues pour le non-respect de ces contraintes ? Par exemple, qu'arriverait-il aux migrants qui, une fois en Europe, refuseraient d'apprendre la langue nationale ? S'il n'y avait pas de sanction ni de mesure dissuasive, alors cette exhortation restait vaine. On ne savait pas non plus à l'époque combien d'immigrés voulaient simplement jouir de leurs droits en Europe et combien voulaient vraiment devenir européens. Qu'est-ce qui différenciait ces deux catégories et quels avantages proposaient-elles respectivement ? Les Européens voulaient-ils réellement que les immigrés deviennent leurs semblables ?

Pendant ce temps, le discours officiel ne cessait de répéter qu'un nouveau venu devenait un Européen comme les autres, une fois son passeport ou son visa obtenus. Et pendant que les Gouvernements discutaient des mesures nécessaires pour encourager les millions de personnes déjà présentes en Europe à devenir européennes, l'opinion publique européenne examinait une idée, habituellement rejetée dans les plus sombres recoins du débat public : la crainte que tout cela ne soit que des fadaises et que, dans le meilleur des cas, une bonne partie du plan échoue de toute façon. En effet, si l'intégration devait s'accomplir, cela prendrait beaucoup de temps, des siècles, et dans tous les cas, elle n'avait de toute évidence pas encore eu lieu en Europe. Ici, l'expérience quotidienne des Européens prévaut sur les sondages, ce qu'ils ont sous les yeux a plus de valeur que toutes les statistiques officielles du Gouvernement.

« Le grand remplacement »

La visite de quelques milliers d'endroits en Europe peut alimenter la peur de ce que l'écrivain français Renaud Camus a appelé « Le grand remplacement ». Prenez la ville de Saint-Denis, au nord de Paris. C'est un des lieux majeurs de l'histoire et de la culture françaises. Elle doit son nom à la grande basilique qui abrite en son sein les reliques de celui qui fut au IIe siècle évêque de Paris, devenu depuis saint patron de la ville. Le bâtiment actuel, datant du XIIe siècle, est aussi célèbre pour une autre raison. Depuis le VIe siècle, il abrite les tombes des dynasties royales françaises. Les tombeaux, ornés de leurs portraits sculptés dans la pierre, abritent les souverains qui ont régné sur la France. À l'époque de la Révolution française, ces tombes ont été profanées, mais aujourd'hui, dans la crypte, on peut voir les tombes en marbre du roi et de la reine renversés par la Révolution, Louis XVI et Marie-Antoinette.

Parmi les plus anciennes tombes de Saint-Denis, on trouve celle de Charles Martel, le chef franc qui força les armées musulmanes à reculer alors que le califat des Omeyyades s'enfonçait toujours plus profondément en Europe, un siècle après la mort de Mahomet. On considère que la victoire de Charles Martel à la bataille de Poitiers en 732 a marqué le coup d'arrêt de la diffusion

MULTICULTURALISME

de l'islam en Europe. Si ses armées franques n'avaient pas triomphé, nul pouvoir en Europe n'aurait pu les arrêter dans leur conquête du continent. Lorsque les musulmans sont arrivés en Hispanie en 711, un de leurs chefs, Tariq Bin Ziyad, a ordonné de brûler les vaisseaux, en disant : « Nous ne sommes pas venus ici pour nous en retourner. Soit nous réussirons à conquérir ces terres et à nous y établir, soit nous périrons. » Charles Martel fit en sorte qu'ils périssent et bien que d'autres aient conservé un bastion en Espagne méridionale, l'islam ne progressa pas davantage en Europe. Comme Edward Gibbon l'écrit mille ans plus tard, sans la victoire de celui qu'on surnomma « le Marteau », « Peut-être que les interprétations du Coran seraient à l'heure actuelle enseignées dans les amphithéâtres d'Oxford, où les professeurs démontreraient à un peuple circoncis le caractère sacré et la vérité de la révélation de Mahomet ». Gibbon continuait : « La chrétienté a été sauvée de cette calamité par le génie et la chance d'un seul homme[1]. »

Aujourd'hui, un visiteur de la basilique où repose Charles Martel pourrait se demander si ce dernier l'a vraiment emporté, ou plutôt, si ses descendants n'ont pas échoué. En se promenant dans Saint-Denis, on a l'impression d'être en Afrique du Nord. La place du marché, à l'extérieur de la basilique, ressemble davantage à un souk qu'à un marché, les étalages y vendent différents types de hijab et des groupes radicaux y distribuent des

---

1. Edward Gibbon, *The History of the Decline and Fall of the Roman Empire*, John Murray, 1855, vol. 6, chapitre 52, p. 387.

- 199 -

ouvrages hostiles à l'État. À l'intérieur, bien que le clergé soit composé de vieux hommes blancs, les quelques fidèles sont des antillais, issus de la vague d'immigration non musulmane de Martinique et de Guadeloupe.

Cette région abrite une des plus grandes communautés musulmanes de France. À peu près 30 % de la population de Seine-Saint-Denis est musulmane. Il n'y a pas plus de 15 % de catholiques. Mais comme la plupart des immigrés viennent du Maghreb et de l'Afrique sub-saharienne et que la population y est très jeune, il n'est pas surprenant que même dans les écoles catholiques privées du département, 70 % des élèves soient musulmans. La population juive a été divisée par deux au cours des dernières années. Selon le ministre de l'Intérieur, le département abrite environ 10 % (230) du nombre total de mosquées en France. Quand on en visite certaines, on constate qu'elles sont pourtant inaptes à satisfaire les besoins. Lors des prières du vendredi, les fidèles se répandent dans les rues alentour et les principales mosquées œuvrent pour obtenir des locaux plus grands, pouvant satisfaire la demande.

Bien sûr, si vous parlez de Saint-Denis à quelqu'un dans le centre de Paris, il fera la grimace. Les Parisiens savent que l'endroit existe, et l'évitent autant qu'ils le peuvent. À l'exception du stade de France, il y a peu de raisons de s'y rendre. Balafrée par les vagues successives de désindustrialisation et de réindustrialisation, la zone a été ces dernières années le théâtre d'une tentative gouvernementale de réhabilitation urbaine et sociale. Des bureaux ont été construits dans le périmètre de

Saint-Denis et environ 50 000 salariés viennent y travailler. Mais ceux qui ont des emplois dans la zone n'y habitent presque jamais. Ils arrivent le matin et repartent le soir une fois leurs bureaux soigneusement fermés et les grilles de sécurité verrouillées. Voilà ainsi résumé le défi posé à la France...

On observe le même phénomène dans les banlieues de Marseille et dans bien d'autres endroits en France. Mais un touriste ou un résident peut également en prendre conscience sans devoir se rendre à Saint-Denis, au cours d'un simple voyage en RER ou en métro dans le centre de Paris. Lorsqu'on voyage dans les tunnels profonds du RER, les arrêts sont peu nombreux et les distances qui les séparent sont longues. On a parfois l'impression d'y prendre un train souterrain dans une ville africaine. La plupart des gens sont noirs et se rendent en banlieue. Les arrêts marqués par le RER dans le centre chic de Paris, Châtelet par exemple, sont connus pour être le théâtre de tensions, surtout le soir, lorsque des jeunes banlieusards trompent leur ennui en ville. La mémoire des émeutes de 2005 et des voitures incendiées est toujours vive : ces désordres, qui ne touchaient habituellement que les banlieues, avaient alors éclaté dans les quartiers centraux.

Cependant, quand on voyage en métro, au-dessus des lignes de RER, où les arrêts sont moins éloignés les uns des autres et qui dessert pour l'essentiel le centre de la ville, vous entrez dans un autre monde. Les usagers du métro sont majoritairement des Blancs qui vont travailler, alors que le RER semble surtout emprunté par des gens qui occupent des emplois de service sous-payés ou qui ne semblent aller nulle part. Personne ne peut faire l'expérience de cette sensation d'espace et de légèreté qu'on éprouve dans le centre de Paris et des profonds remous étrangers qu'on ressent en sous-sol, sans se dire que quelque chose ne va pas. Le même sentiment frappera toute personne qui voyage dans certaines villes du nord de l'Angleterre, ou aux abords de Rotterdam ou d'Amsterdam. Aujourd'hui, on peut vivre la même chose dans les banlieues de Stockholm et de Malmö. Ce sont des endroits où les immigrés vivent mais qui ne ressemblent en rien aux zones habitées par les autochtones. Les politiciens prétendent résoudre ce problème par des plans d'urbanisme particulièrement innovants ou élégants, ou par la vertu d'un ministre du Logement talentueux. À partir de 2015, ils ont dû continuer à tenir le même genre de discours au cœur de capitales dont certains quartiers commençaient à ressembler à des camps de réfugiés. Bien que la police n'ait eu de cesse de chasser les migrants pour que les villes gardent leur aspect initial, à Paris en 2016, de vastes campements de Nord-Africains se sont établis en périphérie de la ville. Place Stalingrad dans le XIXe arrondissement de Paris, des centaines de tentes ont été dressées, sur les ronds-points des grands axes ou sur les trottoirs. Quand la police les déloge, les tentes se déplacent un peu plus loin. Mais même avant 2015, les théories des pseudo-experts et des politiciens quant à ce qui pourrait arriver ou à ce qui était en train d'arriver, théories censées résoudre le problème, s'étaient tout simplement heurtées à la réalité qu'ils avaient sous les yeux.

La réalité entêtante de ce problème ainsi que son maintien à l'état de sujet tabou, ont amené nombre d'Européens à ruminer un autre sujet de préoccupation. Ils voient ces contingents considérables d'individus et constatent qu'ils mènent des vies très différentes de la leur. Or, il est possible qu'à l'avenir ces gens deviennent majoritaires et que leur culture religieuse, qui est très forte, fasse, en s'implantant dans une culture faible et relativiste, dans un premier temps profil bas, avant de s'affirmer de façon plus déterminée. Encore une fois, études et sondages ne sont pas vraiment utiles pour saisir le sens des changements en cours. Les sondages épisodiques prétendent « prouver » que les communautés d'immigrés sont intégrées aux sociétés existantes. Mais si l'intégration était telle que les politiciens et les sondeurs le prétendent, alors la réalité devrait être tout autre. Par exemple, les pubs ferment très souvent là où les Pakistanais et autres immigrés musulmans sont massivement présents au Royaume-Uni. Si les nouveaux arrivants étaient devenus « aussi britanniques que les autres », comme les ministres du Gouvernement nous le répètent à l'envi, alors les pubs devraient rester ouverts et les nouveaux arrivants boiraient de la bière tiède comme n'importe lequel de ceux qui vivaient dans leur rue avant eux. C'est la même chose avec les églises. Si les nouveaux venus devenaient réellement « aussi britanniques que les autres », alors ils ne seraient certes pas à l'église chaque dimanche, mais ils s'y rendraient pour les mariages, les baptêmes et vraisemblablement au moins une fois par an pour Noël. Mais ce n'est de toute évidence pas le cas. Les églises comme les pubs ont fermé et ces bâtiments ont trouvé une nouvelle fonction.

Même si on prétend que fréquenter les mosquées, ou ne pas boire d'alcool, constitue un mieux comparé à la tradition dont les immigrés sont issus, on se doute en observant ces facettes, les plus visibles de leur identité, que le chemin est peut-être trop long à parcourir. Les causes qui fondent ces différences sont difficiles à appréhender. Les mêmes faits et le même tabou se retrouvent dans les banlieues turques ou nord-africaines d'Amsterdam, de Bruxelles comme Molenbeek, de Berlin comme Wedding et Neukölln et une foule d'autres villes d'Europe. À chaque fois, le prix que les autochtones, confrontés à l'arrivée dans leurs villes et leurs cités de centaines de milliers de gens issus d'une autre culture, ont dû payer pour faire bonne figure s'est révélé trop élevé. Mais voilà : admettre cette réalité, quelle que soit la façon dont on la présente, peut ruiner toute une carrière, en politique comme dans d'autres domaines. Qu'on soit élu local, fonctionnaire ou responsable politique, la seule chose à faire est de faire comme si le problème n'existait pas et de mentir.

Longtemps, les politiciens et l'opinion publique ont préféré adopter une vision optimiste des choses, quitte à pratiquer la méthode Coué. Les immigrés remarquaient et reprenaient à leur compte certains traits culturels mineurs et anodins, comme le fait de faire la queue ou de se plaindre du temps en Grande-Bretagne. On prenait donc pour preuve de la réussite de l'intégration (et par extension ceci valait alors pour tous les immigrés), le fait qu'un immigré aimait à faire la queue ou à parler de la pluie et du beau temps. Après les attentats-suicides de juillet 2005 à Londres, commis par des musulmans nés en Angleterre, on a découvert que l'un d'entre eux avait travaillé dans un restaurant de *fish and chips* et qu'il avait joué au cricket. On en fit grand cas, comme s'il était profondément mystérieux qu'un individu si parfaitement anglais ait pu être détourné du droit chemin par la haine. Croire que vendre des *fish and chips* est synonyme d'assimilation permettait de différer l'échéance d'une véritable prise de conscience et les discussions désagréables qui s'imposaient.

Alors que l'ère multiculturelle commençait à accuser le coup, on chercha à tout prix un pays où ce concept avait fonctionné. Lorsque l'onde de choc des attentats a frappé Londres, les Britanniques se sont demandé si le modèle français de laïcité n'était pas la solution aux problèmes d'intégration. Puis, après la recrudescence du nombre d'attaques terroristes en France commises par des Français, on se demanda si le modèle anglo-saxon n'avait pas au fond tous les mérites. Entre-temps, on crut trouver en Scandinavie la solution miracle, jusqu'à ce que les problèmes de ces pays finissent par apparaître au grand jour. Globalement, l'opinion publique pouvait constater ce que les dirigeants politiques n'arrivaient pas à voir : malgré les différences entre les nations européennes, elles avaient toutes échoué à intégrer les nouveaux venus.

Dans les villes françaises, on formula des critiques à l'encontre de la technique d'organisation en « cercles concentriques », qui semblait maintenir les immigrés aux abords des villes. Mais le même problème apparut dans des pays qui s'étaient efforcés d'éviter ce type d'organisation urbaine. Ainsi, lorsqu'un politicien français critiqua les « communautés parallèles » qui étaient apparues en Grande-Bretagne à cause du modèle britannique, on put aisément lui retourner la critique[1]. Il en ressortait que les différents modes de planification urbaine des pays européens ne changeaient rien à l'affaire, quoiqu'elles constituent certainement un passionnant sujet d'étude. De la même façon, les systèmes éducatifs des différents pays et l'importance accordée à tel ou tel point du programme suscitaient toujours la passion des universitaires. Mais à l'heure du bilan, aucun système ne semble avoir particulièrement mieux fonctionné que les autres.

Pendant ce temps, le cerveau de l'Europe s'est divisé en deux entités contradictoires. La première tenait mordicus au conte de fée qui prévalait depuis une génération, à savoir que tout un chacun pouvait venir en Europe et devenir européen, sachant qu'il suffisait pour devenir européen de résider en Europe. La seconde partie du cerveau européen a passé ces mêmes années à observer et attendre. Elle constatait que les nouveaux venus non seulement arrivaient en masse, ce qui était inédit, mais qu'ils apportaient aussi des coutumes, qui, si elles n'étaient pas sans précédent, avaient depuis longtemps disparu d'Europe. La première partie du cerveau insistait sur le fait que les immigrés s'assimileraient et que, le temps venu, les aspects les plus difficiles à avaler de leur culture se rapprocheraient des standards européens.

---

1. Par exemple, Nicolas Sarkozy dans son ouvrage *Tout pour la France*, Plon, 2016.

L'optimisme penchait en faveur de ce genre d'idée. La réalité en revanche penchait en faveur de la seconde partie du cerveau, qui se demande de plus en plus si le temps ne leur est pas compté pour que les choses se règlent d'elles-mêmes.

Personne ne s'étonnera que, sous la surface, s'agitent des angoisses, troubles et inconscientes. C'est sans doute en France qu'elles sont les plus vivaces. Le pays, comme les autres pays européens, a souffert d'un manque de main-d'œuvre après la Seconde Guerre mondiale. Comme les autres pays, il a réagi en ouvrant ses frontières aux travailleurs venus du monde entier. Dans les années 1950 et 1960, après la décolonisation française en Afrique du Nord, il est devenu impossible à la France d'enrayer le flux de ses anciens colonisés, comme la Grande-Bretagne et les Pays-Bas en ont également fait l'expérience. L'arrivée de travailleurs manuels, très pauvres et peu éduqués, a progressivement modifié la culture et l'apparence de pans entiers du pays, comme ce fut le cas partout ailleurs.

Cela a provoqué une réaction souterraine, réaction que le philosophe français Bernard-Henri Lévy a présentée comme un « roman noir » du pays[1] : l'angoisse d'un remplacement de population. Pris en tenaille entre la communauté musulmane la plus importante d'Europe de l'Ouest et la menace électorale que faisaient peser le Front national et la famille Le Pen sur les partis traditionnels, on a posé des limites drastiques au débat et contrôlé l'expression de ces inquiétudes, avec au moins

---

1. Bernard-Henri Lévy en conversation avec l'auteur, 12 juillet 2016.

autant de zèle que dans le reste de l'Europe. Néanmoins, c'est en France que cette peur s'est manifestée sous sa forme la plus prophétique et la plus déstabilisante.

« Roman noir »

En 1973, un roman étrange parut en France, ouvrage qui rencontra rapidement un grand succès. L'auteur du *Camp des saints*, Jean Raspail, était déjà connu comme écrivain-voyageur et romancier. Grand voyageur, cultivé et curieux, l'idée de son livre le plus connu lui était venue un beau matin, depuis les rivages méditerranéens où il habite. Selon ses propres mots, ce matin de 1972, il a entrevu « un million de misérables, armés de leur seule faiblesse et de leur nombre, submergés par la misère, encombrés d'enfants noirs et bruns affamés, prêts à débarquer sur notre sol, l'avant-garde des multitudes qui se pressent aux quatre coins de l'Occident avachi et repu. Je les ai littéralement vus, eux et le problème majeur qu'ils représentaient, problème absolument insoluble selon nos standards moraux contemporains. Les laisser entrer revenait à nous détruire. Les repousser revenait à les détruire[1] ».

Le roman que Jean Raspail rédige pendant les dix-huit mois suivants se projette dans les années à venir, dépeignant une France et une Europe en passe d'être submergées par une immigration de masse venue du tiers-monde. Comme catalyseur à cette migration, on

---

1. Jean Raspail, 1982, postface du *The Camp of the Saints*.

trouve notamment les disparités croissantes entre les masses du tiers-monde accablées de misère et la baisse du nombre d'habitants dans le « paradis » européen. Avec les moyens de communication modernes, il est devenu impossible de dissimuler ces disparités. Le tiers-monde décide alors de se rendre en Europe. Un million de personnes embarquent sur une flotte, tandis que des millions d'autres observent et attendant leur tour. Tout dépendra de la réaction de l'Europe à cette première arrivée. Pour des raisons stratégiques et politiques (comme il l'a expliqué plus tard), Raspail avait décidé que l'afflux migratoire ne viendrait pas d'Afrique du Nord, mais de Calcutta, et qu'il se dirigerait vers la Côte d'Azur.

Le début du roman, mémorable, nous montre un professeur âgé et cultivé, assis dans sa maison du littoral méditerranéen français, écoutant du Mozart tandis que l'armada débarque. Il se croit seul, puisque, suite à l'anarchie qui s'est ensuivie, la population a fui. Néanmoins, un jeune homme hippie fait irruption dans son bureau. Il exalte le « nouveau » pays qui s'apprête à émerger, un pays sur le point de « renaître ». Le jeune homme annonce alors au professeur qu'il est « à bout. À sec. Vous continuez à parler et à penser, mais ce n'est plus le moment. C'est terminé. Laissez tomber ». Le professeur admet que l'homme puisse avoir raison : « Mon monde ne survivra pas à cette matinée, c'est très probable, mais j'ai l'intention de profiter de ses derniers moments. » Et à ces mots, il lui tire dessus[1].

---

1. *Ibid.*, p. 9-13.

Dans le roman de Raspail, l'un des éléments déclencheurs de la migration de masse fut une déclaration du gouvernement belge, qui se disait prêt à accueillir certains enfants du tiers-monde en détresse. Bientôt, à Calcutta, des mères jettent leurs enfants par-dessus la grille du consulat belge. La Belgique tente de faire machine arrière, mais il est trop tard. La foule envahit le consulat et piétine à mort le consul général. De la foule surgit alors un chef horriblement déformé qui ordonne aux peuples du tiers-monde de marcher sur l'Europe : « Les nations se lèvent des quatre coins de la terre et elles sont aussi nombreuses que les grains de sable, dit-il. Elles marcheront de par le vaste monde et elles encercleront le camp des saints et la ville aimée[1]… » La fin de cette citation est tirée de l'Apocalypse de saint Jean le Divin, elle est également reprise dans l'épigraphe du roman. Et à juste titre, car le roman est apocalyptique.

Ce roman présente un aspect profondément déplaisant. La figure messianique qui mène le tiers-monde dans son grand périple vers Europe est un « scatophage » déformé et monstrueusement dépeint. Partout ailleurs, la marée humaine est presque uniformément grotesque, sa pauvreté est impardonnable et sa saleté endémique. Il n'est pas difficile de comprendre pourquoi le roman de Raspail a été rapidement et quasi unanimement décrit par les critiques comme un pamphlet raciste. Mais sa précision très gênante, notamment sa description de l'échec des

---

1. Jean Raspail, *The Camp of the Saints*, traduction Norman Shapiro, The Social Contract Press, 1995, p. 34.

sociétés européennes confrontées à la migration, l'empêche de n'être que cela.

Face à la menace qui pèse sur la République française, toutes les branches de l'État cèdent, et il en va de même pour les pays voisins. Lorsqu'il devient évident que l'armada est en route et que la France va être submergée, non par la force mais par le débarquement pacifique d'individus sur ses plages, tout le monde va déclarer forfait, à sa façon. Les hommes politiques tergiversent, incapables de déterminer l'attitude à adopter, passant d'un seul coup du désir d'accepter l'armada au fantasme de la détruire. Lorsqu'on ordonne aux militaires français de torpiller les bateaux, ils refusent d'obéir aux ordres. Entre-temps, les chefs de l'Église, tenaillés par la culpabilité de posséder tant de biens terrestres, exhortent à ce qu'on ouvre grand les portes de la France. Et pendant ce temps, les célébrités se pavanent devant les caméras, soignant leur réputation en qualifiant les événements de « merveilleuse occasion ». Peut-être conscient qu'une autre fin aurait rendu son roman encore moins acceptable, Raspail laisse l'armada débarquer. La France ne la repousse pas.

Même s'il a remporté un vif succès en France, les critiques littéraires ont établi autour du livre un cordon sanitaire et *Le Camp des saints* a disparu du paysage littéraire. Dans les décennies suivantes, quelques traductions du roman ont été publiées, souvent relayées par de petits éditeurs liés à des organisations anti-immigration. Néanmoins, en dépit de son caractère malsain et quasi illisible, quelque chose de ce livre s'est ancré dans l'impensé du débat européen. Peu importe son destin éditorial ou critique, la vision dystopique qu'avait Raspail du futur européen – décrite par deux écrivains de *The Atlantic* en 1994 comme « une des plus dérangeantes de la fin du XX[1] siècle » – prit la mauvaise habitude de remonter à la surface et parfois même de la briser.

En 1985, une fois n'est pas coutume, Raspail revint sur le thème de son roman dans un article pour *Le Figaro magazine*. Le dossier, coécrit avec le démographe français Gérard-François Dumont, posait la question : « La France sera-t-elle toujours française en 2015[2] ? » L'image de couverture montrait Marianne, symbole national de la France, couverte d'un voile musulman. L'article, en s'appuyant sur les projections démographiques de l'immigration actuelle et la croissance disproportionnée de la population au sein des communautés immigrées, prédisait que la population non européenne française menacerait bientôt la culture et les valeurs du pays.

On sauta sur l'article avec délectation. Les ministres du Gouvernement firent la queue pour le dénoncer. Georgina Dufoix, ministre des Affaires sociales, qualifia l'article de « réminiscence des théories nazies les plus folles ». Le ministre de la Culture, Jack Lang, accusa *Le Figaro magazine* d'être un « organe de propagande raciste » et critiqua l'article, selon lui « grotesque et ridicule ». Le Premier ministre Laurent Fabius expliqua à

---

1. Matthew Connelly et Paul Kennedy, « Must it be the West against the Rest? », *The Atlantic*, décembre 1994.
2. *Le Figaro magazine*, 26 octobre 1985.

l'assemblée : « Les immigrés ont contribué pour une bonne part à la richesse de la France. Ceux qui ont manipulé les statistiques migratoires vont à l'encontre de l'intérêt national[1]. » La ministre Dufoix publia ses propres chiffres pour tenter de contredire ceux de l'article. Entre autres critiques, elle prétendit que Raspail et Dumont avaient exagéré les dynamiques démographiques futures en postulant que les taux de naissance des immigrés resteraient élevés et que les taux de naissance des autochtones seraient faibles. La projection de Raspail et de Dumont se fondait, cela mérite d'être noté, sur une immigration en France nette annuelle de 59 000 personnes. En réalité, selon les statistiques officielles françaises[2], en 1989, le seul nombre des demandeurs d'asile atteignait déjà les 62 000 personnes (nombre qui avait été multiplié par trois depuis le début de la décennie). En 2006, l'immigration annuelle nette en France avait atteint les 193 000 personnes. En 2013, ce chiffre grimpait à 235 000 (ce qui avait augmenté la population de 2,6 millions en tout juste huit ans[3]). Les journalistes du *Figaro* avaient prédit, et c'était là le point le plus controversé, qu'en 2015 l'islam deviendrait la première religion de France en nombre de fidèles.

Dans la réédition de 1985 de son livre le plus célèbre, Raspail répéta qu'il comprenait et éprouvait lui-même la contradiction qui transformerait la prophétie de son ouvrage en réalité. Libre d'ouvrir la porte ou de la refermer à la face des miséreux du monde, l'Europe

---

1. « French article sets off furor on immigrants », *The New York Times*, 3 novembre 1985.
2. Ofpra (Office français de protection des réfugiés et apatrides).
3. Insee (Insitut national de la statistique et des études économiques).

était dans une impasse : « Que pouvait-on faire, dans la mesure où personne n'accepterait de renoncer à sa dignité humaine en tolérant le racisme ? » « Mais que pouvait-on faire en même temps, dans la mesure où les individus et les nations ont le droit sacré de préserver leur différence et leur identité, au nom de leur futur et de leur passé[1] ? »

En 2001, un bateau transportant des réfugiés kurdes venus d'Irak accosta sur une plage dans le Sud de la France, à 4 heures du matin. Les quelque 1 500 personnes présentes à bord longèrent le rivage et allèrent frapper à la porte des habitants. Le hasard avait voulu que le bateau débarque à une cinquantaine de mètres de la maison où Raspail avait situé son roman, trente ans auparavant. Dix ans plus tard, les médias de grande écoute reconnaissaient au *Camp des saints* une certaine vision prophétique. À l'occasion d'une réédition de son roman, l'auteur désormais âgé de 86 ans participa à l'émission télévisuelle *Ce soir (ou jamais !)* sur France 3. Dans une interview étonnamment indulgente, l'auteur fit remarquer que les postulats de son livre étaient sans doute moins controversés que par le passé. Quand on lui rappela le débarquement de 2001, il le considéra comme un « signe ». Il concéda seulement s'être trompé sur le nombre de réfugiés. Il est vrai, reconnut-il, qu'« à l'heure actuelle, aucune flotte n'a transporté un million de gens ». C'était en février 2011.

---

1. Jean Raspail, *The Camp of the Saints*, 1995. « Author's Introduction to the 1985 French Edition », p. XIII.

Bien avant 2015, la fiction controversée de Jean Raspail reflétait l'intuition de certains Européens. Avant même que les médias ne montrent quotidiennement des images de bateaux en train d'accoster et des hordes de jeunes hommes du tiers-monde errer, sillonnant le continent à pied, elle avait su capter une peur qui lui préexistait. Et si cette crainte particulière, ce « roman noir » cher à BHL, semblait particulièrement répandue en France, elle ne se limitait pas à ce pays. À cette époque, des hommes politiques, des sommités culturelles, semblaient savoir comment les maîtriser. Pendant des dizaines d'années, ils ont traité ces angoisses par une politique qui exprimait à la fois leur rejet et leur prise en compte. Les hommes politiques français, tout en tournant en ridicule le propos de Raspail, qu'ils jugeaient raciste et infondé, rivalisaient de rhétorique pour limiter le flux de migrants et augmenter les expulsions. Pendant des années, même les socialistes (surtout eux) ont participé à ce petit jeu.

Qu'ils en aient ou non conscience, ils étaient responsables de la crise qui touchait leur pays. Tous les ans, les faits changeaient. Tous les ans, la même classe politique, quelle que soit l'obédience du Gouvernement en place, laissait croître et prospérer la population née à l'étranger et installée en France. Tout au long du processus, les statistiques officielles continuaient à masquer les changements dont les politiciens niaient l'existence, mais que la population ne manquait pas de constater de visu. Pas toujours pour de mauvaises raisons, d'ailleurs. En vertu d'une vieille loi qui visait à juguler d'éventuels retours vichystes, pendant les années 1970, 1980 et 1990, la République n'incluait pas les critères ethniques, raciaux ou religieux dans le recensement de la population française. Au milieu des années 2000, la loi fut assouplie. Mais l'analyse de la population, sans même parler des projections démographiques, demeure en France une question politique très sensible, davantage encore que dans d'autres pays. Même si la population musulmane explose au point de devenir, en valeur absolue, la plus importante d'Europe avec de fortes perspectives de croissance, tout démographe en France qui ne sous-estime pas les changements de population à venir se voit accusé de faire le jeu de l'extrême droite. Ainsi, une démographe respectée, Michèle Tribalat, a vu sa réputation professionnelle ternie lorsqu'un de ses confrères, le bien-pensant Hervé Le Bras, l'a surnommée « la chérie du Front national[1] ».

On pourrait penser que les chiffres ne mentent pas. Mais dans le cas des statistiques migratoires et des projections démographiques, ils mentent bien souvent, surtout en France. Il n'est pas vraiment étonnant que dans un pays où on manipule si facilement les faits, une large partie de la population se fie davantage à ce qu'elle voit qu'aux statistiques, avec les conséquences qu'on peut imaginer. En 1985, Raspail et Dumont se trompaient en disant que l'islam serait la première religion en France en 2015. Du moins, d'un point de vue quantitatif. Un sondage Ipsos publié par le principal journal libéral français, *L'Obs*, le 4 février 2016 révélait que 33,2 % des lycéens français étaient chrétiens, et que 25,5 % d'entre eux se considéraient musulmans. Mais

---

1. « Le tabou des statistiques ethniques », *Le Point*, 18 février 2016.

personne ne pouvait plus nier qu'en France, l'islam avait le vent en poupe. Le même sondage nous apprenait que moins de la moitié des non-musulmans (et seulement 22 % des catholiques) décrivaient leur religion comme « importante ou très importante » à leurs yeux. À l'inverse, parmi les jeunes musulmans, 83 % estimaient que leur religion était « importante ou très importante[1]. »

Et bien sûr, le million de migrants qu'avait prophétisé Raspail avait été sous-estimé. Ils ont débarqué, non pas d'immenses navires mais de flottilles composées d'innombrables petits bateaux, en bien plus grand nombre que dans *Le Camp de saints*. Et nous étions alors bien avant la crise migratoire. Les chiffres officiels évaluent à plus de 200 000 par an le nombre d'entrants légaux en France (262 000 pour l'année 2017 selon le ministère de l'intérieur), mais il est très probable qu'un nombre quasi équivalent entre chaque année sur le territoire de façon illégale. En privé, les fonctionnaires français admettent sereinement que, s'ils ont évité ces dernières années les taux d'immigration allemands, c'est grâce à l'image raciste et inhospitalière qu'ont les migrants de la France. Une réputation que même les hommes politiques les plus à gauche ne regrettent pas, par les temps qui courent.

Si en 2015 Marianne ne portait pas le voile musulman, le pays avait connu des événements que Raspail n'aurait jamais imaginés, même dans ses pires cauchemars. Il n'a jamais mis en scène de capitaines musulmans qui, depuis

---

1. Sondage Ipsos commandé par le Centre national de la recherche scientifique et Sciences-Po Grenoble.

des navires bondés de migrants, jettent par-dessus bord les passagers chrétiens. Il n'a jamais osé imaginer des musulmans égorger un prêtre en train de dire la messe. Il n'a pas non plus prédit qu'un dimanche de 2016, à Saint-Denis, pendant que les prêtres officiaient devant les quelques fidèles qui restaient, ces mêmes prêtres et les tombeaux des rois de France aient dû être protégés par des soldats lourdement armés. Ce n'était pas la première fois en Europe que des prophètes de malheur sous-estimaient l'avenir.

CHAPITRE VII

Ils sont là

Lorsqu'elle prononça son discours à Potsdam en octobre 2010, Angela Merkel parut faire d'importantes concessions et marquer un tournant dans la relation de l'Europe à l'immigration. Néanmoins, en l'espace de quelques années, ces déclarations, alors très applaudies, avaient perdu toute signification. Dans son discours, la chancelière s'était livrée au constat que l'intégration des immigrés était un échec. En 2010, l'Allemagne accueillait 49 589 demandeurs d'asile[1]. Cinq ans plus tard, le pays avait accueilli en l'espace d'une seule année (si les estimations internes du Gouvernement qui ont fuité sont exactes) près de 1,5 million de personnes.

Si le multiculturalisme n'avait pas fonctionné en Allemagne alors qu'il n'y avait que 50 000 demandeurs d'asile, comment aurait-il pu fonctionner alors que le pays accueillait chaque année trente fois plus

---

1. Bundesamt für Migration und Flüchtlinge, *Aktuelle Zahlen zu Asyl*, décembre 2013.

d'immigrés ? Si les mesures prises n'avaient pas été suffisantes en 2010, était-il imaginable que cinq ans plus
tard, le système d'intégration du gouvernement allemand
se révèle soudain trente fois plus efficace ? Si l'Allemagne
des années 1960 s'était bercée d'illusions en croyant au
retour des *Gastarbeiter*, combien davantage se fourvoyait-
elle, en pensant que les demandeurs d'asile allaient repartir
chez eux après 2015 ? Si le multiculturalisme ne fonctionnait pas bien en 2010, il fonctionnait encore moins
bien en 2015. Même chose pour l'Angleterre. Si, selon
les propres mots du Premier Ministre David Cameron,
le multiculturalisme en Grande-Bretagne avait échoué
en 2011, pourquoi aurait-il moins échoué en 2015, alors
que le gouvernement britannique faisait état d'un nouveau record de migration nette dans le pays[1] ? La relation
entre la France et ses populations immigrées était-elle
plus apaisée en 2015 que quelques années auparavant ?
Et en Suède, et au Danemark ? Dans toute l'Europe,
l'explosion migratoire de 2015 avait drainé de nouvelles
masses selon un shéma dont tous les dirigeants politiques
avaient déjà admis l'échec. Or, rien n'avait significativement amélioré ce shéma entre les années 2010 et 2015.

Pendant la crise, la chancelière Merkel téléphona au
Premier ministre Benjamin Netanyahu. On raconte
qu'elle voulait lui demander conseil. Israël est le seul pays
au monde à avoir efficacement intégré un nombre comparable de gens sur une durée équivalente, comme on le
vit à l'arrivée des Juifs russes, dans les années 1990. Sans
compter les autres vagues migratoires à grande échelle

---

1. ONS, Migration Statistics Quarterly Report, novembre 2015.

qu'Israël est parvenu à absorber dans les décennies qui ont suivi sa création. Comment Israël avait-il réussi à accueillir autant d'individus tout en restant remarquablement uni, et peut-être même encore plus uni qu'auparavant ? De nombreuses raisons peuvent l'expliquer, notamment les liens que tissent l'expérience commune du service militaire obligatoire et les programmes d'assimilation mis en place par le Gouvernement en Israël. Ce que la courtoisie diplomatique a peut-être empêché le Premier ministre Netanyahu de souligner, mais qu'il eût sans doute été pertinent de dire, c'est que la quasi-totalité des gens qui pendant des dizaines d'années sont arrivés en Israël partageaient un héritage juif commun, alors que dans les mois et les années à venir, Angela Merkel et son pays allaient devoir admettre que les luthériens allemands étaient peu représentés parmi la masse de gens accueillis en 2015.

Alors même que l'immigration en Europe croissait de manière exponentielle, les mêmes justifications que ressassaient les autorités depuis des décennies, partout et dans tous les milieux, des responsables d'organisations internationales jusqu'aux collectivités territoriales, réapparurent. À la mi-août 2015, alors que la chancelière se préparait à ouvrir les frontières, le maire de la ville de Goslar en Basse-Saxe assura que sa ville accueillerait les migrants « à bras ouverts ». Le maire Oliver Junk, membre du parti de centre droit d'Angela Merkel, ajouta que Goslar avait progressivement perdu une partie de sa population. Au cours des dix dernières années, la population avait progressivement chuté de 50 000 à 4 000 personnes. Les jeunes actifs quittaient la région pour trouver du travail ailleurs, le taux de fécondité des populations locales avait baissé. En 2014, la ville avait accueilli 48 migrants. Et voilà que le maire annonçait qu'il n'y aurait selon lui jamais trop de migrants à Goslar. Les migrants « sont le futur de notre ville[1] », pour reprendre ses propres mots. Plutôt que de créer les emplois qui auraient incité les jeunes de sa ville à rester à Goslar, le maire avait trouvé pertinent de remplacer la population de Goslar par une population totalement différente.

Durant le même mois critique d'août 2015, le chef européen de l'Organisation internationale pour les migrations prit quelques pages du *Wall Street Journal (Europe)* pour rappeler un argument déjà connu. Selon Eugenio Ambrosi, il était « troublant » que le continent connaisse ces « difficultés » à accepter la vague de migrants sans précédent arrivée cette année-là. Ambrosi estimait que l'Europe pouvait facilement gérer l'afflux de migrants. Le plus grand scandale, selon lui, était que l'Europe « fasse l'expérience du sentiment anti-immigrés le plus répandu et le plus intense jamais observé depuis des décennies ». Cela devait changer, écrivait-il. Pour y parvenir, il lui fallait expliquer l'argument de base que lui et ses collègues avaient décidé de mettre en avant : l'afflux de migrants représentait une grande chance pour l'Europe. Il rappela que les migrants apportaient « de nouvelles idées et une grande motivation » et « contribuent financièrement à nos systèmes économiques et à nos sociétés, si tant est qu'on leur laisse une chance.

---

1. « Get rid of the immigrants? No, we can't get enough of them, says German Mayor », *The Guardian*, 6 août 2015.

Parfois, la valeur qu'ils accordent au travail dépasse celle des Européens de souche ». Il continuait avec l'argument bien connu : « L'Europe vieillit et connaîtra bientôt un déficit préoccupant de population en âge de travailler... L'Allemagne elle-même pourrait subir un déficit de près de 2,4 millions de travailleurs en 2020, selon le Boston Consulting Group. Nos systèmes de sécurité sociale ne sont pas menacés par l'immigration. C'est tout le contraire. La contribution des migrants permettra plus tard aux Européens de continuer à percevoir des prestations[1]. » C'était un plaidoyer de plus en faveur du remplacement de population, paré en l'occurrence d'un argumentaire de type « soins palliatifs ».

Même si l'effondrement démographique européen avait été aussi sévère que le prétendait M. Ambrosi, la réponse la plus évidente ne consistait pas nécessairement à faire venir des gens d'une culture totalement différente pour en faire la nouvelle génération. Si Ambrosi et d'autres officiels s'inquiétaient de combler tout déficit de travailleurs, existant ou futur, en Allemagne, il aurait certainement été judicieux, avant de déployer ses filets sur l'ensemble du globe, de regarder plus près de chez soi pour attirer les 25-50 % de jeunes Espagnols, Portugais, Italiens et Grecs qui souffraient toujours du chômage au même moment. Des gens aussi engagés qu'Ambrosi dans la défense du libéralisme économique ne se contentaient pas d'interpréter les événements en fonction de leur propre grille de lecture. De façon plus inquiétante,

---

1. Eugenio Ambrosi, « Europe can cope with the influx of migrants », *The Wall Street Journal*, 25 août 2015.

ils semblaient assumer le fait que l'argument libéral économique était au fond le seul qui vaille et que les jeunes sud-européens, entre autres, ne s'offusqueraient pas d'être supplantés par tout un chacun, pourvu qu'il ne vienne pas d'Europe.

Alors que l'immigration en Europe atteignait un pic historique, on entendait surtout ceux pour qui tout ceci était parfaitement normal. En 2015, le seul pays à accepter un nombre de migrants aussi élevé que l'Allemagne – proportionnellement à sa population – fut la Suède (1-2 %). À elles seules, les arrivées dans le pays en 2015 avoisinaient les 160 000-180 000 personnes, des chiffres sans précédent d'un point de vue historique, même pour un pays qui avait accueilli nombre de réfugiés au cours des dernières années. Alors qu'en 2004, la Suède avait accueilli 400 enfants réfugiés, pour la seule année 2015 elle dut gérer 35 000 arrivées d'enfants, pour un coût de dizaines de milliers d'euros par enfant et par an. Pendant l'été 2015, les migrants entraient dans le pays quotidiennement, non seulement en traversant le célèbre pont Øresund partant du Danemark (entre le Danemark et la Suède il n'y avait pas de frontière) mais aussi depuis le nord. La plupart de ceux qui étaient arrivés n'avaient même pas de papiers d'identité et ce n'était pas toujours l'effet du hasard. Les résidents de Malmö racontèrent avoir vu les poubelles de la gare ferroviaire remplies de papiers d'identité détruits.

Néanmoins, même si la Suède traversait une année absolument hors normes, les autorités locales continuèrent à prétendre qu'il n'y avait là rien de nouveau. En octobre 2015, le Gouvernement organisa une conférence pour défendre sa politique migratoire, conférence intitulée « La Suède ensemble ». Le roi et la reine de Suède y assistèrent, tout comme le reste du monde politique. Parmi les conférenciers, on nota la présence d'Ingrid Lomfors, chef du Forum d'histoire vivante suédois (une institution destinée à enseigner l'Holocauste). Dans son discours qui fut très applaudi, Lomfors rappela trois choses : que l'immigration en Suède n'avait rien de nouveau, que les Suédois en réalité étaient tous des immigrés et que de toute façon, la culture suédoise n'existait pas[1].

À sa manière Forum d'histoire vivante cristallisait l'empilement de problèmes qui avait marqué les politiques migratoires d'après-guerre. Même quand les événements se déroulaient au vu de tous, les autorités refusaient d'admettre que ce qui avait lieu sortait de l'ordinaire. Et lorsqu'elles l'admettaient, elles cherchaient alors à masquer la réalité, en la présentant comme une « chance pour le pays ». Nulle part ne s'exprimait la volonté d'admettre que les inquiétudes du public quant aux conséquences de ces mouvements puissent être en partie justifiées. À partir des années 1950, l'Europe avait surtout manifesté son unité par la tendance partagée à sous-estimer les prévisions migratoires et à surestimer la capacité d'intégration des pays d'accueil. Il y eut peu de moments d'humilité de la part de ceux qui avaient pris ces décisions, pas même à propos du plus évident et du plus grandiose de tous leurs manquements : l'absence

---

1. La vidéo de cette conférence peut être consultée en ligne à l'adresse suivante : https://www.youtube.com/watch?v=YNXECcltt9U.

de volonté de prendre en compte le fait que les groupes d'immigrés qui arrivaient en Europe avaient peut-être des conceptions de la vie qui différaient, non seulement de celles qui prévalaient dans nos sociétés, mais aussi entre elles. Or, ce fait ne serait pas sans conséquence.

Rien ne démontre mieux l'échec des ères multiculturelles et « postmulticulturelles » que le fait qu'on ait très rarement pris en compte les idéologies politiques ou religieuses des nouveaux arrivants. Celles-ci, presque toujours, restaient inaccessibles au débat. Bref, dans chaque pays, l'immigration d'après-guerre, lorsqu'on en parlait, était abordée en termes de race. L'identité ethnique des nouveaux arrivants était analysée, toutes les inquiétudes exprimées s'inscrivaient dans le seul registre de l'antiracisme. Rares furent les personnes qui virent ou mentionnèrent le fait que les origines ethniques des immigrés étaient une question essentielle, tout comme la question de leur religion. Lorsque les Marocains sont pour la première fois arrivés en masse aux Pays-Bas, on les a avant tout perçus comme des Marocains. Lorsque les Pakistanais sont pour la première fois arrivés en masse en Grande-Bretagne, on les a perçus comme des Pakistanais. Même chose avec les Turcs en Allemagne. Mais au tournant du millénaire s'ouvrit en Europe un épisode plurireligieux, qui prospéra au détriment des habituelles considérations ethniques concernant les immigrés. L'Europe commençait à se demander si le problème n'était pas en fait lié à la religion. Ce fut un sujet qui prit de court la plupart des politiciens et des commentateurs en Europe de l'Ouest.

Dans les années 1980 et 1990, quasiment personne n'aurait prédit que les premières décennies du XXIe siècle en Europe seraient à ce point marquées par la question religieuse. Sur un continent de plus en plus sécularisé, on se serait attendu à ce que la foi passe au second plan ou du moins à ce qu'on reconnût qu'après tant de siècles la place de la religion dans l'État moderne était précisément circonscrite. Si à la fin du XXe siècle, quelqu'un avait prédit qu'en Europe, les premières années du siècle à venir se passeraient à débattre du blasphème, et que certains allaient être menacés de mort pour cette raison-là, les gens auraient doucement ricané et se seraient surtout interrogés sur la santé mentale de leur interlocuteur.

On ne peut pas dire que les premières alarmes n'aient pas été perçues. Comment d'ailleurs aurait-ce été possible ? Le problème, c'est que systématiquement, on refusait d'en tenir compte.

La Grande-Bretagne a été l'une des premières à recevoir un coup de semonce : le jour de la Saint-Valentin 1989, le chef suprême de la république islamique révolutionnaire d'Iran, l'ayatollah Khomeini, diffusa un texte destiné aux « fervents musulmans du monde entier ». Ce texte stipulait que « L'auteur du livre intitulé *Les Versets sataniques* compilés, imprimés et publiés dans un esprit d'opposition à l'Islam, au Prophète et au Coran, et tous ceux qui, impliqués dans sa publication, étaient conscients de son contenu sont condamnés à mort ». L'ayatollah continuait : « J'en appelle à tous les bons musulmans : ils doivent les exécuter dans les plus brefs délais, où qu'ils se trouvent, pour que plus personne n'ose insulter le caractère sacré de l'islam[1]. » Le chef d'une « fondation caritative » de Téhéran lui emboîtait le pas, offrant une récompense de 3 millions de dollars pour le meurtre du romancier britannique (la prime serait réduite à 2 millions de dollars si le meurtrier n'était pas musulman). La Grande-Bretagne et le reste de l'Europe purent à cette occasion se familiariser avec le sens du mot « fatwa ».

En moins de 24 heures, Rushdie dut se cacher, placé sous protection policière par l'État britannique. Bientôt, des milliers de musulmans britanniques furent dans la rue, demandant à ce que les lois islamiques sur le blasphème soient appliquées au Royaume-Uni. À Bradford, dans le nord de l'Angleterre, on cloua le roman sur un morceau de bois puis on le brûla devant les milliers de musulmans qui manifestaient. Un homme qui, grâce à la controverse, était en passe d'être propulsé au grade de leader de la communauté musulmane, Iqbal Sacranie (plus tard Sir Iqbal), fut interrogé : pensait-il que l'auteur des *Versets sataniques* méritait la mort ? Sacranie répliqua : « La mort est, sans doute, un peu trop douce pour lui[2]. » Le plus célèbre des convertis anglais, Yusuf Islam (jadis connu comme le chanteur Cat Stevens), fut interrogé à la télévision : protégerait-il Rushdie si celui-ci lui demandait de l'aide ? Il répondit : « J'essaierais d'appeler l'ayatollah Khomeini et je lui indiquerais exactement où Rushdie se trouve. » Quand on lui demanda s'il irait à

---

1. Cité dans Kenan Malik, *From Fatwa to Jihad*, Atlantic Books, 2009, p. 8.
2. Salman Rushdie, *Joseph Anton: A Memoir*, Jonathan Cape, 2012, p. 143.

une manifestation où on brûlerait une effigie de Rushdie, il rétorqua : « J'aimerais mieux qu'on brûle le vrai[1]. »

Dans les sphères politiques et culturelles, on débattait de cette réactivation de la question du blasphème. Aussi bien à gauche qu'à droite, on trouvait des gens qui disaient que, tout de même, le romancier avait transgressé les règles élémentaires de la politesse. Dans le camp des conservateurs pur sucre, on eut Lord Dacre (Hugh Trevor-Roper), qui déclara à un journal : « Je ne verserais pas une larme si certains musulmans britanniques, consternés par ses manières, le coinçaient au fond d'une ruelle bien sombre et tentaient de lui en apprendre de meilleures[2]. » Le ministre des Affaires étrangères, Sir Geoffrey Howe, expliqua lors d'un passage sur un plateau de télévision qu'il n'aimait pas *Les Versets sataniques*, un livre qui insultait l'Angleterre. D'autres déterrèrent d'anciennes critiques qu'avait exprimées Rushdie sur l'Angleterre et en conclurent qu'il ne faisait que récolter ce qu'il avait semé. On soupçonne le prince de Galles d'avoir dit en privé que Rushdie avait eu ce qu'il méritait[3]. Les dirigeants religieux, entre-temps, rivalisaient pour complaire à la République islamique. L'archevêque de Canterbury, Robert Runcie, expliqua « qu'il comprenait les sentiments musulmans[4] ». Le

---

1. Les remarques furent faites dans le programme de la BBC *Hypotheticals* de mai 1989, présenté par Geoffrey Robertson QC. Des clips du programme apparaissent et disparaissent par intermittence sur Internet mais le clip le plus important peut encore être consulté sur YouTube.
2. Hugh Trevor-Roper (Lord Dacre), cité dans *The Independent*, 19 juin 1989.
3. Salman Rushdie, *Joseph Anton*, *op. cit.*, p. 252.
4. *Ibid.*, p. 152.

premier rabbin, Immanuel Jakobovits, considéra quant à lui que « M. Rushdie, comme l'ayatollah Khomeini, avait abusé de la liberté d'expression[1] ». Il y eut d'autres déclarations de ce genre, émanant des dirigeants de l'Église catholique et de différentes confessions.

Appartenant au camp de gauche, John le Carré annonça « qu'aucune loi dans la vie ou dans la nature ne stipule qu'on puisse impunément insulter les grandes religions[2] ». Quant au député travailliste Bernie Grant, un des premiers parlementaires noirs de la Chambre des communes britanniques, il soutint lors d'une réunion de parlementaires que les hommes blancs tentaient d'imposer leurs valeurs au monde entier et que bien qu'il ne fût pas d'accord avec les ayatollahs, les musulmans en Iran devraient avoir le droit de vivre comme ils l'entendaient. En outre, « qu'on brûle des livres ne choque pas les Noirs[3] », avait-il ajouté.

Néanmoins, certains, peu nombreux, mais déterminés, avaient pris la mesure de ce que signifiait la fatwa et avaient apporté leur aide au fugitif, que l'ayatollah Khomeini désignait comme le « bâtard blasphémateur[4] ». La romancière Fay Weldon, qui faisait face à Cat Stevens lorsque ce dernier avait formulé ses commentaires sur l'affaire, avait fait part de sa surprise :

---

1. *Ibid.*, p. 186.
2. Correspondance entre Salman Rushdie, John le Carré et autres dans *The Guardian*, 18-22 novembre 1997.
3. Tony Benn, *The Benn Diaries*, Ruth Winstone (éd.), Arrow Books, 1996, entrée du 15 février 1989, p. 616-617.
4. Salman Rushdie, *Joseph Anton*, *op. cit.*, p. 147.

pourquoi le chef superintendant de la police, également présent dans le studio, ne mettait-il pas illico le chanteur aux arrêts pour incitation au meurtre ? Dans un pamphlet publié ultérieurement, Weldon écrivit qu'en Angleterre, trop peu de gens s'étaient donné la peine de lire le Coran, préférant marmonner quelques platitudes à propos des « grandes religions du monde[1] ». Cette remarque fut à son tour perçue par certains musulmans britanniques comme un discours de haine. Un écrivain musulman assez modéré de l'époque, Ziauddin Sardar, réagit même en écrivant qu'« apparemment, Weldon pouvait n'en faire qu'à sa tête et se livrer à une diatribe xénophobe, pour la simple raison que les musulmans étaient des cibles faciles[2] ». En fait, les seules « cibles » furent les gens qui avaient travaillé avec Rushdie. En 1991, son traducteur italien fut poignardé et frappé dans son appartement de Milan. En 1993, à Oslo, on tira à trois reprises sur l'éditeur norvégien des *Versets sataniques*, William Nygaard. En Grande-Bretagne, deux librairies subirent des attaques à la bombe pour avoir eu le livre en réserve. On retrouva des bombes cachées dans d'autres magasins, dont un centre commercial qui abritait une librairie Penguin. En 1989, un jeune homme nommé Mustafa Mahmoud Mazeh explosa, détruisant plusieurs étages d'un hôtel londonien : il était en train de fabriquer la bombe qui devait tuer Rushdie.

---

1. Fay Weldon, *Sacred Cows: A Portrait of Britain, Post-Rushdie, Pre-Utopia*, Chatto & Windus, CounterBlasts, n° 4, 1989, p. 7.
2. Ziauddin Sardar, *Desperately Seeking Paradise: Journeys of a Sceptical Muslim*, Granta Books, 2004, p. 85.

Que ce soit en Amérique ou en Europe, certains comprirent tout de même qu'il y allait de la liberté d'expression. Susan Sontag, par exemple, qui cette année-là présidait le groupe d'écrivains PEN, organisa une lecture du roman de Rushdie par d'éminents auteurs. « En l'occurrence, il nous faut faire preuve d'un peu de courage civique[1] », comme elle le formula. Mais bien qu'il y eût du courage civique, bien que le Gouvernement eût fait preuve d'une certaine force de caractère, la prise de conscience ne dépassait pas certains cercles. La réaction de Weldon constituait une très notable exception à ce moment-là : elle était une des rares à se rendre compte que Rushdie n'avait pas simplement mis la main dans un nid de frelons, qui par malchance s'était révélé occupé. Il avait mis la main dans un nid de frelons qu'on avait fait venir dans le pays, et qui s'y développait. Lorsque Hilaire Belloc publia *The Great Heresies* en 1938, il avait consacré un chapitre à « La grande hérésie de Mahomet », passage en comparaison duquel *Les Versets sataniques* paraissaient bien policés. Mais Belloc n'avait pas dû se cacher, il n'avait pas dû passer des années à vivre sous protection policière : dans les années 1930, le nombre de musulmans qui vivaient en Grande-Bretagne était négligeable. Au moment de l'affaire Rushdie, il y avait un peu moins d'un million de musulmans au Royaume-Uni, chiffre qui devait tripler dans les vingt ans à venir. La Grande-Bretagne venait de suivre un stage intensif d'initiation aux règles de l'islam, stage qui bientôt allait être ouvert au monde entier.

---

1. Cité dans Christopher Hitchens, *Hitch-22: A Memoir*, Atlantic Books, 2010, p. 271.

Grâce aux mesures de protection que lui garantit le gouvernement britannique, Rushdie a survécu à l'affaire des *Versets sataniques*. Mais comme l'auteur Kenan Malik l'expliqua bien plus tard, la société en général, et le monde de l'édition en particulier, avaient bien intériorisé la fatwa[1]. Ce qu'on pouvait publier avant 1989 ne pouvait plus l'être. Le veto de l'assassin l'avait emporté : bientôt, ce ne furent plus seulement les romans critiquant l'islam qui devinrent impubliables, mais aussi des livres plutôt serviles et qui ne critiquaient rien du tout. En 2008, pour des raisons de sécurité, les éditeurs britanniques du roman de Rushdie décidèrent de ne pas publier une histoire d'amour qui mettait en scène le fondateur de l'islam, livre intitulé *The Jewel of Medina*. Le petit éditeur indépendant de Londres qui avait mis un point d'honneur à lutter contre la censure en reprenant le roman subit par la suite un attentat à la bombe incendiaire organisé par trois musulmans britanniques.

Outre le fait d'avoir créé une société qui avait complètement intériorisé la menace de la violence, l'affaire Rushdie eut un autre effet majeur en Angleterre. Elle entérina l'idée d'un « communautarisme » fondé sur le critère religieux. Dès qu'on vit des milliers de musulmans en colère battre le pavé des rues britanniques, la question se posa en effet de savoir qui parlait pour ces gens. En Grande-Bretagne, l'affaire Rushdie entraîna la création de la première organisation « représentative » musulmane. Le Comité britannique d'action pour les

---

1. Kenan Malik, *From Fatwa to Jihad*, *op. cit.*, p. 197.

affaires islamiques (Ukacia) vit le jour, résultant d'une volonté de canaliser la colère des musulmans et d'empêcher la répétition d'une affaire comme celle des *Versets sataniques*. Dans les années qui suivirent, cela conduisit à la création du Conseil musulman de Grande-Bretagne (MCB), fédération d'associations qui toutes entendaient représenter les musulmans britanniques. L'organisation, la plus importante en Grande-Bretagne, n'était pas uniquement politique, elle était aussi sectaire. Bien que le groupe fût financièrement soutenu par l'Arabie Saoudite, qui à l'époque rivalisait avec l'Iran pour devenir la puissance musulmane dominante, les postes clés étaient occupés par des membres du groupe islamiste pakistanais Jamaat-e-Islami. La création d'une telle organisation leur profita de toute évidence : tirés de leur anonymat, ils furent du jour au lendemain élevés au rang de « porte-parole de la communauté » (rien que des hommes). Leur branche dure de l'islam en profita également, puisque chaque montée en puissance – réelle ou apparente – de la crise leur permettait d'accentuer la mainmise sur le groupe, en marginalisant les éléments les plus libéraux et les plus indépendants[1].

À court terme, la création de ce genre d'organisation semblait utile au Gouvernement. Henry Kissinger avait un jour demandé « Quel numéro pour avoir l'Europe ? ». De même, le gouvernement britannique dans le sillage de la crise Rushdie, demandait « Quel numéro pour

---

1. Il y a une analyse intéressante de cet épisode dans l'ouvrage de Malise Ruthven, *A Satanic Affair: Salman Rushdie and the Rage of Islam*, Chatto & Windus, 1990, particulièrement p. 68 et 107.

avoir la communauté musulmane ? ». Ceux qui disent qu'il s'agit là d'une façon de faire typique de la gauche oublient qu'en Grande-Bretagne, c'est un ministre de l'Intérieur conservateur, Michael Howard, qui a encouragé la création du MCB et qui en a fait l'interlocuteur privilégié du Gouvernement. Le soi-disant succès de ce modèle entraîna son exportation vers d'autres pays occidentaux, y compris en France où, malgré ses traditions, le Gouvernement choisit d'encourager la création de corps représentatifs des musulmans français, comme le Conseil français du culte musulman (CFCM). En France, comme en Angleterre, la création de cette instance représentative fut le fait d'un gouvernement et d'un politicien de droite, Nicolas Sarkozy.

Dès le départ, on aurait dû appréhender les inconvénients de ce genre de dispositif, mais tel ne fut pas le cas. On aurait dû notamment s'inquiéter du fait que les musulmans ordinaires voient d'un seul coup une instance religieuse s'interposer entre eux et leurs représentants politiques. Le dispositif favorisait par ailleurs ceux qui étaient déjà politiquement actifs, les militants, tout en désavantageant ceux qui étaient trop occupés par leur vie quotidienne ou leurs carrières pour se soucier de politique communautaire, et encore moins d'une politique communautaire déjà prise en otage par des mouvances sectaires. Le dispositif privilégiait les braillards, les extrémistes, les éternelles victimes, ceux qui comme Jamaat s'étaient déjà organisés en amont pour que leurs conceptions sectaires, souvent impopulaires dans leur pays d'origine, deviennent la voix officielle des musulmans en Europe. Quatre ans après le 11 septembre 2001, Rushdie accorda un entretien où il évoquait les manœuvres de domination islamistes, et plus particulièrement leur souci d'exclure toute voix musulmane « progressiste ». « Les gens ne voulaient pas en entendre parler à l'époque. Puis le 11 Septembre est arrivé, et maintenant beaucoup de gens disent, a posteriori, que la fatwa était l'entrée et que nous venons d'avoir le plat de résistance[1]. »

Pourtant, avant même « le plat de résistance », il y avait eu des signes, des alertes qui indiquaient que le XXIe siècle en Europe allait devoir se dépêtrer des exigences d'une certaine religion, dont on avait massivement fait venir les fidèles en Europe. Sur cette question, un pays avait pris de l'avance sur les autres. C'était la Hollande.

---

1. Shikha Dalmia, « The Iconoclast », un entretien avec Salman Rushdie, *Reason*, 1er août 2005.

CHAPITRE VIII

Des prophètes sans honneur

Au cours des années 1960, lorsque la main-d'œuvre vint à manquer aux Pays-bas, on fit venir des immigrés, majoritairement originaires du Maroc et de Turquie, qui emmenèrent avec eux femmes et enfants. Dans les années 1990, le maintien de l'immigration, combiné à un taux de natalité très élevé comparé à celui d'autres travailleurs étrangers, firent ainsi des Marocains et des Turcs la communauté majoritaire du pays. La politique du gouvernement hollandais entendait favoriser « l'intégration et le respect de l'identité de chacun ». Ceux, peu nombreux, qui osèrent émettre publiquement des réserves quant à la politique d'immigration et d'intégration menée par le Gouvernement furent accueillis plutôt fraîchement. Dans les années 1980, Hans Janmaat, politicien connu pour son franc-parler, le clama haut et fort : les Pays-Bas étaient arrivés à saturation ! Il le dit et le répéta : le multiculturalisme n'était pas un modèle à suivre. Il fallait que les immigrés soit s'assimilent complètement à la société néerlandaise en en acceptant le mode de vie, soit quittent le pays. Hans Janmaat fut mis au ban de la vie politique. En 1986, dans le sud du pays, à Kedichem, des militants gauchistes incendièrent l'hôtel où son parti politique, minoritaire, tenait une conférence. Sa femme, après avoir sauté par la fenêtre pour échapper aux flammes, perdit une jambe.

Les Pays-Bas ont la réputation d'être un des pays les plus libéraux d'Europe, sans doute parce que les drogues douces y sont légales et parce que les minorités sexuelles y bénéficient d'une politique très protectrice. C'est peut-être cela qui initia, dès les années 1990, quelques tensions avec la communauté étrangère la plus prolifique du pays. Durant cette période, nombre de politiciens reconnaissent en privé que le nombre croissant de musulmans aux Pays-Bas pose problème et qu'il n'est plus possible à ce stade qu'un parti politique puisse à lui seul apaiser la situation. L'immigration de masse et l'intégration ne fonctionnaient pas, constataient-ils, et on ne pouvait plus se contenter d'accuser ceux qui étaient ouvertement inquiets. Les premières polémiques qui éclatèrent concernaient la liberté d'expression. Le 5 octobre 1990, un dirigeant musulman religieux déclara lors d'une émission de radio – une station subventionnée d'Amsterdam – que « ceux qui résistent à l'islam, à l'ordre de l'islam ou qui s'opposent à Allah et à son prophète, peuvent être tués, pendus, massacrés ou bannis, comme le prescrit la charia ».

En 1991, le chef du Parti libéral hollandais, Frits Bolkestein, prononça un discours, dont il tira ensuite un article. Il y exprimait ce dont d'autres dirigeants, indépendamment de leur appartenance politique, commençaient à s'émouvoir. Il y affirmait que l'islam « n'est pas seulement une religion, c'est un mode de vie. En cela, l'islam est une vision qui contredit la séparation libérale de l'Église et de l'État ». Il soulignait également que, sur la question des femmes, les prescriptions musulmanes et celles qui émanaient de la loi et des coutumes néerlandaises divergeaient profondément. Tout en reconnaissant que les populations nouvellement arrivées aux Pays-Bas étaient destinées à y faire souche, Bolkestein concluait qu'une intégration réelle et complète à la vie hollandaise était la seule solution aux dérives observées. Là résidait précisément la difficulté : « Le problème, c'est que nous ne pouvons pas nous permettre la moindre erreur[1]. » Le discours comme l'article suscitèrent de nombreuses critiques. Le Premier ministre Ruud Lubbers considéra qu'ils étaient « dangereux », un autre ministre accusa leur auteur d'être « insultant envers la communauté musulmane ». Un éminent journaliste d'opinion prétendit qu'il « attisait les préjugés racistes[2] ».

Dans une culture où les idées ont encore de l'importance, l'ouvrage du sociologue Paul Schnabel *The Multicultural Illusion: A Plea for Adaptation and Assimilation* (L'illusion multiculturelle : plaidoyer

---

1. Voir Frits Bolkestein, « On the collapse of the Soviet Union », un discours à la Conférence Internationale Libérale de Lucerne, Suisse, 6 octobre 1991 ; et Frits Bolkestein, « De integratie van minderheden », *De Volkskrant*, 12 octobre 1991.
2. Voir Frits Bolkestein, *Breakthrough: From Innovation to Impact*, Henk van den Breemen (éd.), Owls Foundation, 2014, p. 221.

pour l'adaptation et l'assimilation) dédramatisa aux yeux de l'opinion publique certaines questions liées à l'immigration. Ce fut également le cas de l'essai *The Multicultural Drama* (Le drame multiculturel), écrit par l'universitaire Paul Scheffer[1], par ailleurs membre du Parti travailliste néerlandais. Pourtant, un fossé continuait à séparer l'opinion publique du monde politique. Une étude menée en 1998 montra que, pour près de la moitié des Néerlandais, « les modes de vie européens et musulmans étaient inconciliables[2] ». Grâce à la force de caractère de Bolkestein et de quelques autres, le pays put ainsi s'attacher relativement tôt au traitement des questions migratoires, devançant d'une décennie les autres pays occidentaux. Néanmoins, au sein même de la classe politique, persistait une grande réticence à s'emparer du problème. La dédiabolisation de la question migratoire finit par advenir, grâce au concours d'un expert populaire, un enseignant issu de la gauche.

Avant qu'il ne s'intéresse à la question de l'islam, Pim Fortuyn ne présentait aucun signe de « droitisme ». C'était un professeur d'université, marxiste et homosexuel, libertarien, partisan réputé du libéralisme sexuel et de toutes les libertés individuelles. Ce fut la question de l'islam qui le fit passer « à droite ». Le livre qu'il écrivit en 1997 *Against the Islamisation of Our Culture*

---

1. Paul Scheffer, « Het Multiculturele drama », *NRC Handelsblad*, 29 janvier 2000.
2. Étude menée en 1998 par Paul M. Sniderman et Louk Hagendoorn et incluse dans leur livre *When Ways of Life Collide: Multiculturalism and its Discontents in the Netherlands*, Princeton University Press, 2007, p. 22.

(Contre l'islamisation de notre culture) s'attaquait aux défis posés par l'islam à la société néerlandaise[1], thèmes qui jusque-là avaient constitué les arguments de campagne de la gauche.

Il y soulignait le fait que l'islam n'avait pas réussi à opérer la séparation de l'Église et de l'État. Or, cette séparation, une des réussites du christianisme néerlandais, avait donné au peuple la liberté de parole, la liberté de la presse et d'autres droits humains. Sans elle, l'espace public – au sens politique du terme – ne pouvait se prémunir des intrusions religieuses fondées sur les textes « saints ». Une autre des critiques que formulait Fortuyn envers l'islam portait sur l'égalité des sexes. Les femmes musulmanes vivant aux Pays-Bas devaient selon lui bénéficier des mêmes droits et de la même émancipation que les femmes néerlandaises. Il dénonçait sans ambages le traitement réservé par l'islam aux minorités sexuelles. La société hollandaise avait été à l'avant-garde, adoptant des lois, créant une culture où l'égalité entre hommes et femmes, mais également entre homosexuels et hétérosexuels, était devenue la norme. Ce qui se pratiquait dans les pays à majorité musulmane démontrait, à divers degrés, que ces principes d'égalité n'étaient pas compatibles avec l'islam. Néanmoins, malgré ces points d'achoppement évidents, la société hollandaise persistait dans l'illusion que sa propre tolérance pouvait coexister avec l'intolérance d'une autre partie de la société, caractérisée par la croissance démographique la plus

---

1. Pim Fortuyn, *De Islamisering van onze cultuur: Nederlandse Identiteit als Fundament*, Karakter Uuitgevers BV, 2002.

soutenue des Pays-Bas. Fortuyn pressentait bien qu'il n'en irait pas ainsi.

Grâce à ses tribunes, par ses interventions télévisées dans des émissions grand public, Fortuyn passa maître, non seulement dans l'art d'exprimer ses opinions, mais aussi dans celui de mettre à mal celles de ses adversaires. Lors d'un débat retransmis à la télévision, il tint à son adversaire, un imam néerlandais, un langage si haut en couleur que ce dernier, de rage, finit par se lancer en imprécations, dénonçant l'homosexualité de son contradicteur. Les ténors politiques hollandais ne lui cachèrent jamais le fond de leur pensée. En 1997, lors d'un débat télévisé portant sur son ouvrage « l'islamisation », le chef du Parti travailliste et ancien ministre, Marcel van Dam, ne le lui envoya pas dire : « Vous êtes un être humain infiniment inférieur[1] » Ce n'était là qu'un avant-goût amer de ce qui l'attendait.

Lorsque se produisent les attentats du 11 septembre 2001, la société néerlandaise s'est donc déjà largement penchée sur le sujet de l'islam. Fortuyn se consacre déjà à la vie politique. Chassé du parti qu'il avait rejoint au moment où il reprochait à l'islam d'être une culture *achterlijk* (arriérée), il a fondé dans la foulée son propre parti, la Lijst Pim Fortuyn (LPF). Le mode de scrutin hollandais, comparé à celui d'autres pays en Europe, favorise l'accomplissement des vocations politiques, permettant aux novices l'entrée en politique.

---

1. Ce débat fameux est disponible au visionnage sur YouTube, https://www.youtube.com/watch?v=tMxS_xSKujU.

En quelques semaines, les élections nationales de 2002 permirent à Fortuyn de bouleverser la vie politique de son pays.

Faisant désormais cavalier seul, il ne se lassa pas de mettre en garde contre ce qui menaçait l'identité néerlandaise et le libéralisme qui la fonde. Il alerta sur le fait que le multiculturalisme ne fonctionnait pas, qu'il favorisait la croissance de sociétés parallèles et de ghettos musulmans. Il prévint qu'il était plus que temps de se ressaisir et que les Pays-Bas ne bénéficiaient que d'une étroite fenêtre de tir. Son charisme, son refus de jouer le jeu des médias – sauf à leur imposer ses propres règles – séduisaient la population, apparemment disposée lors des élections de 2002 à lui confier la direction du pays. Ses opposants politiques l'attaquèrent comme ils purent. Ils l'accusèrent de racisme. Ils le comparèrent à Hitler. Des opposants plus modérés virent en lui un nouveau Mussolini. Lors d'un entretien télévisé, peu de temps avant son meurtre, Fortuyn évoqua les menaces de mort qui lui étaient adressées. Il conclut que, si malheur devait lui arriver, ses adversaires politiques en porteraient une part de responsabilité, pour l'avoir diabolisé et avoir ainsi armé la main de l'assassin.

Ce ne fut bien entendu pas le cas. Une semaine à peine avant l'élection, alors que Fortuyn quittait les studios d'une radio où il avait accordé une interview à Hilversun, un homme âgé d'une trentaine d'années lui tira dans la tête à bout portant. La nation fut saisie de stupeur et de crainte à l'idée que le tueur pût être musulman. Il apparut que le coupable était en réalité un militant végétarien d'extrême gauche qui, au cours de son procès, expliqua qu'il avait tué Fortuyn parce qu'il avait le sentiment que celui-ci visait les musulmans. Après le meurtre, les Pays-Bas furent en deuil. Lors des élections qui suivirent, les électeurs votèrent en majorité pour le parti de Fortuyn, cadeau que ledit parti n'honora pas vraiment, s'enferrant dans des luttes intestines et se révélant totalement incapable (peut-être du fait de la rapidité de son accession au pouvoir) de tenir ses promesses.

Le souhait qu'avait l'opinion néerlandaise d'affronter le défi posé par la réalité fut déçu. Et même si les héritiers de Fortuyn comptèrent parmi eux un certain Geert Wilders (qui quitta le parti « libéral » VVD pour former son propre mouvement), aucun de ses successeurs ne fut capable d'attirer les suffrages des ouvriers et des jeunes entrepreneurs que Fortuyn avait su séduire. Bien que le meurtre ait bouleversé la vie politique néerlandaise, il permit d'élargir le débat à l'ensemble de la société. Il n'était plus possible de dire que Fortuyn était fasciste, ni qu'une large part de la population néerlandaise avait pu être bienveillante envers un fasciste.

Le réalisateur Théo van Gogh fut de ceux qui comblèrent le vide laissé par Fortuyn. Ils étaient amis et intervenaient souvent ensemble à la télévision, entre autres dans l'émission de van Gogh *Une agréable conversation* que l'animateur avait coutume de conclure en offrant un cactus à son invité. Après le meurtre de Fortuyn, van Gogh commença un film traitant de la question de l'islam. Il continua également à écrire livres et articles. Un de ses livres, publié en 2003, *Allah weet het Beter* (Allah le sait mieux) le montre en couverture vêtu d'une djellaba, en caricature d'un fondamentaliste musulman.

Lors de ses apparitions et débats publics, van Gogh s'en prend aux musulmans les plus extrémistes des Pays-Bas. Parmi eux, un activiste entraîné par le Hezbollah, Dyab Abou Jahjah, qu'il décrit comme « le proxénète du prophète ». Suite à cela (l'affaire se conclut par le refus de Jahjah de se tenir sur scène aux côtés de van Gogh) on entendit les adeptes de Jahjah affirmer : « Nous attraperons ce gros porc et nous l'ouvrirons en deux[1]. » À cette époque, lors d'événements publics, comme les signatures pour *Allah le sait mieux*, van Gogh commence à s'inquiéter de sa propre sécurité. En 2004, il réalise un court-métrage intitulé *Soumission*, qui évoque les mal-traitances faites aux femmes au sein de l'islam. Le script est l'œuvre d'une jeune immigrée somalienne, Ayaan Hirsi Ali. Fin août, au moment où le film est montré à la télévision, les menaces adressées aux auteurs du film se multiplient. Van Gogh refuse qu'on renforce les mesures de sécurité dont il fait l'objet. Selon ses proches, il pensait qu'aucun islamiste ne se donnerait la peine de s'en prendre à « l'idiot du village[2] ».

Pourtant, le matin du 2 novembre 2004, alors qu'il se rend à son bureau à Amsterdam, sa route croise celle

---

1. Entendu par Jort Kelder ; rapporté par Ian Buruma, *Murder in Amsterdam*, Atlantic Books, 2006, p. 100.
2. Conversation entre l'auteur et Hans Teeuwen, Amsterdam, 12 mars 2016.

d'un assassin : Mohammed Bouyeri tire sur van Gogh, l'égorge et le poignarde. Lors de courte agonie, van Gogh s'adresse à son assassin : « On ne pourrait pas discuter un peu de tout ça ? » Le couteau fiché dans son corps arbore une menace de mort visant Ayaan Hirsi Ali. Celle-ci est alors immédiatement exfiltrée par les services de sécurité néerlandais, tandis qu'un certain nombre de critiques néerlandais de l'islam, notamment l'universitaire née en Iran Afshin Ellian, sont placés sous protection policière. Pendant un moment, même les critiques les plus prudents, comme l'universitaire Paul Cliteur, se turent. Politiciens, universitaires, journalistes et autres apprirent à cette occasion une dure leçon : critiquer l'islam comme s'il s'agissait d'une religion parmi d'autres vous mettait en danger de mort, vous exposait à un risque qui bouleversait toute votre existence. Le pays qui par le passé avait inventé la critique de la religion, qui avait produit des penseurs rationalistes comme Spinoza, voyait maintenant la question religieuse se poser à nouveau, de façon brûlante.

Ceci pesa évidemment davantage sur les épaules de ceux qui refusaient de se soumettre à la loi des assassins. Parmi les fortes têtes qui défiaient encore les extrémistes se trouvait une jeune femme d'origine somalienne, qui dix ans auparavant s'était réfugiée aux Pays-Bas pour échapper à un mariage forcé. Par bien des aspects, Hirsi Ali était une immigrée modèle. Arrivée dans le pays, elle avait demandé et obtenu l'asile tout en travaillant en usine. Elle avait appris le néerlandais et pu s'inscrire à l'université. Elle étudia à Leiden, tout en travaillant comme traductrice auprès d'autres immigrés. Dix ans après son arrivée aux Pays-Bas, elle était titulaire d'un diplôme en sciences politiques, travaillait comme chercheuse et entrait au Parlement comme députée du Parti libéral. Ce fut un météore qui traversa le ciel, un modèle de réussite. Son intelligence, son charisme, son travail, un courage personnel exceptionnel expliquaient certes son parcours. Mais la rapidité de son ascension provenait également d'un besoin qu'éprouvait la société hollandaise, celui de voir les immigrés réussir. Cependant, nombre de gens situés à gauche se montrèrent choqués qu'une réfugiée refuse de tenir les propos qu'on attendait d'elle.

Plus tard, Hirsi Ali écrivit que c'étaient les attaques du 11 Septembre qui l'avaient motivée. Elle avait voulu « comprendre si les racines du mal étaient liées à la foi dans laquelle elle avait grandi : l'agressivité, la haine étaient-elles inhérentes à l'islam lui-même[1] ? » Six mois plus tard, elle lut un livre sur l'athéisme et eut le courage d'admettre qu'elle n'était plus croyante[2]. Elle fit part publiquement de cette évolution personnelle. Les médias néerlandais, cependant, semblaient déterminés à lui faire tenir des propos qui n'étaient pas les siens. Un intervieweur la poussa à utiliser le terme *achterlijk* (arriéré) qu'avait employé Fortuyn. Comparé à la société néerlandaise, lui demanda-t-on, l'islam était-il arriéré ? Deux mouvements avaient pour objectif évident de piéger Hirsi Ali. Le premier, essentiellement issu de la gauche, la poussait au dérapage verbal pour ensuite

---

1. Ayaan Hirsi Ali, *The Caged Virgin*, The Free Press, 2007, p. 32.
2. *Ibid.*, p. 76.

pouvoir se retourner contre elle. Un autre mouvement, venant aussi bien de la gauche que de la droite, entendait l'utiliser comme caution d'un certain type de discours : il est plus difficile, en effet, d'accuser une femme noire de racisme.… Ceux qui refusaient de prendre position sur la question de l'islam contournèrent quant à eux le problème en répétant qu'Hirsi Ali ne savait pas de quoi elle parlait, traumatisée qu'elle était par son histoire, laquelle selon eux relevait d'un cas particulier et non d'une généralité.

Ayant subi l'excision (un sujet qu'elle décrit de manière très explicite dans son autobiographie[1]), persuadée durant son adolescence de la légitimité de la fatwa lancée contre Salman Rushdie, elle avait tout de même fui un mariage forcé et compris par sa propre expérience les défis posés par l'intégration. Hirsi Ali soulevait les questions les plus dérangeantes. Or, si cette immigrée exemplaire se trouva mise en cause par une grande partie de la classe politique hollandaise, elle fut également l'objet d'une haine sans bornes venant de la communauté musulmane des Pays-Bas. Signe que les choses ne se passaient pas si bien qu'on le prétendait.

Au début de sa carrière politique, un ami lui avait posé la question : « Te rends-tu compte à quel point ce pays est petit, et à quel point tes propos sont explosifs ? » Dans son autobiographie, Hirsi Ali livre la réponse qu'elle lui donna : « Explosif ? Dans un pays où la prostitution et les drogues douces sont autorisées par la loi, où l'euthanasie et l'avortement sont pratiqués,

---

1. Ayaan Hirsi Ali, *Infidel*, The Free Press, 2007, p. 32.

où les hommes pleurent à la télévision, où on peut se promener nu sur la plage, où le pape est ridiculisé sur les chaînes de télévision publiques ? Où l'auteur à succès Gerard Reve se représente en train d'avoir des relations sexuelles avec un âne, animal qu'il utilise comme métaphore de Dieu ? Franchement, dans un tel contexte, rien de ce que je peux dire ne saurait légitimement être qualifié d'"explosif[1]" ! ». Ce l'était pourtant bel et bien. Hirsi Ali touchait du doigt la plaie la plus béante de la société néerlandaise. Ce peuple, qui aime à se considérer comme tolérant, ouvert et convenable, commençait à se demander si cette tolérance, cette ouverture et cette décence n'étaient pas allées trop loin. Était-il possible désormais d'imposer des limites ? Hirsi Ali expliquait qu'il y avait des limites et qu'elle en était une preuve vivante. Malgré les menaces de mort qu'elle avait reçues avant et après le meurtre de son collègue van Gogh, elle considérait que « certaines choses doivent être dites et qu'il y a des moments où le silence est complice de l'injustice[2] ».

Partout en Europe, l'inquiétude allait croissant. Pendant des décennies, les gouvernements européens avaient permis à l'immigration d'atteindre des niveaux record. Rares étaient ceux, si tant est qu'il y en eut, qui pensaient qu'il fallait, songeant à l'avenir, trouver un compromis entre lois et exigences islamiques et traditions et culture européennes. Néanmoins, au fur et à mesure que les populations immigrées augmentaient,

---

1. *Ibid.*, p. 287.
2. *Ibid.*, p. XII.

les mêmes problèmes surgissaient, et ce, quel que soit le pays. Parfois, c'était à l'occasion d'un fait divers. En France, à Marseille, une jeune femme musulmane, Ghofrane Haddaoui, fut lapidée à mort pour avoir refusé les avances d'un jeune homme. C'était en 2004. Au Royaume-Uni, la police admit n'avoir pas mené à terme de nombreuses enquêtes concernant la mort de jeunes femmes musulmanes, considérant que ce qui ressemblait bien à des « crimes d'honneur » constituait un phénomène interne, propre à la communauté musulmane. En 2006, l'association médicale britannique rapporta qu'en Grande-Bretagne, au moins 74 000 femmes avaient subi l'excision.

Au même moment, ceux qui, issus de communautés musulmanes vivant en Europe, avaient condamné publiquement ou tenu des propos allant à l'encontre des valeurs de leur communauté subissaient violences et intimidations physiques. De la chanteuse pop norvégienne Deepika Thathaa, attaquée sur scène à Oslo pour son « impudeur », à l'éditorialiste militante Nosheen Ilyas en Italie, les minorités au sein de la minorité apparurent les plus menacées. On prit peu à peu conscience que les derniers arrivés en Europe ne voyaient peut-être pas d'un œil très bienveillant les membres des premières vagues migratoires. Tandis qu'on célébrait le multiculturalisme, on avait l'illusion que les minorités partageaient un même statut, celui de minorité. L'idée que les différentes communautés avaient pu apporter leurs querelles ancestrales ne semblait effleurer aucun dirigeant. Avec la pression migratoire, cette illusion pourtant commençait à s'effriter.

En 2003, un rapport sur l'antisémitisme publié par l'European Monitoring Centre fut tranquillement mis sous le boisseau ; il mettait en évidence le lien entre l'explosion d'actes antisémites en Europe et l'augmentation du nombre d'agressions contre les Juifs commises par de jeunes musulmans. Pourtant, malgré toutes les tentatives engagées pour masquer la réalité, celle-ci persistait, et se manifestait parfois brutalement. En 2006, la France fut saisie d'horreur lorsqu'un jeune juif français, Ilan Halimi, mourut, torturé à mort trois semaines durant par un gang de musulmans parisiens qui se surnommaient eux-mêmes « les barbares ». Ses bourreaux pensaient soutirer une rançon à la famille Halimi, persuadés que « les Juifs ont de l'argent ». Les agressions antisémites commençaient à se multiplier. Selon l'organisme français chargé de recenser ces agressions, le BNVCA (Bureau national de vigilance contre l'antisémitisme), le nombre d'attaques antisémites en France avait doublé entre 2013 et 2014, atteignant 851 incidents en une seule année. Alors qu'ils ne représentent que 1 % de la population, les juifs étaient victimes de près de la moitié des agressions racistes enregistrées en France. Le 14 juillet 2014, à Paris, des fidèles furent enfermés à l'intérieur d'une synagogue par des immigrés psalmodiant, entre autres, « Mort aux Juifs ». En 2012, un musulman armé a tué trois enfants et un professeur dans une école juive de Toulouse. En 2014, un musulman armé a assassiné quatre personnes au musée juif de Bruxelles. En 2015, un autre musulman armé a tué quatre juifs dans un hypermarché casher à Paris. En 2015, c'est encore un musulman armé qui a tué un homme, juif, chargé de la protection à la grande synagogue de Copenhague. Ces assassinats, et d'autres agressions, poussèrent finalement à poser la question de l'antisémitisme musulman.

Mais concernant la résurgence de l'antisémitisme, exactement comme cela avait été le cas avec une série d'autres problèmes, nouveaux ou ressurgis du passé, la prise de conscience fut lente et, on serait tenté de dire, même délibérément ralentie. En 2013, un nouveau parti politique, Alternative für Deutschland (AfD), vit le jour en Allemagne. Lorsque la position anti-immigration du parti devint évidente, médias et classe politique se firent fort de prouver l'antisémitisme du nouveau parti. Pourtant, en 2014, ce ne furent pas les partisans de l'AfD, mais principalement des manifestants immigrés qui se réunirent dans les rues des villes allemandes à Francfort, Dortmund et Essen pour chanter « Hamas, Hamas, tous les Juifs dans les chambres à gaz » et « merdes juives ». Ce ne fut pas un politicien de l'AfD, mais bien un imam musulman de Neukölln à Berlin qui dans une mosquée de 2014 demanda à Dieu de « détruire les juifs sionistes. Tuez-les tous jusqu'au dernier[1] ».

Dans chaque pays, certains avaient tenté d'alerter l'opinion. Des personnalités comme Hirsi Ali, éduquées dans la foi musulmane et qui avaient abandonné la religion. D'autres, nées musulmanes et souhaitant le rester, qui voulaient aider à la réforme de l'islam. D'autres mises

---

1. « Germany investigating Imam who urged God to "destroy Zionist Jews" », Haaretz, 23 juillet 2014.

en garde provenaient d'Européens non musulmans qui voulaient défendre le droit d'expression sur leur propre continent.

Rares furent ceux qui le firent avec autant de passion qu'Oriana Fallaci, célèbre auteur et journaliste italienne. Ce fut la seule journaliste occidentale à obtenir un entretien avec l'Iranien qui avait lancé une fatwa contre Rushdie. Au début du millénaire, elle avait passé le cap des 70 ans. Plus jeune, ses entretiens avec Khomeini, le colonel Kadhafi, le shah d'Iran, Henry Kissinger et bien d'autres ont fait d'elle une intervieweuse mondialement redoutée[1]. Ces rencontres, qui l'avaient confrontée à des hommes de pouvoir, ses séjours dans des zones de guerre l'avaient profondément sensibilisée à un certain nombre de choses, au rang desquelles on pouvait compter l'islam. Cela l'avait, aussi, mise en colère.

Fille de militants antifascistes, elle a grandi dans l'Italie mussolinienne. Son père avait fait d'elle une résistante : à la fin de sa vie, elle se rappelait encore les commissions qu'elle faisait enfant, cachant des grenades dans des laitues pour les amener au quartier général de l'opposition, dissimulant des affiches de propagande partisane[2]. Son pays et sa ville, Florence, furent occupés de 1943 à 1944 par les nazis. Bien qu'elle ne fût à l'époque qu'une adolescente, Fallaci, à l'instar de sa famille, se battit pour

---

1. Voir Oriana Fallaci, *Interview with History and Conversations with Power*, Rizzoli, 2011.
2. Voir par exemple Riccardo Nencini, *Oriana Fallaci: I'll Die Standing on My Feet*, Edizione Polistampa, 2008, p. 18 et 28.

son pays et pour sa ville. En évoquant le fascisme, elle savait parfaitement de quoi elle parlait.

Après avoir longuement exercé ses talents d'intervieweuse sans concession, Fallaci se tourna vers la fiction, écrivant notamment un roman (*Inshallah*) qui évoquait son expérience de la guerre civile au Liban. Dans les années 1990, elle se mit en retrait, vivant seule au-dessus des bureaux de son éditeur à New York et travaillant à un roman sur sa famille et son enfance. Le 11 Septembre eut aussi pour conséquence de réveiller ce volcan littéraire en sommeil. En l'espace de quinze jours, elle écrivit un long essai qui devint un supplément spécial au journal italien *Corriere della Sera*. C'était, comme à son habitude, un assaut tumultueux, sensible, furieux et torrentiel : contre ceux qui avaient détruit les tours jumelles, contre ceux qui avaient fermé les yeux sur les musulmans qui pourtant glorifiaient ouvertement cet acte de par le monde, contre l'islam. C'était une œuvre passionnée et singulière[1].

L'édition du *Corriere* fut vite épuisée. En 2002, Fallaci poursuivit la polémique en publiant un court ouvrage, *La Rage et l'Orgueil*, qui se vendit à plus d'un million d'exemplaires en Italie et à des centaines de milliers d'exemplaires en Europe. Il suscita dès sa publication moult critiques véhémentes, mais il trouva également de nombreux soutiens en Italie, que ce soit parmi les

---

1. Pour une analyse de cette tendance à une époque antérieure de sa vie, le contenu de *Oriana Fallaci: The Woman and the Myth* par son futur biographe exaspéré Santo L. Aricò, Southern Illinois University Press, 1998, est instructif.

croyants ou parmi les athées, comme l'était d'ailleurs Fallaci elle-même. Dans le jeu de chaises musicales permanent que jouent mode intellectuelle et mode politique, il est facile de moquer ou d'oublier les ouvrages « coup de tonnerre » comme *La Rage et l'Orgueil*. Mais peu de livres ont exercé un tel effet sur leurs lecteurs.

Adoptant, de son propre aveu, la forme d'un pamphlet à la « J'accuse » ou encore celle d'un sermon adressé à l'Occident, l'œuvre de Fallaci pourfend ceux qui sèment la terreur au nom de l'islam, déplore l'augmentation du nombre de musulmans en Occident mais aussi celle des Occidentaux qui « n'ont pas les couilles de se défendre contre ces envahisseurs[1] ». « Je suis très, très, très en colère. D'une rage froide, lucide et rationnelle, écrit-elle en ouverture. Une rage qui annihile toute forme de détachement, toute indulgence, qui m'ordonne de leur répondre et de leur cracher au visage[2]. » Le ton était donné.

Évoquant le combat qu'elle et sa famille avaient mené durant la guerre, elle le compare à la récente réaction de responsables politiques. Des Somaliens musulmans en effet occupaient la place du Duomo à Florence, ayant installé un campement sauvage autour de la cathédrale. Le camp avait duré trois mois. Cela avait suscité bien des débats à Florence. Dans son pamphlet, Fallaci rapporte avoir contacté chaque élu public local et national : pourquoi ne pouvaient-ils pas rétablir l'ordre dans le centre

1. Oriana Fallaci, *The Rage and the Pride*, Rizzoli, 2002, p. 22.
2. *Ibid.*, p. 57.

même de Florence ? À chaque fois, elle n'obtint pour toute réponse que des déclarations d'impuissance. Elle avait fini par en référer à un policier local, lui disant que s'il n'évacuait pas les tentes, elle les brûlerait elle-même : à ce moment-là, ils seraient bien obligés de l'arrêter et de la mettre en prison dans sa propre ville.

Les Italiens ainsi castrés, les Européens et les Occidentaux en général étaient, au moins autant que les musulmans, la cible de Fallaci. Idem pour ceux qui versaient dans le relativisme, en plaçant sur un pied d'égalité monde occidental et monde musulman. Tout en reconnaissant les défauts de l'Occident, Fallaci rappelait : « Je veux défendre ma culture, pas la leur et je vous le dis, j'aime Dante Alighieri, Shakespeare, Goethe, Verlaine, Walt Whitman et Leopardi bien davantage qu'Omar Khayyam[1]. » Elle éprouvait, à la lire, la même vénération envers les œuvres artistiques que celle qu'un musulman disait avoir pour la Mecque[2]. Parce qu'elles étaient peu courantes à ce moment-là, les provocations et la fierté dont faisait montre Fallaci envers le patrimoine culturel européen sortaient du lot.

La fierté qu'affirmait Fallaci avait ouvert une brèche. Mais lorsqu'elle évoqua la natalité galopante des nouveaux musulmans d'Italie, Fallaci s'attira des ennuis.

L'obsession de Fallaci quant au nombre de musulmans en Europe, au nombre de leurs enfants et à leur taux

---

1. *Ibid.*, p. 85.
2. Voir par exemple *ibid.*, p. 116.

de natalité, ne sortait pas de nulle part. Pas davantage l'idée selon laquelle cette migration ou *hijra* était en réalité un projet délibéré des dirigeants musulmans. Dans *La Rage et l'Orgueil*, elle cite des leaders islamistes qui se vantent de faire très précisément ce qu'elle décrit. Elle cite un savant musulman qui, lors d'un synode au Vatican en 1999, aurait dit : « Nous vous envahirons par les moyens de la démocratie, par les moyens de notre religion, nous vous dominerons. » C'est, dit-elle, une « croisade à l'envers[1] ». Tout ceci a mené Fallaci à la conclusion suivante : les musulmans d'Europe tentaient non seulement « de conquérir nos âmes mais aussi de conquérir nos territoires ». Et d'enchaîner : « Ils se reproduisent beaucoup trop. Les Italiens ne font plus de bébés, les imbéciles. Depuis des années ils ont, et c'est toujours le cas, le taux de natalité le plus bas de l'Occident[2]. » Voilà approximativement la version expurgée que les éditeurs de Fallaci publièrent lorsque leur auteur traduisit son propre travail dans un anglais très particulier. L'édition originale quant à .elle offrait déjà une version beaucoup plus corsée, puisque Fallaci y écrivait que les musulmans se « reproduisaient comme des rats[3] ».

En Italie, les groupes musulmans firent pression pour traîner Fallaci devant les tribunaux, au motif qu'elle « dénigrait la religion ». De telles tentatives eurent également lieu en France. C'était en 2002, au moment où une flopée de procédures judiciaires furent lancées contre

---

1. *Ibid.*, p. 98.
2. *Ibid.*, p. 137-138.
3. Voir l'analyse sans concession de Fallaci de ceci dans *The Force of Reason*, Rizzoli, 2006, p. 53.

des personnalités publiques. En France, l'ancienne actrice et militante du droit des animaux, Brigitte Bardot, fit ainsi l'objet de plaintes pour avoir commis quelques déclarations sur la pratique de l'égorgement halal[1]. Les groupes français musulmans voulurent également s'en prendre au romancier Michel Houellebecq pour avoir affirmé dans un entretien que l'islam « était la religion la plus con » et que le Coran « était mal écrit[2] ».

La publication de *La Rage et l'Orgueil* eut d'autres conséquences pour Fallaci que la seule menace d'un procès pour offense à l'islam. De retour en Italie, elle dut être protégée vingt-quatre heures sur vingt-quatre par des *carabinieri*[3]. Ceci, plus diverses agressions qu'elle subit en Italie incitèrent Fallaci à rédiger un second pamphlet, plus échevelé encore que *La Rage et l'Orgueil*. *La Force de la raison* fut un grand succès éditorial en Europe. Fallaci y exprime ses peurs de façon pressante. Son argumentaire est fondé, s'appuyant sur des éléments historiques ou contemporains. Pour prouver que les musulmans avaient effectivement le projet d'utiliser l'arme démographique contre les Européens sur leur propre continent, Fallaci cita l'ancien président algérien Houari Boumédiène. Celui-ci, en 1974, avait dit devant l'assemblée générale des Nations unies : « Un jour, des millions d'hommes quitteront l'hémisphère sud de cette planète pour pénétrer dans l'hémisphère nord.

---

1. « Brigitte Bardot unleashes colourful diatribe against Muslims and modern France », *Agence France Presse*, 12 mai 2003.
2. « Calling Islam stupid lands author in court », *The Guardian*, 18 septembre 2002.
3. Voir Fallaci, *The Force of Reason*, *op. cit.*, p. 287.

Mais pas en amis. Parce qu'ils jailliront pour conquérir, et ils conquerront en le peuplant de leurs enfants. La victoire nous viendra du ventre de nos femmes[1]. » Un troisième livre de Fallaci, creusant la même veine, suivit. Ce fut aussi le dernier.

La branche la plus bruyante de la gauche italienne cloua Fallaci au pilori pour ce dernier opus. Mais des millions d'autres gens l'écoutaient et la respectaient. En 2005, juste avant de devenir pape, le cardinal Joseph Ratzinger invita Fallaci dans sa résidence d'été, après avoir passé avec elle un accord de secret absolu : rien de ce qu'ils se diraient ne devrait filtrer. Un an plus tard, Fallaci mourut du cancer qui la rongeait depuis des dizaines d'années. Jusqu'à sa mort, les procédures judiciaires lancées à son encontre se sont accumulées. Puis, la passion qu'avait déclenchée la Cassandre italienne s'est tue pendant quelques années. Avant que les événements ne viennent la relancer...

L'année de la mort de Fallaci, le nouveau pape se heurta aux forces qu'elle avait fustigées. Le pape Benoît XVI pourtant n'avait pas publié de pamphlet à la Fallaci. Lors d'un discours à l'université de Ratisbonne, discours portant sur « la foi et la raison », il avait cité une phrase de l'empereur byzantin Manuel II Paléologue : « Montrez-moi simplement ce que Mahomet a apporté et vous ne me montrerez assurément que des choses viles et inhumaines, comme ses ordres de répandre par l'épée la foi qu'il prêchait. » Avant de lire la citation, le pape Benoît avait précisé qu'elle était d'une brutalité

---

1. *Ibid.*, p. 56.

inacceptable[1]. Il avait ainsi rappelé qu'il s'agissait en l'occurrence de citer un texte. Pourtant, la rumeur s'était répandue dans le monde : le pape avait insulté l'islam. Il y eut des émeutes dans l'ensemble du monde musulman. En Somalie, une religieuse italienne de 65 ans fut assassinée. Des manifestations et des émeutes avaient déjà eu lieu quelques mois plus tôt, en réaction aux caricatures de Mahomet publiées au Danemark. Désormais, elles s'ajoutaient aux manifestations et émeutes contre le pape. Personne ne semblait s'inquiéter du fait que n'importe qui, de l'athée européen le plus engagé au chef de la hiérarchie catholique, puisse ainsi être pris pour cible par les mêmes forces.

---

1. Conférence du pape Benoît XVI à l'université de Ratisbonne, 12 septembre 2006.

CHAPITRE IX

Les sirènes d'avertissement

Dans toute l'Europe, les alarmes résonnent. Au début des années 2000, aux Pays-Bas et en Norvège, un auteur homosexuel américain, Bruce Bawer, commence à s'inquiéter : de plus en plus d'homosexuels de ses connaissances, vivant dans les villes européennes les plus libérales (et notamment à Amsterdam), sont passés à tabac par des musulmans. Si Bawer a quitté les États-Unis dans les années 1990, c'est entre autres pour échapper au combat sans pitié que menaient les pasteurs évangélistes contre les droits des homosexuels. En Europe, Bawer constate qu'il existe un autre clergé, une autre religion, qui ne se limite pas à penser que le droit au mariage homosexuel doit être combattu. Une religion qui préconise en fait de les précipiter du haut d'un immeuble. À l'instar de Pim Fortuyn, Bawer s'interroge : pourquoi une société qui se flatte de son libéralisme semble-t-elle se soucier davantage de ne pas offenser les musulmans que de la protection des homosexuels ? La question de l'homophobie musulmane, à peine évoquée dans la presse homosexuelle – et ne parlons pas de la presse généraliste –, commence lentement à apparaître dans les médias. Pourtant, les associations militant pour les droits des homosexuels, si virulentes lorsqu'il s'agit de dénoncer les Églises chrétiennes, semblent vouloir se tenir à distance de ce problème bien plus épineux. Elles se contentent de mettre en cause le messager, Bawer. Dans deux livres et dans de nombreux articles, celui-ci souligne le paradoxe d'une société libérale qui ferme les yeux sur de tels comportements, au prétexte qu'ils sont le fait d'immigrés. Bawer montre que la concurrence victimaire existe, mais que les homosexuels en l'occurrence sont bel et bien soumis aux discours des musulmans.

Comme tout lanceur d'alerte apparu trop tôt, Bawer fut méthodiquement diffamé, notamment par la presse gay libérale dont on aurait pourtant attendu qu'elle se montre sensible à son propos. Une preuve supplémentaire que s'il n'était plus question de tuer le messager, il convenait à tout le moins de le réduire au silence[1]. La première décennie du siècle cependant résonna d'alarmes qu'on ne pouvait plus ignorer. Elles portaient sur le blasphème et sur la liberté d'expression.

La publication de caricatures du prophète de l'islam dans un journal danois à faible diffusion, le *Jyllands-Posten*, constitua une autre bataille de la guerre en cours. La « crise des caricatures » prouva, comme l'affaire Rushdie seize années auparavant, que les problèmes posés par l'immigration de masse n'en avaient pas fini de surprendre les

---

1. Voir notamment Bruce Bawer, *While Europe Slept*, Doubleday, 2006 ; et *Surrender*, Doubleday, 2009.

Européens. Si un Danois, dix ans plus tôt, avait parlé de « crise des caricatures » dans son pays, on l'aurait pris pour un fou.

Néanmoins, cette « crise » débuta bel et bien, en 2005. Un chef du *Jyllands-Posten* apprit qu'un éditeur de livres jeunesse, s'apprêtant à lancer une collection destinée aux enfants sur les religions du monde, n'avait pu trouver aucun dessinateur acceptant de se consacrer au livre sur l'islam. Étonné qu'un tel tabou pût exister dans une société libre, le journal voulut voir ce qu'il en était. Et il vit : on pouvait briser le tabou, mais à quel prix ! Émeutes, ambassades incendiées dans le monde musulman, manifestations de musulmans dans toute l'Europe. À Londres, des manifestants défilant devant l'ambassade arboraient des panneaux : « Liberté, va en en enfer », « 7/7 est sur son chemin » et « Décapitez ceux qui insultent l'islam ». Kurt Westergaard, un des dessinateurs danois, subit plusieurs tentatives de meurtre. Un homme muni d'une hache et entraîné par al-Shabaab en Afrique s'introduisit au domicile du dessinateur pendant le jour de l'an 2010. Il tenta de le décapiter. Westergaard ne dut la vie qu'à une chose, une pièce forte que la police l'avait obligé à installer chez lui. Ceci devint bientôt la nouvelle norme. Dans le sillage de l'affaire danoise, les « crises des caricatures » commençaient à se répandre à travers l'Europe.

En 2006, en Norvège, l'éditeur du journal chrétien *Magazinet* décida de reprendre les caricatures danoises pour montrer à ses lecteurs de quoi il retournait vraiment. Le Premier ministre norvégien, Jens Stoltenberg, non seulement critiqua Vebjorn Selbekk, le rédacteur en chef de *Magazinet*, pour avoir reproduit les caricatures, mais menaça de le traîner devant les tribunaux. Quand à Damas, la foule incendia l'ambassade norvégienne, le Premier ministre l'accusa d'être responsable de ce forfait. Diverses personnalités politiques et culturelles s'allièrent, accusant le journal de « provocation » et de manque de respect. Pendant ce temps, Selbekk lui-même dut se cacher et fut placé sous protection policière.

Un an plus tard, une crise des caricatures éclata aussi en Suède. L'artiste Lars Vilks, qui avait dessiné Mahomet, dut se cacher. Comme cela avait été le cas pour les dessinateurs du *Jyllands-Posten*, dans les années qui suivirent, il subit de nombreuses tentatives d'assassinat. En 2011, à Paris, les bureaux du magazine satirique français *Charlie Hebdo* – une des seules publications qui avaient réédité les caricatures danoises – furent incendiés. En 2013, le journaliste et historien danois Lars Hedegaard, critique éminent de l'islam, reçut un beau matin la visite d'un homme armé qui voulut lui tirer deux balles dans la tête. Âgé de 70 ans, il ne dut la vie qu'au hasard : le pistolet de l'assassin s'était enrayé au second tir. Hedegaard réussit à frapper son assassin, qui s'enfuit et trouva ensuite refuge en Turquie.

Ce ne furent pas les seules attaques qui eurent lieu durant cette période. Bien d'autres s'annonçaient. Le 7 janvier 2015, dans les bureaux de *Charlie Hebdo*, à Paris, les assassins réussirent leur coup. Parvenus à déjouer le dispositif de sécurité, ils tuèrent les policiers et gardes du corps et décimèrent la majeure partie de la rédaction. Recevant depuis des années des menaces de mort pour avoir dessiné le prophète de l'islam, les rédacteurs de *Charlie Hebdo* avaient en outre dû s'habituer à être régulièrement assignés en justice par les organisations musulmanes de France. Un mois après le massacre de *Charlie Hebdo*, le 15 février, eut lieu à Copenhague une rencontre de soutien au dessinateur suédois Lars Vilks. Un tireur de 22 ans d'origine danoise fit irruption pendant la réunion. Comme à Paris un mois auparavant, la frénésie de meurtre visa d'abord des dessinateurs pour terminer par des juifs : à Paris dans un supermarché casher, à Copenhague, dans une synagogue.

Ces attaques, qu'elles attentent à la vie ou qu'elles se situent sur le terrain de la légalité, semblaient ne devoir jamais connaître de fin. Aussi lorsque le magazine *The Atlantic* écrivit que les « guerres européennes sur le blasphème sont infinies et déconcertantes[1] », personne ne broncha. Malgré des mises en garde remontant à dix ans, malgré l'affaire Rushdie, personne au niveau des autorités n'avait prévu un tel déferlement. Personne parmi ceux qui avaient ouvert les frontières de l'Europe à l'immigration de masse n'avait ne serait-ce que pensé au problème musulman. Personne n'avait envisagé la possibilité que les nouveaux arrivants puissent ne pas s'intégrer, voire qu'ils puissent apporter leurs propres conceptions culturelles et religieuses. Personne n'avait envisagé que d'autres minorités puissent être les premières victimes de cette incapacité à anticiper sur le long terme. Aucun politicien d'envergure n'avait songé qu'une augmentation

---

1. Jeffrey Goldberg, « Is it time for the Jews to leave Europe? », *The Atlantic*, avril 2015.

de l'immigration entraînerait une résurgence de l'antisémitisme, ou de telles menaces envers les homosexuels. Les initiateurs du laxisme migratoire n'auraient jamais imaginé que la question du blasphème musulman puisse devenir une des questions culturelles et sécuritaires centrales de l'Europe du XXIᵉ siècle. Tous ceux qui avaient tiré le signal d'alarme avaient été ignorés, diffamés, traînés devant les tribunaux ou tués. Rarement, et encore, après que la situation eut changé, on témoigna un peu de sympathie aux véritables victimes.

Jusque dans les années 2000, les ténors politiques et une bonne partie des médias avaient développé et répandu l'idée que ceux qui en Europe criaient au feu étaient en réalité les pyromanes. La violence, la peur du procès, avaient réduit au silence tous ceux qui élevaient la voix : trente ans après l'affaire Rushdie, on ne trouve quasiment plus personne en Europe qui ose écrire un roman, composer un morceau ou faire un dessin susceptible de déclencher l'ire des musulmans. En fait, on en prend même le contrepied : les hommes politiques et la quasi-totalité de la population font des pieds et des mains pour bien montrer quelle admiration il convient de vouer à l'islam.

Bien sûr, suite aux attaques terroristes de grande ampleur comme celle de Madrid en 2004, de Londres en 2005 ou de Paris en 2015, les Gouvernements durent réagir... ou du moins en donner l'impression. La plupart le firent en s'attachant, de façon efficace, à la lutte antiterroriste. Mais ils restaient prisonniers de leurs options idéologiques et de celles de leurs prédécesseurs, s'embourbant dans des éléments de langage qui ne reflétaient que leur imagination, refusant de nommer la réalité. En juin 2007, on trouva deux voitures piégées dans le centre de Londres. Elles avaient été abandonnées là par un docteur du NHS et par un autre musulman, titulaire d'un doctorat. La première était garée devant une boîte de nuit assez connue, lors d'une *lady's night*. La bombe bourrée de clous se trouvait derrière le pare-brise. La deuxième voiture piégée était garée en contrebas de la première, prévue pour atteindre les rescapés fuyant la première explosion. Fort heureusement, un passant remarqua la fumée qui sortait de la première voiture. Les deux bombes furent découvertes avant d'exploser. La ministre de l'Intérieur du New Labour, Jacqui Smith, considéra que ces attaques ne relevaient pas du « terrorisme islamique », puisque les terroristes allaient en réalité à l'encontre des préconisations de leur foi. Pour aller plus loin, ajouta-t-elle, il aurait même été justifié de parler en l'occurrence d'« activités anti-musulmanes[1] ».

Six ans plus tard, après que deux musulmans britanniques eurent poignardé en plein jour Lee Rigby, un joueur de tambour du régiment royal des fusiliers, à Woolwich, à Londres, le Premier Ministre conservateur, David Cameron, déclara sur le seuil de Downing Street : « Il ne s'agit pas simplement d'une attaque contre la Grande-Bretagne – contre notre mode de vie britannique. Il s'agit aussi d'une trahison de l'islam – et des communautés musulmanes qui

---

1. « Tories attack Islamic terrorism "rebranding" », *The Daily Telegraph*, 18 janvier 2008, http://www.telegraph.co.uk/news/uknews/1575925/Tories-attack-Islamic-terrorism-rebranding.html.

apportent tant à notre pays. Rien dans l'islam ne justifie cet acte véritablement atroce[1]. » L'année d'après, en réponse à la décapitation d'un travailleur d'ONG britannique en Syrie par un jihadiste britannique converti, le même Premier Ministre dit : « Prétendre commettre ceci au nom de l'islam. C'est absurde. L'islam est une religion de paix. Ce ne sont pas des musulmans. Ce sont des monstres[2]. »

Les médias se donnèrent eux aussi beaucoup de mal pour ne pas aborder le fond du sujet. Le lendemain de l'assassinat de Lee Rigby par deux convertis citant le Coran, ce dans les rues de Londres, le *Daily Telegraph* britannique – le journal le plus lu au centre droit – suivit la même ligne que Cameron. Un éditorialiste expliqua doctement que « l'homme au couteau plein de sang qui s'exprimait par message vidéo à Woolwich n'avait aucun objectif précis... c'était absurde d'un bout à l'autre[3] ». Un autre, du même journal, écrivit quant à lui : « À mes yeux, l'acte de barbarie qui s'est déroulé hier à Woolwich est complètement absurde. Rien de ce qui s'est produit n'a de sens... Il y avait des couteaux, et des hélicoptères, et des armes, et des corps. Cela n'avait aucun sens. » S'ensuivait une énumération d'éléments ayant eu lieu à l'endroit du crime, éléments eux aussi dénués de toute signification selon l'auteur de l'article : « Il aurait dit : "nos terres", mais il n'avait pas l'accent londonien...

1. David Cameron, « Statement on Woolwich incident », 23 mai 2013, https://www.gov.uk/government/speeches/statement-on-woolwich-incident.
2. David Cameron, « Statement on the killing of David Haines », 14 septembre 2014, http://www.bbc.co.uk/news/uk-29198128.
3. Fraser Nelson, « Woolwich was a case study in the banality – and the idiocy – of evil », *The Daily Telegraph*, 23 mai 2013.

Tout ceci est absurde… Rien ici ne fait sens. Rien du tout. » L'auteur concluait pompeusement : « Hier était un jour absurde[1]. » À l'autre extrémité du spectre politique, le *Guardian* laissait entendre que ce qui s'était produit était « un banal acte de violence[2] ».

À l'image des hommes politiques, la majorité des médias européens ne manifestèrent pendant ces années qu'une infime velléité de comprendre ou de reconnaître ouvertement ce qui se passait. En ce qui concernait la presse, les causes du déni étaient évidentes : une combinaison de peur et de lâcheté, une intériorisation de la menace. Quant aux hommes politiques, ils pouvaient difficilement affronter le problème dans la mesure où ils portaient une lourde part de responsabilité dans son apparition sur le sol d'Europe. Au fil des décennies précédentes, personne n'avait pris en compte les idéologies ou les croyances des populations nouvellement arrivées ; la curiosité n'avait pas, c'est le moins qu'on puisse dire, étouffé notre personnel politique. Politiciens et médias avaient généralement minimisé les différences entre l'islam et les autres religions. Ils insistaient systématiquement sur le fait que la solution au problème, si elle existait, était de lier l'avenir des sociétés européennes à celui de l'islam, de soutenir « les modérés » pour qu'un « islam réformé » puisse l'emporter. Ceci, martelaient les politiciens, résoudrait le problème aussi bien pour l'Europe que pour l'islam dans son ensemble. Ils restaient apparemment aveugles au fait

---

1. Dan Hodges, « Woolwich attack: confusing, horrific, bizarre – the horror that made literally non sense », *The Daily Telegraph*, blogs, 23 mai 2013.
2. Simon Jenkins, « Woolwich attack: This echo chamber of mass hysteria only aids terrorists », *The Guardian*, 23 mai 2013.

que des Mu'tazilites du Xᵉ siècle à l'Iranien Ali Dashti au XXᵉ siècle, l'islam avait connu nombre de mouvements réformistes et d'intellectuels réformateurs, qu'ils avaient tous été vaincus par la force et les appels à l'autorité des fondamentalistes. Ce que les hommes politiques firent pendant cette période consista à lier le futur de la sécurité de l'Europe à un mouvement réformateur, lequel avait échoué tout au long de l'histoire et qui avait toutes les chances d'échouer à nouveau. Néanmoins, ils ne se découragèrent pas. Dans un discours à la convention du parti conservateur en 2015, la ministre de l'Intérieur britannique, Theresa May, fit comme les autres : elle souligna le caractère pacifique de l'islam et cita certains de ses versets préférés du Coran. Pour avoir vu la force avec laquelle de nombreux musulmans étaient prêts à défendre leur foi, la classe politique prit le parti de faire comme si la religion musulmane était au moins partiellement vraie, comme si elle était une source de sagesse capable de nous guider. En 2016, l'un des principaux alliés d'Angela Merkel, Wolfgang Schäuble, en appela à la création d'un « islam allemand ».

Quant à ceux qui tenaient un discours différent, ils ne faisaient pas franchement carrière. Aux Pays-Bas, après avoir passé de longues années dans des casernes et des appartements sécurisés par l'État, Ayaan Hirsi reçut enfin l'autorisation de vivre dans un immeuble spécialement protégé. Las ! Ses nouveaux voisins se hâtèrent de lui intenter un procès pour qu'elle quitte le bâtiment, inquiets qu'ils étaient que la proximité de cette fauteuse de troubles ne les mette en danger. Peu de temps après, se fondant sur de fausses déclarations retransmises par une chaîne de télévision, le ministre de l'Immigration et de l'Intégration, membre du même parti qu'Hirsi Ali, le VVD, lui retira la citoyenneté néerlandaise. Le pays qui avait autorisé l'installation de centaines de milliers de musulmans sans leur demander de s'intégrer, le pays qui abritait des cellules et des prêcheurs parmi les plus radicaux en Europe, privait ainsi de sa citoyenneté une des rares immigrées qui avait totalement réussi son intégration. Hirsi Ali partit pour les États-Unis, devenant, comme Salman Rushdie le dit plus tard, « sans doute la première réfugiée d'Europe de l'Ouest depuis l'Holocauste[1] ».

L'Europe semblait être parvenue à la conclusion que l'extrémisme disparaîtrait lorsque ceux qui en parlaient s'en seraient allés ailleurs. Néanmoins, que les voix critiques aient été assassinées, chassées ou contraintes de se cacher, le problème ne disparut pas. Pas seulement parce que les immigrés restaient et n'avaient nulle intention de s'en aller. Beaucoup avaient suivi le conseil explicite ou implicite de leur pays d'origine : rester en Europe, mais ne pas devenir européens. Lors d'un meeting à Cologne en 2008, le Premier ministre (et futur Président) turc, Erdoğan, expliqua à une foule de 20 000 Turcs vivant en Allemagne, Belgique, France et aux Pays-Bas : « Je comprends très bien que vous soyez contre l'assimilation. On ne peut attendre de vous que vous vous assimiliez. L'assimilation est un crime contre l'humanité. » Cependant, il expliqua à son auditoire qu'il lui fallait

---

1. Salman Rushdie et Sam Harris, « Abandoned to fanatics », *Los Angeles Times*, 9 octobre 2007.

s'impliquer dans la politique et gagner suffisamment d'influence pour que les cinq millions de Turcs vivant alors en Europe soient capables de ne plus être simplement des « invités » mais deviennent un « élément constitutif » majeur de la société européenne[1].

En 2016, à Amsterdam, comme dans de nombreuses villes européennes, il y a des banlieues et des enclaves musulmanes. Par un beau jour d'été, les bâtiments de ces zones ne semblent pas pires que ceux qu'on trouve dans d'autres banlieues européennes. La plupart de ces maisons correspondent même à ce que souhaitent nombre de jeunes couples en Europe, qui aspirent à devenir propriétaires et y voient un premier achat possible. Les travailleurs turcs se sont regroupés là lorsqu'ils ont immigré, il y a de cela soixante ans. Aujourd'hui, comme de nombreuses banlieues d'Amsterdam ou de Rotterdam, ces endroits sont devenus de petites Turquie, de petits Maroc. Les épiceries y sont halal. Les femmes y portent toutes le voile et la vie se déroule comme au Maroc ou en Turquie. Une de ces maisons, située dans une rue agréable et calme, était celle où Mohammed Bouyeri vivait – la maison dont il partit un matin, il y a de cela une décennie, pour trouver Théo van Gogh et l'assassiner. Ce n'est pas spécialement un endroit qui fait peur. C'est simplement un endroit différent. Il y a des affiches électorales sur beaucoup de fenêtres. Elles montrent toutes le visage de Recep Tayyip Erdoğan.

---

1. « Turkish Prime Minister says "assimilation is a crime against humanity" », *The Local*, 11 février 2008.

CHAPITRE X

La tyrannie de la culpabilité

Les premiers jours de septembre, lorsque le corps d'un garçonnet syrien de 3 ans, Aylan Kurdi, fut déposé par la mer sur une plage de Turquie, la réaction en Europe fut quasiment unanime. Les gros titres de nombreux journaux nous le dirent, « l'Europe avait honte ». Lorsqu'on apprit que ces Kurdes, qui tentaient de rejoindre leur famille au Canada, s'étaient vu opposer un refus de visa, la mort d'Aylan Kurdi fit polémique aux États-Unis. Une partie de la campagne pour l'élection générale du mois suivant au Canada fut suspendue. Les opposants politiques du gouvernement Stephen Harper – qui était alors au pouvoir – tirèrent profit de l'échec supposé du Canada à sauver la vie de cet enfant de 3 ans. Le gouvernement Harper perdit les élections.

Ce sentiment général de honte et de culpabilité s'est répandu en Europe et en Amérique du Nord. Nous en avons perdu de vue les questions concrètes qui auraient dû se poser : qu'aurions-nous pu faire pour cette famille kurde, ou pour toutes les autres qui voulaient se calquer sur son exemple ? Le déferlement de culpabilité fut si intense que de nombreux faits, pourtant essentiels, furent occultés. Parmi eux, on aurait pu rappeler que cette famille était partie d'un pays sûr, la Turquie. Le père avait choisi de quitter ce pays où il occupait un emploi salarié, afin d'emmener sa famille en Europe. Le corps de son jeune fils reposait sur une plage turque, et non pas européenne. Et bien que les médias turcs se soient eux aussi émus de cette tragédie, ce ne fut pas, loin s'en faut, avec la même démesure, la même introspection et le même dénigrement de soi que ceux dont firent preuve politiques et médias occidentaux.

Bien que le monde arabe et musulman dans son ensemble se soit également ému de cette tragédie, ceci ne le mena pas pour autant à remettre en cause les politiques mises en place, comme ce fut le cas en Europe. En réalité, cet événement tragique soulignait non seulement la différence extraordinaire des réactions en Europe et au Moyen-Orient, mais aussi la différence des conceptions européennes et moyen-orientales en matière d'asile. Bien que le Liban, la Jordanie et la Turquie aient accueilli de nombreux réfugiés de guerres venant de Syrie et de l'Irak voisins, bien qu'ils aient reçu à cet effet un soutien financier substantiel de la part de la communauté internationale, leur réaction face à de telles crises différa totalement de celui des gouvernements et des médias européens. Là où les pays européens vivaient la noyade d'un enfant de 3 ans avec une immense culpabilité, le monde arabe et la « oumma » musulmane dans son ensemble demeurèrent étonnamment passifs.

Par exemple, en 2016, il s'avéra que les pays du Golfe, qui rassemblent le Koweït, le Bahreïn, le Qatar, les Émirats arabes unis, l'Arabie Saoudite et Oman n'avaient accordé l'asile à aucun réfugié. Concernant les réfugiés d'Érythrée, du Nigeria, du Bangladesh et du Pakistan, ils s'étaient montrés encore moins généreux. Quelques mois seulement avant la mort d'Aylan Kurdi, un dignitaire koweïtien, Fahad al-Shalami, exposa dans un entretien accordé à France 24 les raisons pour lesquelles les pays du Golfe refusaient d'accorder l'asile aux réfugiés syriens : « Au Koweït et dans les pays du Golfe, le coût de la vie est élevé. Ces pays ne sont pas capables d'accueillir des réfugiés, expliqua-t-il. Ils peuvent recevoir des travailleurs. Les transports sont chers. Le coût de la vie est cher, alors qu'il est meilleur marché en Turquie et au Liban. Par conséquent, il est bien plus facile de payer les réfugiés pour qu'ils restent là-bas. En fin de compte, on ne peut pas accepter chez soi des gens qui viennent d'autres horizons, d'endroits différents. Ces gens souffrent de problèmes psychologiques, de traumatismes. On ne peut pas simplement les installer comme ça dans les pays du Golfe[1] », avait-il ajouté.

Une telle attitude n'a rien de surprenant. Al-Shalami entendait tout naturellement protéger son pays des problèmes que risquaient selon lui de susciter l'arrivée de vastes contingents de réfugiés. Étonnante en revanche reste l'attitude de l'Europe, qui admet si bien la fragilité des États du Golfe, tout en semblant considérer qu'elle est elle-même d'une infinie malléabilité. Personne en Europe n'accusa la

---

1. France 24, Arabic TV, 17 mars 2015.

Turquie ou Oman de la mort d'Aylan Kurdi. Lorsque le Premier ministre espagnol Mariano Rajoy affirma que, si un bateau de migrants faisait encore naufrage en Méditerranée, cela risquait « d'entacher la crédibilité de l'Europe, incapable d'empêcher ces situations tragiques », rares furent ceux qui estimèrent que la crédibilité arabe ou africaine pouvait elle aussi être questionnée. En fait, au vu de la proportion importante de Syriens impliqués dans la crise des réfugiés, on peut s'étonner que personne n'ait reproché aux parties prenantes du conflit – au rang desquelles l'Iran, l'Arabie Saoudite, le Qatar et la Russie – le coût humain qui en résultait. Il n'y eut pas d'appel européen pour exiger de l'Iran qu'il accueille des réfugiés syriens sur son sol, pas plus qu'il n'y eut de pressions exercées sur le Qatar pour qu'il prenne lui aussi sa part.

En avril 2015, après le naufrage d'un bateau de migrants en Méditerranée, la parlementaire suédoise Cecilia Wikström fit campagne pour garantir aux migrants des routes « légales et sûres » vers l'Europe. À ses yeux, si on ne faisait rien, les générations à venir ne manqueraient pas d'établir un parallèle entre la situation actuelle des réfugiés et l'Holocauste. « Je pense que mes enfants et mes petits-enfants se demanderont pourquoi on n'en a pas fait davantage pour aider les populations à échapper à Daech, à la violence en Érythrée ou à d'autres zones de conflit, alors que nous savions que les gens y mouraient par milliers. Les générations futures nous poseront la même question que celle qui a été posée après la guerre : "Si vous saviez, pourquoi n'avez-vous rien fait ?" En Suède, nous avons autorisé les chemins de fer à transporter des Juifs vers les camps de la mort nazis. Il y a plus de réfugiés dans le monde à l'heure actuelle que pendant et après la Seconde Guerre mondiale. Le monde est en flammes, nous devons résoudre cette situation[1]. »

En Allemagne, les politiques n'eurent guère besoin d'être aussi explicites. Les Allemands qui l'écoutaient savaient bien à quoi Angela Merkel faisait allusion lors de sa grande déclaration du 31 août 2015 : « Le monde voit l'Allemagne comme un pays d'espoir et de chances à saisir. Cela n'a pas toujours été le cas. » C'était là une référence d'importance, une référence qui entrait en résonance avec leur for intérieur. Les journées de la fin août furent décisives ; des manifestations avaient eu lieu devant un centre d'accueil pour réfugiés, un incendie volontaire avait endommagé un foyer pour migrants dans la ville est-allemande de Heidenau. Lorsque la chancelière se rendit dans la ville, elle fut huée par la foule. D'autres Allemands considérèrent cela avec horreur et décidèrent de montrer un autre visage de leur pays. Les premiers jours de septembre, des centaines de milliers de personnes traversèrent l'Europe du Sud par la Serbie, la Hongrie et l'Autriche pour se rendre en Allemagne. Et lorsque la chancelière ouvrit les portes de son pays, ses concitoyens relevèrent le défi. Aux frontières et dans les gares de villes comme Munich et Francfort, des foules de centaines de personnes s'étaient rassemblées pour accueillir les migrants.

Ces images ont fait le tour du monde. On y voit des Allemands venus en masse qui, loin de simplement

---

1. Anon, « Swedes will compare this to the Holocaust », *The Local*, 20 avril 2015.

offrir leur aide aux nouveaux arrivants, avaient organisé pour eux ce qui s'apparentait davantage à une fête de bienvenue. Les migrants, qui avaient traversé au moins un continent, semblaient surpris, parfois même ravis lorsqu'ils fendaient les foules venues les applaudir et les féliciter. Des comités de bienvenue agitaient des ballons, on brandissait des bannières portant des slogans comme « Bienvenue » ou « Nous aimons les réfugiés ». Alors que les trains entraient dans les gares, que les migrants en descendaient et marchaient parmi la foule, certains se mirent à leur serrer la main. Des chaînes humaines de volontaires leur distribuaient de la nourriture, des cadeaux, des bonbons, des peluches pour les enfants. Ce n'était pas simplement l'expression de cette *Willkommenskultur* (culture de la bienvenue) dont l'Allemagne aime à s'enorgueillir. Ces migrants n'étaient pas simplement les bienvenus. Ils étaient portés aux nues, comme les joueurs d'une équipe de football locale revenue triomphante, comme des héros revenant de guerre. Parmi les destinataires de ces ovations, certains se prirent au jeu : tandis qu'ils remontaient ces haies d'honneur, ils levèrent leurs mains en l'air et firent mine de balancer des coups de poing.

Cet état d'esprit n'était pas uniquement le fait des Allemands. Des gens affluèrent de toute l'Europe pour mettre la main à la pâte. Partout, les parallèles historiques étaient explicites. Deux étudiants de Grande-Bretagne se rendirent en voiture à la frontière austro-hongroise pour conduire des migrants à Munich. Interrogés par les médias, l'un d'eux dit : « Nous sommes ici parce que les scènes que nous avons vues à la télévision nous ont rappelé les années 1940, parce que les parallèles historiques sont évidents. On se pose la question de savoir ce qu'on aurait fait à l'époque. J'aimerais pouvoir dire que j'ai aidé des gens, c'est pour cette raison que je suis ici aujourd'hui[1]. »

Ces parallèles ne se limitaient pas au territoire allemand. On pouvait les entendre à travers toute l'Europe. Au Danemark, les migrants traversaient le pont Øresund pour se rendre en Suède par le train. Ils n'avaient pas besoin de passeports puisqu'il n'y avait pas de frontières. Mais certains trouvèrent que l'image n'était pas suffisamment frappante. Pendant la guerre, lorsque les nazis avaient ordonné la déportation des Juifs du Danemark, on sait de longue date que la résistance danoise avait réussi, de manière héroïque, à exfiltrer la communauté juive – forte de 8 000 habitants – vers la Suède, pays neutre et voisin, au beau milieu de la nuit. Voilà qui explique pourquoi en septembre 2015, une femme politique danoise âgée de 24 ans, Annika Holm Nielsen, commença à transporter les migrants sur son bateau, leur faisant traverser les cinq miles d'eau agitée qui séparent Copenhague de Malmö, en Suède. Un certain Abdul tout juste arrivé d'Allemagne, qu'elle avait rencontré à la gare centrale de Copenhague, fit ainsi un voyage que les médias ne manquèrent pas de comparer aux actions de la Résistance en 1943. Nielsen nia toute dimension symbolique à son geste, et considéra que « c'était la façon la plus sûre de procéder[2] ».

---

1. « Migrant crisis: British student drives Syrians to Munich », BBC News, 6 septembre 2015.
2. « Refugee crisis: Danish yachtswoman smuggles refugee on her boat from Copenhagen to Malmo », *The Independent*, 8 septembre 2015.

Peu importe que le trajet d'Abdul vers la Suède eût été plus sûr, plus rapide et plus confortable si Nielsen l'avait simplement laissé prendre le train à Malmö, comme tout le monde. En septembre 2015, les « gestes » de ce type concouraient aux récits qu'affectionnent les médias. C'est une raison que les membres des groupes de bienvenue qu'on voyait dans les gares allemandes mentionnaient de manière très claire : il s'agissait là d'une forme de thérapie, de réparation pour ce qui était arrivé dans les années 1930 et 1940. Du comportement quasi hystérique de ces foules émanait une forme, non pas de soulagement, mais d'extase – tous ces gens, là, immigraient vers l'Allemagne au lieu d'en partir. Loin d'être ce pays que les gens avaient fui parce que leurs vies y étaient menacées, l'Allemagne était devenue un refuge, permettant d'échapper à la guerre et aux persécutions.

Bien sûr, cette vision des choses était sérieusement discutable. Par maints aspects, la comparaison faite entre les migrants de 2015 et les juifs vivant sous l'ère nazie ne tenait pas la route. Tout d'abord, les juifs qui avaient fui Hitler cherchaient désespérément un pays où vivre. Les réfugiés arrivés en Allemagne en 2015 avaient, eux, traversé de nombreux pays, y compris des pays européens, avant de fouler le sol allemand. Par ailleurs, même si les Syriens, qui représentaient d'importants contingents de cette vague migratoire, fuyaient certainement pour échapper à la mort, comparer l'ensemble des migrants – parmi lesquels des migrants économiques – aux juifs des années 1930 ne revenait pas seulement à minorer la souffrance des damnés de l'Allemagne hitlérienne. C'était une façon de dire que l'Europe n'avait aucun autre choix que d'accepter tout le monde. Refuser cela faisait de vous un nazi.

Qu'ils s'en rendent compte ou non, les Allemands et tous ceux qui emplissaient les rues et les quais de leur pays pour célébrer les nouveaux venus participaient à un processus historique qui les dépassait complètement. Ce geste émotionnel était, s'il le fallait, lesté des arguments intellectuels qui marquent tout le discours pro-immigration d'après-guerre. Parmi les personnes interrogées lors d'émissions de télévision, un grand nombre expliquait que, du fait de la démographie allemande et du manque de main-d'œuvre, il « était raisonnable » pour le pays de faire entrer des centaines de milliers de nouveaux habitants. Mais cette rationalité apparaissait comme secondaire. Ces explications étaient avancées pour justifier une décision qui en réalité avait déjà été prise. L'instinct immédiat d'une partie de la population et de ses représentants politiques constituait la dernière et la plus visible expression d'un fardeau historique que de nombreux Européens avaient le sentiment de devoir porter.

Le péché originel

Les Européens d'aujourd'hui ne sont sans doute pas les seuls au monde à éprouver le sentiment d'un péché originel. Néanmoins, ils semblent en souffrir considérablement. Les Européens d'aujourd'hui s'attendent spontanément, bien avant que quiconque le leur demande, à devoir porter un fardeau historique spécifique, lequel ne comprend pas uniquement la culpabilité liée à la guerre et à l'Holocauste mais tout un ensemble de culpabilités qui leur sont antérieures. Parmi celles-ci, on peut noter, de manière non exhaustive, la culpabilité lancinante pour le colonialisme et le racisme. Et bien que tout ceci s'additionne et constitue un lourd fardeau, au moins n'est-il plus attendu que nous soyons seuls à le porter. Au cours des dernières décennies, le chantage historique qui a affecté l'Europe moderne s'est en effet étendu à un groupe de nations remarquablement homogène. Il est frappant en l'occurrence que tous les pays dont il est attendu qu'ils expient les mêmes péchés que l'Europe soient aussi ceux qu'on lui reproche d'avoir créés. Ainsi, la tache originelle s'étend-elle désormais au monde entier.

Si pour les Européens contemporains, le colonialisme est une faute de moyenne importance, pour les Australiens, le colonialisme est le péché originel, le péché fondateur. Non parce qu'on l'accuse, comme dans le cas des pays européens, d'avoir pillé des pays pour en exploiter les richesses mais parce qu'on l'accuse d'être en soi pillage, d'être un projet colonialiste toujours à l'œuvre, toujours bien assis sur sa colonie. Aux yeux des Australiens, c'est avec eux qu'a commencé le colonialisme. Les enfants australiens apprennent aujourd'hui à l'école que, quelles que soient ses qualités actuelles, leur pays est fondé sur le génocide et le vol. Que ces forces coloniales originelles aient été blanches et européennes confère par ailleurs à cette réalité une charge aggravante, ce qui n'aurait pas été le cas s'il s'était agi, comme cela se produisit régulièrement au fil des siècles, de peuples à la peau sombre s'emparant des terres appartenant à d'autres peuples à la peau sombre. La conquête d'un groupe par un autre, les mauvais traitements infligés aux vaincus par les vainqueurs forment l'histoire de la plupart des nations sur terre. Mais pour les Australiens, le traitement historique des aborigènes et d'autres « peuples premiers » est un sujet qui, dans les dernières décennies, semble être passé des marges du débat public à son cœur même, au point de se transformer en péché fondateur. Étonnamment, la société australienne semble appeler de ses vœux et recevoir volontiers ce récit de culpabilité et de repentance.

Comme pour tout ce que les gens désirent du fond du cœur, il est parfois nécessaire de faire monter un peu la mayonnaise, quitte à prendre des libertés avec la réalité historique. Ainsi, en Australie, la politique menée par des missionnaires et des fonctionnaires, laquelle consistait à retirer certains enfants aborigènes à leurs parents (« la génération volée »), a-t-elle été promue au rang de « génocide[1] ». C'est devenu le sujet principal de livres à succès, mais aussi de films et d'enquêtes menées pour le compte du Gouvernement, le motif d'excuses publiques répétées de la part des hommes politiques, y compris de Premiers ministres[2]. Les objections sont difficiles à formuler : les exagérations les plus extrêmes sont bien accueillies tandis que la contradiction constitue la preuve qu'on est soit dans le déni, soit raciste. En conséquence de quoi, le seul élément qui semble encore discutable en Australie à l'heure actuelle concerne le degré de compensation qu'il faudrait distribuer aux communautés aborigènes pour

---

1. Pour un contre-argumentaire rigoureux à l'encontre de l'opinion dominante sur la « génération volée, » voir Keith Windschuttle, *The Fabrication of Aboriginal History, Volume 3: The Stolen Generations 1881-2008*, Macleay Press, 2009.
2. Voir par exemple « Apology to Australia's indigenous peoples » du Premier ministre Kevin Rudd, parlement australien, 13 février 2008.

leur avoir infligé cette blessure historique. L'effet cumulatif de cette culpabilité qui se transforme en repentance a altéré l'image que le monde se faisait de l'Australie, mais aussi celle que l'Australie se faisait d'elle-même. Un pays ensoleillé et considéré comme passablement optimiste s'est ainsi transformé en un lieu bien plus sombre, cultivant un sentimentalisme excessif quant à son passé.

Ces dernières années, cette tendance s'est exprimée par des actions populaires comme la « mer de mains » : des centaines de milliers de citoyens ont payé de leurs deniers et signé des mains de plastique arborant les couleurs aborigènes, afin que celles-ci soient installées sur les grilles des bâtiments publics, et notamment du Parlement, à Canberra. Un autre de ces rituels auxquels les gens ont pris part par milliers consistait à signer des *Sorry books* nationaux. Depuis 1998, on célèbre en Australie une journée de l'excuse, le National Sorry Day[1]. Évidemment, comme pour tout péché originel, il est inconcevable que celui-ci, pour lequel les Australiens sont continuellement incités à s'excuser, puisse un jour être revu et corrigé. La plupart des habitants d'Australie descendent peut-être d'Européens et de colons, mais ils n'ont eux-mêmes volé les terres de personne. S'ils en ont hérité, ça n'a pas été par tyrannie et usurpation. Et s'il est vrai que les possibilités de progression économique et sociale des aborigènes autochtones sont loin derrière celles dont profitent les autres Australiens – et ceci dans une large mesure –, le dilemme reste insoluble. En effet, maintenant comme autrefois, les

---

1. Ashraf H. A. Rushdy, *A Guilted Age: Apologies for the Past*, Temple University Press, 2015, p. XI.

Australiens désireux de « corriger » les politiques menées envers les aborigènes sont confrontés au dilemme suivant : comment préserver les modes de vie indigènes traditionnels, sans encourager ni forcer les aborigènes à adopter le même mode de vie que le reste de la population, égalité qui équivaut, de ce fait, à l'abandon de leur culture ?

Les Australiens n'ont plus le monopole de cette fureur de culpabilité. Les excuses présentées en 2008 par le Premier ministre australien aux aborigènes suivirent de quelques mois celles destinées aux peuples autochtones du Canada, qui furent prononcées par le Premier ministre du pays Stephen Harper[1]. Ces discours de contrition reçurent généralement un accueil très positif : on définissait la valeur de l'homme d'État par sa capacité à panser les plaies d'une histoire douloureuse. Peu de voix discordantes se firent entendre. Le bilan historique lui-même sembla dans un premier temps impossible à établir de façon rigoureuse. Au Canada, comme en Australie et ailleurs, la tendance à majorer l'ampleur des crimes pour lesquels on s'excusait aurait dû alerter. Un vrai coupable, qui, devant un vrai tribunal, exagérerait délibérément ses crimes pour aller plus loin encore que ses accusateurs, passerait pour fou et inapte à être jugé.

Pourtant, dans la mesure où, en l'occurrence, personne n'est sur le banc des accusés, et où personne n'est coupable – puisque ce sont ceux qui étaient là bien avant nous qui ont agi –, sans doute cette tendance à l'hyperbole risque-t-elle fort de croître et d'embellir. Pour les

---

1. Le discours du Premier ministre Stephen Harper, « Apology on behalf of Canadians for the Indian Residential Schools system », 11 juin 2008.

hommes politiques, ce genre de déclaration est nécessairement gagnant du point de vue électoral : plus le crime et la faute sont atroces, plus importants seront les gains politiques, à partir du moment où on sait exprimer comme il convient le chagrin éprouvé. Par ce genre de déclaration, les dirigeants politiques engrangent les bénéfices de la grandeur d'âme sans avoir eu à se salir les mains : celui qui présente ses excuses n'a rien fait de mal, et ceux qui auraient dû les recevoir sont tous morts.

Très clairement, il s'agit d'une forme de folie. Une folie commune et propre aux Européens. La classe politique semble stratégiquement considérer qu'il s'agit là d'un exercice de style sans conséquence. Le problème, c'est que c'est faux. En effet, les nations dont les dirigeants passent leur vie à demander pardon pour l'histoire de leur pays risquent à terme d'apparaître (à plus forte raison dans un monde où, si certaines nations ne cessent de battre leur coulpe, d'autres pour autant n'expriment jamais le moindre remords) comme effectivement responsables de tout ce dont ils s'accusent. Si l'Australie ouvre systématiquement la boîte aux excuses dès qu'il est question de son passé, alors que la Chine reste mutique, le risque existe qu'à terme, on imprime dans la tête des enfants d'Australie et d'ailleurs l'idée que l'Australie est effectivement le pays qui a le plus de reproches à se faire. Pour des universitaires rompus aux querelles de chapelle, pour des politiciens ambitieux, il ne coûte certes pas cher de transformer de graves erreurs historiques en véritables génocides. Pour autant, en faisant cela, ils précipitent un sentiment de culpabilité perpétuelle qui fausse profondément la vision du monde qu'entretient une nation, y compris la perception que cette nation se fait d'elle-même[1].

Sans considérer la conscience des fautes historiques commises, quel objectif poursuit-on en allant si loin dans les extrêmes ? Même si l'Australie est née dans le péché, rien n'est possible aujourd'hui pour changer ce qui s'est passé. Si ce n'est – des siècles après sa création – de diviser racialement l'Australie pour que les gens censés descendre des premiers colons rendent aux gens censés descendre des peuples indigènes (ce que prouveraient des tests ADN) la richesse volée. Le patrimoine génétique des métis pourrait alors être analysé, puis examiné par des tribunaux spéciaux qui, selon les résultats des tests pratiqués, statueraient : en fonction des taux de métissage, certains devraient restituer une partie de leurs biens, d'autres au contraire recevoir des compensations ou ne conserver qu'une partie de leur patrimoine. Si le vol est un crime, alors la restitution est la seule réparation possible.

Une telle conclusion paraissant hautement improbable, la solution sur laquelle tout le monde semble s'être accordé consisterait donc, pour les Australiens, à pouvoir résider en Australie à condition de vivre dans un état de remords perpétuel. Situation impliquant l'acquittement d'un tribut régulier à la culture aborigène (dont l'art aborigène), contribution s'exprimant également par une certaine description de la culture indigène, pure, vraie, authentique,

---

1. Chantal Delsol est particulièrement intéressante sur ce point. Voir notamment « Historical forgiveness in question », *Hungarian Review*, vol. 3, n° 3, p. 72-80.

en comparaison de laquelle l'Australie contemporaine ne pourrait être que défavorablement jugée. Au cours des dernières années, ce tropisme a évolué pour constituer la version australienne du « bon sauvage[1] ». On y dépeint la période ayant précédé l'arrivée des Européens comme une ère de pureté, de bonté, même si l'époque était en réalité bien pire. On nous présente comme sympathiques des comportements que nous trouverions par ailleurs profondément révoltants. Cette mode du primitivisme romantique culmine sans doute en Australie, mais ce n'est pas le seul endroit où on la trouve. L'autre pays qu'on peut accuser d'être une exportation européenne est celui qui, selon des critères économiques, est également le pays le plus performant de la planète.

Pendant des siècles, on a pensé que l'arrivée de Christophe Colomb, quelque part aux Bahamas, avait été une bonne chose. Colomb lui-même était admiré pour ses actes héroïques. Quatre siècles plus tard, ceux qui émigraient en Amérique lui dressaient encore des statues, financées par des tontines publiques[2]. Pourtant, lors du cinq centième anniversaire de l'événement, en 1992, l'ambiance n'était plus la même. Colomb n'était plus le découvreur de l'Amérique : il était le destructeur de l'Amérique. L'Amérique était désormais peuplée de gens qui semblaient regretter qu'il ait jamais découvert le pays. Colomb lui-même était passé du statut d'explorateur ayant réussi son pari et d'aventurier à celui de colon, et bien sûr, de génocidaire.

---

1. Voir par exemple l'ouvrage de Roger Sandall, *The Culture Cult*, Westview Press, 2001.
2. Il suffit d'observer la statue au centre du Columbus Circle à New York.

Un tombereau de livres publiés au moment du cinq-centième anniversaire se livrèrent au commentaire obligé selon lequel les actions de Colomb préfiguraient en réalité celles des nazis. « En route vers Auschwitz, la route nous fait passer directement par le cœur des Indes et de l'Amérique du Sud et du Nord[1] », comme l'écrivit un auteur. Un autre, auteur à succès, commit un livre intitulé *The Conquest of Paradise*, lequel présentait l'Amérique précolombienne comme un jardin d'Éden, métaphoriquement et littéralement. Un endroit où l'homme et la nature auraient prétendument vécu en parfaite harmonie. Par effet de contraste, le pays que Colomb avait mis au jour apparaissait tellement monstrueux qu'on pouvait d'ores et déjà le tenir pour responsable de « la destruction probable de la terre[2] ».

Dans les années qui suivirent, en Amérique, tout ce qui avait trait à Colomb fut passé au crible de ce discours critique. On s'en prit même au jour national de Colomb. Aujourd'hui, nombre de villes, à commencer par Seattle et Minneapolis, ont voté des lois pour rebaptiser le « Jour de Colomb » en « Jour des peuples indigènes », voulant par là attirer l'attention sur les peuples autochtones qui peuplaient l'Amérique avant Colomb. Une descendante de ces peuples indigènes déclara un jour à l'antenne d'une radio locale d'Oklahoma City : « C'est une chose contre laquelle je me suis longtemps

---

1. David E. Stannard, *American Holocaust: Columbus and the Conquest of the New World*, Oxford University Press, 1992, p. 246.
2. Kirkpatrick Sale, *The Conquest of Paradise: Christopher Columbus and the Columbian Legacy*, Alfred A. Knopf, 1991, p. 369.

battue. Le fait que notre pays, notre État et notre ville célèbrent en ce jour férié un homme qui a tué, asservi et violé des indigènes et décimé une population entière m'a toujours choquée[1]. » Bien évidemment, rien de ceci n'avait eu lieu de son vivant, ni même du vivant de quelqu'un qu'elle aurait pu connaître.

Encore une fois, les victimes, comme les bourreaux, sont morts. Et si tant est que cela soit possible, comment concrètement pourrait-on apaiser ce genre de souffrance ? Encore qu'il existe une option, comme en Australie : elle consiste à sortir les violons et à composer une ode aux mythes bucoliques et à l'imagerie romantique, lesquels semblent avoir trouvé une niche particulièrement favorable dans les sociétés post-industrielles. Celles-ci ont tendance à penser que la modernité n'a pas seulement détruit de magnifiques paysages, mais qu'elle a en outre empli quelques âmes, jusqu'alors demeurées vierges de toute salissure, du péché mortel de cupidité.

Cette vision qui a été théorisée, à défaut d'être inventée, par Jean-Jacques Rousseau a singulièrement gagné en popularité à la fin du XXᵉ et au début du XXIᵉ siècle. Selon cette thèse, ce sont les Européens qui, par leurs voyages et leur entreprise de colonisation, sont devenus l'espèce qui a détruit le jardin d'Éden.

Parmi les péchés qu'on accuse désormais les Européens d'avoir répandus à travers le monde, on trouve le péché originel des États-Unis : l'esclavage. Et par ricochet, le

---

1. « More cities celebrating "Indigenous Peoples Day" amid effort to abolish Columbus Day », *The Washington Post*, 12 octobre 2015.

racisme. Dire que les Présidents américains s'en sont depuis longtemps excusés est un euphémisme. Le pays a livré et gagné une guerre civile sur la question, il y a près de deux siècles. Néanmoins, en 1998, lors d'une visite en Ouganda, le président Clinton a une fois de plus présenté ses excuses les plus plates à propos du commerce des esclaves. Si ses conseillers ou lui-même avaient cru pouvoir ainsi régler la question, ils s'étaient lourdement trompés. La chaîne de l'esclavage comptait au moins autant de maillons ougandais que de maillons américains. Pourtant, l'idée que seules les personnes d'ascendance européenne doivent se sentir coupables de ce qu'ont commis leurs ancêtres – et ce pour les siècles des siècles – est désormais profondément ancrée dans les consciences. Ce, au grand profit de chacun, sauf bien sûr à celui des membres de la nation repentante. Au cours des vingt dernières années, alors que la situation des Noirs américains s'améliorait progressivement, la rhétorique de la honte n'a fait que prospérer. Les États-Unis ont eu des ministres des Affaires étrangères noirs, venant des deux partis majoritaires, des juges de la Cour suprême noirs, un Président noir. Pourtant, alors même que Barack Obama menait son second mandat, on entendait des exigences de plus en plus bruyantes, réclamant le versement de « réparations » à tous les Noirs américains. Et de fait, la polémique rencontra dans l'opinion publique un véritable écho, ce qui n'avait pas été le cas des générations précédentes[1]. Comme pour corroborer l'idée qu'on ne pouvait effectivement rien faire pour racheter les fautes du passé, pendant la sixième année de la présidence Obama,

---

1. Ta-Nehisi Coates, « The case for reparations », *The Atlantic*, juin 2014.

se répandit l'opinion suivante : il était légitime que les actions commises par les ancêtres des Américains blancs poussent ces derniers à verser aux Noirs américains des espèces sonnantes et trébuchantes, compensation justifiée d'actes ayant été commis des siècles auparavant. La question des réparations dues à d'autres groupes ethniques, qui dans leur histoire avaient eux aussi étaient agressés, ne fut pas à l'ordre du débat qui s'ensuivit. Seuls les Européens et leurs descendants se rappellent leur culpabilité. Donc, seuls les Européens et leurs descendants doivent en permanence se repentir.

En Amérique, comme en Australie, ce perpétuel et bruyant rappel de culpabilité modifie les sentiments des gens envers leur propre passé. Il transforme l'amour de la patrie en honte, ou tout du moins en sentiments profondément mitigés et de cela résultent de troublantes conséquences. Un pays qui pense n'avoir jamais commis le moindre tort est un pays qui peut, à tout moment, mal agir. Mais un pays qui pense n'avoir commis par le passé que de mauvaises actions, ou une série d'actes tellement monstrueux qu'ils en resteront à jamais inexpiables, risque de devenir un pays qui doute de sa capacité à bien agir. Ce pays s'interrogera toujours avec angoisse sur la sagesse de ses choix. Ancrer dans une nation l'idée de péché fondateur est le meilleur moyen de lui faire perdre confiance en soi. On peut facilement le faire douter de lui. Un pays marqué par le péché originel ne pourra jamais rien faire de bien, puisque ce sont ses fondations mêmes qui sont pourries.

Un dernier pays dont l'existence même est reprochée aux Européens et dont on considère généralement qu'il procède du même « péché originel », c'est l'État d'Israël. Depuis sa fondation en 1948, ce « péché originel » n'a fait que se confirmer et s'accentuer. Peu importe que la création du Pakistan, la même année qu'Israël, ait immédiatement entraîné des massacres inimaginables et imposé la déportation forcée de millions de personnes. Le départ et les expulsions occasionnelles de milliers de Palestiniens en vue de créer l'État d'Israël en 1948 sont devenus le « péché originel » du seul État juif de la planète. Au fil des années, un terme arabe s'est popularisé pour décrire ce qui s'était passé : *nakba*, ou « catastrophe ». Rares sont les États qui ont été créés sans mouvements de population. De nombreux pays nés au XXe siècle (le Bangladesh par exemple) ont connu des mouvements de population et des effusions de sang qui excèdent très largement tout ce qui s'est jamais produit dans les années qui ont suivi la création d'Israël. Mais aujourd'hui, c'est Israël qu'on accuse constamment d'être né de ce « péché originel ». Les citoyens du Pakistan et du Bangladesh peuvent faire des reproches aux Britanniques, mais jamais on exigerait d'eux qu'ils se sentent coupables, comme on l'exige pourtant des Européens et de leurs descendants. Bien sûr, lorsqu'il s'agit d'Israël (État comparativement plus jeune), les suggestions les plus extrêmes pour régler la situation sont envisageables. Ceux qui très sérieusement appellent à ce que soit expulsée des Amériques toute personne d'ascendance européenne sont peu nombreux. En revanche, il n'est pas inhabituel (et c'est même la politique de nombreux pays du Moyen-Orient) que résonnent les appels à l'expulsion des descendants d'Européens hors d'Israël et à ce que le pays soit rendu aux seules tribus arabes, qui y vivaient à l'origine (et qui y vivent d'ailleurs toujours, pour une grande partie d'entre elles). L'histoire du Moyen-Orient, bien plus qu'en d'autres endroits du monde, est le fait de tribus et de peuples en conflit perpétuel, qui régulièrement usurpaient le pouvoir et prenaient la place d'une autre tribu, d'un autre peuple. Jamais le moindre recours n'a été déposé devant une quelconque commission d'enquête historique pour demander réparation. En revanche, dès qu'il s'agit du « peuple autochtone » palestinien, il faut, nous dit-on, trouver une solution. C'est parce que, dans ce cas précis, ce sont les Européens qui sont responsables du statut de victimes des Palestiniens.

Comme toute personne ayant voyagé dans cette région le sait, le discours le plus bienveillant que puissent tenir les autochtones à propos d'Israël consiste à dire que les Arabes paient la facture de l'Holocauste à la place des Européens.

L'Australie, l'Amérique et Israël sont trois pays très différents, situés sur trois continents très différents, et qui ont tous comme trait d'union l'Europe. Les colons américains sont venus d'Europe. Les colons australiens sont venus d'Europe. Et bien que la moitié de la population israélienne soit en réalité constituée de juifs ayant dû fuir les régions arabes, on considère généralement les juifs d'Israël comme venant exclusivement d'Europe. L'observation, et non un quelconque délire de persécution, amène ainsi les Européens à considérer que le « mal », dénominateur commun à tous ces cas, ne relève pas simplement d'une loi historique selon laquelle tous les peuples du monde, au cours de leur histoire, ont pu mal agir, mais plutôt à la conclusion que ce sont eux, les Européens, qui ont toujours mal agi. Et qui pourrait nier, parlant de gens ayant commis de tels actes, et à une telle échelle, le fait qu'ils soient mauvais, en effet ?

On peut comprendre que les Européens modernes se perçoivent comme doués d'un fort pouvoir de nuisance. Ils semblent les seuls peuples sur terre à avoir pu non seulement commettre des atrocités sur leur propre continent, mais encore étendre leur malfaisance à l'échelle du monde. Et alors, comme le mal se métastase, il se généralise. Il n'y a pas en Europe de crimes intellectuels plus graves que la « généralisation » et l'« essentialisation » de certains groupes de population. Néanmoins, la généralisation et l'essentialisation ont libre cours lorsqu'on parle des Européens. Un Européen serait cloué au pilori s'il accusait chaque Africain des crimes commis par un Africain, ou chaque Asiatique des crimes commis par un Asiatique. Mais la généralisation, la diffusion de l'idée que les fautes et les crimes historiques des Européens font partie intrinsèque de leur être sont considérées comme normales et acceptables.

C'est pourquoi, lorsqu'un débat porte sur la culture occidentale, il n'est pas étonnant d'entendre, même à Londres, des orateurs s'adresser à leur auditoire en utilisant le terme « nous » – pas seulement pour évoquer l'Europe mais pour y englober l'ensemble de l'Occident – pour « nous » accuser collectivement des crimes du nazisme et de l'Holocauste[1]. Le fait qu'on ait plus

---

1. « We Should not be reluctant to assert the superiority of Western values », 9 octobre 2007, où cette déclaration a été faite par les auteurs Charles Glass et William Dalrymple (vidéo disponible sur YouTube).

de chances de trouver dans le public londonien les descendants de gens qui ont combattu l'Allemagne nazie – voire des gens qui ont combattu l'Allemagne nazie – n'est plus qu'un détail qu'on peut complètement occulter. Le monde peut généraliser sur l'Occident, et surtout sur les Européens, tant que la généralisation renvoie aux heures les plus sombres de l'histoire occidentale. Pourtant, tout étudiant en histoire faisant preuve d'un tant soit peu d'honnêteté admettra que chaque communauté, race ou groupe d'humains, n'est pas seulement capable de commettre des actes terribles, mais l'a effectivement fait. Les obsessions d'une époque révèlent beaucoup de choses. Et les choses passées sous silence, ou celles qu'on évoque furtivement, en disent autant que le reste.

Le deux poids deux mesures, ou le triomphe des masochistes

L'Empire ottoman a constitué un des empires les plus puissants et les plus durables de l'histoire. Pendant plus de six cents ans, il a dominé de vastes étendues de terre, imposé ses idées religieuses et culturelles aux peuples placés sous sa tutelle et puni par son propre système juridique ceux qui le combattaient. Il s'est étendu jusqu'en Europe du Sud-Est, au Moyen-Orient et en Afrique du Nord, par la force militaire. Ce n'est que par la force d'une coalition d'armées européennes qui ont pris part à la bataille de Vienne en 1683 que l'Europe a échappé à la domination ottomane.

Après la Première Guerre mondiale, l'empire s'est effondré. Mais tandis que son délitement était en cours, il a commis l'une des pires atrocités de l'histoire, le premier véritable génocide du xxe siècle. La destruction de la population arménienne de Turquie anatolienne s'est accompagnée du massacre de plus d'un million de gens en quelques années seulement. Des centaines de milliers d'autres sont devenus apatrides. En 1973, cinquante ans après que l'Empire turc se fut effondré, la Turquie a envahi un État-nation européen, Chypre. Occupant la moitié de l'île, ses armées ont massacré les Chypriotes grecs et chassé les autres. L'occupation continue à ce jour, malgré le fait que la Turquie soit membre de l'Otan et que la portion grecque du sud de Chypre soit membre de l'UE. On pourrait penser que la Turquie, en tant qu'acteur historique, ne s'est pas montrée pire, même si elle ne s'est pas non plus montrée meilleure, que d'autres États du monde. Qui en effet n'a pas commis de génocide, dirigé un empire qui a duré deux fois plus longtemps que l'Empire britannique et envahi une nation souveraine au cours des dernières décennies ? Ce n'est pas cela qui est frappant. Ce qui est frappant, c'est que ces faits ne soient que rarement évoqués. Ce qui est frappant, c'est qu'il est rarement attendu – voire jamais – du peuple turc qu'il se sente coupable du rôle historique qu'a joué la Turquie dans le monde.

Ceci est en partie dû au fait que le gouvernement de la Turquie a su prendre les mesures nécessaires pour rendre la chose impossible. Une des raisons qui fait de la Turquie moderne la championne du monde de l'arrestation de journalistes réside dans l'article 301 du code pénal du pays, article selon lequel « insulter la nation turque » constitue un crime. Toute mention du génocide arménien enfreint cette loi et entraîne l'arrestation du téméraire qui a osé rappeler ce fait. Et bien qu'un nombre non négligeable de Chypriotes grecs continue à déplorer l'occupation actuelle de la moitié nord de leur pays, cela n'a jamais empêché le gouvernement britannique, entre autres, de militer imperturbablement pour l'entrée de la Turquie dans l'Union européenne, en tant que membre de plein droit[1].

Sans doute n'est-il pas très étonnant que le gouvernement turc ne se soit jamais excusé pour les excès de l'Empire ottoman. Et sans doute n'est-il pas étonnant que ce pays interdise encore légalement toute mention de son histoire récente, faite d'occupation et d'épuration ethnique. Le plus étonnant demeure le fait que si peu de gens rafraîchissent la mémoire des Turcs en tant que peuple. Si l'histoire telle qu'on l'enseigne et l'apprend dans la plus grande partie de l'Europe a simplement pour but d'éviter la répétition des pires forfaitures, on peut alors s'interroger : qui d'autre que la Turquie pourrait être concerné ? Quel autre pays devrait-on inciter à avoir honte de son passé ? Si aucun autre pays ne se sent concerné – et ce, non pas à cause d'une fierté atavique, mais bien parce qu'il a étudié sa propre histoire – l'Europe ne se trouve-t-elle pas alors dans la position étonnante de se sentir coupable de n'être au fond que ce que sont tous les autres ?

---

1. Voir la réponse de David Cameron à la question de Kenneth Clarke, House of Commons Hansard, 19 octobre 2015.

Le problème est pire encore. Car si on considère aujourd'hui que les torts historiques doivent mener à la repentance, quelles limites doit-on y apporter et à qui ces limites peuvent-elles s'appliquer ? Comme le suggère la thèse de « L'empire contre-attaque », on dit souvent, parfois implicitement, que l'Europe doit subir les conséquences de l'immigration de masse parce que celle-ci fait partie du processus d'expiation de ses péchés historiques. Cependant, si l'immigration de masse permet d'expier en partie ses fautes historiques (comme l'impérialisme), pourquoi alors n'appliquons-nous pas ce traitement à la Turquie moderne ? La Turquie ne mériterait-elle pas elle aussi d'être profondément transformée ? Dans ce cas, de quel pays devrions-nous encourager les gens à émigrer pour s'installer en Turquie ? Quant aux Turcs qui se révolteraient contre ce processus, devraient-ils être bannis et accusés de « racisme » ? Et quand devrait s'arrêter ce processus, si tant est qu'il puisse s'arrêter un jour ? En fait, si nous pensons qu'imposer la « diversité » à des gens au nom de torts historiques passés constitue une démarche acceptable, pourquoi alors ne pas imposer la diversité à l'Arabie Saoudite ? Pourquoi ne pas forcer l'Iran à se repentir de son histoire, en encourageant toutes les minorités du monde à s'y installer ?

Dans la mesure où tous les pays, tous les peuples, toutes les religions et toutes les races ont tous en leur temps commis des horreurs, dans la mesure où la plupart de ces peuples et de ces cultures n'ont pas été également punis, comment ne pas voir un motif spécifiquement antioccidental et antieuropéen derrière ces mouvements récents ? Tout ceci révèle une conception des choses aussi curieuse qu'inquiétante.

Car si le concept de culpabilité historique possède une signification, il implique aussi une sorte d'hérédité de la souillure, laquelle pourrait se transmettre de génération en génération. Il est vrai que de cette manière, sur la base d'un simple verset des psaumes, les chrétiens ont justifié pendant des siècles la culpabilité du peuple juif[1]. Et il a fallu attendre 1965 pour qu'un pape catholique supprime enfin ce fardeau historique[2]. Mais dans cette affaire comme dans d'autres, l'époque moderne considère qu'il est moralement révoltant de faire porter la responsabilité de crimes passés aux générations ultérieures. Le cas des juifs est particulièrement parlant, dans la mesure où il montre bien le temps que peut prendre une vendetta de ce genre. Par comparaison, la culpabilité qui pèse désormais sur les épaules des Européens modernes n'a débuté que récemment. C'est une pathologie qu'on peut faire remonter à la fin du XXe siècle. Elle pourrait peut-être – à l'instar de l'idée chrétienne de la culpabilité héréditaire des juifs – perdurer pour quelques millénaires. Il est difficile de savoir comment cette chape de plomb pourrait un jour se soulever.

Tout d'abord, de nombreux Européens semblent vouloir la maintenir en place. La culpabilité, comme le philosophe français Pascal Bruckner l'a diagnostiquée dans son ouvrage *La Tyrannie de la pénitence*, est devenue

---

1. « Que son sang soit sur nous et sur nos enfants », Matthieu, 27 : 25.
2. Pape Paul VI, « Nostra Aetate ».

le poison moral de l'Europe de l'Ouest[1]. Les gens en sont imprégnés, ils aiment ça : ça les fait planer. Ça les transporte, ça les exalte. Plutôt que d'être responsables de leurs propres actions, comme toute personne qui a des devoirs envers ceux qu'elle connaît, ils préfèrent être les représentants autoproclamés des vivants et des morts, les porteurs d'une histoire terrible et les rédempteurs potentiels de l'humanité. Ils n'étaient personne, ils deviennent quelqu'un. En 2006, la Grande-Bretagne a donné un exemple particulièrement révélateur de ce phénomène en la personne de Andrew Hawkins.

M. Hawkins est un directeur de théâtre qui, vers la quarantaine, a découvert qu'il était le descendant d'un marchand d'esclaves du XVIe siècle nommé John Hawkins. En 2006, il est invité à une action caritative, « Exploration généalogique », qui organise des voyages pour « guérir du passé » ; à ce titre, il doit se rendre en Gambie pour faire un « voyage d'excuses[2] ». En conséquence de quoi, Hawkins rejoint courant juin 26 autres descendants de marchands d'esclaves qui défilent à travers les rues de la capitale, Banjul, enchaînés, la nuque prise sous le carcan. Alors qu'ils entrent dans le stade de 25 000 places, Hawkins et les autres participants portent des T-shirts arborant les mots suivants « Nous vous demandons pardon ». Pleurant à genoux, le groupe s'excuse ensuite en anglais, en français et en allemand devant les 18 000 personnes présentes, avant

---

1. Voir Pascal Bruckner, *La Tyrannie de la pénitence : essai sur le masochisme occidental*, Grasset & Fasquelle, 2006.
2. Andy Beckett, « Heirs to the slavers », *The Guardian*, 2 décembre 2006.

d'être cérémonieusement « libérés » de leurs chaînes par la vice-présidente de la Gambie, Isatou Njie-Saidy[1].

On peut penser qu'il faut vraiment souffrir sur le plan psychologique et moral pour participer à ce genre de cérémonie. M. Hawkins et ses amis ont eu de la chance d'avoir affaire à des gens plutôt bien disposés à leur égard en la personne des Gambiens vaguement décontenancés devant lesquels ils s'étaient couvert le visage de cendres. Tout le monde ne fait pas montre d'une telle mansuétude face à cette propension occidentale à l'autoflagellation. Il y a longtemps de cela, lors d'une des fréquentes ruptures des pourparlers de paix entre Israéliens et Palestiniens, un journaliste interroge Yasser Arafat dans ses bureaux de Ramallah. À la fin de l'entretien, un des assistants d'Arafat arrive dans le bureau du Président, annonçant la présence d'une délégation américaine. Se demandant s'il était tombé sur un scoop, le journaliste demande alors au Président qui étaient les Américains dans la pièce d'à côté. « C'est une délégation américaine qui fait la tournée de la région pour demander pardon à propos des croisades », répond Arafat. Et là, il éclate de rire, en même temps que son hôte. Ils savaient bien tous les deux que l'Amérique n'était d'aucune manière impliquée dans les guerres du XIe au XIIIe siècle. Mais Arafat était néanmoins heureux de cette contrition qui, même si elle était infondée, lui donnait l'avantage sur le plan politique.

Le désir de se sentir perpétuellement coupable trouve vraisemblablement son point d'orgue dans les sociétés

---

1. « My ancestor traded in human misery », BBC News, 23 juin 2006.

libérales européennes : les premières sociétés de l'histoire humaine qui, lorsqu'elles sont frappées, se demandent ce qu'elles ont bien pu faire pour mériter ça. Car cette ineffaçable culpabilité historique déborde sur le présent. Ceci mène les Européens à se sentir coupables, même lorsque ce sont eux qui sont frappés. Des années avant le tsunami de la crise migratoire, un homme politique norvégien de gauche, Karsten Nordal Hauken (« féministe » autoproclamé, « antiraciste » et hétérosexuel), a été brutalement violé à son domicile par un réfugié somalien. Son agresseur a par la suite été attrapé et confondu grâce à son ADN. Après avoir effectué quatre ans et demi de prison, il devait être renvoyé vers sa Somalie natale.

Hauken décrivit dans un journal norvégien la culpabilité qu'il éprouvait à ce propos. Il dit que son premier mouvement avait été de se sentir « responsable » du renvoi de son violeur en Somalie. « J'éprouvais un profond sentiment de culpabilité et de responsabilité, écrivait-il. C'est à cause de moi qu'il ne pouvait plus vivre en Norvège, qu'il allait être renvoyé à un futur sombre et incertain, en Somalie[1]. » C'est une chose que de vouloir pardonner à ses ennemis. Mais c'en est une tout autre que d'avoir été brutalement violé et de se soucier ensuite du sort de son violeur. Peut-être le masochisme affecte-t-il toujours, à un moment ou à un autre, un nombre incompressible de gens. Peut-être les masochistes, à l'instar des pauvres, seront-ils toujours parmi nous. Mais une société qui récompense cette pulsion masochiste, et qui explique à ceux qui l'expriment qu'elle constitue avant

---

1. Karsten Nordal Hauken, « Jeg ble voldtatt av en mann », *NRK*, 6 avril 2016.

tout un signe de vertu, est une société qui risque fort de présenter, plus que d'autres, une grande concentration de masochistes.

Bien sûr, les masochistes, quel que soit leur nombre, ont un seul et unique problème, auquel ils doivent se confronter en permanence : qu'arrivera-t-il le jour où ils croiseront un sadique, authentique, lorsqu'ils rencontreront quelqu'un qui leur dira « Vous pensez que vous êtes minable, nul et que rien ne peut vous racheter ? Eh bien, je suis d'accord ». Nous ne manquons certes pas de masochistes à l'heure actuelle, en Europe et dans les pays qui, selon les Européens, relèvent en partie de leur responsabilité. Mais nous ne manquons pas non plus de sadiques, qui veulent imposer et renforcer les idées que nous nourrissons déjà quant à notre propre vilénie. Et c'est une des raisons pour lesquelles – pour le moment – la culpabilité existentielle et la repentance demeurent à sens unique. La plupart des gens ne se sentent pas coupables et ne veulent pas que d'autres les accusent de l'être, à plus forte raison ceux qui nourrissent de mauvaises intentions à leur égard. Seuls les Européens modernes sont heureux de s'autoflageller, au milieu d'un marché international de sadiques.

Tandis que les nations occidentales et européennes se flagellent et s'attendent à ce que le monde les flagelle aussi pour ce qu'ont commis leurs ancêtres, nulle autorité reconnue, nul gouvernement n'a demandé à ce que d'autres pays soient tenus pour responsables des crimes héréditaires commis par leur peuple. Pas même pour les crimes qui ont marqué la mémoire de l'humanité. Les rangs occidentaux ne comptent sans doute pas assez de sadiques. Ou plus vraisemblablement, n'y a-t-il pas suffisamment de masochistes dans les autres pays pour qu'une telle entreprise rencontre la moindre chance de succès. Les invasions mongoles du Moyen-Orient au XIIIᵉ siècle demeurent parmi les pires atrocités qu'ait rapportées l'histoire. Les massacres à Nichapour en 1221, à Alep et à Harem, la mise à sac de Bagdad en 1258 ont entraîné non seulement le massacre de centaines de milliers d'hommes, de femmes et d'enfants, mais également la destruction d'une quantité inimaginable d'œuvres de l'esprit. Si nous entendons tant parler des croisades et si peu de ces brutalités aujourd'hui, ce n'est pas parce que l'idée d'en vouloir aux descendants des Mongols et de leur intenter un procès nous fait défaut. C'est parce qu'aucun descendant de Mongol ne se montrerait réceptif à l'idée d'être accusé d'atrocités commises par ses ancêtres.

Seules les nations européennes et leurs descendants acceptent d'être jugés à l'aune des heures les moins reluisantes de leur passé. Mais ce qui rend cette auto-flagellation encore plus sinistre, c'est le fait qu'elle s'accompagne pour les Européens de l'exhortation à considérer tous les autres pays à l'aune de leurs moments de gloire. Alors qu'il est banal d'évoquer l'Inquisition espagnole ou les croisades lors de débats sur l'extrémisme religieux, il est tout aussi courant d'entendre dans la foulée vanter une fois de plus l'Andalousie et les néo-platoniciens musulmans. Ce ne peut être une simple coïncidence que ces deux démarches – nous juger selon nos pires moments et juger les autres selon leurs meilleurs moments – aillent de concert. C'est bien la preuve que ce qui se déroule en Occident relève de troubles aussi bien mentaux que psychologiques.

Cependant, bien que la culpabilité européenne moderne soit à l'heure actuelle décrite comme incurable, il n'est pas certain que cela soit tout à fait le cas. Les jeunes Allemands, les petits-enfants, les arrière-petits-enfants, voire les arrière-arrière-petits-enfants des personnes qui ont vécu les années 1940 sentiront-ils toujours le poids de leur hérédité ? Est-il possible qu'arrivés à un certain stade, ces jeunes gens qui n'ont rien fait disent : « Marre de cette repentance ! » » « Assez » de cette soumission que leur impose un tel sentiment de culpabilité, « assez » de cette thèse selon laquelle le passé de leur pays est foncièrement marqué par le mal, « assez » d'une histoire dont ils n'ont jamais été les acteurs et qu'on retourne contre eux pour limiter leur droit à agir comme ils l'entendent. C'est possible. Peut-être l'industrie de la culpabilité est-elle un phénomène qui ne concernera qu'une génération. Dieu seul sait par quoi, alors, elle sera remplacée.

CHAPITRE XI

La comédie du retour

En 1795, Emmanuel Kant exprima par écrit sa préférence pour l'État, comparativement à la « monarchie universelle ». En effet, il reconnaissait que « plus la sphère de juridiction est large, plus les lois perdent de leur force ; et le despotisme privé d'âme, lorsqu'il a étouffé les graines du bien, finit par sombrer dans l'anarchie[1] ». Cette vision n'est pas celle des politiciens qui ont gouverné l'Europe pendant le dernier quart de siècle. Les « frontières, clama le président de la Commission européenne Jean-Claude Juncker en août 2016, sont la pire invention que les politiciens aient jamais conçue ». On aurait au moins pu discuter de savoir si les politiciens étaient vraiment à l'origine des frontières. Pourtant, au moment où Juncker fit cette déclaration, il parut évident que les politiciens avaient le pouvoir de les faire disparaître.

---

1. Emmanuel Kant, *Perpetual Peace: A Philosophical Essay* (1795), George Allen & Unwin, 1903, p. 155-156.

En 2015, lorsqu'Angela Merkel ouvrit une porte déjà largement entrebâillée, les arrangements qui avaient cours sur le continent favorisaient très certainement les vues de Juncker par rapport à celles de Kant. Toute personne arrivant en Europe cette année découvrait qu'une fois qu'elle y avait pénétré, les frontières n'existaient plus. À partir de 1995, vingt-six pays avaient signé les accords de Schengen, qui créaient une zone sans frontières. Du Portugal, de l'Espagne, de l'Italie et de la Grèce au sud jusqu'en Suède, Finlande et Estonie au nord en passant par la Hongrie, la Slovaquie, la France, l'Autriche et les Pays-Bas : cet accord signifiait que plus de 400 millions de personnes pouvaient se déplacer librement au sein de l'Europe, sans même avoir à montrer de passeport. L'une des conditions avait été que les pays membres partagent la responsabilité du contrôle des frontières extérieures. En dehors de cette condition – si on fait abstraction du Royaume-Uni et de cinq autres pays de l'UE plus petits, qui refusèrent de s'engager dans Schengen – le continent devint à partir de 1995 une vaste zone dépourvue de frontières. Le rêve européen d'harmonisation et d'intégration se réalisait.

Les accords de Schengen entendaient inaugurer une ère nouvelle de paix et d'unité. Il semblait difficile d'envisager les inconvénients d'un « tel mouvement libre et non contraint de personnes, de biens, de services et de capital ». C'était bon pour le commerce, c'était bon pour un Français qui voulait aller passer une soirée à Bruxelles. Quels que fussent les désavantages, les accords de Schengen n'inauguraient pas seulement une simplification des modalités pratiques de voyage, ils envoyaient aussi un certain message. Si jamais il existe un continent dont les populations sont convaincues de la dimension problématique des frontières, c'est bien l'Europe. Une certaine interprétation des choses, courante au xxᵉ siècle, consiste à dire qu'en à peine vingt-cinq ans, et ce à deux reprises, le continent était entré en guerre pour des questions frontalières. En 1914, puis de nouveau à la fin des années 1930, le problème des frontières avait ainsi préfiguré une catastrophe pour le continent. Si ces conflits, pendant lesquels l'Europe avait perdu deux générations de jeunes gens, si ces conflits, donc, avaient été causés par l'existence des frontières, qui ne souhaiterait les abolir ? De la même manière, dans la mesure où l'État-nation était la cause de la guerre, qui ne souhaiterait se débarrasser de l'État-nation ?

Parmi les faiblesses de cet argumentaire, on retrouve la thèse biaisée selon laquelle c'étaient les frontières – et non le militarisme allemand – qui avaient provoqué la Première Guerre mondiale (parmi d'autres facteurs complexes), de même que tout, sauf l'agression nazie, pouvait avoir entraîné la Seconde Guerre mondiale. Ce genre d'explications alternatives peut certes convenir à certains – et parmi ceux-là, les Allemands ne seront pas les derniers –, mais considérer les frontières comme la cause des guerres menées au xxᵉ siècle revient à accuser les voitures d'être la cause de la totalité des accidents de la route. Si les frontières peuvent parfois causer des conflits, cela n'implique pas nécessairement que, sans frontières, le monde ne connaîtrait aucun conflit. Après tout, avant les guerres des États-nations européens, ce sont les guerres de Religion qui ont déchiré le continent.

Mais les failles des accords de Schengen ne résidaient pas uniquement dans les postulats qu'ils appliquaient ainsi à l'histoire. Leur pire faille résidait dans la mise en œuvre de ces principes. Par exemple, bien que les États membres se soient engagés à travailler ensemble au contrôle des frontières extérieures du continent, la tâche fut en réalité déléguée aux États qui se trouvaient en première ligne. À la fin des années 1990 et 2000, l'Italie, l'Espagne et la Grèce furent ainsi livrées à elles-mêmes pour gérer les flux migratoires. Même après 2004 et la création de Frontex, l'agence de contrôle des frontières de l'UE, les États du Sud ont continué à porter le fardeau. Comme dut le rappeler à ses homologues le ministre de l'Intérieur italien exaspéré, Angelino Alfano, pendant la crise de Lampedusa de 2014 : « La frontière méditerranéenne est une frontière européenne. »

Mais ce ne fut pas la seule mission du contrôle des frontières qui épuisa les forces des pays méditerranéens durant cette période. Il y eut aussi trois (à ce jour) modifications des accords de Dublin sur le droit d'asile, accord communautaire institué à partir des années 1990. Ces différentes versions visaient à ce qu'un État membre de l'UE dans lequel un migrant déposait sa demande d'asile soit également celui qui se trouve légalement chargé de sa mise en œuvre. En théorie, ceci devait éviter les demandes multiples déposées par les migrants et les allers-retours d'un pays à l'autre. En pratique, le protocole de Dublin mit toute la pression sur les États du Sud. Étant donné les masses d'êtres humains, avec ou sans papiers, qui débarquaient pour demander asile en Italie et en Grèce – plutôt qu'en Allemagne ou aux

Pays-Bas –, le protocole de Dublin ne laissait que peu d'options aux pays comme l'Italie ou la Grèce.

Ils pouvaient prendre en compte chaque demande d'asile déposée par les migrants qui accostaient sur leurs plages. Ils pouvaient aussi encourager les migrants à ne pas déposer leurs demandes d'asile sur leur lieu d'arrivée, mais à partir plus au nord, vers d'autres États membres, pour, une fois sur place, y déposer leur demande. Selon Dublin III (entré en vigueur en 2013), le pays où sont conservées empreintes digitales et demandes d'asile est également celui où l'État doit mener le processus d'asile à son terme. Alors que des milliers de personnes débarquaient chaque jour en Europe du Sud à l'époque où cette modification fut décidée, il semble extraordinaire que les États du Nord aient sérieusement cru que ceux du Sud allaient respecter à la lettre cet engagement, sans tenter de le contourner. Ils le firent notamment en s'organisant pour que le pays d'arrivée ne prenne plus les empreintes digitales des nouveaux arrivants. Une fois relevées les empreintes digitales, en effet, ils étaient contraints de poursuivre le processus et d'accorder l'asile. Il était bien plus simple de pousser les migrants vers le nord, sans papiers, sans prise d'empreintes et sans identité. Le nombre de gens à qui cela est arrivé reste inconnu à ce jour, mais les travailleurs de terrain reconnaissent que cela se produit régulièrement. Donc, Dublin III, qui avait pour objectif de clarifier le processus, incita en pratique les États à ne pas en tenir compte.

Pire, les migrants qui arrivèrent en 2015 savaient que, s'ils acceptaient qu'on relève leurs empreintes, ils allaient devoir rester dans le pays où ils se trouvaient ; si bien qu'eux-mêmes, de plus en plus souvent, refusaient de s'exécuter. Les autorités italiennes et grecques ne pouvaient pas les y contraindre. Ainsi, à mesure que le flux migratoire s'accélérait, nouveaux arrivants et États du Sud avaient chacun de bonnes raisons de ne pas suivre les procédures. Si un migrant exprimait son désir de partir pour l'Europe du Nord, il valait mieux pour la Grèce et l'Italie ne pas relever ses empreintes digitales. Sinon, le candidat à l'immigration comme le pays d'arrivée allaient se trouver confrontés à une nouvelle procédure d'asile, liant un candidat qui ne voulait pas rester à un pays qui ne voulait pas de lui.

Les accords de Dublin, comme les accords de Schengen, se sont révélés satisfaisants tant que l'immigration vers l'Europe s'est maintenue à un niveau raisonnable. Mais lorsque les migrations sont devenues un phénomène d'ampleur biblique, comme ce fut le cas en 2015, ces traités se sont révélés catastrophiques. Partout, les sentiments semblaient prendre le pas sur la réalité. La chancelière allemande, qui quelques mois plus tôt avait expliqué à une jeune fille libanaise que « la politique était une chose difficile », aurait été, selon ses propres dires, « émue » par un groupe d'Albanais, de Syriens et d'Irakiens filmés à la gare de Budapest le 1er septembre en train de scander « Allemagne. Allemagne. Merkel. Merkel ». Plus tard, venue en personne accueillir ces migrants, Merkel semblait détendue, heureuse et souriante, si on se fie aux selfies qu'ils ont pris, qui la montrent poser en leur compagnie.

À l'époque, plusieurs routes s'offraient à eux. Depuis la Grèce, les migrants pouvaient voyager par la Macédoine, puis au nord via la Serbie. Ils pouvaient, alors, soit continuer tout droit par la Hongrie et l'Autriche, avant d'arriver en Allemagne ou bien atteindre la même destination en passant par la Bosnie, la Croatie, la Slovénie et l'Autriche. Ceux qui espéraient voyager de l'Italie vers l'Allemagne ou d'autres États d'Europe du Nord avaient la possibilité de s'y rendre soit depuis l'Italie en allant vers le nord puis vers l'ouest, via Gênes, Vintimille et les routes côtières françaises. Ou bien ils pouvaient traverser l'Italie, et ensuite la frontière austro-italienne.

Début septembre 2015, les autorités hongroises furent de celles qui déclarèrent être submergées par les masses qu'on avait incitées à venir ; elles déclarèrent aussi que la situation dans leur pays échappait à tout contrôle. Le gouvernement hongrois tenta d'empêcher l'afflux de migrants en empêchant les trains de circuler entre la Hongrie et l'Allemagne. Près de 14 000 personnes arrivaient à Munich chaque jour. En l'espace d'un seul week-end, on décompta une fois 40 000 nouvelles arrivées. La chancelière allemande annonça par le biais de son porte-parole que l'Allemagne laisserait les migrants s'installer sur son sol. C'est ainsi que les migrants marchèrent le long des autoroutes et des chemins de fer de Hongrie. Le monde vit ces gigantesques colonnes humaines, principalement composées d'hommes, qui déferlaient sur l'Europe. Ce fut à ce moment-là, pendant l'automne 2015, que le rêve européen d'un continent sans frontières commença à flancher. Après avoir passé des décennies à démanteler les frontières de l'Europe pour les Européens, l'afflux d'un nombre inconnu de non-Européens était le signe que les frontières de l'Europe effectuaient leur retour.

La Hongrie, parmi d'autres États, fut pointée du doigt par la chancelière allemande et les chefs de l'UE pour avoir voulu rétablir ses frontières nationales. Mais le pays avait subi une pression considérable dont il n'était pas responsable. En 2013, la Hongrie avait enregistré près de 20 000 demandeurs d'asile. En 2014, ce nombre avait doublé pour atteindre les 40 000. Durant les premiers mois de 2015, le pays avait vu plus de gens arriver sur son sol que pendant toute l'année précédente. À la fin de l'année, la police avait enregistré 400 000 migrants. Ceux-ci se rendaient en Allemagne ou en Scandinavie et entraient en Hongrie par la Serbie ou la Croatie au rythme de 10 000 personnes par jour. La plupart étaient passés par la Grèce et auraient dû être enregistrés. Les autorités hongroises estimaient pour leur part qu'environ un dixième des effectifs globaux de gens se déplaçant sur le territoire avaient été effectivement et correctement enregistré en Grèce. Pour ce que les Hongrois en voyaient, les Grecs avaient tout bonnement échoué à mettre en œuvre les accords de Schengen et le droit communautaire.

En juillet, le gouvernement hongrois commença à élever un mur de protection le long de la frontière serbe. Ceci entraîna aussitôt l'augmentation du flux qui passait par la frontière croate. Le gouvernement fit donc aussi construire un mur. Le flot qui continuait à s'écouler se concentra alors sur la frontière slovène. Ces palissades de grillage, longues de centaines de kilomètres, furent le seul moyen que trouva le gouvernement hongrois pour endiguer le déferlement. Elles furent promptement condamnées, par le gouvernement autrichien notamment. Néanmoins, bientôt, tout le monde s'y mit. En août, la Bulgarie commença à évoquer la construction d'une nouvelle barrière le long de sa frontière avec la Turquie. En septembre, l'Autriche imposa des contrôles sur sa frontière avec la Hongrie, tandis que l'Allemagne mettait temporairement en place des contrôles à la frontière avec l'Autriche. Lorsque le ministre de l'Intérieur allemand, Thomas de Maizière, annonça le 13 septembre que son pays réintroduirait des contrôles aux frontières, personne ne parut savoir au nom de qui il parlait. Même au sein du gouvernement allemand, on semblait consterné de ce que la chancelière avait enclenché.

Au milieu du mois de septembre, la Hongrie déclara l'état d'urgence et ferma sa frontière avec l'Autriche. Puis, la Croatie ferma à son tour sa frontière avec la Serbie. Bientôt l'Autriche entama la construction d'une barrière le long de la Slovénie. En quoi cette barrière autrichienne différait-elle de la barrière que les Hongrois avaient dressée ? Selon un gouvernement autrichien qui avait du mal à dissimuler son embarras, la différence résidait dans le fait que leur barrière à eux était « une porte avec des côtés ». Bientôt, la Slovénie construisit à son tour un mur sur sa frontière croate tandis que la Macédoine commença à en ériger un autre le long de sa frontière grecque. À ce moment-là, la Commission européenne elle-même pria les autorités macédoniennes de fermer leur frontière avec la Grèce au nom de l'ensemble de l'UE, ce qui fit donc unilatéralement sortir la Grèce de l'espace Schengen.

Chaque action décidée à Berlin entraînait des réactions en chaîne à travers l'Europe. L'arrivée de centaines de milliers de gens, dont la plupart n'avaient pas le moindre moyen de subsistance, eut des conséquences parfaitement prévisibles. Certaines furent d'ordre pratique – comment loger, habiller et nourrir tous ces nouveaux arrivants. En Allemagne, le Gouvernement commença à menacer les propriétaires d'immeubles vides : soit ils les louaient au Gouvernement en vue de loger les migrants, soit l'État allait les réquisitionner. Dans toute l'Europe, l'inquiétude montait : qui étaient vraiment ces gens qui arrivaient ? Les fonctionnaires hongrois estimaient qu'à peu près la moitié de ceux qui étaient arrivés début 2015 étaient originaires des Balkans de l'Ouest, notamment du Kosovo. Comme partout ailleurs, la plupart des migrants n'avaient pas de papiers. Près de la moitié de ceux qui attendaient à la gare Keleti à Budapest prétendaient être syriens, mais les fonctionnaires et les bénévoles qui les questionnaient sur la Syrie découvraient souvent qu'ils ne savaient que peu de chose, voire rien du tout, de leur patrie supposée. Encore une fois, comme partout ailleurs, une large majorité des migrants étaient des hommes jeunes (au moins à hauteur de 60 %).

La chancelière Merkel semblait désormais inquiète de ce qu'elle avait provoqué. Avec le président français Hollande, elle mit en avant la seule solution qui pouvait possiblement réduire la pression migratoire qui pesait sur l'Allemagne. Tous deux, de concert avec la Commission européenne, tentèrent de persuader chaque membre de l'UE d'accueillir un quota de migrants. Néanmoins, de la Grande-Bretagne à la Hongrie, les États-membres refusèrent. Une des raisons de ce refus était qu'ils voyaient bien que les quotas qu'on allait leur demander d'accueillir ne refléteraient pas la réalité des chiffres. La Commission européenne et Merkel tentaient de persuader les États d'accepter un système de quotas qui ne correspondaient pas à la réalité, pour ensuite pouvoir négocier sur la base des effectifs concrètement présents.

Les Gouvernements qui refusaient de se plier à la volonté de Merkel et de la Commission européenne le faisaient aussi par respect de la volonté populaire. Deux tiers des Hongrois estimaient à cette époque que leur Gouvernement agissait bien en refusant d'accepter les quotas décidés par Berlin et Bruxelles. Et pourtant, l'un des enfants les plus célèbres de Hongrie ne les suivait pas sur cette voie. En 2015, le milliardaire et financier George Soros dépensa des sommes considérables en lobbying pour défendre l'ouverture des frontières et la libre circulation des migrants vers et autour de l'Europe. À l'image du site internet Welcome2EU, sa fondation pour l'Open Society publia des millions de brochures informant les migrants des démarches à entreprendre. Elles leur indiquaient notamment comment venir en Europe, les informaient de leurs droits une fois là-bas et de ce que les autorités pouvaient faire et ne pas faire. Le groupe défendait ouvertement la « résistance contre le régime frontalier européen ».

En octobre 2015, le Premier ministre hongrois Viktor Orbán, critiqua publiquement Soros, le décrivant comme le membre d'un cercle de militants qui « soutenaient toutes les mesures qui pouvaient affaiblir les États-nations ». Soros répondit publiquement pour confirmer que les nombreux groupes qu'il fondait œuvraient en effet à atteindre les objectifs décrits par Orbán. Dans un mail à *Bloomberg*, Soros dit que c'était bien sa fondation qui allait « maintenir des valeurs européennes ». Parallèlement, il accusait Orbán de « saper ces valeurs européennes ». Et Soros de continuer, parlant d'Orbán : « Son plan considère que la protection des frontières nationales est l'objectif et que les réfugiés sont un obstacle. Notre plan considère la protection des réfugiés comme un objectif et les frontières nationales comme l'obstacle[1]. » Le dialogue cessa avant que quiconque ait pu demander à Soros combien de temps les valeurs européennes allaient pouvoir durer une fois que l'Europe serait ouverte à tous les vents aux gens du monde entier.

Mais à ce moment, la polémique changea. Les médias du monde entier décrivaient déjà l'Europe comme « ployant » sous la pression des nouvelles arrivées lorsque, le soir du vendredi 13 novembre, Paris fut frappée trois heures durant par trois attaques terroristes coordonnées. Des personnes armées circulant en voiture utilisèrent des fusils d'assaut pour tuer des Parisiens attablés aux terrasses de bars et de restaurants. Au même moment, des kamikazes s'introduisaient au stade de France à

---

1. « Orbán accuses Soros of stoking refugee wave to weaken Europe », *Bloomberg*, 30 octobre 2015.

Saint-Denis, où parmi les spectateurs, le président Hollande était en train d'assister à un match de foot. Au moment où d'autres fusillades et une attaque kamikaze à la bombe avaient lieu dans d'autres restaurants, trois tueurs entrèrent dans la salle de concert du Bataclan, sur le boulevard Voltaire. Alors que plus de mille personnes étaient en train d'écouter un concert de heavy metal, les terroristes ont commencé à tirer au fusil d'assaut et à les exécuter le plus méthodiquement possible. Ils alignèrent les handicapés en fauteuils roulants et les tuèrent les uns après les autres. Ensuite, ils passèrent le bâtiment au peigne fin, pourchassant les blessés et ceux qui se cachaient. Une jeune femme rescapée a écrit : « Lorsque j'étais allongée dans le sang d'inconnus, en attendant qu'une balle mette fin à mes 22 années d'existence, j'ai évoqué l'image de chaque visage que j'avais aimé, en murmurant "je vous aime", encore et encore, me rappelant tous les beaux moments de ma vie. » Les hommes ont continué à tuer des gens dans toute la salle, jusqu'à ce que la police arrive. Alors, les tueurs se sont fait exploser. À la fin de la soirée, Paris pleurait 129 morts. Des centaines d'autres gens étaient blessées.

L'État islamique de Syrie revendiqua ces attentats. Comme pour les attaques terroristes précédentes en Europe, le continent retint son souffle. On imagina le pire des scénarios. Il apparut que les coupables venaient de France et de Belgique. Après l'attentat, l'un des chefs du réseau avait pu tranquillement rentrer en Belgique. Le fait que l'un des kamikazes du stade disposât d'un faux passeport syrien au nom d'Ahmad al Mohammad était également crucial. Les fonctionnaires reconnurent qu'un mois avant les attentats, une personne portant ce nom était entrée en Europe comme demandeur d'asile. Les empreintes digitales correspondaient à celle d'un homme ayant utilisé ce nom pour entrer en Grèce au mois d'octobre. Début octobre en effet, il avait été recueilli par des garde-côtes grecs, alors que le bateau sur lequel il se trouvait, et où s'entassaient 70 autres migrants, était en train de sombrer. En novembre, il était apparemment parti de l'île de Lesbos, avait voyagé à travers la Serbie, la Croatie, l'Autriche et la Hongrie avant d'atterrir à Saint-Denis. Bien que les informations aient été transmises au compte-gouttes, un an après l'attentat, il parut évident que la majorité des assaillants de Paris, notamment les chefs, n'avaient pas seulement été en Syrie pour y recevoir une formation de terroriste, mais qu'ils étaient également passés à travers les mailles du filet européen en se faisant passer pour des migrants.

L'appétit du public pour de si poreuses frontières commença à diminuer. Il en alla de même lorsque sortirent les informations sur la manière dont la cellule terroriste avait pu traverser sans encombre les frontières françaises la nuit même de l'attaque, pour entrer et pour sortir du pays. Le rêve d'une Europe sans frontières avait du plomb dans l'aile. Néanmoins, deux jours après les attaques de Paris, Jean-Claude Juncker martela dans une conférence de presse à Antalya en Turquie : « Il n'existe aucune raison de revoir les politiques européennes sur la question des réfugiés. » Il continua en expliquant que les attaquants de Paris étaient des « criminels » et non des « réfugiés ou des demandeurs d'asile », ajoutant :

« J'en appelle à ceux qui en Europe voudraient modifier l'agenda migratoire que nous nous sommes fixé. J'aimerais leur rappeler qu'il convient d'être sérieux sur la question et ne pas céder à ce genre de réactions primaires que je n'apprécie pas. » Qu'il l'apprécie ou non, le décalage entre l'opinion publique et la sphère politique était en train de se creuser. Si pour un Parisien, le fait de pouvoir se rendre à Bruxelles pour une soirée avait toujours constitué un avantage évident, les gens découvraient maintenant les risques d'un système qui permettait à un musulman belge de se rendre à Paris pour la soirée et revenir chez lui, sans qu'on lui réclame de comptes. Les attentats de Paris accélérèrent le processus de rétropédalage qui était déjà plus ou moins à l'œuvre. La Norvège modifia précipitamment sa politique d'asile et, en l'espace d'une quinzaine de jours après les événements de Paris, même la Suède annonça qu'elle réintroduisait les contrôles à ses frontières. Dorénavant, les gens entrant dans le pays devraient montrer une pièce d'identité. Ce fut annoncé comme si personne n'avait jamais entendu parler d'une telle chose. Lorsque la Première ministre suédoise, Åsa Romson du Parti vert, fit cette déclaration, elle éclata en sanglots.

Pour sa part, le président Hollande annonça que la France était en guerre « sur son sol et à l'étranger ». Le pays intensifia immédiatement sa campagne de bombardements contre les positions de Daech à l'intérieur de la Syrie. Mais cette partie-là de la guerre en cours n'était pas la plus difficile à mener. La difficulté concernait bien ce qui se passait sur le sol français. On déclara immédiatement l'état d'urgence, pour une durée indéterminée.

Suite aux attentats, la police française effectua 168 perquisitions en deux jours sur l'ensemble du territoire national. À Lyon on découvrit un lance-roquette. Un assaut à Saint-Denis se conclut par l'explosion d'un kamikaze. Il apparut que l'un des assaillants du Bataclan vivait à l'ombre de la cathédrale de Chartres. Comme après les attaques de janvier contre les bureaux de Charlie Hebdo et du supermarché casher, les politiciens français étaient conscients que leurs électeurs pouvaient être particulièrement inquiets pour leur sécurité. Mais ils étaient également conscients que l'opinion publique française pouvait aussi se questionner plus avant : comment en était-on arrivé là ?

Moins d'une quinzaine de jours après les attentats, Manuel Valls, le Premier ministre français, annonça que la France ne pouvait pas accepter plus de 30 000 demandeurs d'asile pour les deux années à venir. Après avoir rencontré la chancelière Merkel à Paris, Valls fit fort opportunément remarquer : « Ce n'est pas la France qui a dit : "Venez !" » Pendant ce temps, la chancelière Merkel continuait d'insister sur l'adhésion de chaque pays au système des quotas. M. Valls dit aux journalistes : « Nous ne pouvons plus accueillir de réfugiés en Europe. Ce n'est pas possible. » Son cabinet précisa plus tard qu'il y avait erreur de traduction : M. Valls aurait en réalité voulu dire que l'Europe ne pouvait plus accueillir « autant de réfugiés ».

Comme en Grande-Bretagne, comme dans les autres pays européens, l'opinion publique française avait de bonnes raisons d'être sceptique quant à cette rhétorique et à ces déclarations. Sur l'immigration et l'intégration, ils avaient entendu les mêmes discours depuis des décennies. Alors que le pourcentage de la population née à l'étranger ne cessait d'augmenter chaque année, les politiciens français et leurs homologues européens avaient rivalisé de rodomontades sur la question. Au cours des années 1970 et 1980, François Mitterrand et Valéry Giscard d'Estaing semblaient s'être arrangés pour se ravir à tour de rôle la palme de l'intransigeance et de la sévérité en matière migratoire. En 1984, Jacques Chirac, alors maire de Paris, avait publiquement mis en garde : « Si on compare l'Europe aux autres continents, le constat est terrifiant. En termes démographiques, l'Europe est en train de disparaître. Dans une vingtaine d'années ou plus, nos pays seront vides et qu'importe notre puissance technologique, nous serons incapables de l'utiliser. »

En 1989, ce fut un Premier ministre socialiste, Michel Rocard, qui accorda lors d'un entretien télévisé qu'en matière d'asile, la France « ne pouvait pas accueillir toute la misère du monde ». Rocard continua, se flattant du nombre de personnes dont son Gouvernement avait rejeté la demande d'asile. Il promit, avec une certaine vanité, davantage d'expulsions pour les années à venir. Tout comme Mitterrand avant lui, Rocard se livrait alors à ce qui était à l'époque une habile manœuvre de la gauche à la veille d'échéances électorales. Toutes ces déclarations faisaient partie du jeu politique. Peu d'entre elles agirent sur la réalité.

En 1985, lorsque Jean Raspail et Gérard-François Dumont écrivirent un article, s'interrogeant sur ce que serait la France de 2015, la gauche française sous Mitterrand était en déshérence. Le virage que ce dernier avait effectué, passant d'une idéologie très marquée par le socialisme à l'acceptation du libéralisme économique, avait été un désastre politique, lui mettant à dos la classe syndicale qui formait le gros de ses électeurs. La gauche était déjà divisée entre les socialistes et les communistes de Georges Marchais. La campagne des législatives de 1986 donna l'impression que le fonctionnement habituel du système électoral de la Ve République empêchait la gauche de gagner. L'expérience du président Mitterrand, qui avait été ministre sous la IVe République, l'avait habitué à la manœuvre électorale. Ainsi, au milieu des années 1980, il élabora un plan pour neutraliser la droite et obtenir sa réélection en 1988. Le plan consistait à faire voter par le parlement socialiste une nouvelle loi sur le scrutin à la proportionnelle, tout en s'assurant que l'immigration demeure bien un problème majeur.

À cette période, Jean-Marie Le Pen et le Front national, parti opposé à l'immigration, se révélèrent particulièrement utiles à Mitterrand qui fit en sorte que Le Pen, jusqu'alors maintenu à la marge du système politique, bénéficie de la plus grande couverture médiatique possible. Pour la première fois, Le Pen commença à être régulièrement invité sur les plateaux de télévision, on l'encourageait à s'exprimer à l'antenne. Parallèlement les socialistes avaient créé un mouvement antiraciste (« Touche pas à mon pote ») qui lui aussi bénéficiait d'une très large exposition médiatique. Pendant ce processus, Mitterrand fit en sorte qu'une gauche fracturée génère une droite brisée. Il savait que le Front national pouvait capter des électeurs de droite et pousser les électeurs centristes vers la gauche. D'autant qu'aucun parti de droite ne pourrait nouer d'alliance avec le Front national, ce qui est encore le cas aujourd'hui : la droite ne peut même pas se rapprocher de la ligne politique du Front national en matière d'immigration, d'identité nationale et de patriotisme. Si les hommes politiques de droite s'étaient emparés de ces thèmes, Mitterrand savait très bien quelles en auraient été les conséquences pour eux : ils auraient été à leur tour traités de fascistes, de racistes et de traîtres aux valeurs de la République.

Le plan mitterrandien fonctionna si bien en 1986 et en 1988 qu'il resta au cœur de la stratégie de la gauche pour les années qui suivirent. À chaque élection, les bons scores du Front national permettaient de maintenir la droite hors du pouvoir et de s'assurer que, sauf à devenir infréquentable, elle ne puisse pas faire grand-chose de plus que de hocher la tête dès qu'émergeaient des inquiétudes sur les questions d'immigration et d'identité. Pendant ce temps, Mitterrand et ceux qui lui succédèrent à gauche mirent en avant leur fermeté en matière d'immigration. Pourtant, les communautés d'immigrés présentes en France augmentaient. Finalement, les politiciens de la droite républicaine voulurent eux aussi montrer leurs muscles. En 1993, alors qu'il était le ministre de l'Intérieur, Charles Pasqua avait annoncé que la France fermerait ses frontières et deviendrait un pays d'« immigration zéro ». En 1993, il pérorait sur la répression imminente des clandestins : « Lorsque nous aurons envoyé chez eux des avions charters, voire même des trains ou des bateaux bondés, le monde comprendra le message. » Mais même à l'époque, il est douteux qu'il y ait cru lui-même. « Les problèmes de l'immigration sont devant et non pas derrière nous », dit le même Charles Pasqua peu de temps après, reconnaissant que dans un futur pas trop lointain, des dizaines de millions de jeunes gens qui n'avaient « aucun avenir » en Afrique viendraient probablement tenter leur chance plus au nord[1].

Le débat politique français pendant toutes ces années fut à la fois unique et très représentatif de ce qui se passait en Europe. Pendant ces décennies, plutôt que de se préoccuper des questions soulevées par l'immigration de masse, les principaux partis d'Europe de l'Ouest se concentrèrent sur des mesures de faible portée, des mesures symboliques. Parfois, il s'agissait de simples fanfaronnades. Parfois, il s'agissait d'une « intervention » particulièrement bien préparée ciblant des clandestins. L'idée fit son chemin que de telles questions permettaient aux politiciens d'apparaître fermes à bon compte sur au moins un sujet, tout en faisant baisser, temporairement, l'inquiétude du public. La tradition laïque française suscitait en outre de nombreux débats sur la manière dont les gens s'habillaient, question qui devint alors essentielle.

C'est dans ce contexte que le premier débat sur le foulard islamique émergea en France, en 1989, après que des lycéennes de la ville de Creil, au nord de Paris, se furent mises à porter le voile et eurent été,

1. *The Atlantic*, décembre 1994.

pour cette raison, exclues de l'école. Lors du débat qui s'ensuivit, le Gouvernement de l'époque recommanda aux établissements scolaires de décider individuellement de leur politique en matière de voile. La question revint en force dans les années 2000, alors que la visibilité croissante des voiles dans la société française et la volonté du Gouvernement de ne pas passer pour velléitaire menèrent le président Chirac (en 2004) à faire voter une loi interdisant tout symbole religieux ostentatoire dans les bâtiments publics. L'État français n'avait pas pris la décision d'interdire les signes religieux à l'école publique ou au tribunal à cause de l'augmentation du nombre de juifs portant la kippa ou de chrétiens arborant une petite croix. Il réagissait en fait à la pression induite par l'augmentation du nombre de femmes voilées dans l'espace public. Conscient que l'augmentation du port du voile, lorsqu'elle se produisait, symbolisait une montée en puissance d'une sensibilité musulmane conservatrice, le gouvernement français marqua fermement les limites afin de tenter d'endiguer ce phénomène. Un combat qui valait le sacrifice des autres religions, alors mises dans le même sac.

Quelques années plus tard, en 2009, le peuple suisse marqua également de manière claire une limitation de même nature. Le gouvernement suisse proposa par référendum un amendement constitutionnel qui interdisait de construire des minarets dans le pays. Il fut approuvé par 57,5 % des votants. L'année suivante, le successeur de Jacques Chirac, Nicolas Sarkozy, eut l'occasion de faire du voile intégral une question politique. Une loi votée en 2010 interdit de masquer complètement son visage dans des lieux publics, comme les rues ou les centres commerciaux. Finalement, pendant l'été 2016, un certain nombre de villes françaises bannirent le port de ce qu'on appelle le burkini sur leurs plages. Bien que le conseil d'État ait suspendu l'interdiction, l'affaire domina l'actualité du mois d'août 2016. Une des mairies qui interdisent cet accoutrement (qui expose le visage mais pas le corps) fut Nice. À sa manière, c'était un moyen d'appliquer une solution française aux problèmes créés par l'immigration de masse.

Un mois avant l'interdiction du burkini à Nice, un Tunisien, Mohammed Lahouaiej-Boulel, fonça en camion dans la foule massée sur la promenade des Anglais pour célébrer le 14 juillet. Quatre-vingt-six personnes furent tuées ce soir-là et bien davantage encore furent blessées. Daesh affirma que le terroriste avait répondu à l'ordre de commettre des attentats en Europe. Le gouvernement français prolongea encore une fois l'état d'urgence en vigueur dans le pays depuis novembre dernier. Mais il est fascinant de constater qu'à peine un mois après une telle atrocité, le plus virulent des débats publics ait porté sur un accoutrement nautique islamique inventé à peine dix ans auparavant. Être fasciné par un tel attachement aux détails, alors que la question centrale demeurait irrésolue, était tout à fait tentant. Un État est capable d'arrêter des gens qui tiennent des kalachnikovs mais comment peut-on empêcher des gens de mettre la main sur des camions ? On peut arrêter les extrémistes qui s'infiltrent dans le pays mais comment fait-on lorsque les extrémistes sont des citoyens français ?

CHAPITRE XII

Apprendre à vivre avec

Le carnage de Nice fut le premier d'une série d'attentats qui eurent lieu quasi quotidiennement pendant l'été 2016. Le lundi suivant l'attaque de Nice, un demandeur d'asile de 17 ans, Mohammed Riyad, sortit une hache et un couteau, cria « *Allahu Akbar* » et commença à assaillir les passagers d'un train en Bavière, Allemagne. Il blessa gravement cinq personnes avant que la police ne l'abatte. Il apparut qu'il avait juré fidélité à Daech. Il apparut également que, bien qu'il eût prétendu venir d'Afghanistan en déposant sa demande d'asile en Allemagne, des enregistrements laissaient penser qu'il était en réalité pakistanais. Si la France n'avait pas été à la hauteur lors du débat sur ces questions-là, l'Allemagne se montra en dessous de tout. Lors de la discussion publique qui suivit l'agression dans le train, une parlementaire du Parti vert allemand, Renat Künast, se demanda pourquoi la police dans le train avait tué l'attaquant plutôt que de tirer pour le blesser.

Le jour suivant, Mohamed Boufarkouch cria « *Allahu Akbar* » et poignarda une Française et ses trois filles (âgées de 8, 12 et 14 ans) près de Montpellier en France. Apparemment, ce geste était motivé par le fait qu'elles étaient habillées « de façon indécente ». L'agresseur était né au Maroc. Quelques jours plus tard, un enfant d'immigrés iraniens, Ali David Sonboly, saisi d'une folie meurtrière, assassina à Munich neuf personnes, dont sept adolescents qu'il tua dans un restaurant *McDonald's*. Ses motivations demeuraient floues. Quelques jours plus tard, un demandeur d'asile syrien utilisa une machette pour frapper à mort une femme enceinte à Stuttgart, ce qui fut présenté dans les médias comme un crime passionnel. Le jour d'après, un autre demandeur d'asile, Mohammad Daleel, fut refusé à l'entrée d'un festival musical à Ansbach, en Bavière parce qu'il n'avait pas de ticket. On découvrit qu'il portait une bombe remplie de clous qu'il finit par faire exploser devant un bar à vin. Un peu plus de vingt-quatre heures après, deux hommes criant le nom de Daech entrèrent dans une église de la banlieue de Rouen pendant la messe, prirent des religieuses et les fidèles en otage, et exécutèrent le prêtre, le père Jacques Hamel. Un homme qui avait assisté à la scène raconta que les deux assassins de 19 ans — Adel Kermich et Abdel Malik Petitjean — souriaient en tranchant la gorge du prêtre avec un couteau. Ils le laissèrent saigner à mort et s'enregistrèrent pendant qu'ils chantaient des slogans en arabe sur son corps à l'agonie. Les derniers mots du prêtre mourant furent « Arrière, Satan ».

Certaines de ces attaques furent menées par des gens arrivés en Europe lors de la vague migratoire des années précédentes. D'autres le furent par des individus nés en Europe. On cherchait des réponses faciles, on versa plus

que jamais dans le sophisme. Ceux qui voulaient expliquer le terrorisme par le manque d'intégration en Europe
avaient du mal à justifier la venue de nouveaux arrivants sur
un continent qui avait si mal intégré les immigrés des
générations précédentes. Ceux qui se concentraient sur
la vague d'immigration récente étaient gênés : comment
des personnes nées et élevées en Europe pouvaient-elles
mener de telles attaques ? Ceux qui tentaient de trouver
des motifs valables étaient gênés par la grande diversité
des victimes. Ceux qui croyaient que l'équipe du magazine
Charlie Hebdo, constituée de laïcs antireligieux militants,
ne faisaient pas dans la dentelle et « n'avaient eu que
ce qu'ils méritaient » en janvier 2015 avaient du mal à
expliquer ce qu'un prêtre de 86 ans disant la messe avait
fait pour mériter d'être égorgé sur son autel dix-huit mois
plus tard. Une Parisienne de 46 ans résuma à son insu
l'évolution que chacun avait notée après les attaques de
novembre 2015, se trahissant par l'emploi malhabile du
mot « seulement ». Elle déclara : « Chaque Parisien a été
touché par ces attaques. Avant, c'était seulement des Juifs,
des écrivains et des dessinateurs[1]. »

Si tout ceci était terrible pour l'image que l'Europe
se faisait d'elle-même et de son avenir, le pire restait
encore à venir. Les attaques terroristes ont sans aucun
doute fourni au public un évident motif d'angoisse.
Mais d'autres angoisses, au moins aussi terribles et plus
fondamentales encore, apparurent sur un sujet encore
plus tabou. Plus personne ou presque ne remettait en

---

1. « Swallow fears and shop, Parisians told », *The Times*, 21 novembre
2015.

cause la réalité d'une attaque terroriste lorsqu'elle était survenue, même si l'on pouvait pinailler sur ses causes. Mais parallèlement aux inquiétudes grandissantes en matière de sécurité, inquiétudes qui commençaient à faire consensus, apparut un autre sujet que personne ne voulait évoquer et que chacun semblait terrifié d'aborder.

Pendant les années 2000, la question des agressions sexuelles sur les femmes européennes par des gangs d'immigrés avait été un secret de polichinelle. C'était un thème dont personne ne voulait parler ou entendre parler. Il y avait quelque chose de tellement abject, de tellement nauséabond, rien que dans le fait d'en parler. La suggestion que des hommes à la peau sombre aient eu tendance à violer des femmes blanches semblait si évidemment raciste qu'il apparaissait en premier lieu impossible d'imaginer qu'une telle chose ait pu se produire, et deuxièmement qu'on puisse l'évoquer publiquement. Les fonctionnaires britanniques étaient terrifiés à l'idée de parler de ces crimes. Au fil des ans, toutes les institutions d'État avaient échoué à répliquer efficacement à ce phénomène. Lorsque la même chose se produisit en Europe, les mêmes inquiétudes et les mêmes problèmes se cristallisèrent.

En 2015, la seule mention du fait que les nouveaux arrivants en Europe étaient majoritairement des hommes jeunes suffisait à vous clouer au pilori. Suggérer que ces individus avaient peut-être emmené une certaine conception des femmes, pas très moderne, était tabou (exactement comme en Grande-Bretagne) : cela semblait relever d'une vile diffamation raciste. La crainte de tomber dans le cliché racial, de se voir accusé de racisme a empêché les autorités et l'opinion publique européenne de reconnaître que le problème s'était répandu comme une traînée de poudre à travers le continent. Et plus un pays accueillait de réfugiés, plus le problème s'accentuait.

En 2014 déjà, en Allemagne, le nombre d'agressions sexuelles contre les femmes et les garçons avait augmenté. Ceci comprenait le viol d'une femme allemande de 20 ans à Munich par un demandeur d'asile somalien de 30 ans, le viol d'une femme de 55 ans à Dresden par un Marocain de 30 ans, la tentative de viol d'une femme allemande de 21 ans à Munich par un demandeur d'asile sénégalais de 25 ans, le viol d'une jeune fille de 17 ans à Straubing par un demandeur d'asile irakien de 21 ans, le viol d'une femme allemande de 21 ans près de Stuttgart par deux demandeurs d'asile et le viol d'une femme allemande de 25 ans à Stralsund par un demandeur d'asile érythréen de 28 ans. Alors que ces viols, et nombre d'autres, passèrent en justice, ce ne fut pas le cas pour tous.

Parallèlement à cette augmentation des affaires de viols commis sur des femmes allemandes, on nota une augmentation des agressions sexuelles et des viols dans les centres d'accueil. En 2015, le gouvernement allemand manquait si cruellement d'endroits où loger les migrants que dans un premier temps, on ne put pas héberger les femmes dans des foyers séparés. Nombre d'associations féministes écrivirent au parlement régional de la Hesse, l'informant que ces dispositions concernant l'hébergement des réfugiés avaient eu pour conséquences de « nombreux viols et agressions sexuelles. Nous recevons en outre de plus en plus de rapports concernant des cas de prostitution forcée. Nous devons le souligner : il ne s'agit pas de cas isolés ». Dans les semaines qui suivirent, d'autres viols furent enregistrés dans des centres d'accueil en Bavière. Et comme en Grande-Bretagne dix ans plus tôt, les autorités furent si inquiètes de ce que ces faits impliquaient, que dans de nombreux cas, on découvrit plus tard qu'elles les avaient délibérément tus. À Detmold, où un demandeur d'asile avait violé une jeune fille musulmane de 13 ans, la police locale mit une chappe de silence sur l'affaire. Une enquête du *Westfalen-Blatt* aboutit à la conclusion que la police locale tentait régulièrement de dissimuler les agressions sexuelles impliquant des migrants, pour ne pas donner de grain à moudre aux critiques de la politique de porte ouverte menée par le Gouvernement. Cependant, des viols d'enfants furent rapportés dans de nombreuses villes, y compris dans un établissement de Brême.

Pendant l'année 2015, alors que le nombre de cas augmentait, les autorités allemandes ne purent taire plus longtemps les informations récurrentes faisant état de viols commis sur des Allemands des deux sexes par des réfugiés de fraîche date. Ceci comprenait notamment le viol d'une fille de 16 ans à Mering, d'une fille de 18 ans à Hamm, d'un garçon de 14 ans à Heilbronn et d'une jeune femme de 20 ans à Karlsruhe. Avant que la presse locale n'en parle, la police avait gardé un mutisme total sur la plupart de ces affaires, y compris à Karlsruhe. D'innombrables autres agressions et viols furent enregistrés à Dresde, Reisbach, Bad Kreuznach, Ansbach, Hanau, Dortmund, Kassel, Hannovre, Siegen, Rinteln, Mönchengladbach, Chemnitz, Stuttgart et dans d'autres villes du pays.

Finalement, le tabou atteint de telles proportions qu'en septembre 2015, des fonctionnaires bavarois commencèrent à mettre en garde les parents allemands : ceux-ci devaient désormais s'assurer que leurs filles, lorsqu'elles sortaient, ne portent pas des vêtements trop près du corps. « Les décolletés, les minishorts et les minijupes peuvent susciter des malentendus », prévenait une lettre aux parents. Dans certaines villes bavaroises, notamment à Mering, la police incitait les parents à ne pas laisser leurs enfants sortir seuls. On conseilla aux femmes de ne pas se rendre à la gare sans être accompagnées. À partir de 2015, on enregistra quotidiennement des signalements de viols dans les rues d'Allemagne, les bâtiments publics, les piscines et en bien d'autres endroits. Des événements semblables furent signalés en Suède, en Autriche et partout ailleurs. Mais partout le sujet des viols resta sous le boisseau, étouffé par les autorités et considéré par la plupart des médias européens comme ne faisant pas partie des informations dignes d'être rapportées.

En décembre 2015, le *New York Times* fit exception à la règle en publiant un reportage sur les stages suivis en Norvège par des réfugiés volontaires, stages destinés à leur apprendre comment traiter les femmes. Ceci visait à lutter contre la drastique augmentation des viols en Norvège. Pendant ces stages, on expliquait notamment aux réfugiés que, si une femme leur souriait ou était court vêtue, cela ne signifiait pas qu'ils pouvaient la violer. Ces formations, destinées à des gens qui (pour reprendre les paroles d'un des organisateurs) n'avaient jamais vu que des femmes en burka et pas en minijupe, plongeaient certains d'entre eux dans des abîmes de perplexité. « Les hommes ont des faiblesses. Quand on voit quelqu'un qui nous sourit, c'est difficile de se contrôler », expliquait un demandeur d'asile de 33 ans. Dans son propre pays, l'Érythrée, continua-t-il, « si quelqu'un veut une femme, il n'a qu'à la prendre, il ne sera pas puni pour ça[1] ». Le choc entre cultures différentes – et notamment en matière de sexualité – couvait en Europe depuis des années mais c'était faire preuve de mauvais goût, c'était même dangereux que d'en parler publiquement. Il fallut attendre le 31 décembre de 2015 pour qu'il se révèle au grand jour, et à une telle échelle qu'il devenait impossible de continuer à l'ignorer.

Pourtant, les événements de Cologne lors de la nuit de la Saint-Sylvestre mirent du temps à fuiter. Pour commencer, les médias grand public n'en parlèrent pas. Il fallut plusieurs jours et l'intervention de la blogosphère pour que l'Europe, sans parler du reste du monde, apprenne ce qui s'était passé. Lors d'une des nuits les plus animées de l'année, tandis que la ville faisait la fête, des foules de plus de 2 000 hommes avaient agressé sexuellement et dévalisé près de 1 200 femmes sur la place centrale avoisinant la gare et la cathédrale de Cologne, ainsi que dans les rues alentour. Bientôt on apprit que des agressions du même genre avaient eu lieu dans d'autres villes allemandes, d'un bout à l'autre du pays, d'Hambourg au nord jusqu'à Stuttgart, au sud. Dans les jours qui suivirent ces agressions, alors qu'on commençait à appréhender l'échelle et la gravité des événements, les polices

---

1. « Norway offers migrants a lesson in how to treat women », *The New York Times*, 19 décembre 2015.

de Cologne et d'ailleurs se donnèrent le plus grand mal pour dissimuler l'identité des coupables. Ce n'est qu'au moment où des films et des photos des événements furent partagés par les réseaux sociaux, puis confirmés par les médias grand public, que la police admit que les suspects semblaient venir d'Afrique du Nord ou du Moyen-Orient. En 2016 en Allemagne, comme cela avait été le cas en Grande-Bretagne au début des années 2000, la peur des conséquences qu'aurait entraînées l'identification ethnique des agresseurs avait pris le pas sur la mission des forces de police.

Le même processus était toujours à l'œuvre et semblait ne jamais devoir prendre fin. Pendant l'année 2016, la recrudescence des viols et des agressions sexuelles toucha l'ensemble des 16 États fédéraux allemands. Les agressions étaient quotidiennes et la plupart du temps le violeur n'était pas retrouvé. Selon le ministre allemand de la Justice, Heiko Maas, à peine 1 viol sur 10 faisait l'objet d'une plainte en Allemagne et ceux qui finissaient devant les tribunaux n'aboutissaient que dans 8 % des cas à une condamnation. Pire encore, des anomalies annexes se firent jour à l'occasion de ces affaires, notamment le fait qu'avait apparemment été donnée la consigne aux fonctionnaires de supprimer les données concernant les suspects lorsque ces derniers étaient des migrants. Comme le journal *Die Welt* le reconnut : « C'est un problème généralisé à l'échelle de l'Allemagne[1]. » Comme en Angleterre une décennie plus tôt, on sut que des groupes

---

1. « Polizei fühlt sich bei Migranten-Kriminalität gegängelt », *Die Welt*, 24 janvier 2016.

anti-racistes allemands étaient intervenus. Cette fois-ci, ils avaient fait pression sur la police allemande pour que celle-ci retire tout élément ethnique d'identification des suspects, afin de ne pas « stigmatiser » des groupes entiers de population.

Se produisit aussi le curieux phénomène, qui ne se limita pas à l'Allemagne, de femmes et même de jeunes filles agressées qui préférèrent dissimuler l'identité de leurs agresseurs. Un des cas les plus frappants fut celui d'une jeune femme de 24 ans violée par trois migrants à Mannheim en janvier 2016. Elle était elle-même à moitié turque et avait prétendu tout au long de l'enquête que ses agresseurs étaient allemands. Ce ne fut plus tard que la jeune femme — par ailleurs porte-parole d'un mouvement de jeunesse de gauche — reconnut avoir menti sur l'identité de ses attaquants : elle n'avait pas voulu, expliqua-t-elle, nourrir le « racisme agressif ». Dans une lettre ouverte à ses bourreaux, elle s'excusa et écrivit :

Je voulais une Europe ouverte, une Europe amicale. Où je puisse vivre heureuse et où nous serions tous deux en sécurité. Je suis désolée. Je suis désolée pour nous. Vous, vous n'êtes pas en sécurité ici parce que nous vivons dans une société raciste. Moi, je ne suis pas en sécurité ici parce que nous vivons dans une société sexiste. Mais ce qui me rend vraiment triste, c'est que les circonstances dans lesquelles les actes sexistes et dépassant les limites qui m'ont été infligés vont vous faire subir un racisme encore plus fort et agressif. Je vous promets, je crierai. Je ne permettrai pas que cela continue. Je ne resterai pas de marbre en laissant des citoyens inquiets et des racistes vous décrire comme un problème. Vous n'êtes pas le problème. Vous n'êtes pas du tout un problème. Vous êtes le plus souvent un être humain admirable qui mérite d'être libre et en sécurité comme n'importe qui d'autre[1].

L'Allemagne ne fut pas le seul pays où de tels faits se produisirent. Pendant l'été 2015, une jeune militante travaillant avec le mouvement « No Borders » au carrefour de Vintimille entre l'Italie et la France fut violée par un groupe de migrants soudanais. Ses camarades de « No Borders » la convainquirent de ne rien dire de cette agression, afin de ne pas nuire à la cause qu'ils défendaient. Lorsque la femme admit finalement avoir été victime de ce crime, ils l'accusèrent de porter plainte par « dépit[2] ».

Pendant ce temps, en Allemagne comme dans le reste de l'Europe, les autorités locales durent souvent ne compter que sur elles-mêmes pour trouver les réponses aux défis qui se posaient. Elles ne devaient pas seulement trouver des places libres en centre d'accueil mais aussi réfléchir à des réponses politiques adaptées. Un adjoint au maire de Tübingen, confronté au problème de l'explosion du nombre de viols de femmes et d'enfants dans les piscines municipales, proposa que les migrants deviennent maîtres nageurs. Comme il l'écrivit sur Facebook, « Notre municipalité a mis en place d'excellentes mesures de prévention et d'intégration. Nous avons un maître nageur syrien qui peut expliquer, en arabe et avec autorité, quels sont les comportements autorisés et quels sont ceux qui ne le sont

---

1. https://linksjugendbhvcux.wordpress.com/2016/02/24/kein-pegi-da-shit-in-bremerhaven-2-0.
2. « Attivista stuprata da un migrante "Gli altri mi chiesero di tacere" », *Corriere Della Sera*, 25 septembre 2015.

pas[1] ». L'opinion publique dut aussi trouver des réponses au problème que la classe politique lui avait imposé, consciente néanmoins que, même si la politique mise en place venait d'un seul coup à changer, les conséquences sur la société n'en resteraient pas moins irréversibles.

Après tout, que peut faire un Gouvernement une fois qu'il se rend compte que la politique qu'il a menée produit de tels effets ? Pendant des années ? La réponse allemande, comme celle des gouvernements européens, consista à ne traiter qu'un aspect du problème. Le gouvernement français avait mis en place l'interdiction des foulards, des burkas et des burkinis, les autorités allemandes se concentrèrent sur la question très spécifique du contre-terrorisme. Avant et après la crise migratoire, les agences de renseignement allemandes mobilisèrent une impressionnante force de surveillance à l'encontre des personnes soupçonnées d'appartenir aux groupes les plus radicaux. Comparées à celle des Français et des Belges, les compétences des autorités allemandes en la matière firent l'admiration de toute l'Europe. Mais ce succès réduisit naturellement la portée du débat. Les hommes politiques allemands, comme les professionnels du contre-terrorisme, se concentrèrent sur des questions exceptionnellement limitées, comme celle des « voies de la radicalisation », objet de débat dans chaque pays mais qui devint essentielle pour le débat allemand. Une pseudoscience apparut alors, tel un champignon, tandis que les décideurs négligeaient les questions plus importantes qu'elle masquait. Questions que l'opinion

---

1. https://www.facebook.com/ob.boris.palmer/posts/1223835707655959.

publique, de son côté, se posait depuis longtemps. En effet, les citoyens semblaient savoir ce que leurs dirigeants ne pouvaient pas admettre : la « radicalisation » s'enracinait dans une communauté particulière et tant que cette communauté se renforcerait, le terrorisme ne ferait que croître. Ce n'était peut-être pas sans raison que le pays européen comptant le plus fort taux de musulmans, la France, avait subi le plus grand nombre d'attentats par des « radicalisés » alors qu'un pays comme la Slovaquie, par exemple, n'avait pas rencontré ce problème.

Dans ces moments-là, le fossé entre ce que le public peut voir et ce que les politiciens peuvent dire, et, à plus forte raison, faire, devient dangereusement abyssal. Un sondage Ipsos publié en juillet 2016 analysait les positions de l'opinion publique en matière d'immigration. Il révéla à quel point peu de gens pensaient que l'immigration avait eu un impact positif sur leur société. À la question « Diriez-vous que l'immigration a généralement eu un impact positif ou négatif sur votre pays ? », on obtint dans chaque pays des pourcentages extrêmement bas de gens répondant que l'immigration avait eu des conséquences positives. La Grande-Bretagne avait une vision relativement optimiste, avec près de 36 % des gens considérant que l'immigration avait eu un impact assez positif sur leur pays. Pendant ce temps-là, seulement 24 % des Suédois et 18 % des Allemands pensaient de même. En Italie, en France et en Belgique, ces chiffres tombaient à 10-11 %[1].

---

1. Ipsos Mori Immigration and Refugees Poll, 11 août 2016, https://www.ipsos-mori.com/researchpublications/researcharchive/3771/

Après une telle explosion migratoire, après des décennies de variations sur le même thème, les gouvernements européens s'attendaient-ils vraiment à ce qu'on les écoute, même lorsqu'ils évoquaient avec force, avec détermination les questions d'immigration et d'intégration ? Pour un Gouvernement comme celui de l'Allemagne cela revenait à mettre en question les décisions politiques prises à peine quelques mois auparavant. Par ailleurs, cela faisait un moment que les beaux discours avaient montré leurs limites. La rhétorique avait été mise à mal par les hommes politiques de gauche comme de droite, par Michael Howard et Gordon Brown, par Michel Rocard et Nicolas Sarkozy. Les Européens avaient passé des dizaines d'années à voir se creuser le fossé entre théorie et réalité, à entendre des déclarations enflammées, aussi emphatiques qu'invraisemblables. Aussi laid soit-il, ils avaient fini par comprendre que même le discours du « Renvoyez-les chez eux » n'était qu'une déclaration mensongère de plus.

En 1992, le nombre d'arrivées illégales sur les rives méridionales de l'Espagne explosa. La politique du gouvernement espagnol consista à renvoyer les Marocains qui étaient entrés illégalement dans le pays. Des accords furent passés avec un gouvernement marocain relativement amical et de bonne volonté. Mais le gouvernement de Rabat refusa de reprendre les non-Marocains qui étaient partis de ses côtes. Ces clandestins étaient retenus en Espagne pendant quarante jours, suite à quoi on leur signifiait leur

Global-study-shows-many-around-the-world-uncomfortable-with-levels-of-immigration.aspx.

expulsion, attendant d'eux qu'ils quittent le pays dans les trente jours suivants. Comme l'année d'avant, comme l'année d'après, la vaste majorité d'entre eux resta, arrêté d'expulsion ou non. Un reporter qui enquêtait en 1992 interrogea un jeune algérien de 19 ans. Où allait-il se rendre ? « J'ai beaucoup de famille en France », répliqua-t-il. Et comment allait-il s'y rendre ? « Par la montagne, bien sûr. » Il avait déjà renvoyé son passeport à sa famille afin qu'il ne puisse pas être confisqué au cours de son voyage. La quasi-totalité des gens provisoirement détenus par les autorités espagnoles étaient des Africains subsahariens. Ils disaient tous qu'une fois libérés, ils se rendraient au nord[1]. À cette époque comme aujourd'hui, les autorités marocaines et espagnoles annoncèrent avoir passé des accords, trouvé des solutions et mis en place des procédures. À cette époque comme aujourd'hui, la capacité de nombreux fonctionnaires, de chaque côté de la frontière, à fermer les yeux sur la circulation des clandestins, la décision de laisser les migrants errer en Europe une fois qu'ils y avaient mis le pied plutôt que de les renvoyer, parce que c'est plus simple, apparaissent à peine moins insensés que ces accords et que ces solutions.

La même histoire se produisait dans toute l'Europe. Même s'il avait défini un seuil d'immigration susceptible de transformer son pays, Tony Blair tenait de temps à autre à se donner des airs de fermeté sur la question. En 2000, il y eut 30 000 refus de demandes d'asile au Royaume-Uni – un tiers des 90 000 personnes qui avaient

---

1. « Aliens find a European gateway at Spain's coast », *The New York Times*, 18 octobre 1992.

déposé une demande l'année précédente. Cette même année, on expulsa seulement 7 645 personnes sur tous les demandeurs d'asile refusés. On avait estimé que l'objectif était impossible à atteindre, trop clivant, politiquement difficile à mettre en œuvre et financièrement trop coûteux[1]. Pour les partis de droite, craignant toujours qu'on ne leur reproche d'inavouables arrière-pensées, la prise en compte du problème s'avéra encore plus compliquée. En 2013, sous un Gouvernement conservateur, le ministère de l'Intérieur commit un coup d'éclat : dans les six arrondissements londoniens où vivaient des clandestins, on fit circuler des camions sur lesquels étaient collées des affiches. Sur celles-ci, on pouvait lire : « Clandestins au Royaume-Uni ? Rentrez chez vous sous peine d'être arrêtés. » Suivait un numéro de téléphone.

Du point de vue politique, ces affiches devinrent rapidement une patate chaude. Dans l'opposition, la secrétaire chargée de l'intérieur, Yvette Cooper, les déclara « infamantes » et « clivantes ». Le groupe de campagne Liberty accusa le message affiché sur les camions d'être non seulement « raciste » mais également « illégal ». Après plusieurs mois, il apparut que ce dispositif expérimental n'avait convaincu que 11 clandestins de quitter volontairement le territoire. La ministre de l'Intérieur de l'époque, Theresa May, reconnut que le projet, trop brut de décoffrage, avait été une erreur, et qu'on ne le reconduirait pas. Bien sûr, le projet en question n'avait pas vraiment eu pour objectif de convaincre le million de clandestins présents au Royaume-Uni de retourner

---

1. Tom Bower, *Broken Vows: Tony Blair and the Tragedy of Power*, Faber & Faber, 2016, p. 173.

chez eux, mais de rassurer le reste de la population quant à la fermeté du Gouvernement. Les efforts qui furent ensuite menés pour arrêter les travailleurs clandestins rencontrèrent sur le terrain l'opposition farouche et énergique des militants de gauche. Tout ceci n'était qu'une mascarade, comme le prouvait le fait que la Grande-Bretagne ne disposait que de 5 000 places de rétention et comme l'indiquaient les chiffres des expulsions, qui ne dépassèrent jamais les 4 000 par an : elles concernaient en proportions à peu près égales un tiers de prisonniers, un tiers de demandeurs d'asile et un tiers de clandestins.

Bien avant l'acmé de la crise migratoire, les fonctionnaires avaient déjà abandonné toute idée de reconduite à la frontière des demandeurs d'asile, même des moins crédibles d'entre eux. Il n'est donc pas surprenant qu'une fois la crise enclenchée, même ceux qui n'avaient aucune légitimité à demander l'asile se soient attendus à rester. Lorsque la crise migratoire commença à les dépasser, en 2016, les gouvernements allemand et suédois firent comme si tout était sous contrôle, prétendant avoir mis en place un système de gestion des nouveaux arrivants et des demandeurs d'asile, système qui permettait de trier ceux qui pourraient rester et ceux qui devraient partir. Peu importait ici qu'ils ne disposent pas d'un système permettant de filtrer les arrivants ; ils se révélèrent même incapables de s'occuper de ceux dont les demandes d'asile avaient été refusées. Mohammad Daleel, qui commit la première attaque kamikaze devant un bar à vin, à Ansbach, en juillet 2016, avait été enregistré comme réfugié en Bulgarie. Les autorités allemandes lui avaient signifié à deux reprises l'ordre d'y retourner, d'abord en 2014, puis en 2016. Comme en Suède où des groupes de gauche tentaient de gêner le départ des demandeurs d'asile refusés, un politicien du parti de gauche Die Linke reconnut par la suite qu'il était intervenu en faveur de Daleel pour empêcher que ce dernier quitte l'Allemagne pour la Bulgarie.

En août 2016, deux policiers belges de Charleroi furent attaqués dans la rue par un Algérien brandissant une machette et criant « *Allahu Akbar* ». Il s'avéra que l'homme avait des liens avec Daech. Suite à cette agression, le secrétaire d'État pour l'asile, l'immigration et la simplification administrative, Theo Francken, révéla que celui qui l'avait commise résidait en Belgique depuis 2012. À deux reprises, on lui avait signifié son expulsion. Mais aucun accord de rapatriement n'existe entre la Belgique et l'Algérie, et les centres de détention sécurisés belges ne prévoient pas d'endroit pour ce type de délits.

Dans ce genre d'épisodes, les personnes concernées sont faciles à identifier, dans la mesure où elles ont été impliquées dans des attentats. Mais par-delà ce qui saute aux yeux, il y a une réalité, celle de migrants ordinaires qui sont tout simplement restés, qui ont été oubliés et qui sont quelques centaines de milliers. En janvier 2016, deux hommes politiques révélèrent la véritable ampleur du désastre. Lors d'un entretien accordé à la télévision néerlandaise, Frans Timmermans, vice-président de la Commission européenne, reconnut que la majorité des gens arrivés en Europe l'année précédente n'étaient pas des demandeurs d'asile, mais bien des migrants économiques. Citant des chiffres de l'agence de contrôle des frontières Frontex, Timmermans admit qu'au moins 60 % des personnes arrivées en Europe l'année précédente étaient en réalité des migrants économiques, qui n'avaient pas davantage le droit de rester en Europe que n'importe quel autre étranger. Quant à ceux qui étaient originaires d'États d'Afrique du Nord, comme le Maroc et la Tunisie, Timmermans ajouta « qu'ils n'avaient aucune raison de demander le statut de réfugiés ».

Puis, le ministre de l'Intérieur suédois Anders Ygeman reconnut que, parmi les 163 000 personnes arrivées en Suède l'année précédente, seulement la moitié pouvait légitimement déposer une demande d'asile. M. Ygeman évoqua le nombre d'avions dont le gouvernement suédois allait avoir besoin pour les renvoyer dans leur pays, et prévint que plusieurs années seraient nécessaires pour expulser ces gens. Concernant les migrants présents en Suède en 2015, et dont le Gouvernement avait estimé qu'ils n'avaient pas le droit d'être là, il déclara : « Nous parlons de 60 000 personnes mais les chiffres pourraient monter à 80 000. » Il est terrifiant qu'un Gouvernement puisse aboutir à cette conclusion après avoir lui-même fait entrer tant de gens dans son pays.

Le gouvernement allemand pour sa part en fut réduit à commander à un cabinet de conseil privé, McKinsey, une étude en vue d'analyser son propre programme de rapatriement. Sans doute avait-il besoin d'un regard neuf pour juger du chaos qu'il avait lui-même créé. Même les programmes existants montraient une nette tendance à l'échec. Lorsque le Gouvernement fit la tentative de renvoyer 300 Pakistanais dans leur pays d'origine, le Pakistan refusa tout simplement de les reprendre : l'Allemagne dut les ramener sur son territoire. À la fin du mois de mai 2016, l'Allemagne avait plus de 220 000 personnes sous le coup d'un arrêté d'expulsion. Seules 11 300 d'entre elles furent expulsées, y compris vers les pays où elles étaient arrivées en premier lieu, comme la Bulgarie. Le ministre de l'Intérieur allemand, Thomas de Maizière, se vanta néanmoins devant le parlement : « C'est bien plus que les années précédentes. » Ce faisant, il ne faisait que révéler à quel point les efforts entrepris les années précédentes avaient été médiocres.

En effet, si les chiffres de Timmermans et de Frontex étaient exacts et que les estimations du gouvernement allemand concernant le nombre d'arrivants en 2015 l'étaient également, cela signifiait que l'Allemagne aurait dû se préparer à expulser environ 750 000 personnes pour la seule année 2015. Personne au sein de l'appareil politique allemand n'était, ni ne serait, prêt à une telle manœuvre. Pas plus que le gouvernement suédois n'était vraiment décidé à expulser de son pays les 80 000 faux demandeurs d'asile arrivés pendant la seule année 2015. Tout le monde savait, en Suède comme en Europe, qu'il n'y aurait aucune tentative en ce sens. Les expulsions de masse n'étaient plus au programme des pays européens, ni en 2015, ni en 2016, ni à aucun moment depuis la fin de la Seconde Guerre mondiale. Ce que les politiciens européens refusaient de voir, c'était une réalité que chaque migrant traversant la Méditerranée connaissait, et que l'opinion publique avait bien comprise : une fois qu'on est en Europe, c'est pour y rester.

L'Europe détient par ailleurs la palme du continent qui, non seulement permet aux gens de rester sur son territoire, mais qui en plus les aide à combattre l'État, y compris lorsqu'ils sont là de manière illégale. En 2016, la Grande-Bretagne n'avait toujours pas réussi à expulser un homme que l'Inde réclamait depuis 1993, parce qu'il y avait commis deux attentats. Tiger Hanif, maraîcher à Bolton, était illégalement arrivé en Grande-Bretagne en 1996. Pour éviter l'expulsion, il avait obtenu plus de 200 000 livres de subventions légales financées par les contribuables britanniques[1]. La folie européenne ne s'arrêtait pas là. Lorsque les services belges ont enquêté sur les nombreux projets d'attentats fomentés par des Belges, ils ont découvert qu'une grande partie d'entre eux préparaient leur coup en étant toujours subventionnés par l'État. Salah Abdeslam, par exemple, le principal suspect et survivant des attentats de Paris en novembre 2015, avait perçu pendant la période précédant les attentats 19 000 euros d'allocations chômage. Ses dernières allocations remontaient à peine à quelques semaines avant les attentats. Cela fait des sociétés européennes les premières dans l'histoire du monde à payer les gens qui les attaquent.

Bien sûr, les affaires de ce genre sont de celles qu'on voit : on connaît ces gens-là parce qu'ils se sont engagés sur la voie du terrorisme. Sur les centaines de milliers de gens arrivés en Italie en 2015, près de la moitié a demandé l'asile politique. Près de 30 000 arrêtés d'expulsion ont été prononcés ; dans à peine la moitié des cas,

---

1. « Terror suspect protected », *The Sun*, 8 août 2016.

on a tenté de les mettre à exécution. Au moins l'Italie était-elle avertie du sort de ces derniers. Car en Europe, personne n'a la moindre idée aujourd'hui de l'endroit où se trouvent les 50 % de gens qui n'avaient pas demandé l'asile en Italie. Lorsque les frontières se sont fermées, le mouvement s'est répercuté partout. À la frontière italo-autrichienne, des gens qui n'étaient manifestement pas italiens ont été refoulés par l'Autriche, à l'encontre des protocoles, mais selon une logique devenue standard dans la nouvelle Europe. D'autres tentèrent d'éviter les autorités françaises et d'entrer en France. Lorsque ces deux routes furent bloquées, l'option de passer par les montagnes pour se rendre en Suisse refit surface. Mais ces goulots d'étranglement perduraient, grosse épine dans le pied de l'Italie. La Grèce fut elle aussi submergée par les vagues de migrants. Autrefois, les flux qui débarquaient pouvaient poursuivre leur route sans encombre. Mais les gouvernements du nord de l'Europe et la Bulgarie qui tentaient de revoir leur politique migratoire l'empêchaient désormais. Ainsi, la Grèce et les pays qui servaient de porte d'entrée en Europe furent-ils ceux qui souffrirent le plus de cette révision. Ils ne pouvaient plus envoyer les migrants vers le nord, ils ne pouvaient pas non plus les renvoyer chez eux.

Et que fit celle qui était la première responsable de ce sac de nœuds ? Qu'avait-elle à en dire ? En septembre 2015, la chancelière allemande recevait un doctorat à titre honorifique de l'université de Bern en Suisse. Après un court discours, les personnes présentes furent invitées à poser des questions. Une femme, qui avait à peu près le même âge que la chancelière, prit poliment la parole. Une minute plus tôt, la chancelière avait évoqué la responsabilité des

Européens envers les réfugiés. Mais la responsabilité des Européens ne consistait-elle pas aussi à s'occuper du bien-être des autres européens ? L'augmentation du nombre de gens venant de pays musulmans, qui arrivaient maintenant en Europe, représentait manifestement une inquiétude pour beaucoup d'Européens, dit cette dame. Comment la chancelière pourrait-elle protéger les Européens et la culture européenne de ces flux migratoires ?

Merkel se racla la gorge, puis déclara que, du fait du grand nombre de combattants partis d'Europe pour rejoindre des groupes comme Daech, les Européens ne pouvaient pas dire que ce n'était pas leur affaire. Ceci ne constituait pas une réponse à la question posée. Mais la chancelière avait poursuivi : « La peur est mauvaise conseillère, dans sa vie personnelle comme dans sa vie sociale. » Puis, faisant référence à ses remarques précédentes sur l'islam qui faisait maintenant partie de l'Allemagne, elle ajouta : « Nous discutons de savoir si l'islam fait partie de l'Allemagne. Lorsqu'on a quatre millions de musulmans dans son pays, j'estime qu'il n'est pas besoin de discuter plus longtemps pour savoir si ce sont les musulmans qui font maintenant partie de l'Allemagne – mais pas l'islam – ou si c'est bien l'islam qui représente effectivement une partie de l'Allemagne. » Ce qui suivit fut proprement extraordinaire.

« Bien sûr, nous avons toute possibilité et toute liberté de pratiquer nos propres religions, déclara la chancelière. Si j'ai commis une erreur, ce n'est certainement pas celle de reprocher sa foi à un musulman. Ce que je voulais dire, c'est que nous devrions être suffisamment courageux pour affirmer que nous sommes chrétiens, suffisamment courageux pour dire que nous initions le dialogue. Mais ce dialogue ne peut avoir lieu que sur la base assumée de nos traditions – aller de temps en temps à la messe, lire un peu la Bible et peut-être pouvoir expliquer une peinture dans une Église. Si en Allemagne on demandait aux élèves ce que signifie la Pentecôte... je suis certaine que leurs connaissances concernant l'Occident chrétien ne vont pas très loin. Qu'on se plaigne dans ces conditions que les musulmans connaissent mieux le coran me semble paradoxal. Peut-être ce débat doit-il nous amener à prendre en compte nos propres racines et à mieux les connaître.

L'histoire européenne regorge de conflits dramatiques et terribles : nous devrions faire attention quand un conflit éclate quelque part dans le monde. Nous devons lutter, ou tenter de lutter, mais nous n'avons aucune légitimité à faire preuve d'arrogance. C'est ici en tant que chancelière allemande que je parle[1]. »

Dans les médias allemands, on félicita Merkel pour le courage et la sagesse de cette réponse.

---

1. « Müssen wir Angst vor dem Islam haben, Frau Merkel? », *Bild*, 10 septembre 2015. Clip télé original via la télévision suisse sur http://www.srf.ch/play/tv/news-clip/video/merkel-ueberr-die-angst-vor-einer-islami sierung?id=18886c54-51e4-469b-8a98-45f1a817219b.

CHAPITRE XIII

Fatigue

Comme souvent, les Allemands ont un mot pour cela :
Geschichtsmüde, ce qui signifie « être écrasé par le poids
de l'histoire ». C'est un sentiment que les Européens
modernes peuvent éprouver de façon quasi chronique.
Certains peuvent le ressentir en continu, d'autres ne le
ressentent que par à-coups, souvent de façon inattendue.
Me rendant récemment à Budapest, il m'est à moi aussi
tombé dessus, alors que je regardais la carte de navigation
sur l'écran qui me faisait face, dans l'avion. Nous survo-
lions l'Allemagne et la carte nous plaçait au centre d'un
triangle de villes : Nüremberg, Regensburg et Bayreuth.

Dans ce cas précis, l'analyse était simple : Nüremberg,
bien évidemment pour les procès de l'après-guerre, mais
aussi pour ses *Meistersinger* ; Regensburg, plus récemment, pour le discours prudent, mais lourd de conséquences du pape Benoît, Bayreuth pour ses montagnes
russes culturelles. Mais ce flot protéiforme de pensées
m'évoqua plus particulièrement deux choses : il me rappela à quel point notre continent est ancien, à quel point

les strates d'histoire qui le composent sont nombreuses. Puis, juste après, cette idée qui provoqua en moi la fatigue : la peur de ne jamais pouvoir échapper à tout ceci, la peur que ces histoires soient toujours là, pouvant non seulement susciter des crises, mais aussi nous écraser sous leur poids. Il n'est pas besoin d'être allemand pour vivre cette expérience, bien que cela puisse aider.

Le phénomène n'est pas entièrement nouveau. Pendant des siècles, l'Europe a usé de termes, notamment pseudo-médicaux, pour décrire la fatigue et l'apathie, parmi lesquels une grande variété concernent l'épuisement nerveux. Au XIXᵉ siècle, la mode était au diagnostic de neurasthénie. Mais cette fatigue n'était pas vraiment le produit de désordres nerveux ; il s'agissait plutôt d'une fatigue existentielle. Bien avant qu'aient lieu les catastrophes du XXᵉ siècle, la philosophie et la littérature allemande s'étaient penchées sur le sujet. À la fin du XIXᵉ siècle, au début du XXᵉ siècle, Friedrich Nietzsche, Sigmund Freud, Thomas Mann et Rainer Maria Rilke ont tous écrit là-dessus. À l'époque, on tombait d'accord sur le fait que la vitesse, les pressions multiples signifiaient une chose : la vie moderne se caractérisait par une sorte de vidange spirituelle. Ceux qui se penchèrent sur la question, ceux qui en souffraient voulaient établir un diagnostic, mais aussi y remédier ; ils trouvèrent qu'il était thérapeutique de transformer leur mode de vie tous azimuts, ce qui incluait toutes sortes de pratiques, de l'exercice physique au culte du sanatorium, en passant par les régimes alimentaires au muesli. D'autres cherchèrent une réponse à l'étranger, pensant que leur absence de désir s'enracinait dans une « fatigue européenne » bien spécifique. Certains pensèrent trouver les réponses en Orient. Là-bas, les Européens fatigués pouvaient purifier leurs âmes nerveuses du poids écrasant du passé et du présent.

Dans les décennies qui suivirent, l'attention portée au problème revêtit de nouvelles formes mais ne disparut jamais vraiment. Aujourd'hui, dans l'espace globalisé et technologique qu'est devenu le monde, la fatigue existentielle a été redéfinie comme « burnout », par exemple en Allemagne. Peut-être ce terme a-t-il été pris parce qu'il est plus flatteur que celui de « fatigue », dédouanant celui qui en souffre des reproches que l'on pourrait adresser à ceux qui se plaignent de « fatigue » ou d'« ennui ». Après tout, entre autres choses, le « burnout » laisse entendre que celui qui en souffre a fait preuve de trop d'abnégation, de façon désintéressée et en vue du seul bien commun. Néanmoins, quoique le terme ait changé, qu'il s'agisse de cette fatigue ancienne ou du récent burnout, les symptômes et les causes restent identiques. Elles incluent une fatigue provoquée par la vitesse et la complexité du changement dans le monde moderne, par les nouveaux modes de travail qu'ont induit le capitalisme moderne et les technologies de l'information. Mais le burnout a été aussi attribué à la dislocation qu'a entraînée la sécularisation moderne. Ces derniers temps, tant de livres et d'articles consacrés au burnout sont parus en Allemagne que certains ont évoqué un « burnout de burnout[1] ».

---

1. Voir, entre de nombreux autres travaux, Byung-Chul Han, *Müdigkeitsgesellschaft*, 2010.

S'il est aujourd'hui couramment admis qu'un individu puisse souffrir de burnout, il est en revanche plus rare d'entendre qu'une société puisse elle aussi en faire l'expérience. On le sait maintenant, le fait de travailler dans un environnement qui sépare les gens, le fait de ne pas saisir le sens de ce qu'on fait, et de n'être que faiblement rétribué affectent l'individu. Pourquoi cela n'affecterait-il pas la société dans son ensemble ? Pour l'exprimer autrement, si tant de gens souffrent de cette forme d'épuisement, n'est-ce pas justement parce que la société dans laquelle ils vivent en est elle-même atteinte ?

Écrivains et penseurs se montraient autrefois moins réservés sur la question. *Le Déclin de l'Occident* d'Oswald Spengler fait partie de ces ouvrages pessimistes et profondément vivifiants qui ont marqué la pensée allemande du début du XXᵉ siècle. Il y défend précisément cette thèse. Spengler considère en effet que les civilisations, à l'instar des gens, naissent, s'épanouissent, dégénèrent et meurent. À ses yeux, l'Occident arrive au terme de ce processus. Une critique courante du « spenglérisme » consiste à dire qu'une des caractéristiques de la culture occidentale réside précisément dans la peur permanente de la décadence. En admettant que cette critique soit juste, cela n'empêche pas que l'Occident, qui aime à s'apitoyer sur son sort, ait effectivement entamé une phase de déclin.

Parmi ses prédécesseurs, Nietzsche, qui avait lui aussi envisagé cette possibilité et qui avait détecté les mêmes signes avant-coureurs. « Nous n'accumulons plus, écrivit-il dans un de ses derniers carnets. Nous gaspillons le capital de nos ancêtres, même dans notre manière de penser[1]. »

Grâce à ces penseurs, on admet plus facilement que la fatigue qui affectait déjà l'Allemagne à la fin du XIXe siècle n'était pas due au manque d'air frais ou de muesli. Il s'agissait plutôt d'un épuisement causé par la perte du sens et par la prise de conscience que la civilisation « n'accumulait plus » mais vivait sur un capital culturel en train de disparaître. Si tel était le cas à la fin du XIXe siècle, alors qu'en est-il aujourd'hui ? Notre héritage culturel s'est encore amoindri, et nous nous éloignons de plus en plus des forces vives qui ont fait la force de notre culture.

Pendant des décennies, l'une des plus grandes forces inspiratrices – peut-être la plus grande – de l'énergie européenne fut sa religion. Elle poussa les gens à la guerre, elle les obligea à se défendre. Elle mena également l'Europe au sommet de la créativité humaine. Grâce à elle, les Européens ont bâti la cathédrale Saint-Pierre à Rome, la cathédrale de Chartres, le Duomo de Florence et la basilique Saint-Marc à Venise. Elle a inspiré les œuvres de Bach, de Beethoven et de Messiaen, les autels de Grünewald à Isenheim et *La Vierge sur les Rochers* de Léonard de Vinci.

Néanmoins, au XIXe siècle, cette source d'inspiration a subi deux ondes de choc dont elle ne s'est jamais tout à fait remise et qui ont creusé un abîme toujours béant.

---

1. Friedrich Nietzsche, *Writings from the Late Notebooks*, Cambridge Texts in the History of Philosophy, Rudiger Bittner (éd.), traduction Kate Sturge, Cambridge Univeristy Press, 2003, p. 267.

Deux siècles après, nous ressentons encore les effets de la vague du criticisme biblique, qui balaya les universités allemandes au début du XIXe siècle. Lorsque Johann Gottfried Eichhorn, à Göttingen, décida d'analyser l'Ancien Testament avec le même soin et le même esprit critique que s'il s'était agi d'un quelconque document historique, cela produisit des effets dont nous n'avons pas nécessairement pris conscience aujourd'hui. L'Europe connaissait les grands mythes, mais l'histoire chrétienne constituait son mythe fondateur et sacré.

En 1825, lorsque le jeune Edward Pusey fut envoyé en mission par l'université d'Oxford pour voir ce que les critiques allemands étaient en train de fabriquer, le jeune Anglais saisit immédiatement l'importance de ce qui se passait. Plus tard, il raconta à son biographe à quel point ce qu'il avait découvert en Allemagne l'avait marqué. « Je me souviens encore de la pièce où je me trouvais, à Göttingen, quand j'ai compris en un éclair, comme par une illumination, les conséquences qu'allait avoir la pensée religieuse allemande. Je me suis dit : « Ceci va arriver jusqu'à chez nous, en Angleterre ; et nous n'y sommes absolument pas préparés[1] ! » Pusey était frappé par « l'insensibilité totale » d'Eichhorn à ce que lui-même appelait « la portée religieuse et effective du récit ». Avec le temps, cette vague d'insensibilité – ou de sensibilité – s'étendit au Nouveau Testament, notamment avec l'œuvre de David Friedrich Strauss et sa *Life of Jesus, Critically Examined* (1835). Elle finit par atteindre

---

1. H. P. Liddon, *The Life of Edward Bouverie Pusey, Longmans*, 1893, vol. I, p. 73-77.

l'Angleterre, comme le reste du monde. De la même façon que les clercs musulmans se battent aujourd'hui pour empêcher tout élément critique de s'attaquer aux fondations de leur foi, conscients que cela saperait l'ensemble de leur religion, le clergé chrétien lutta alors pour que ces discours critiques ne touchent pas ses ouailles. Mais il échoua – tout comme les clercs musulmans actuels ne parviennent pas à contrôler complètement la marée critique qui vient à leur encontre. La vague avait parcouru l'Europe, comme Pusey l'avait prédit.

Ceci n'était pas seulement dû au fait que l'académie allemande avait ouvert un nouveau champ de recherche. Si on a échoué à préserver la Bible de toute critique, ce n'est pas parce que de grands universitaires allemands se sont mis à réfléchir entre eux, mais bien parce que les questions qu'ils se posaient préoccupaient déjà quantité d'autres gens. Ces questions avaient été mises sur le tapis et, dorénavant, on pouvait passer la Bible au crible de la critique et de l'analyse, comme on le faisait avec tout autre texte. Les générations de croyants qui suivirent durent faire avec l'histoire comparée, les questions de paternité et d'authentification des textes. Certains prétendirent que ces changements étaient illusoires, qu'ils n'étaient pas pertinents ou qu'on avait déjà répondu aux questions posées. Mais la majeure partie du clergé commença à comprendre qu'une mutation fondamentale avait eu lieu et qu'il lui fallait désormais évoluer.

Bien sûr, l'étude académique des textes ne fut pas seule à accomplir cette œuvre. En 1859 la foi chrétienne subit son deuxième coup dur. Ce fut *On the Origins of Species:*

By Means of Natural Selection, de Charles Darwin. Et plus déterminant encore que le contenu du livre fut sans doute la dynamique amorcée par Darwin. Tandis que les voies divines suffisaient autrefois à expliquer tout ce qui provoquait l'étonnement, Darwin formulait une proposition entièrement nouvelle, résumée par Richard Dawkins : « Sur le long terme, la survie d'entités héréditaires qui peuvent aléatoirement muter générera de la complexité, de la diversité, de la beauté et une cohérence déconcertante, telle qu'il sera quasiment impossible de la distinguer d'une conception intellectuelle volontaire[1] ». La thèse fut férocement combattue en son temps, comme elle l'est encore à ce jour. Mais le tollé soulevé était voué à l'échec.

Après Darwin, les conditions permettant d'évoquer un dessein divin n'étaient plus réunies. Ce n'était pas le fait de cette seule thèse. Ce n'était même pas dû au fait qu'elle ait comblé un grand vide dans la carte du savoir humain. La thèse de Darwin, tout simplement, constituait la première explication de la totalité de notre monde, tout en se passant de Dieu. Et bien que l'origine de la vie demeurât un mystère, la résolution du mystère par le discours religieux paraissait de moins en moins crédible. On pouvait toujours trouver sagesse et sens aux Écritures, mais la Bible, au mieux, était devenue l'égale des œuvres d'Ovide ou d'Homère : elle exprimait de grandes vérités, mais elle n'était pas vraie en soi.

Bien que quasiment tout le monde en Europe connaisse désormais les faits, que ce soit sous telle ou telle version,

---

1. Richard Dawkins, « Why Darwin Matters », *The Guardian*, 9 février 2008.

nous n'avons pas encore trouvé le moyen de vivre avec. On commente fréquemment le fait que la croyance religieuse et la foi se perdent, fait tenu pour acquis. Moins fréquente en revanche est la prise en compte de ses effets. On reconnaît en effet rarement, voire jamais, que le processus décrit plus haut signifie avant tout une chose : l'Europe a perdu sa fondation historique. Et la perte de religion en Europe n'a pas seulement laissé un vide en termes de perception morale et éthique, elle a aussi créé un vide géographique. À la différence, disons, des États-Unis, la géographie de l'Europe est une suite de villes et de villages. Quittez un village, vous finirez toujours par tomber sur un autre village. Et en rase campagne, la première chose qu'on voit est le clocher de l'église, placée au centre du village. Aujourd'hui, là où ces cœurs de communauté ne sont pas encore complètement morts ou transformés en logements, ils meurent. Et les gens qui s'y rassemblent sentent bien qu'ils font partie d'un monde à l'agonie.

Là où la foi existe encore, soit elle s'apparente à la foi du charbonnier, comme dans les communautés évangélistes, soit elle est blessée et très affaiblie. Rares sont les lieux où s'exprime encore la confiance qui autrefois était la raison d'être de ces lieux qu'aucune tendance actuelle ne pousse à se développer. La marée va dans un seul sens et aucun courant contraire ne semble lui opposer de résistance. Même l'Irlande, qui jusqu'à récemment présentait une vie politique marquée par la doctrine religieuse, plus pieuse et plus ancrée dans la religion que n'importe quel pays d'Europe, est devenue – en partie à cause de scandales liés au clergé – en un peu moins de dix ans un pays où l'opposition à la foi est devenue une tendance nationale majeure.

Ce dont nous rêvons

Néanmoins, malgré le fait que nous ayons perdu notre histoire, nous sommes toujours là. Et nous vivons toujours parmi les débris de cette foi. Dans la foule qui se presse à Paris, peu de gens vont à Notre-Dame pour prier, mais l'édifice est toujours là. Westminster Abbey et la cathédrale de Cologne dominent toujours les villes où elles se dressent et bien qu'elles aient cessé d'être des lieux de pèlerinage, elles ont toujours une signification, bien que nous ne sachions plus exactement laquelle. Nous pouvons agir en touristes ou en lettrés, étudier l'histoire de ces monuments en amateurs ou en professionnels. Mais leur signification a été perdue ou dévoyée. Et bien sûr, les glorieux débris au sein desquels nous vivons ne sont pas uniquement physiques mais également moraux et imaginaires. Le théologien athée anglais Don Cupitt écrivait en 2008 : « Personne en Occident ne peut être complètement non chrétien. Vous pouvez vous prétendre tels, mais les rêves que vous faites sont toujours des rêves chrétiens[1]. »

On ne ressent jamais autant les conséquences de cette disparition de la foi qu'en s'inquiétant de ce qui va désormais fonder les « valeurs européennes ». Il se pourrait, comme Cupitt l'a déclaré, que le « monde occidental séculier soit lui-même une création chrétienne[2] ». Après avoir connu une période de rejet souvent véhémente, cette thèse, au fil des années, en est venue à être admise par nombre de philo-

---

1. Don Cupitt, *The Meaning of the West: An Apologia or Secular Christianity*, SCM, 2008, p. 67.
2. *Ibid.*

sophes et d'historiens. Si tel est bien le cas, les implications sont profondément déroutantes. La culture des droits de l'homme qui depuis l'après-guerre se présente elle-même comme une foi, et qui est admise comme telle par ses fidèles, apparaît bien comme une tentative de mettre en place une version sécularisée de la conscience chrétienne. Elle réussira peut-être partiellement dans cette entreprise. Mais c'est une religion qui sera nécessairement en porte-à-faux avec elle-même, dans la mesure où elle n'a pas d'ancrage défini. L'ordre du discours la trahit. Plus le discours des droits de l'homme se fait grandiloquent, plus la manière dont il s'impose se fait insistant, plus visible devient son incapacité réelle à agir pour atteindre ce à quoi il aspire.

Un échec aussi visible, le sentiment d'avoir perdu tout point d'ancrage peuvent constituer, pour les individus comme pour les sociétés, non seulement un motif d'inquiétude mais également un épuisant processus psychique. Là où autrefois on pouvait recourir à une explication surplombante (peu importe les problèmes que cela posait), il n'y a plus aujourd'hui que le surplomb de l'incertitude et du questionnement. Et nous ne pouvons pas désapprendre ce que nous avons appris. Même si quelqu'un déplore son incapacité à retrouver la foi qui le faisait agir, il ne peut pas croire à nouveau dans le seul but de retrouver cette dynamique. Et comme l'Europe l'a appris de philosophes comme John Locke, il n'est pas possible de « forcer » la foi[1]. Néanmoins, nos sociétés perdurent,

---

1. Voyons par exemple John Locke, « A Letter Concerning Toleration », dans Ian Shapiro (éd.), *Two Treatises of Government and A Letter Concerning Toleration*, Yale University Press, 2003, p. 219.

évitant largement de s'appesantir sur ces questions béantes en prétendant qu'elles n'ont pas d'importance.

En Allemagne, plus que dans toute autre société, la perte de Dieu n'a pu être comblée. Là-bas, certains objectifs religieux – notamment, la recherche de la vérité et la conscience de sa nécessité – perdurèrent d'une certaine façon, par le biais de la culture et de la philosophie nationales. Néanmoins, ceci aussi s'est effondré, de manière encore plus spectaculaire qu'avec la religion. Avec Ludwig Feuerbach et d'autres, Richard Wagner émit l'idée que l'art allait prendre le relais de la religion, pensant qu'il pouvait représenter une religion de substitution, et davantage encore : l'art pouvait dépasser la religion, parce qu'il pouvait vivre sans les « pesanteurs » religieuses. Comme Wagner l'exprima au début de son essai de 1880 *Religion et art* : « Alors que le prêtre mise sur le fait que les allégories religieuses sont acceptées comme des réalités, l'artiste ne doit pas se soucier de telles choses, dans la mesure où il reconnaît présenter une œuvre de son invention. » Ainsi Wagner prétendit-il régler le grand dilemme qu'Arthur Schopenhauer exposait dans son « Dialogue sur la Religion », la tragédie du prêtre qui refuse d'admettre que tout ceci n'est que métaphore.

Pour Wagner, l'art avait pour mission de « sauver l'esprit de la religion ». Il tentait de s'adresser, par sa musique et ses essais, à la source en nous de cette intuition qu'existe un autre monde, à cette voix qui nous convoque, s'interroge et veut savoir. De *Tannhäuser* jusqu'à *Parsifal,* son ambition et son œuvre s'attachèrent à créer une forme de religion qui pourrait exister par sa seule puissance et ainsi subsister par elle-même. Plus que tout autre compositeur, il atteignit sans doute cet objectif. Néanmoins, cela ne suffit pas et il échoua à son tour, bien sûr. Il échoua dans son désir que les gens accomplissent cette dimension religieuse – ceux qui tentèrent de mener leur existence en accord avec la religion wagnérienne vécurent très malheureux. Et il échoua aussi auprès du public parce que le monde entier – que cette idée soit pertinente ou non – apprit grâce à lui que la culture à elle seule ne pouvait rendre personne plus heureux ou meilleur.

Il y avait encore la philosophie. Mais la philosophie allemande était quasiment la matrice du problème. Le sentiment neurasthénique de la fin du XIXe siècle fut en partie causé par la lassitude qu'on éprouvait pour la philosophie. Ce n'était pas seulement que, brutalement, on ait pris conscience du fait qu'il y avait matière à réfléchir. En fait, la pensée allemande était déjà marquée par une lourdeur qui tournait rapidement en abattement et même en fatalisme. Il y a bien sûr des raisons à tout ceci. Parmi celles-ci, la tendance propre à la pensée allemande qui cherche sans relâche, menant implacablement ses idées à leur terme, quel que soit celui-ci.

Cette tendance s'exprime en allemand par la locution : *Drang nach dem Absoluten* (La pulsion de l'absolu). Ceci n'est pas une phrase dont les Anglais ou la philosophie anglaise feraient usage, mais elle résume efficacement cette manie de développer et développer encore les idées jusqu'à un point d'aboutissement qui semble alors inéluctable, voire prédéterminé. Une fois parvenu à ce développement final, que peut-on faire pour l'éviter ? Une certaine lecture de Hegel peut amener les gens à penser que l'histoire elle-même est une force à laquelle il faut simplement se soumettre. Selon cette conception de la philosophie – et de la science politique –, il serait plus juste de parler d'une attirance pour l'absolu que d'une pulsion.

Depuis au moins le XIXᵉ siècle, la philosophie allemande a tendance à présenter certaines idées, certaines théories comme s'il s'agissait de vérités révélées d'une force quasi gravitationnelle, irrésistibles bien qu'il soit très pénible de vivre sous leur loi. Cette opiniâtreté à vouloir toujours pousser les théories à l'extrême explique que la philosophie allemande ait pris le pas sur les autres pensées de l'époque. C'est pour cette raison qu'elle s'est répandue dans toute l'Europe mais aussi en Russie et, à terme, même au sein des universités américaines. En réalité, la philosophie allemande domina le monde de la philosophie pendant un certain temps. Et ce fut ce qui causa sa perte.

Une fois ces vérités établies, il n'y avait plus qu'à trouver le moyen de faire avec. On considère que Martin Heidegger fut celui qui toucha vraiment le fond, lorsque dans une allocution qu'il fit en 1933 en tant que recteur de l'université de Freiburg, il annonça à ses auditeurs que les décisions les plus essentielles pour l'avenir du pays avaient déjà été prises pour eux. L'ère des « décisions » appartenait selon lui au passé, puisque les questions d'importance avaient déjà été tranchées. La seule chose à faire dorénavant était de se soumettre à ce qui avait été ainsi décidé.

L'absolu et la quête effrénée de l'absolu posent le problème suivant : que se passe-t-il lorsqu'ils s'effondrent ? À la différence de la débrouillardise qui caractérise le libéralisme – selon lequel chacun est légitime à critiquer toute idée – un absolu, lorsqu'il s'effondre, ne laisse que ruines dans son sillage : ceci ne concerne pas seulement les gens et les pays, mais également les idées et les thèses dominantes. Des décombres de ces théories qui s'effondrent de façon répétée naît une certaine irritation. Ce n'est pas seulement probable, c'est inévitable. Au XIXe siècle et au début du XXe siècle, de l'ère Bismarck jusqu'à la Grande Guerre, l'Allemagne a vécu une série d'effondrements. Pire, chacun de ces effondrements avait rendu le prochain plus probable encore. L'écrivain britannique Stephen Spender, qui vécut à Berlin pendant les années 1930, y réfléchit à l'époque, comme on le lit dans son journal de 1939. Avant que la catastrophe ultime se soit enclenchée, il méditait sur les Allemands rencontrés durant sa vie berlinoise. Comme il l'écrivit : « Le problème de tous ces gens très gentils que j'ai connus en Allemagne, c'est qu'ils étaient soit faibles, soit fatigués[1]. » Pourquoi ces gens gentils étaient-ils à ce point fatigués ? La fatigue existentielle ne pose pas problème uniquement parce qu'elle mène à l'apathie. Elle pose problème parce que n'importe quelle idée peut alors se faufiler dans son sillage.

Certains estiment que, la philosophie n'étant jamais que l'apanage de quelques rares individus, il est peu

---

1. Stephen Spender, 8 septembre 1939, dans Lara Feigel et John Sutherland (éd.) avec Natasha Spender, *New Selected Journals 1939-1995*, Faber & Faber, 2012, p. 13.

probable qu'elle produise de tels effets, à une telle échelle. Mais l'échec des idées, l'échec de systèmes de pensée produisent bel et bien des effets. Si les idées laïques ou religieuses commencent toujours par être minoritaires, elles parviennent par capillarité à se répandre à toute une nation. Une attitude courante vis-à-vis de ces questions consiste à se dire que si on n'en connaît pas soi-même la réponse, il y a bien quelqu'un quelque part qui, lui, la connaît. Lorsqu'on montre du doigt ceux qui ont les réponses, qu'ils soient artistes, philosophes, ou membres du clergé, en les accusant d'erreur, ce n'est pas très stimulant.

Si certains systèmes s'érodent au fil du temps, comme ce fut le cas des monothéismes dans la majeure partie de l'Europe occidentale, d'autres peuvent se dissiper plus rapidement, comme ce fut le cas de l'eugénisme et des théories raciales. Les idées politiques et philosophiques peuvent n'avoir été inventées que par quelques-uns, mais lorsque leurs fondations s'affaissent, la désolation qu'elles suscitent est proportionnelle à leur popularité passée. Ce fut le cas des philosophies les plus connues, systèmes théoriques dont on tira des thèses politiques totalitaires.

Une part du malheur européen au XXᵉ siècle trouve son origine dans une tension contemporaine et sécularisée vers l'absolu politique. En réalité, le marxisme s'apparente à une religion, non pas tant parce qu'il se fonde sur des textes sacrés et sur une succession de prophètes, mais parce qu'il cultive le goût du schisme et des querelles d'exégèse. La lutte pour devenir le seul porteur de la vraie flamme, l'interprète le plus pertinent de la foi, en fit un système séduisant, et faible en même temps. Le rêve de Marx et, avec lui, le rêve du communisme et du socialisme furent, de façon très sincère à cette époque, d'élaborer une théorie permettant d'expliquer la totalité des choses et, mise en pratique, de résoudre tous les problèmes.

Les écrits à n'en plus finir, les pamphlets, le désir d'évangéliser les pays d'Europe participaient de cette tentative de réaliser ce rêve très sérieux : pouvoir résoudre toutes les difficultés, prendre en compte les problèmes de chacun. Ce fut, selon le mot mémorable de T. S. Eliot, un effort pour « rêver de systèmes si parfaits qu'il n'y aurait plus besoin de morale[1] ».

Comme toujours, le processus de dissipation de la foi se fit en plusieurs étapes. L'hérésie de Léon Trotski, les famines en Ukraine et la prise de conscience chez nombre de communistes des années 1930 que non seulement les sociétés modèles n'étaient en rien exemplaires, mais qu'elles méritaient à peine le nom de sociétés. Pendant un temps, les purges de dissidents, les soi-disant complots visant à contrecarrer les forces du vrai montrèrent leur efficacité : d'une part, cela en stimulait certains et d'autre part, cela indiquait qu'il restait encore quelques cœurs purs vers lesquels se tourner. Suite aux grands procès imaginés par Genrikh Yagoda et d'autres à la fin des années 1930, le mensonge selon lequel le désir de rester au pouvoir ne primait pas ne produisait plus le même effet. Les communistes doués de bon sens quittèrent le parti.

---

1. Chœurs de *The Rock*, VI.

Ceux qui ne l'avaient pas fait à ce moment-là durent déchanter après la guerre, à cause de l'invasion de la Hongrie en 1956 ou du printemps de Prague en 1968. Ces événements prouvèrent à ceux qui étaient restés communistes, mais qui avaient des yeux et des oreilles, que le pire de ce qu'ils avaient entendu, et davantage encore, était vrai. Tout ce qui filtrait de Russie et du bloc de l'Est, tous ces récits qui se succédaient et se ressemblaient tant qu'il fallait être vraiment obtus pour ne pas les croire, tout ceci montrait que, si le communisme avait été le cauchemar du monde, il avait représenté la catastrophe absolue pour ceux qui avaient vécu sous sa loi.

En 1970, dans un ouvrage qui fit date *Ni Marx ni Jésus*, Jean-François Revel pouvait affirmer sans risque de se tromper que « personne de nos jours, même au sein des partis communistes du monde occidental, ne peut sérieusement prétendre que l'URSS constitue un modèle révolutionnaire pour les autres pays[1] ». Si les véritables adeptes déclinaient peu à peu, ils disparurent presque totalement à la chute du mur de Berlin, en 1989, lorsque le monde confirma ce sur quoi leurs propres sirènes tentaient de les alerter depuis des années. La confirmation de ce qu'avaient commis les adeptes dont ils faisaient partie pour mettre en place le système parfait dont ils rêvaient était à peine croyable. Mais les cadavres par millions, les vies gâchées, celles des vivants et celles des morts, que le communisme laissait derrière lui en témoignage de ses faits d'armes, suffirent : les adeptes en possession

---

1. Jean-François Revel, *Without Marx or Jesus*, MacGibbon & Kee, 1972, p. 17.

de leurs facultés mentales marquèrent le pas. Certains vrais croyants le restèrent pourtant, comme l'historien britannique Eric Hobsbawm. Mais les discours qu'ils tenaient suscitaient généralement l'incrédulité, comme le méritent ceux qui, assis sur un monceau de cadavres, jurent qu'avec à peine quelques morts supplémentaires, on pourrait infléchir le cours des choses dans le bon sens.

Au fur et à mesure qu'il s'effondrait, le communisme ne montrait pas seulement au grand jour ses propres horreurs, il révélait également la folie, sur plusieurs générations, de gens censés compter parmi les plus intelligents et les mieux informés d'Europe. De l'époque de Marx jusqu'en 1989, nombre de gens très intelligents avaient été contaminés, défendant le système communiste. De George Bernard Shaw à Jean-Paul Sartre, la quasi-totalité de ces prophètes sécularisés s'étaient fait les apologistes du système le plus atroce de leur temps.

Si on veut trouver une explication à peu près raisonnable au fait que tant de gens y aient cru et au fait que l'expérience ait duré si longtemps, on peut se référer à la force politique contre laquelle le communisme avait paru se dresser, pour un temps du moins. Le rêve fasciste, comme son cousin communiste, avait débuté par le désir sincère de s'attaquer aux problèmes les plus pressants de l'époque, à savoir le chômage et les besoins des gens dans une Europe dévastée par la Première Guerre mondiale. Il ne séduisit jamais la classe intellectuelle comme le fit le communisme, mais comme lui, il fut capable d'emporter l'adhésion de quelques romantiques et de quelques sadiques. Et bien qu'il se soit effondré plus rapidement que son homologue communiste, en grande partie d'ailleurs de la main de ce dernier, la désolation qu'il laissa derrière lui fut aussi mémorable.

L'Italie survécut à la catastrophe, en partie parce que le fascisme italien n'était pas tout à fait de la même étoffe que le nazisme allemand, en partie parce que ses adeptes les plus fanatiques n'avaient jamais réussi à être aussi nombreux, ni à pénétrer la société aussi profondément que leurs alliés du Nord l'avaient fait. On pouvait également minorer le fascisme italien en le présentant comme une réaction au chaos omniprésent qui marquait le pays, chaos que ceux qui planifièrent l'État italien d'après-guerre firent en sorte de perpétuer. Mais alors même que les Italiens avaient puisé à la source de l'histoire romaine et italienne pour légitimer leur État et leur fonction, ladite source paraissait ne pas avoir été contaminée, ni empoisonnée comme cela semble avoir été le cas, dès l'origine, pour l'Allemagne.

La question célèbre que l'on pose souvent à propos de l'Allemagne – comment la culture artistique la plus sophistiquée du monde a-t-elle pu produire la politique la plus barbare ? – est une question épineuse. Car juste après l'avoir posée, on peut aussi évoquer la possibilité que ce soient précisément cette culture et cette sophistication qui aient permis à la barbarie d'exister : la culture et la philosophie allemandes n'avaient pas été contaminées par le nazisme, elles étaient ce qui l'avait irrigué. La source avait toujours été contaminée.

D'innombrables questions de ce genre demeuraient en suspens, dont certaines n'apparaîtraient qu'au fil du temps.

Par exemple, des dizaines d'années après, on comprend mieux cette lutte, propre au xxe siècle, entre visions totalitaires qui rivalisent pour dominer un monde devenu athée. Mais on ressent aussi, avec plus d'acuité que jamais, la peur non seulement de ces idéologies-là, mais de toute idéologie. Si des idéologies en apparence opposées (comme on le pensait à l'époque) avaient pu mener l'humanité jusque-là, alors on est en droit de penser que n'importe quelle idéologie le ferait de la même façon. Le problème ne résiderait-il pas dans la nature même de l'idéologie et de la certitude ?

Il est possible que la tache intellectuelle et politique qui a sali l'Europe du xxe siècle ne soit jamais lavée. Ce péché ne sera peut-être jamais absous. Mais on peut encore dénombrer les forces qu'il a atteintes et mises à mal. Certaines ne peuvent pas être ignorées. Parmi celles-ci, les théories raciales. Elles ont fasciné des écrivains et des généticiens européens jusque dans les années 1940 mais après l'horreur des camps, elles ont perdu de leur pouvoir de séduction. Parmi les nombreuses forces qui ont sombré avec elles, il y en avait certaines dont les Européens, plus tard, auraient pourtant pu avoir besoin. Citons notamment le concept d'État-nation, le sentiment d'appartenance à la nation, les idéologies nationalistes. Considéré comme une forme d'hyper-nationalisme, le nazisme les a tous emportés avec lui. Quelque part en aval, il a même englouti la possibilité du patriotisme. La catastrophe de la Première Guerre mondiale avait fait du patriotisme une chose impardonnable et absurde. La catastrophe de la Seconde Guerre mondiale a fait du patriotisme la source même du malheur.

Que détruisirent encore ces conflits et le choc des idéologies ? Très certainement l'idée consolatrice d'un Dieu miséricordieux, à défaut des derniers vestiges de religion. Si la disparition de cette idée ne s'était complètement accomplie dans les boues des Flandres, l'affaire fut définitivement réglée lors du « procès de Dieu » comme Elie Wiesel le décrivit à Auschwitz. Les juifs pouvaient continuer à honorer leurs traditions en tant que peuple et, s'ils avaient perdu leur foi en Dieu, ils pouvaient croire en leur peuple. Mais l'Europe chrétienne avait perdu la foi non seulement en son Dieu, mais aussi en ses peuples. Toute foi que l'homme pouvait encore avoir en l'homme avait été détruite en Europe. À partir des Lumières, la croyance et la confiance en Dieu s'étaient étiolées, mais la croyance et la confiance en l'homme les avaient partiellement remplacées. La croyance en un homme autonome s'était développée avec les Lumières, qui avaient mis l'accent sur la sagesse potentielle de l'humanité. Néanmoins, ceux qui s'étaient laissé guider par la raison avaient désormais l'air aussi ridicules que les autres. La « raison » et le « rationalisme » avaient mené les hommes à commettre les choses les plus déraisonnables et les plus irrationnelles qui soient. Ce n'était qu'un moyen utilisé par des hommes pour contrôler d'autres hommes. La croyance en l'autonomie de l'homme avait été détruite par l'homme.

Ce fut vers la fin du xxe siècle qu'on commença à excuser les Européens d'être fatigués, par droit de jouissance ou par héritage. Ils avaient essayé la religion et l'athéisme, la croyance et l'incroyance, le rationalisme et la foi en la raison. Ils avaient été à l'origine de quasiment toutes les réalisations d'envergure en philosophie et en politique. Et l'Europe ne s'était pas contentée de toutes les concrétiser, et d'en avoir souffert, elle avait aussi, ce qui est peut-être plus dévastateur encore, perdu toute illusion à leur sujet. Entre autres, ces idées avaient entraîné dans leur sillage des centaines de millions de cadavres, pas seulement en Europe mais à travers le monde, et ce, quelle que soit la version mise à l'essai. Que pouvait-on faire de tant de regrets, de tant de savoirs ? Un individu qui commet des fautes de cette ampleur peut se réfugier dans le déni, ou mourir de honte. Mais que peut faire une société ?

Dans la première décennie du siècle présent, on crut pendant un moment que l'ennui européen pourrait trouver une forme d'apaisement dans ce qu'on a appelé le « libéralisme musclé » : une défense concertée et parfois même violente des droits individuels à travers le monde. La Grande-Bretagne en particulier se rangea à cette tendance, comme le firent bon nombre de pays européens, et, à l'occasion, la France. Mais après les interventions en Irak, en Afghanistan et en Libye, toutes réalisées au nom de la défense des droits de l'homme, nous avons pris conscience que nous n'avions laissé derrière nous qu'un lot d'États en faillite. Avant que nous saisissions pleinement ce fait, un ministre du gouvernement allemand me dit que son pays, lui aussi, devait admettre la réalité : il existe des valeurs pour lesquelles on était prêt non seulement à se battre et à mourir, mais aussi à tuer. C'était un aveu étonnant de la part d'un pays encore à ce jour si violemment antimilitariste. Pouvais-je le citer sur ce point ? Même en off, sans le nommer ? « Certainement pas » fut la réponse, ce qui me donna à méditer : quelle peut être l'efficacité d'une politique menée par des gens soi-disant prêts à se battre, à tuer et à mourir pour leurs idées... mais seulement en off ? Le moment du libéralisme musclé passa. Et lorsque la Syrie s'effondra, sans intervention occidentale, il apparut que nous avions reconnu notre impuissance. Si on nous critiquait lorsque nous agissions et aussi lorsque nous n'agissions pas, et bien la meilleure chose était encore de ne rien faire. Tout ce que touchaient les Européens tombait en poussière.

La chute d'Icare

Après la chute de l'URSS, la philosophe française Chantal Delsol proposa une analogie fort percutante de la condition actuelle des Européens modernes. Dans *Le Souci contemporain* (1996) traduit en anglais sous le titre d'*Icarus Fallen*, elle laisse entendre que la situation de l'homme européen moderne ressemble à celle d'Icare, un Icare cependant qui aurait survécu à sa chute. Nous autres Européens avions tenté d'atteindre le soleil, nous en étions trop approchés et avions été renvoyés sur terre. Nous avons sans doute échoué, nous sommes sans doute abasourdis, mais nous avons d'une certaine manière survécu : nous sommes toujours là. Tout autour de nous flottent les débris – métaphoriques et réels – de nos rêves, de nos religions, de nos idéologies politiques et d'un millier d'autres aspirations qui chacune à leur tour se sont révélées fausses. Et bien qu'il ne nous reste plus guère d'illusions, ni d'ambition, nous sommes toujours là. Alors, qu'allons-nous faire ?

Il existe un certain nombre de possibilités. La plus évidente serait que les Icare déchus mènent une existence exclusivement consacrée au plaisir. Comme Delsol le fait remarquer, c'est une réaction commune chez ceux qui ont perdu leurs dieux. « Le grand effondrement des idéaux vous mène souvent à une forme de cynisme : si tout espoir est perdu, alors amusons-nous ! » Comme elle le montre, c'est ce que les dirigeants soviétiques, entre autres, ont fait, une fois qu'ils ont perdu la foi en l'idéal spécifique que représentait leur utopie. Après s'être rendu compte que le système auquel ils étaient censés croire aveuglément, système auquel ils avaient consacré leur vie, non seulement ne fonctionnait pas, mais qu'il reposait en outre sur un pur mensonge, une petite caste issue de l'Empire soviétique se débrouilla, malgré la misère inimaginable qui régnait hors de son monde, pour jouir d'une existence entièrement consacrée à son propre confort et à son bon plaisir. Néanmoins, comme Delsol le fait remarquer, notre situation va bien au-delà de celle des dirigeants soviétiques qui avaient choisi l'hédonisme après avoir pris acte de l'échec de leur Dieu. « En ce qui nous concerne, nous n'avons pas abandonné nos diverses certitudes uniquement par incapacité à les mettre en œuvre », souligne-t-elle. Nous ne sommes pas devenus d'« absolus » cyniques, nous sommes devenus profondément « méfiants » envers toutes les vérités[1]. Le fait que toutes nos utopies aient si affreusement échoué n'a pas seulement détruit la foi que nous leur portions. Il a détruit la foi que nous pourrions désormais accorder à toute idéologie, quelle qu'elle soit.

---

1. Chantal Delsol, *Icarus Fallen: The Search for Meaning in an Uncertain World*, traduction Robin Dick, ISI Books, 2003, p. 46.

Il semble que, dans les sociétés modernes d'Europe de l'Ouest, cette conception du monde soit désormais à la mode. L'industrie du divertissement mais également les médias ne s'adressent plus désormais aux gens qu'en termes de leur bon plaisir, plaisir superficiel qui plus est. Pour reprendre le slogan d'une célèbre campagne publicitaire qu'affichaient les bus de Grande-Bretagne : « Dieu n'existe probablement pas. Donc, ne vous en faites pas et profitez de la vie ! » À la question de savoir comment profiter de la vie, on apportait cette seule réponse : « C'est vous qui voyez ! » Qui sait ce que donnera une telle vacuité mais, pour l'instant, le consensus semble acquis : la réponse réside dans le plaisir de consommer, dans l'achat récurrent d'objets qui ne durent pas, que nous remplaçons régulièrement par d'autres, qui en sont la version modernisée. Nous partons en vacances, aussi, et de façon générale, nous voulons, autant que faire se peut, prendre du bon temps.

Quels que soient les avantages qu'il présente, ce mode de vie dépend d'un certain nombre de paramètres. Parmi ces paramètres, le nombre de gens qui, dans une même société, se montrent satisfaits de vivre ainsi et n'aspirent à rien d'autre. Un autre de ces paramètres réside dans le fait qu'un tel mode de vie doit se perpétuer indéfiniment, ce qui n'est possible qu'en cas de croissance économique constante. Si pour éviter l'extrémisme politique, il faut que l'économie ne tourne pas trop mal, alors les Européens vont devoir travailler exceptionnellement dur dans ce but. C'est pour cette raison que les gens applaudissent à l'argument selon lequel l'immigration de masse serait tout bénéfice. Si les immigrés nous permettent de conserver le niveau de vie auquel nous sommes habitués, en nous garantissant la réserve de main-d'œuvre jeune et bon marché dont nous avons besoin, alors nous serons peut-être prêts à supporter nombre d'éventuels inconvénients. Si l'économie ne va pas bien et que le niveau de vie des Européens s'effondre, alors tout homme politique doué de bon sens est bien conscient des tréfonds dans lesquels son pays va plonger et replonger. Néanmoins, pour l'instant, surfer sur ces angoisses et nous amuser à tout prix constituent la seule réponse apportée par le genre humain, même si ce n'est pas franchement la plus intéressante.

Je généralise peut-être terriblement en disant ceci, mais sous la surface de cette existence, on ne trouve dans la pensée et la philosophie européennes rien d'autre qu'une énorme pagaille. À tel point que, tout en sachant pourquoi ces philosophes du XIX\ᵉ et du XX\ᵉ siècle se sont trompés, nous pouvons encore, rétrospectivement, éprouver une pointe de jalousie à l'examen de leurs idées. Ils étaient tellement sûrs d'eux. Et leurs prédécesseurs semblaient l'être encore tellement davantage ! Par moments, la profondeur du fossé qui nous sépare d'eux est frappante. Considérons la vie de John Donne, écrite par Izaak Walton (1640). À la fin de ce bref opus, Walton évoque les derniers jours de son ami dont il décrit le corps qui « fut jadis le temple du Saint-Esprit, devenu désormais amas de poussière chrétienne ». S'ensuit la conclusion : « Mais je le verrai revivre. »

Nous nous comportons parfois comme si nous avions les certitudes de nos ancêtres, sans en avoir aucune en réalité, et sans avoir aucune de leurs consolations. Même les plus moroses des philosophes allemands du XIXᵉ siècle semblent bardés de certitudes et de possibilités consolantes comparés à leurs descendants modernes. Aujourd'hui, la philosophie allemande, comme la philosophie européenne en général, est ravagée non seulement par le doute (ce qu'elle doit être en effet), mais aussi par des dizaines d'années de déconstruction. Elle s'est détruite elle-même et elle a tout détruit autour d'elle, sans avoir la moindre idée de ce qu'il faudrait faire pour remettre les choses en état, a fortiori en ce qui la concerne. Au lieu d'être inspirés par la quête de vérité et par les grandes questions qui occupaient leurs prédécesseurs, les philosophes européens se sont laissé envoûter : leur but est désormais d'éviter toute véritable question. La déconstruction, non seulement des idées mais aussi de la langue, relève du même désir, celui de ne jamais aller au-delà de l'analyse des outils philosophiques. En réalité, éviter d'affronter les vrais problèmes semble parfois être la seule préoccupation de la philosophie. En lieu et place de quoi, on ne trouve qu'une obsession portant sur les difficultés linguistiques et une méfiance pour toute chose définie. Le désir de poser des questions sur tout pour ne jamais aller nulle part semble être devenu un enjeu essentiel. Peut-être défait-on ainsi les mots et les idées de crainte qu'ils ne nous mènent trop loin. Là encore, nous sommes plongés dans les abysses de la mésestime de soi.

C'était il y a quelques années, pendant une conférence à l'université de Heidelberg, que la catastrophe totale qu'est la pensée allemande moderne m'est tombée dessus. Un groupe d'universitaires s'était réuni pour évoquer l'histoire des relations de l'Europe avec le Moyen-Orient et l'Afrique du Nord. Bientôt, il apparut clairement que l'on n'apprendrait rien, parce que rien ne pouvait être dit. Une foule de philosophes et d'historiens se succédèrent, passant leur temps et leur énergie à essayer de ne rien dire, efforts qui furent couronnés de succès. Moins ils en disaient et plus les gens applaudissaient, soulagés. Aucune idée, aucune référence historique, aucun fait ne purent être exprimés sans avoir été en premier chef vidés de leur substance par l'académisme contemporain. On ne pouvait tenter aucune généralisation, pas plus qu'on ne pouvait entrer dans les détails.

Ce n'étaient pas seulement l'histoire et la politique qui étaient suspectes. La philosophie, les idées et la langue elle-même étaient interdites d'accès, comme une scène de crime délimitée par un ruban de signalisation. Pour tout auditeur extérieur, le balisage était évident. Le travail des universitaires consistait à surveiller le périmètre de sécurité, en faisant diversion s'il le fallait : il fallait coûte que coûte empêcher les flâneurs de se retrouver – par l'effet du hasard – sur le terrain des idées.

Les termes les plus pertinents étaient aussitôt repérés et contestés. Le mot « nation » constituait de toute évidence un problème. Le mot « histoire » ne pouvait être prononcé sans provoquer d'interruption immédiate. Lorsque quelqu'un eut l'inconscience de parler de « culture », tout se figea d'un seul coup. Le terme était trop ambigu, son usage était sujet à caution, bref, on ne pouvait plus l'utiliser. Le mot lui-même avait perdu le droit d'avoir un sens. Le but du jeu – car c'était un jeu – : préserver la prétention intellectuelle universitaire tout en rendant le débat impossible et stérile. Dans nombre d'académies et d'universités à travers l'Europe, ce jeu se perpétue, à la satisfaction et au grand soulagement de ceux qui y participent, à la frustration et à l'indifférence des autres.

S'il subsiste une idée dominante, c'est bien celle que les idées constituent un problème. S'il existe encore un jugement de valeur communément accepté, c'est bien que les jugements de valeur ont tort. S'il reste une certitude, c'est bien qu'il faut se méfier de la certitude. Et si ceci ajouté à cela ne forme pas une philosophie, cela permet à tout le moins de se forger une attitude : superficielle, peu susceptible de résister à des assauts répétés, mais assez facile à adopter.

Néanmoins, la plupart des gens aspirent à une forme de certitude. La religion, la politique, la relation aux autres restent les rares moyens dont nous disposons pour établir des convictions face au chaos qui règne autour de nous. La plupart des peuples non européens – ou les cultures que nous avons influencées – ne partagent pas ces angoisses, ces méfiances et ces doutes. Ils font confiance à leur instinct et à leur façon d'agir. Ils n'ont pas peur d'agir en vue de leurs intérêts. Ils ne considèrent pas qu'il soit illégitime de les défendre, qu'il s'agisse de leurs intérêts ou de ceux de leurs proches. Ils veulent améliorer leur existence, ils aspirent à atteindre à leur tour le niveau de vie qu'ils voient ailleurs. Et ils ont, entre-temps, forgé un corpus d'idées, souvent aussi riche que celui qui existait en Europe, bien que ces idées les mènent à de tout autres conclusions.

Quelles répercussions peut avoir l'arrivée massive en Europe de gens qui n'ont reçu en héritage ni les doutes ni les intuitions des Européens ? Personne ne le sait à ce jour et personne ne l'a jamais su. La seule chose dont nous puissions être certains, c'est que cela ne saurait rester sans effet. Laisser s'installer des dizaines de millions de gens, avec leurs idées et leurs contradictions, sur un continent qui professe d'autres idées et porte d'autres contradictions, a nécessairement des conséquences. L'hypothèse que formulaient les tenants de l'intégration, selon laquelle tout le monde, avec le temps, pouvait se transformer en Européen, apparaît d'autant moins valide aujourd'hui que de nombreux Européens ne sont eux-mêmes pas vraiment certains de vouloir le rester.

Une culture qui privilégie le doute permanent et le manque de confiance en soi n'a que peu de chances de convaincre les gens de l'intérêt de l'adopter. Il est possible qu'entre-temps, nombre de nouveaux arrivants – au moins – tiennent à leurs propres convictions, voire que celles-ci attirent les Européens des prochaines générations. Il est également probable que ceux qui viennent en Europe en apprécient le mode de vie, participent à l'effort économique et profitent des fruits de la croissance tant que celle-ci se maintient – tout en éprouvant dédain et mépris pour la culture dans laquelle ils vivent. Ils l'utiliseront – selon le mot mémorable du président Erdoğan à propos de la démocratie – comme si c'était un bus, dont ils descendront une fois arrivés là où ils veulent.

Les enquêtes qui étudient les comportements sociaux des communautés immigrées non européennes dressent le même constat : les opinions de ces communautés sur les libertés sociétales qui existent en Europe – pour ne pas dire le libertarisme – terrifieraient les Européens si celles-ci venaient à s'exprimer ouvertement. Le libéralisme sociétal de l'Europe moderne leur fournit aussi d'ostensibles arguments pour justifier leur position. Le père musulman refuse que sa fille s'occidentalise parce qu'il voit les femmes occidentales et parce qu'il sait ce qu'elles font. Lorsqu'il voit les effets qu'elle entraîne, il ne veut pas que sa fille soit une obsédée de la consommation. Ce qu'il refuse par principe irrigue toute la société dans laquelle il vit. Peut-être avec le temps, plutôt que de se conformer à la culture de leur société d'accueil, ces gens se replieront-ils encore davantage sur leurs propres coutumes, en réaction à la société où ils se sont installés. Ce faisant, les preuves s'accumulent pour nous montrer qu'il est peu probable que les Européens, confrontés à ce genre de comportement, défendent alors avec force leurs valeurs. Dans un pays comme la Grande-Bretagne, des dizaines d'années se sont écoulées avant qu'on puisse évoquer dans la sphère publique la lutte contre les mutilations génitales féminines. Malgré le fait qu'elles soient illégales depuis trente ans, malgré le fait que plus de cent trente mille femmes en Grande-Bretagne aient subi cette opération barbare, aucun procès intenté à ce motif n'a été gagné. Si l'Europe occidentale a du mal à affronter un sujet aussi évident que l'excision, il semble peu probable qu'elle soit dans les années à venir capable de défendre certaines de ses valeurs les plus subtiles.

Néanmoins, même si tous les nouveaux arrivants constituaient ouvertement une menace, même si les Européens pensaient que l'immigration à venir se composait de gens destinés à les haïr, même dans ce cas, la fatigue reviendrait. Car si tel était le cas, il faudrait alors prendre une décision et réagir, voire se rebeller. Et avant d'en arriver là, il y a cette lassitude que nous avons déjà éprouvée, notamment après la Grande Guerre. Est-il possible qu'après avoir tant perdu, un autre problème, d'une plus grande ampleur encore, puisse apparaître ? Assurément, ces sacrifices, ces malheurs ne nous ont-ils donné le droit de profiter d'un moment de répit dans le grand calendrier de l'histoire ?

L'absence de questionnement et de débat sur les transformations de l'Europe vient sans doute en grande partie de là : il vaut mieux ne pas poser les questions qui n'ont que des réponses désagréables. Certainement, cela permet aussi d'expliquer les flots par ailleurs extraordinaires d'indignations qui se sont déversés sur les quelques voix discordantes, à l'ère de l'immigration de masse. Ceci explique en particulier la croyance inflexible selon laquelle ce sont les lanceurs d'alarme le problème : si on les arrête, si on les réduit au silence, alors le problème disparaîtra de lui-même. Après que les bureaux de *Charlie Hebdo* ont été incendiés, en 2011, le ministre des Affaires étrangères Laurent Fabius s'en était pris au magazine. « Est-ce vraiment raisonnable de jeter de l'huile sur le feu ? » avait-il demandé. Personne ne lui a retourné la question en lui demandant qui avait mis le feu à la société française.

Une époque qui ne craint pas les conséquences de ses choix ne tente pas de réduire au silence les voix qui s'élèvent, même celles qui réclament simplement un « répit ». Néanmoins, le fardeau de la fatigue peut écraser même ceux, et surtout ceux, qui ont sonné l'alarme. Dans un entretien paru dans un journal italien en 2016, on demanda à Ayaan Hirsi Ali ce qu'elle pensait de ce qui se passait dans son ancien pays d'adoption, les Pays-Bas. Après qu'elle fut partie, qu'était-il arrivé aux gens qui évoquaient les problèmes contre lesquels elle s'était battue avant d'être chassée ? Les écrivains, les artistes, les dessinateurs, les intellectuels et les journalistes. Étaient-ils tous devenus muets ? Elle répliqua : « Les gens des Pays-Bas qui écrivent ou qui parlent de l'islam et des problèmes qui y sont liés sont fatigués[1]. »

Pourquoi est-ce différent à l'est ?

Cependant, une autre question surgit. Pourquoi l'Europe de l'Est est-elle différente ? Pourquoi l'attitude des Européens de l'Est, que cela concerne la crise migratoire, les frontières, les questions de souveraineté nationale et d'identité culturelle et de bien d'autres sujets, est-elle si différente de celle de l'Europe occidentale ? Pendant la crise et les années qui l'ont précédée, il était impossible à un dirigeant d'Europe de l'Ouest, même de droite, de dire la moitié de ce que disaient les dirigeants d'Europe de l'Est, qui étaient de gauche. De l'été 2015 jusqu'à aujourd'hui, faisant fi des menaces et des imprécations du gouvernement allemand et de la Commission européenne, le groupe de Visegrad, constitué de la Slovaquie, de la Pologne, de la Hongrie et de la République tchèque,

---

1. Entretien avec Ayaan Hirsi Ali par Giulio Meotti, *Il Foglio*, 31 janvier 2016.

a adopté une stratégie de complète opposition à la ligne définie par Angela Merkel et Bruxelles. Ces pays ont critiqué la myopie de la chancelière et tenu bon dans leur refus de prendre les quotas de migrants que Berlin et Bruxelles voulaient leur imposer.

En janvier 2016, alors que les autorités suédoises, la Commission européenne et les autres commençaient à reconnaître publiquement que la majorité des gens entrés sur le territoire européen l'année précédente n'entrait pas dans le cadre des demandeurs d'asile, Jean-Claude Juncker persistait à défendre bec et ongles le système de quotas proposé par la commission et la répartition des migrants entre pays. La Slovaquie maintenait son refus absolu de participer à ce que son Gouvernement décrivait comme une « aberration » et un « fiasco complet ». Tout en proposant d'ajouter trois cents gardes bénévoles sur les frontières externes de la zone Schengen, ils n'en insistaient pas moins sur le fait qu'ils n'accepteraient aucun quota de migrants. Le Premier ministre slovaque de gauche, Robert Fico, déclara avec l'énergie du désespoir : « J'ai l'impression que nous sommes en train de commettre un suicide rituel au sein de l'UE et nous nous contentons de le regarder se produire[1]. » Les autres pays de Visegrad partageaient l'opinion de Fico. La différence de point de vue avec leurs partenaires européens n'aurait pas pu être plus flagrante. Pourquoi l'est et l'ouest du continent pensaient-ils si différemment à propos de questions aussi essentielles ?

---

1. « Fico: EU's migration policy is "ritual suicide" », Euractiv, 26 janvier 2016.

Au mitan des années 1990, Chantal Delsol avait pressenti les germes de cette divergence. Lors d'un séjour en Europe de l'Est après la chute du mur de Berlin, elle avait remarqué que les Européens de l'Est « nous prenaient chaque jour davantage pour des créatures venues d'une autre planète, alors même qu'ils rêvaient – à un autre niveau – de devenir comme nous. J'ai par la suite été convaincue du fait que c'était dans ces sociétés d'Europe de l'Est que j'allais devoir chercher les réponses aux questions que nous nous posions... Les divergences de vue entre eux et nous m'ont amenée à penser que les cinquante années de bonne fortune que nous venions de vivre avaient complètement effacé notre sens du tragique de la vie[1] ». Cette dimension tragique de la vie n'avait pas disparu à l'est. Et jamais les conséquences de cette divergence ne sont apparues plus clairement que dans la position qu'adoptèrent les dirigeants d'Europe de l'Est – soutenus par l'opinion publique de leur pays – à propos de la crise migratoire.

Tous ces pays souhaitaient rejoindre l'Union européenne. Ils étaient tous prêts à s'investir autant qu'il le fallait envers des pays membres, ils aspiraient à la liberté de circulation et aux bénéfices économiques que l'adhésion entraînait. Mais lorsque la chancelière Merkel ouvrit les frontières extérieures de l'Europe, tous ces pays se sont rebellés – et pas juste pour la forme. Le 15 mars 2016, le Premier ministre hongrois profita du discours qu'il prononça à l'occasion de la fête nationale pour rappeler l'approche totalement différente des pays de l'Est concernant

---

1. Chantal Delsol, préface à l'édition anglaise de Dick, *Icarus Fallen*, p. XX.

la question migratoire, les frontières, la culture et l'identité. Viktor Orbán expliqua au peuple hongrois que les nouveaux ennemis de la liberté ne ressemblaient pas aux systèmes soviétiques et impériaux qu'ils avaient connus par le passé : aujourd'hui, ils n'étaient plus bombardés ou emprisonnés, mais ils subissaient menaces et chantage. Mais « les peuples européens ont peut-être enfin compris que leur futur est en jeu », dit-il :

Enfin, les peuples d'Europe, endormis par l'abondance et la prospérité, ont compris que les principes sur lesquels l'Europe s'est bâtie sont menacés de mort. L'Europe est une communauté de nations chrétiennes, indépendantes et libres ; l'égalité entre les hommes et les femmes ; la compétition équitable et la solidarité ; la fierté et l'humilité ; la justice et la pitié.

Cette fois-ci, le danger ne nous attaque pas comme le font les guerres ou les catastrophes naturelles, qui tirent brutalement le tapis sous nos pieds. L'immigration de masse est un lent cours d'eau qui ne cesse d'éroder le littoral. Elle revêt le masque d'une cause humanitaire mais sa véritable nature est d'occuper le territoire. Et ce qui lui permet de gagner du terrain nous en fait perdre. Des meutes obsédées par la défense des droits de l'homme éprouvent le besoin inextinguible de nous faire la leçon et de nous clouer au pilori. Nous serions ainsi d'affreux xénophobes mais la vérité, c'est que l'histoire de notre nation se fonde sur l'intégration, sur le mélange des cultures. Ceux qui sont venus ici pour faire partie de la famille, comme alliés ou parce qu'en tant que réfugiés, ils étaient en danger de mort, ont toujours pu venir chez nous et y trouver un nouveau foyer. Mais ceux qui sont venus dans l'intention de changer notre pays, de modeler notre nation à leur image, ceux qui sont venus avec violence et contre notre gré, ont toujours eu affaire à notre résistance.

Pour le pays le plus puissant d'Europe, cette conception hongroise des choses était inacceptable. Elle s'opposait non seulement à la politique du gouvernement allemand de l'époque, mais aussi aux politiques migratoires menées par tous les gouvernements allemands depuis la Seconde Guerre mondiale. La pression exercée par Berlin fut implacable. Néanmoins, l'antagonisme des conceptions orientales et occidentales demeura. En mai, un mois avant que son pays ne prenne la présidence tournante de l'Union européenne, Robert Fico défendit le refus de la Slovaquie d'accepter sur son sol des quotas de migrants, comme le dictaient Bruxelles et Berlin. Malgré la menace d'avoir à payer de lourdes amendes pour chaque migrant refusé, le Premier ministre slovaque enfonça le clou : « L'islam n'a pas sa place en Slovaquie, déclara-t-il. Les migrants changent la nature de notre pays. Nous ne voulons pas que la nature de notre pays change[1]. »

Ces pays, abreuvés pour la majeure partie de leur histoire aux mêmes sources que ceux d'Europe de l'Ouest, s'en sont en l'occurrence clairement démarqués. Peut-être n'éprouvent-ils pas la culpabilité de l'Europe occidentale, peut-être n'en sont-ils pas imprégnés, peut-être ne pensent-ils pas que la responsabilité de tous les malheurs du monde leur incombe. Peut-être n'ont-ils pas subi l'amollissement et la fatigue qui ont atteint les pays

---

1. « Fico sieht keinen Platz für Islam in der Slowakei », *Der Standard*, 27 mai 2016.

d'Europe occidentale. Peut-être, n'ayant pas connu l'immigration de masse pendant l'après-guerre (bien qu'ils aient eu leur part de problèmes), ont-ils conservé un sens de la cohésion nationale que les Européens de l'Ouest tentent désespérément de retrouver ou d'imaginer. Peut-être ont-ils tout simplement observé ce qui se passait en Europe de l'Ouest et décidé qu'il n'était pas question que la même chose se produise chez eux.

Peut-être que tous ces facteurs ont joué. Et, en filigrane, a sans doute aussi joué le fait que les pays de Visegrad avaient déjà, par le passé, souffert de la torpeur occidentale. Ces pays sont certainement les seuls en Europe qui aient gardé en mémoire ce qu'est le tragique de l'existence, chose qu'ont oubliée leurs alliés occidentaux. Ils savent que tout ce qu'ils possèdent peut être balayé dans un sens, puis dans l'autre, avec la même facilité. Ils savent que l'histoire ne laisse jamais aucun répit, même à ceux qui le méritent.

Entre-temps, le reste de l'Europe fut plus que jamais captif de l'histoire. L'été 2016, les autorités françaises et autrichiennes avaient tenté de fermer leurs frontières aux vagues de migrants qui continuaient d'arriver, venues d'Italie depuis Lampedusa et la Sicile. Lorsque ces restrictions devinrent effectives, les migrants qui voulaient aller vers le nord eurent recours à l'option suisse. En hiver, les cols alpins peuvent être mortels, mais l'été les pistes discrètes et étroites qui parcourent la frontière italo-suisse sont franchissables. Cet été, le journal italien *La Stampa* parla aux habitants du village de Dumenza, situé entre le lac Majeur et la frontière suisse. Ils évoquèrent les chemins de montagne et un habitant fit le commentaire suivant : « Ce sont les mêmes chemins que les Juifs empruntaient pendant la guerre[1]. »

Penser aux migrants d'aujourd'hui revient donc à penser à ceux d'autrefois. Penser à ceux qui empruntent ces chemins pour aller en Allemagne revient à penser à ceux qui par le passé avaient fait le chemin inverse. Penser aux migrants d'aujourd'hui revient à penser aux juifs d'hier : une équivalence inévitable.

---

1. « Refugees and migrants stuck in Italy open up new route », *The Daily Telegraph*, 22 juillet 2016.

CHAPITRE XIV

Nous voilà coincés

Le 19 mars 2016, la police belge tire sur un citoyen français, né belge et d'origine marocaine, un des chefs des attentats de novembre à Paris. Elle l'arrête. Après les attentats, Salah Abdeslam avait voyagé en Belgique ; on avait trouvé ses empreintes digitales dans au moins deux appartements du quartier fortement islamisé de Molenbeek, à Bruxelles. Il avait finalement été arrêté dans un autre appartement de Molenbeek, hébergé par une famille du quartier. Suite à cette arrestation, la police antiémeute belge dut se rendre sur place pour s'occuper des « jeunes » du quartier qui, saluant en Abdeslam leur héros, jetaient pierres et bouteilles sur la police pour protester contre son arrestation. Trois jours plus tard, trois kamikazes se sont fait exploser dans la capitale belge. Najim Laachraoui et Ibrahim El Bakraoui ont actionné leur ceinture d'explosifs dans le hall des départs de l'aéroport de Bruxelles, le frère d'Ibrahim, Khalid El Bakraoui, actionna la sienne à la station de métro Maelbeek, près du quartier général de la Commission européenne. Ces trois terroristes étaient encore une fois

« du quartier » ; ils firent 32 victimes de tous âges et de toutes nationalités.

Dans toute l'Europe commença alors la rituelle quête d'explications. Certains attribuèrent la responsabilité des attentats – commis par des Belges de la commune de Molenbeek – à l'urbanisme, d'autres au manque de « gentrification » de la zone. D'autres accusèrent la politique étrangère belge, l'histoire belge, notamment le colonialisme belge, le « racisme » de la société belge. Après ce premier round du débat public, *The New York Times* publia un article absolument insignifiant, qui mettait en exergue les divers échecs de la politique belge. On y interrogeait un certain Yves Goldstein, 38 ans, fils de réfugiés juifs, conseiller municipal à Schaerbeek et directeur de cabinet du ministre-président de la région de Bruxelles-Capitale. Il martela que ces attentats n'avaient rien à voir avec l'islam, tout en critiquant l'échec de ceux qui, comme lui, luttaient pour empêcher la montée du « radicalisme chez les jeunes ». Il ajouta : « Nos villes sont confrontées à d'énormes problèmes, peut-être les plus graves depuis la Seconde Guerre mondiale. Comment des gens qui sont nés ici à Bruxelles, à Paris, peuvent-ils considérer comme héros des gens qui se livrent à la violence et au terrorisme ? Voilà la véritable question à laquelle nous sommes confrontés. »

Puis, par mégarde, M. Goldstein laissa filer une information intéressante. Des amis, qui enseignaient en lycée dans les zones principalement musulmanes de Molenbeek et de Schaerbeek, lui avaient raconté que, dès qu'il était question des terroristes qui avaient semé la désolation dans leur ville, « 90 % des lycéens, âgés de 17 à 18 ans, les considéraient comme des héros[1] ». Ailleurs, dans un entretien accordé à *De Standaard*, le ministre de l'Intérieur belge, Jan Jambon, affirma qu'une part significative de la communauté musulmane avait dansé lorsque les attaques avaient eu lieu. Comme c'est devenu la norme, Jambon fut critiqué par ses collègues parlementaires et par les médias pour avoir tenu ces propos. Il répliqua qu'il tenait l'information de plusieurs services de sécurité belges. Mais ce qu'il dit, au même titre que la révélation faite par M. Goldstein, n'était en réalité que la partie émergée de l'iceberg, iceberg que l'opinion publique peut voir par ailleurs dans les reportages qui succèdent immanquablement aux actes de terrorisme en Europe. Ces reportages expliquent, au moins autant que les attentats eux-mêmes, l'évolution délétère qui affecte les États européens. Car, même si les bombes, les agressions au fusil ou au couteau sont particulièrement inquiétantes, il existe un deuxième sujet d'inquiétude (plus préoccupant encore sur le long terme), celui de la relation entre le petit nombre d'extrémistes menant à bien de telles attaques et la population de même origine.

Un sondage effectué en Grande-Bretagne en 2006, un an après que les caricatures danoises furent publiées, montra que 78 % des musulmans britanniques pensaient qu'il fallait assigner en justice ceux qui les avaient publiées. Un pourcentage à peine plus faible (68 %) avait le sentiment qu'il fallait assigner en justice toute

---

1. « Blaming Policy, not Islam, for Belgium's radicalized youth », *The New York Times*, 7 avril 2016.

personne qui insultait l'islam. Le même sondage découvrait que près d'un cinquième des musulmans britanniques (19 %) respectait Oussama Ben Laden et 6 % déclaraient même le « respecter grandement[1] ». Neuf ans plus tard, lorsque deux membres d'Aqmi entrèrent dans les bureaux de *Charlie Hebdo* et massacrèrent l'équipe de rédaction qui avait publié les caricatures de Mahomet, 27 % des musulmans britanniques estimèrent avoir « de la sympathie » pour les motifs des terroristes. Près d'un quart (24 %) disent trouver légitime la violence envers ceux qui publient des images de Mahomet[2]. La BBC, qui avait commandé le sondage, en fit le gros titre suivant : « La plupart des musulmans britanniques s'opposent aux représailles contre les caricaturistes de Mahomet. »

La combinaison d'événements à forte résonance médiatique, la prise de conscience que derrière le terrorisme se cache un problème plus important encore, permettent d'expliquer pourquoi, ces dernières années, l'opinion publique européenne n'a cessé de s'éloigner du discours tenu par ses dirigeants. Quasiment après chaque attentat, les dirigeants politiques de l'Europe nous informaient que rien de ceci n'avait à voir avec l'islam et qu'en tout état de cause, l'islam était une religion de paix. Il apparut que l'opinion publique n'était pas vraiment d'accord.

En juin 2013, la compagnie de sondage ComRes organisa un sondage commandé par BBC Radio 1 pour demander à un millier de jeunes Britanniques ce qu'ils

---

1. National Opinion Poll, commandé par Channel 4, août 2006.
2. ComRes Poll pour BBC Radio 4 « Today », 25 février 2015.

pensaient des grandes religions mondiales. Lorsque les résultats furent publiés trois mois plus tard, ce fut le scandale. Parmi les sondés, 27 % disaient qu'ils ne faisaient pas confiance aux musulmans et 44 % estimaient que les musulmans n'avaient pas les mêmes idées que le reste de la population. La BBC et d'autres médias anglais se mirent rapidement au travail, désireux d'identifier ce qui n'avait pas fonctionné pour que tant de gens pensent ainsi. La préoccupation dominante portait sur le fait que de jeunes gens puissent penser ainsi et sur les moyens à mettre en œuvre pour modifier leur perception. Figuraient pourtant des choses plus étonnantes encore dans ces résultats, notamment le fait que 15 % des sondés affirment ne pas faire confiance aux juifs, que 13 % d'entre eux ne fassent pas confiance aux bouddhistes et que 12 % indiquent ne pas faire confiance aux chrétiens. La question de savoir ce que les bouddhistes pouvaient bien avoir fait au cours des derniers mois pour perturber autant de jeunes Britanniques ne fut même pas soulevée. Mais au lieu de vouloir mener un programme de rééducation de la jeunesse nationale, on peut peut-être établir un lien entre les réponses données par les jeunes Britanniques et le moment où le sondage a été effectué. L'enquête de terrain avait eu lieu entre le 7 et le 17 juin 2013[1].

À peine quelques semaines plus tôt, Drummer Lee Rigby, un jeune soldat en permission d'Afghanistan, avait été renversé par une voiture, en plein jour, devant

1. ComRes, BBC « Young People and Prejudice », étude publiée le 24 septembre 2013, http://comres.co.uk/wp-content/themes/comres/poll/BBC_RAdio_1_Newsbeat_Discrimination_Poll_September_2013.pdf.

un baraquement de l'armée au sud de Londres. Michael Adebolajo et Michael Adebowale étaient descendus de voiture, avaient traîné leur jeune victime au milieu de la route et l'avaient frappée à coups de machette. Ils avaient tenté de le décapiter mais n'avaient pas pu détacher complètement la tête. En attendant l'arrivée des forces de police, les mains couvertes de sang et tenant toujours sa machette, Adebolajo s'insurgea devant la caméra, expliquant les raisons de son geste. Après l'arrestation d'Adebolajo, la police trouva sur lui une lettre tachée de sang. Elle était adressée à ses enfants et justifiait ses actions. Cette lettre fut produite lors du procès qui suivit. Entre autres choses, il disait : « Mes enfants chéris, sachez que se battre contre les ennemis d'Allah est une obligation. » Il continuait : « ne perdez pas votre temps à vous disputer sans fin avec les lâches et les crétins, si cela doit retarder votre rencontre avec les ennemis d'Allah sur le champ de bataille ». La lettre se terminait avec une note qui comprenait près de deux douzaines de références à des passages du Coran qu'Adebolajo considérait de toute évidence comme le fondement théologique du contenu de sa lettre[1].

Il n'est pas impossible que, avant d'être des fanatiques accusant sans preuves des groupes entiers de population, les jeunes gens qui avaient répondu au sondage de Radio 1 étaient surtout coupables d'avoir lu les journaux. Après tout, les chiffres indiquant la méfiance envers les juifs ou les chrétiens n'auraient-ils pas été bien plus élevés si, quelque temps plus tôt, deux juifs extrémistes ou

---

1. La lettre originale est disponible sur http://www.bbc.co.uk/news/uk-25298580.

fondamentalistes chrétiens avaient massacré un soldat britannique en plein jour ? Même si on peut le déplorer, la plupart des gens interrogés par ce sondage, et qui établissaient un lien entre islam et violence, le firent parce que dans les rues de leurs villes, peu de temps auparavant, l'islam avait été associé à l'extrême violence.

Peu de temps après, une histoire comparable à celle-ci fit quelque bruit. Une école de Dundee en Écosse avait demandé à des élèves de dresser la liste des mots qu'ils associaient aux musulmans. Parmi les mots retenus par les élèves, on notait les termes « terroristes », « inquiétants », « 9/11 ». Les instituteurs, sous le choc, réagirent à ces résultats en demandant à un centre musulman local d'intervenir pour corriger les réponses de leurs élèves. Bientôt, on mit sur pied des actions en envoyant des femmes musulmanes dans les écoles écossaises pour « corriger » l'image qu'avaient les élèves de l'islam et des musulmans. Un rapport releva que, lors d'une de ces séances, les deux femmes musulmanes et voilées expliquèrent aux élèves que les terroristes du 11 Septembre n'avaient « rien à voir avec l'islam[1] ».

Malheureusement pour ceux qui furent ainsi chargés de rééduquer le public, leurs efforts étaient contrecarrés par la conscience grandissante qu'avait l'opinion du problème. La quasi-totalité des élites politiques européennes et des médias avaient échoué dans leur tentative de faire croire aux gens que ces derniers avaient exagéré les choses. Ceci en partie

---

1. « Muslim project aims to break down barriers and educate youngsters on the human side of Islam », *Daily Record*, 27 novembre 2013, http://www.dailyrecord.co.uk/news/real-life/muslim-project-aims-break-down-2856192.

grâce à Internet qui permet l'accès à de multiples sources d'informations, mais aussi en raison des événements eux-mêmes. Lorsqu'on regarde ce que les dirigeants européens disent et font et ce que leur public pense, le décalage est flagrant.

Un sondage effectué aux Pays-Bas en 2013 révéla que 77 % des personnes interrogées considéraient que l'islam n'enrichissait pas leur pays. Près de 73 % d'entre elles pensaient qu'il existait « une relation » entre islam et attentats, et 68 % étaient d'accord pour dire qu'il y avait « assez » d'islam aux Pays-Bas. Cette conception des choses ne se limitait pas aux électeurs d'un parti précis mais était partagée par une majorité d'électeurs de l'ensemble des partis politiques néerlandais[1]. L'Europe elle-même partageait ces opinions. En France, la même année, c'est-à-dire deux ans avant les attaques terroristes de 2015, 73 % des gens sondés dirent qu'ils considéraient l'islam de manière négative[2] et 74 % considéraient l'islam comme intolérant[3]. Il faut se rappeler que près de 10 % de la population française est musulmane.

Dans ces mêmes sondages, 55 % des électeurs hollandais indiquaient qu'ils ne voulaient pas davantage

---

1. Le sondage avait été commandé par le parti PVV et avait été mené par le bureau de recherche de Maurice de Hond en juin 2013, http://www.gerretwilders.no/images/Reactie_op_Islam_in_Nederland.pdf.
2. Harris Interactive, « Le regard des Français sur la religion musulmane », avril 2013, http://www.harrisinteractive.fr/news/2013/Results_HIFR_PAI_16042013.pdf.
3. « Les crispations alarmantes de la société française », *Le Monde*, 24 janvier 2013, http://www.lemonde.fr/politique/article/2013/01/24/les-crispations-alarmantes-de-la-société-française_1821655_823448.html.

de musulmans dans leur pays. 56 % des Allemands associaient l'islam à la volonté de gagner en influence politique, tandis que pour 67 % des Français, les valeurs musulmanes étaient « incompatibles » avec les valeurs de la société française[1]. En 2015, un sondage montra que 30 % seulement de l'opinion publique en Grande-Bretagne était d'accord pour dire que les valeurs de l'islam étaient « compatibles » avec les valeurs de la société britannique[2]. Un autre sondage, qui fut mené à peu près à la même époque, montra qu'un cinquième (22 %) seulement de l'opinion publique britannique était d'accord avec l'affirmation : « les valeurs islamiques et les valeurs britanniques sont généralement compatibles[3] ».

Partout, c'est la même chose. Un sondage allemand de 2012 montre que 64 % des personnes interrogées associent l'islam à la violence, et que 70 % l'associent au fanatisme et au radicalisme. 7 % des Allemands seulement associent cette religion à l'ouverture, à la tolérance et au respect des droits de l'homme[4]. Comme l'universitaire américain spécialiste de l'islam contemporain Daniel Pipes l'a noté, les sondages d'opinion sur ces questions montrent une trajectoire régulièrement ascendante. Les enquêtes d'opinion menées en Europe n'indiquent jamais d'atténuation des craintes sur le sujet. La

---

1. Harris Interactive, « Le regard des Français », art. cit.
2. Sondage Survation (travail de terrain réalisé en avril 2015), http://survation.com/british-muslims-is-the-divide-increasing.
3. Sondage YouGov Cambridge (travail de terrain réalisé en mars 2015), http://cdn.yougov.com/cumulus_uploads/document/ogqzisd2xq/Islam%20and%20British%20values.pdf.
4. Institut für Demoskopie Allensbach, novembre 2012, http://www.ifd-allensbach.de/uploads/tx_reportsndocs/November12_Islam_01.pdf.

tendance pointe unilatéralement vers le haut. C'est ainsi qu'en 2010, moins de la moitié (47 %) des Allemands disaient être d'accord avec l'affirmation : « l'islam n'appartient pas à l'Allemagne ». En mai 2016, le nombre d'Allemands se disant d'accord avec cette même déclaration s'élevait à 60 %[1].

La tendance se maintenait, malgré tous les discours tenus par les chefs politiques d'Europe de l'Ouest à leurs peuples, visant à leur prouver qu'ils se trompaient. En fait, l'argument le plus fréquemment invoqué par les dirigeants européens consistait à dire que ceux qui avaient ainsi répondu au sondage n'avaient en réalité pas suffisamment d'expérience de la diversité, en particulier de l'islam. S'ils avaient mieux connu cette religion, ils auraient pensé autrement.

Les sondages montrent en réalité le contraire. Plus l'islam est présent au sein d'une société, plus la méfiance et l'antipathie envers l'islam s'y renforcent. Mais les réponses des élites politiques présentaient un autre caractère commun : l'entêtement à croire que, pour régler le problème, il fallait avant tout régler la manière dont il s'exprimait dans l'opinion publique. Leur priorité n'était pas de combattre ce qui poussait les gens à protester, mais bien plutôt, de combattre leurs protestations. Si quelqu'un souhaite écrire un traité de mauvaise conduite politique, en voici un bel exemple.

---

1. « Für fast zwei Drittel der Bürger gehört der Islam nicht zu Deutschland », *WDR*, 12 mai 2006.

En 2009, on organisa à Luton un défilé de bienvenue en l'honneur du Royal Anglian Regiment, de retour d'Afghanistan. Luton est une de ces villes anglaises où les Britanniques « blancs » sont en minorité (aux alentours de 45 %). La ville abrite une communauté musulmane particulièrement importante. Des habitants originaires de la ville, venus assister au défilé, devinrent furieux en voyant les extrémistes du groupe islamiste al-Muhajiroun huer et insulter les soldats qui traversaient le centre-ville. Citons entre autres les expressions d'«assassins » et de « tueurs de bébés », qui leur furent adressées. Des gens, hors d'eux, voulurent alors affronter ceux qui insultaient les soldats. Mais la police britannique protégea les fauteurs de troubles et menaça d'arrêter ceux qui, en colère, voulaient s'en prendre à eux. Dans les semaines qui suivirent, certains voulurent organiser une manifestation d'opposition aux islamistes ; on leur interdit de se rendre à la mairie, où s'étaient auparavant rendus les partisans d'al-Muhajiroun. Et, alors que dans les mosquées, les islamistes d'al-Muhajiroun avaient pu distribuer leurs tracts en toute impunité, la police interdit à ceux qui s'opposaient à eux de distribuer la moindre feuille imprimée.

Épouvantés par ce deux poids deux mesures, certains formèrent dans les semaines qui suivirent un groupe, nommé English Defence League (EDL). Puis, des années durant, ils organisèrent des manifestations dans de nombreuses villes du Royaume-Uni, manifestations qui finissaient souvent de façon violente. C'était, comme le reconnut le principal organisateur (nommé « Tommy Robinson »), en partie à cause de ceux qu'attiraient ces manifestations mais aussi à cause des groupes organisés « antifascistes », qui comptaient dans leurs rangs de nombreux musulmans, qu'ils trouvaient systématiquement sur leur chemin et qui cherchaient la confrontation violente. Ces groupes « antifascistes » avaient tous le soutien des politiciens de premier plan, y compris celui du Premier ministre. Ils avaient d'ailleurs également tenu des meetings « antifascistes » où l'un des futurs tueurs de Lee Rigby s'était adressé à la foule au nom de « l'antifascisme ». Mais le plus significatif concernant EDL n'était pas tant les actions menées que l'attitude des autorités à son égard. À aucun moment la police locale, les autorités locales, la police nationale, le Gouvernement, n'ont envisagé qu'EDL puisse avoir touché juste. Les plus hautes sphères du Gouvernement avaient clairement donné l'ordre de dissoudre EDL et de traîner ses dirigeants devant les tribunaux, quitte pour cela à s'allier avec des groupes eux-mêmes impliqués dans des mouvements extrémistes et la violence.

Une fois, le dirigeant de l'EDL fut arrêté pour avoir voulu entrer, avec un ami, dans Tower Hamlets à Londres, un quartier à forte population musulmane. Une autre fois, on l'arrêta pour avoir dépassé de trois minutes le temps de manifestation autorisé. D'emblée, les autorités ont fait tout ce qui était en leur pouvoir pour rendre la vie difficile, si ce n'est impossible, à ceux qui dirigeaient le groupe. Dès que Robinson fonda l'organisation, on gela ses comptes en banque. La police perquisitionna son domicile et celui de ses proches, dossiers et ordinateurs furent saisis. Finalement, on découvrit dans ses comptes une irrégularité concernant un prêt hypothécaire, pour laquelle il fut jugé, condamné et envoyé en prison[1]. Pendant ce temps, il était régulièrement menacé par des groupes islamistes. Outre les agressions répétées commises par des gangs musulmans, les chefs de l'EDL subirent de véritables tentatives de meurtre. En juin 2012, la police arrêta une voiture à bord de laquelle se trouvait une cellule de six islamistes. Le véhicule contenait aussi des bombes, des fusils à canons sciés, des couteaux et un message de menace adressé à la reine. Les hommes revenaient d'une manifestation de l'EDL : ils avaient eu l'intention d'y perpétrer une attaque mais comme ce jour-là peu de monde s'était déplacé, la manifestation avait fini plus tôt. Comme ce fut le cas en d'autres occasions, l'opinion publique n'exprima pas de compassion particulière envers EDL : le sentiment prédominant était qu'EDL avait bien cherché ce qui lui arrivait. Pour redorer l'image de leur ville, malencontreusement mise sur le devant de la scène à cause de l'émergence conjointe de gangs musulmans et d'EDL, le conseil municipal organisa un événement appelé « Love Luton ». C'était une fête dédiée à la « diversité » et au « multiculturalisme » de Luton, où l'on trouvait un assortiment varié de spécialités culinaires, et aussi des gens montés sur des échasses.

La même histoire se rejoua à travers l'Europe, sous des formes diverses. En Allemagne, en 2014, un mouvement, qui se nomma lui-même Pegida, se forma à Dresde. Son programme était comparable à celui d'EDL et d'autres mouvements européens de protestation populaire. Ils se définissaient eux-mêmes comme opposés à l'islam radical

---

1. Voir l'entretien avec Tommy Robinson par l'auteur de ces lignes, *The Spectator*, 19 octobre 2013.

et à l'immigration de masse, tout en soulignant le fait qu'ils n'étaient pas opposés à l'immigration en général (et notamment, chez Pegida, à l'accueil de demandeurs d'asile authentiques). Comme c'était aussi le cas pour EDL, on comptait dans leurs rangs des personnalités appartenant à des minorités sexuelles et ethniques, ce que la presse mentionnait rarement. Les manifestations de Pegida mettaient en avant le refus d'une immigration musulmane non contrôlée et dénonçaient les prêcheurs de haine, salafistes ou autres extrémistes. Comme pour EDL, les auspices sous lesquels le mouvement se plaçait étaient non seulement anti-islamistes mais également antinazis, soucieux dès le départ de se démarquer des horreurs du passé. Bien que de tels amalgames aient été en permanence pratiqués par les médias, en décembre 2014, plus de 10 000 personnes participaient aux manifestations de Pegida, et le mouvement commença à se répandre dans toute l'Allemagne. À la différence de l'EDL qui, en Grande-Bretagne, attirait presque exclusivement des membres de la classe d'ouvrière, Pegida semblait capable d'interpeller une population plus diverse, y compris les classes moyennes. Finalement, le mouvement se répandit ailleurs en Europe, bien qu'à une moindre échelle.

Les autorités allemandes réagirent de la même façon que leurs homologues britanniques. Malgré les sondages (ou peut-être à cause d'eux), qui montraient que 1 Allemand sur 8 était prêt à se joindre à Pegida si une marche était organisée dans sa ville, le gouvernement allemand s'en prit au mouvement. À son apogée, le lundi précédant Noël, près de 17 000 manifestants défilèrent pour rejoindre Pegida à Dresde. C'était extraordinaire pour un mouvement qui comparativement n'avait attiré qu'une part minime de la population lors de ses manifestations. En réponse, la chancelière décida d'adresser son discours du nouvel an à Pegida. L'année 2014 avait été une année extraordinaire pour l'Allemagne, quoique pas autant que celle que Merkel s'apprêtait à inaugurer. Néanmoins, le nombre officiel de demandeurs d'asile en 2014 était déjà (à 200 000) pas loin de quatre fois plus élevé que celui des deux années précédentes et constituait un record sur les vingt années passées.

La chancelière mit à profit son allocution de nouvel an, non pas pour dissiper ces craintes, mais pour critiquer ceux qui les exprimaient : « Il va sans dire, déclarat-elle, que nous aiderons et accueillerons chez nous les gens qui cherchent refuge. » Elle mit en garde l'opinion allemande contre Pegida. D'après elle, les mouvements comme Pegida entendaient discriminer les gens du fait de leur couleur de peau ou de leur religion. « Ne suivez pas les gens qui organisent de telles choses, mit-elle en garde le peuple allemand, car leurs cœurs sont froids et souvent emplis de préjugés, voire même de haine. » Le lundi d'après, Pegida organisait une manifestation à Cologne. La cathédrale annonça qu'en signe de protestation contre le rassemblement prévu en ville, elle éteindrait ses lumières. Rares furent ceux à Cologne à qui la symbolique échappa : un an plus tard exactement, c'est devant une cathédrale illuminée que des centaines de femmes étaient frappées, violées ou volées par les migrants, dans ces mêmes rues où les autorités de la cathédrale avaient refusé de voir marcher ensemble les manifestants de Pegida.

La réaction habituelle, qui consiste à s'attaquer aux conséquences d'un problème plutôt qu'à ses causes, obéit à des motivations diverses. Parmi celles-ci, une raison non négligeable : il est infiniment plus facile de critiquer les gens à peau claire dans leur ensemble, particulièrement s'ils appartiennent à la classe ouvrière, que de critiquer les gens à la peau sombre dans leur ensemble, quelles que soient leurs origines. Et non seulement c'est plus facile, mais cela confère à celui qui critique une certaine grandeur d'âme. Toute critique de l'islam ou de l'immigration de masse – et même toute critique du terrorisme et des viols – peut être retournée contre son auteur comme étant une preuve de racisme et de xénophobie. L'accusation, même infondée, peut venir de n'importe où et laisse toujours planer un doute sur la moralité de l'accusé. Au contraire, toute personne qui en traite une autre de raciste ou de nazie se place d'une certaine manière, en tant qu'antiraciste et antinazie, en position de juge et de juré. En matière d'administration de la preuve, les standards diffèrent.

Ainsi, par exemple, le directeur du centre islamique de Luton, Abdul Qadeer Baksh, qui dirige une école locale, qui est l'allié d'élus locaux au rang desquels on compte quelques parlementaires, qui travaille avec les fonctionnaires du réseau interconfessionnel Luton Council of Faiths. Il pense par ailleurs que l'islam est depuis mille quatre cents ans en guerre avec « les juifs » et que, dans une société idéale, les homosexuels devraient être tués. Il défend l'idée de couper les mains aux voleurs ou de fouetter les femmes, car ce sont des punitions *hudud* de l'islam, donc acceptables. Néanmoins, aucun de ces éléments – qui sont tous facilement accessibles, connus et disponibles – n'a fait de lui un paria ou un intouchable. La police n'a jamais perquisitionné le domicile de ses proches à la recherche d'un prétexte pour pouvoir l'arrêter. En revanche, dès que Tommy Robinson est apparu, on a voulu lui coller l'étiquette de « raciste » ou de « nazi », quoi qu'il fasse. Les islamistes contre lesquels luttent EDL et d'autres sont innocents, même s'ils sont coupables, alors que ceux qui les combattent sont coupables, même s'ils sont innocents. Les gouvernements européens, qui faisaient ce qu'ils pouvaient pour ne pas envisager la culpabilité des islamistes, ne ménageaient pas leur peine pour condamner les gens qui les contraient. La plupart des médias suivaient le même ordre de priorité. L'exemple le plus stupéfiant en était leur désir de prouver l'antisémitisme de ceux qui manifestaient une réaction d'opposition aux islamistes, tout en ignorant l'antisémitisme bien réel de ces derniers, pourtant premiers dans l'ordre logique des choses. Ainsi, bien que l'ensemble des médias allemands se soient précipités pour prouver l'antisémitisme des membres ou des dirigeants de Pegida, ils se sont montrés aussi mous que le gouvernement allemand dès qu'il s'est agi d'identifier l'antisémitisme des salafistes et des mouvements combattus par Pegida. Ce n'est qu'après que le Gouvernement eut laissé entrer le flot migratoire de 2015 que des membres du Gouvernement et les médias ont commencé à reconnaître que l'antisémitisme des migrants du Moyen-Orient posait problème en Allemagne.

Il ne s'agit pas là d'une simple erreur politique, mais plutôt d'un manquement général. Dans la majeure partie de l'Europe, il semble qu'à l'heure actuelle, l'antifascisme souffre en fait d'un problème d'offre et de demande : car en termes de fascistes, la demande excède très largement l'offre. L'antifascisme, résolu à ne plus jamais voir ressurgir la bête immonde, constituait un des piliers de la politique d'après-guerre. Avec le temps, c'est même devenu, peut-être, la seule certitude qui ait survécu à l'époque. Mais, plus le fascisme s'éloigne dans le temps, moins les fascistes sont visibles, plus les soi-disant antifascistes en ont besoin : il leur faut conserver cette apparence de moralité, cet objectif politique. De ce point de vue, il s'avère utile de définir comme fascistes des gens qui ne le sont pas, tout comme il l'est d'accuser de racistes des gens qui ne le sont pas. Dans des deux cas, ces termes sont employés aussi largement que possible, dans les deux cas toute personne accusée de ces maux paie le prix fort, politiquement et socialement. Et pourtant, ceux qui portent si injustement ce genre d'accusation ne paient rien, ni sur le plan politique, ni sur le plan social, ni d'aucune manière. C'était un exercice gratuit, qui garantit bien des avantages sur le plan politique et personnel.

Toutefois, bien qu'on puisse relever le fait qu'aucune ferveur « anticommuniste » se soit jamais installée durablement en Europe de l'Ouest – car alors pointait le soupçon de « chasse aux sorcières » et le rejet –, les antifascistes en Europe n'avaient pas tort sur tout, réalité qui complexifie encore davantage les problèmes sociaux européens. Aux États-Unis, un mouvement de protestation populaire qui s'intéresserait par exemple à l'immigration et à islam serait susceptible d'attirer quelques excentriques, quelques dingos un peu farfelus. Mais il ne recueillera pas les suffrages d'authentiques nazis, pas même à ses débuts. Lorsqu'en 2004, le parlementaire hollandais Geert Wilders fait sécession du Parti libéral hollandais sur la question du soutien du VVD à l'entrée de la Turquie dans l'UE, il forme son propre parti, le Parti de la liberté. Parti qui, dès sa première participation aux élections de 2006, remporte 9 des 150 sièges du parlement néerlandais. Des sondages effectués en 2016 montrent que le PVV est le parti le plus populaire des Pays-Bas. Bien que le PVV obtienne de plus en plus de députés, Wilders reste à l'heure actuelle le seul membre de son parti. En créant PVV, Wilders a fait en sorte qu'il en soit ainsi.

Aucun militant, aucun député élu sous l'étiquette PVV ne peut appartenir au parti. En faisant ce choix, Wilders a renoncé de fait à d'importantes subventions publiques (qui aux Pays-bas sont proportionnelles à la taille du parti). L'unique raison qui a poussé Wilders à organiser son parti de cette manière était, comme il l'a expliqué en privé à l'époque, la crainte que la possibilité d'adhérer n'attire en premier chef les quelques skinheads présents aux Pays-Bas, ce qui aurait dissuadé les personnes normales de le rejoindre[1]. Il ne voulait pas offrir à une frange marginale d'authentiques néonazis l'opportunité de compromettre les perspectives politiques de tout un pays.

Ceci montre bien le problème de fond de l'Europe moderne et constitue un véritable défi pour tout mouvement populaire désireux d'affronter les questions qui sont au centre des inquiétudes européennes. Le phénomène se duplique, que ce soit dans les partis parlementaires ou

---

1. Entretien de l'auteur avec Wilders, mars 2008.

dans les mouvements issus de la société civile. Lorsque Tommy Robinson crée l'EDL, il apprend très vite qu'un authentique nazi, vivant à l'étranger, insiste pour le rencontrer et prendre en charge le mouvement. Robinson refuse, ce qui le met en danger, et consacre ensuite la plupart de son temps à empêcher les gens de cet acabit d'intégrer son mouvement, sans que personne ne lui en sache vraiment gré. Personne non plus ne relève que, s'il a été condamné pour agression en 2011, c'est pour avoir donné un coup de tête à quelqu'un qui, selon ses dires, était un authentique néonazi.

Si les médias et les hommes politiques affirment qu'un mouvement est d'extrême droite, ce mouvement attirera nécessairement les gens d'extrême droite, même si ses cadres tentent sincèrement d'éviter ce genre de profil[1]. Mais il est également vrai qu'existent dans les pays européens de petits mouvements véritablement fascistes ou racistes.

Tout ceci soulève de nombreuses questions en Europe. La réponse à court terme a consisté à ostraciser ceux qui s'opposaient aux conséquences de l'immigration de masse, en les privant de parole publique, en les traitant de racistes, de nazis et de fascistes. Si on a enfin admis que certains de ceux qui avaient été ainsi désignés ne méritaient pas ces étiquettes, on a aussi pensé que le jeu en avait valu la chandelle. Que fait une classe politico-médiatique qui découvre que les idées qu'elle a tenté de mettre à l'index correspondent en réalité majoritairement à celles de l'opinion ?

---

1. Entretien de l'auteur avec Robinson, *The Spectator*, 19 octobre 2013. Voir aussi Tommy Robinson, *Enemy of the State*, The Press News, 2015.

CHAPITRE XV

Contrôler l'effet boomerang

Une manière de répondre à cette question consiste à se demander si les gens « ordinaires », ceux qui critiquent l'immigration de masse vers leur pays et relèvent certains des effets négatifs qu'elle entraîne, peuvent encore dire ou faire quoi que ce soit. Et si oui, que serait-ce donc ? Un mouvement respectable pourrait-il vraiment exprimer ce genre d'inquiétudes ? Les ouvriers auraient-ils le droit d'en faire partie ? Faudrait-il être titulaire de diplômes universitaires pour prétendre y adhérer ? Les gens qui n'ont pas fait d'études ont-ils le droit de s'inquiéter de la direction qu'on fait prendre à leur pays, sans se faire pour cela traiter de nazis ?

En 2014, la chancelière Merkel aurait pu initier une démarche de ce type. Dans ses vœux de nouvel an, au lieu de reprocher à Pegida son manque de cœur et sa froideur, elle aurait pu assurer au peuple allemand que c'étaient en réalité les salafistes, les musulmans radicaux contre lesquels Pegida entendait se dresser, dont les cœurs exprimaient la froideur la plus épouvantable – problème auquel les Allemands devaient trouver une réponse sans pour autant refuser tous les réfugiés de la planète. Il en est allé de même lorsque les élites politiques allemandes ont réagi à la création de Alternative für Deutschland. Mettre toute son énergie à attaquer les thèses de l'AfD et de ses partisans, tout en aggravant massivement leurs motifs d'inquiétude, constituait une politique à très court terme. Néanmoins, au cours des dernières années, les Européens ont pris l'habitude de condamner toute expression de ce genre d'inquiétude, incapables parallèlement d'en juguler l'origine, luttant contre les conséquences au lieu de s'attaquer aux causes – une habitude, mais aussi le signe de graves problèmes à venir.

Les grands médias européens souffrent de la même maladie. Les médias européens, qui ont bien compris la leçon à tirer de la fatwa contre Rushdie, des caricatures danoises et, autant si ce n'est davantage, de *Charlie Hebdo*, savent qu'il y a un risque physique, mais aussi social à s'intéresser de trop près à un certain sujet, la question musulmane. En invoquant le prétexte de « la décence » envers l'islam, ils ont tout le loisir de se rabattre sur des thèmes plus simples à traiter. « Faire le jeu de l'extrême droite » par exemple, est un marronnier journalistique, selon lequel l'extrême droite est en train de monter alors même lorsqu'elle s'effondre – ce qui a été le cas de la Grande-Bretagne ces dix dernières années. Néanmoins, on ressort souvent ce vieil épouvantail de la droite ou de l'extrême droite « en route » vers le pouvoir. Les gros titres du style « L'extrême droite conquiert l'Europe » ont fait florès ces dernières années, que les gens concernés soient ou non de droite. Comme l'écrivain Mark Steyn le fit remarquer en 2002, au moment de l'essor du mouvement de Pim Fortuyn, un titre comme

« Les professeurs homosexuels en marche » aurait sûrement résonné autrement[1].

Parallèlement, l'obsession d'un supposé racisme européen se traduit par le fait que chaque jour, l'actualité est vue à travers le prisme de cette seule question. N'importe quel jour, n'importe où en Europe, n'importe quel journal pris au hasard affichera des manchettes comme celle-ci, tirée du quotidien hollandais *de Volkskrant* de l'été 2016 : « *Hoe Racistich is Nederlands ?* » (« À quel point les Pays-Bas sont-ils racistes[2] ? »). La réponse à cette question – généralement : « très » – attribue par ailleurs unilatéralement aux Européens la responsabilité des échecs de l'intégration et de l'assimilation. Ainsi, les Européens sont responsables ce qui leur arrive, on leur refuse tout droit à exprimer leur désaccord, tandis qu'on fait passer les opinions majoritaires non seulement pour dangereuses, mais aussi pour marginales. De tous les pays d'Europe qui ont tenté l'expérience, la Suède est sans doute le plus intéressant, sans doute parce qu'elle connaît le consensus politico-médiatique le plus rigide du continent. Malgré – ou à cause de – ceci la vie politique suédoise mute plus rapidement qu'ailleurs.

De prime abord, la situation en Suède peut paraître différente de celle des autres pays européens. Seul pays à connaître un taux d'immigration comparable à celui de l'Allemagne en 2015, la Suède, à la différence de

---

1. Mark Steyn, « Gay professors on the march across Europe », *The Daily Telegraph*, 11 mai 2002.
2. *De Volksrant*, 4 juin 2016.

l'Allemagne, ne semble pas devoir plier sous le poids de son histoire. Au contraire, elle se présente selon les termes de sa classe politique comme une « superpuissance humanitaire », bienveillante et libérale. Avec une population de moins de 10 millions d'habitants, cette avant-garde nordique de l'Europe est réputée pour les dépenses de son État providence, une fiscalité élevée et une bonne qualité de vie. Mais les problèmes qu'y pose l'immigration sont les mêmes que partout ailleurs.

Comme le reste de l'Europe, suite à la Seconde Guerre mondiale, la Suède a commencé à recourir à la main-d'œuvre immigrée. Les années de domination communiste en Europe de l'Est amenèrent des vagues ponctuelles de réfugiés (notamment en 1956 et en 1968), ce qui convainquit de nombreux Suédois que non seulement ils pouvaient accueillir tous ces gens, mais qu'en plus, ils savaient réussir leur intégration. Durant toute cette période, la réputation de la Suède, havre de paix pour les demandeurs d'asile du monde entier, alla grandissant, ce qui permit au pays de redorer l'image qu'il se faisait de lui-même, mais aussi sa réputation dans le monde.

Sous le vernis néanmoins se cache une autre vérité. En effet, bien qu'au premier abord la Suède semble accepter les migrants par pure et authentique bonté d'âme, la culpabilité qui taraude l'Europe la parcourt également, quoique plus subtilement que ses voisins du Sud. N'ayant qu'une histoire coloniale très limitée, le pays n'a pas de culpabilité particulière en la matière. Comme elle est en outre restée neutre pendant la Seconde Guerre mondiale, la Suède échappe aussi à la culpabilité d'avoir commis de sanglants faits d'armes. Néanmoins, la culpabilité rôde et entache la mémoire de ces années-là. Bien que la Suède présente la neutralité adoptée pendant la guerre comme une preuve de supériorité morale, plus on s'éloigne des années 1940 et plus on considère du point de vue historique que cette neutralité était en réalité honteuse.

Et aussi, il devint de plus en plus évident que la Suède n'était pas restée aussi neutre qu'elle le prétendait. Non seulement parce qu'elle avait permis à des trains remplis de nazis et de marchandises de traverser son territoire pendant l'occupation de la Norvège voisine mais aussi parce qu'elle avait fourni à l'Allemagne les matières premières qui avaient permis aux nazis de poursuivre le combat.

La fin de la guerre écorna encore davantage l'image que le pays se faisait de lui-même. L'extradition de soldats baltes qui s'étaient battus contre les Soviétiques en constitua un épisode certes mineur, mais significatif. Les Suédois en tirèrent la leçon que les réfugiés renvoyés chez eux, tout comme ceux qu'on refusait d'emblée, pouvaient moralement entacher une réputation, alors que ceux qu'on gardait constituaient la preuve d'une bonté sans mélange. C'est du moins ce que les Suédois pensaient à l'époque.

La fierté suédoise à être un havre de sécurité pour les demandeurs d'asile du monde entier commença à se fissurer dans les années 1990, lorsque le pays accueillit des dizaines de milliers de réfugiés fuyant la guerre des Balkans. Pour la première fois, ces réfugiés apportèrent avec eux des problèmes non négligeables. Les gangs bosniaques devinrent les invités permanents des journaux télévisés suédois. Malgré ce signe avant-coureur, le taux d'immigration des quinze premières années du XXIᵉ siècle augmenta de manière exponentielle. L'accroissement rapide de la population suédoise – qui incluait l'augmentation de la population due aux immigrés – entraîna la mise en tension des services publics. Les chiffres officiels montrent une population de 8 millions d'habitants en 1969 qui atteignit 10 millions d'habitants en 2017, avec une projection pour l'année 2024 de 11 millions d'habitants (si la croissance actuelle se maintient). Ceci impose à la Suède de construire 71 000 nouveaux logements par an afin de répondre au besoin du pays jusqu'en 2020, soit 426 000 logements en tout[1].

Bien qu'une idée reçue dise que le peuple suédois, tout comme ses élites politiques, ait toujours été favorable à l'immigration, les faits semblent indiquer le contraire. En 1993, le journal *Expressen* brisa un des grands tabous de la politique suédoise et publia un de ces rares sondages d'opinion sur les perceptions réelles du pays. Sous la manchette « Jetez-les dehors », le journal révélait que 63 % des Suédois voulaient que les immigrés rentrent chez eux. Dans un article, le rédacteur en chef, Erik Månson, concluait : « Le peuple suédois a une opinion bien arrêtée sur l'immigration et la politique d'asile. Ceux qui sont au pouvoir professent l'opinion opposée. Cela ne peut pas marcher. C'est une bombe à retardement sur le point d'exploser. C'est pourquoi, à partir de ce jour, nous écrirons sur ce sujet. Dire les choses comme elles sont. Noir sur blanc. Avant que la bombe n'explose. »

---

1. Eva Jacobsson, « Boverket : Bristen ännu värre än väntat », *Hem & Hyra*, 1ᵉʳ avril 2015.

Comme pour lui donner raison, le seul résultat de la publication de ce sondage d'opinion fut que les propriétaires de l'*Expressen* licencièrent le rédacteur en chef.

Lorsque l'immigration vers la Suède commença à augmenter de manière significative dans les années 2000, on surveilla de très près toute discussion publique sur le sujet, ce que rendait possible l'homogénéité de la classe politique, mais aussi l'uniformité politique des médias suédois. Peut-être davantage que dans n'importe quel autre pays européen, les médias suédois considéraient que les questions liées à l'immigration étaient méprisables et extrêmement dangereuses. En 2011, une enquête portant sur les affiliations politiques des journalistes suédois révéla que près de la moitié d'entre eux (41 %) étaient favorables au parti vert. Les seuls partis qui pouvaient légèrement rivaliser dans leur cœur avec ce parti étaient le parti de gauche (15 %), le parti social démocratique (14 %) et le parti libéral conservateur modéré (14 %). Seulement 1 % des journalistes exprimaient de la sympathie pour les démocrates suédois, ce qui est dans la marge d'erreur[1].

Néanmoins en 2016, ce parti que diabolisait tant la classe journalistique était en tête des sondages suédois. Succès qui s'explique par le fait qu'il aborde transversalement tous les dilemmes que connaît l'Europe moderne. Lorsqu'il fut créé, dans les années 1980, c'était indubitablement un parti raciste et nationaliste. Les alliances et la politique menées étaient dans la droite ligne de celles que menaient

---

1. Étude du département du journalisme, des médias et de la communication de l'université de Göteborg, 2011.

en Europe d'authentiques mouvements d'extrême droite, dont certains défendaient l'idée d'une suprématie raciale blanche. On le considérait de la même manière que le British National Party au Royaume-Uni, et son poids dans la vie politique était insignifiant. Dans les années 1990, on entreprit de réformer et de moraliser le parti, en excluant tous ceux qui participaient à des mouvements néonazis. Puis, dans les années 2000, un groupe de quatre jeunes gens, pour la plupart nés dans les années 1970, voulurent faire voler en éclats le statu quo suédois.

Jimmie Akesson et ses collègues avaient le choix : ils pouvaient soit fonder un nouveau parti, soit prendre le contrôle d'un parti déjà existant. Ils optèrent pour la seconde solution et au cours des années 2000, ils œuvrèrent à exclure des démocrates suédois les derniers éléments d'extrême droite qui y appartenaient encore, en vue de faire du parti un mouvement nationaliste, mais pas raciste. On ne crut pas en la sincérité de leur démarche. Les médias, les hommes politiques continuèrent à décrire les Démocrates suédois comme des gens « d'extrême droite », « racistes », et « xénophobes » et les dépeignaient en néonazis. Lors des élections générales de 2010 le parti remporta plus de 5 % des suffrages et fit pour la première fois son entrée au Parlement. Les autres partis parlementaires, consternés, traitèrent les nouveaux députés en parias, refusant de passer le moindre accord et de travailler avec eux, refusant même de leur adresser la parole.

Cependant, dans les années qui suivirent cette élection, les questions de l'immigration et de l'identité qu'avaient soulevées les démocrates suédois passèrent au premier plan.

Jusqu'à présent, le pays avait souffert des mêmes symptômes que le reste de l'Europe, vraisemblablement sous une forme aggravée. La culture de l'autodénigrement est particulièrement vivace en Suède. Ainsi, en 2006, le Premier ministre du pays, Fredrik Reinfeldt (du parti conservateur « modéré »), avait-il affirmé : « Seule la barbarie est authentiquement suédoise. Tout le reste nous est venu d'ailleurs. » Les Églises de Suède confirmaient l'opinion dominante. Parmi d'autres éminences cléricales, l'archevêque de l'Église de Suède, Antje Jackelén, déclara par exemple que ceux qui menaient la politique migratoire du pays ne devaient pas oublier que « Jésus était un réfugié ».

En Suède, on observa pendant cette période, de manière aussi prévisible que lassante, une explosion du nombre d'agressions antisémites. Alors que la population immigrée musulmane de la ville de Malmö augmentait, le nombre de juifs (dans cette ville qui jadis avait été un refuge pour eux) commença à diminuer. Des bâtiments juifs, dont la chapelle du cimetière juif de la ville, furent attaqués au cocktail Molotov et en 2010, alors que la communauté juive de la ville était passée sous la barre du millier, près d'un juif sur dix déclarait avoir été agressé au cours de l'année précédente. Les habitants non juifs de Malmö décidèrent d'escorter les juifs portant la kippa lorsqu'ils se rendaient à des cérémonies religieuses et à d'autres événements publics.

Bien que les signaux d'alarme y aient été aussi visibles qu'ailleurs, à partir de 2010, l'immigration en Suède connut une nette accélération. Les migrants du monde entier étaient comme aimantés par la Suède, pays où les nouveaux venus bénéficiaient d'office d'un logement et d'aides sociales, mais également d'un programme de regroupement familial très attractif. Lors de l'élection de 2014, les démocrates suédois firent plus que doubler leurs suffrages et devinrent le troisième parti du pays, en regroupant près de 13 % des votes. Et comme chacun désormais pouvait voir ce qui se passait, la presse suédoise mit toute son énergie à occulter ce qui aurait pu apporter de l'eau au moulin des démocrates suédois et ainsi renforcer leur popularité. Comme on pouvait s'y attendre, les conséquences de ce choix furent tragiques.

Pendant l'été 2014, le festival musical We are Stockholm eut lieu comme chaque année. Sauf qu'en l'occurrence, des dizaines de jeunes filles, dont certaines n'avaient que 14 ans, furent encerclées par des bandes de migrants, principalement des Afghans, frappées et violées. La police locale étouffa l'affaire et n'en fit aucune mention dans son rapport sur le festival, lequel durait cinq jours. Il n'y eut aucune arrestation et la presse évita toute mention des viols. En 2015, des viols organisés par des bandes de migrants eurent lieu dans d'autres festivals de musique, à Stockholm, à Malmö et dans d'autres villes. Les statistiques étaient incroyables. Alors qu'en 1975, la police suédoise recensait 421 viols, en 2014 les chiffres annuels s'élevaient à 6 620[1]. En 2015, la Suède avait le taux de viols par habitant le plus élevé du monde, à l'exception du Lesotho. Lorsque la presse suédoise mentionnait ces événements, elle les déformait délibérément. Par exemple, après le viol en réunion d'une jeune fille, à bord du ferry reliant Stockholm à Turku, en Finlande, la presse affirma que les coupables étaient suédois, alors qu'il s'agissait en réalité de Somaliens. Dans

---

1. Statistiques du Conseil national suédois de prévention du crime (Brottsförebyggande radet – Bra).

tous les pays voisins se produisaient les mêmes événements. Des études publiées au Danemark en 2016 montrèrent qu'à âge égal, les Somaliens avaient 26 fois plus de chances de commettre un viol que les Danois[1]. Et pourtant, en Suède comme ailleurs, le sujet demeurait tabou.

Il fallut les agressions du nouvel an à Cologne et les tentatives d'étouffer l'affaire pour que, ceci venant à se savoir, les médias suédois informent enfin le public de ce qui se produisait depuis des années en Suède, lors de festivals de musique ou d'autres événements. Grâce au travail de journaux en ligne et de blogs, l'entreprise de dissimulation qu'avait mise en place la police, mais aussi la presse suédoise, fut exposée au grand jour. Tout ceci alors que de nouvelles arrivées avaient lieu chaque jour, même en 2014, ce qui avait d'ailleurs mené le Premier ministre à reconnaître, en août de cette même année, que si les demandeurs d'asile continuaient à entrer dans le pays à ce rythme : « Nous ne pourrons rien nous permettre de plus. » Reinfeldt avait cependant ajouté, immédiatement après, qu'il n'entendait pas changer de politique car : « Nous sommes confrontés à des gens qui sont en danger de mort. » À Noël, celui qui à ce moment-là n'était plus Premier ministre de la Suède affirma lors d'un entretien télévisé que les Suédois étaient « peu intéressants », que les frontières étaient des constructions « fictionnelles » et que la Suède appartenait à ceux qui y étaient venus, aspirant à de meilleures conditions de vie, plutôt qu'à ceux qui y vivaient depuis des générations.

---

1. Fredric Morenius, « Valdtäkt och förövarens nationella bakgrund », 12 août 2016, sur https://fredricmorenius.wordpress.com/2016/08/12/valdtakt-och-forovarens-nationella-bakgrund.

Pourtant, même dans cette perspective, les événements qui se produisirent en Suède en 2015 étaient absolument inédits dans l'histoire du pays. Suite à l'annonce faite par la chancelière Merkel, il y eut certains jours en septembre où on compta près de 10 000 entrées ; le pays fut quasiment paralysé. Tandis que pour cette seule année, 163 000 personnes avaient déposé une demande d'asile, un nombre inconnu de gens était entré dans le pays, puis s'était évanoui dans la nature sans laisser de traces. Des gens découvraient des migrants installés dans les buanderies de leur immeuble, à Malmö. La ville comptait un taux de personnes imposables bien plus faible qu'ailleurs en Suède ; des endroits comme Rosengard n'abritaient quasiment plus que des immigrés et seuls 15 % des habitants avaient un emploi. Pourtant, ce n'étaient pas des endroits déplaisants. On y vivait mieux que dans les quartiers populaires d'autres villes européennes et, avant qu'ils deviennent des ghettos d'immigrés, de nombreux Suédois épargnaient pendant des années pour y acheter leur maison. Mais les perspectives d'intégration étaient déjà catastrophiques. Avant même 2015, cela faisait quatorze ans que pas un des enfants scolarisés à Rosengard n'avait eu le suédois comme langue maternelle. Avant même 2015, les services d'urgences refusaient d'y aller sans être escortés par la police, parce que les habitants s'en prenaient aussi aux ambulances et aux pompiers.

S'affolant de la concentration d'immigrés dans certaines villes, en 2015, les autorités suédoises voulurent tenter une autre approche. Elles décidèrent de répartir les nouveaux arrivants dans des villes et des villages reculés, notamment au nord du pays. On installa 200 migrants dans le village d'Undrom dans la région de Sollefteå (un village de 85 habitants). On envoya 300 migrants dans le village de Trensum, dans la région de Karlshamn (un village de 106 habitants). D'autres villages reculés triplèrent en population du jour au lendemain. Évidemment, les migrants n'étaient pas venus en Suède pour s'installer en des lieux si isolés et si inhabituels : la police dut souvent les faire monter de force dans le bus qui les y conduisait. Néanmoins, les politiciens suédois maintinrent que le pays offrait tout l'espace nécessaire pour loger les migrants. Ce n'est qu'après l'accélération de leur politique migratoire qu'ils en reconnurent les failles. Le budget de l'année suivante prévoyait que les coûts liés à l'immigration avoisineraient les 50,4 milliards de couronnes suédoises, en se limitant aux seules dépenses directes (ce qui ne représente qu'une part du coût global). Pour replacer les choses dans leur contexte, rappelons que le budget du département de la justice en 2016 était de 42 milliards de couronnes et le budget de la défense de 48 milliards de couronnes. La Suède est une exception en ce domaine. Alors que l'économie mondiale était en récession, le pays avait pu dégager un excédent budgétaire. Désormais, alors que l'économie mondiale connaît une période de croissance, la Suède doit affronter le risque d'avoir un budget déficitaire.

Confrontées à de telles réalités, les considérations humanitaires les plus sincères commencent à décliner. Parmi les nouveaux arrivants de 2015, on comptait un nombre particulièrement élevé de mineurs sans papiers et non accompagnés. Bien qu'il y eût des enfants parmi eux, les travailleurs sociaux remarquèrent qu'environ trois « enfants » sur cinq affirmaient être nés un 1er janvier. Et bien sûr, que ces contingents de mineurs étaient essentiellement constitués d'hommes (92 %). La politique des fonctionnaires suédois consistait à ignorer ce qu'ils avaient sous les yeux. Mais en août 2015, un demandeur d'asile dont la demande avait été refusée assassina deux Suédois à coups de couteau, dans le magasin *Ikea* de Västerås. Au fil des mois, la patience de certains Suédois commençait à faiblir.

En octobre 2015, les centres pour réfugiés de Munkedal, de Lund et des dizaines d'autres lieux situés dans tout le pays furent incendiés par des Suédois. Le Gouvernement fit en sorte que ces lieux d'accueil soient désormais tenus secrets. Mais lorsqu'au mois de janvier 2016, une jeune travailleuse sociale fut poignardée à mort dans un centre d'asile par un enfant migrant qui s'avéra finalement être un adulte, la colère de l'opinion publique ne se calma pas. Les « zones interdites » étaient devenues un problème majeur en Suède : les fonctionnaires déniaient avec véhémence l'existence de territoires dans lesquels les autorités ne pouvaient pas pénétrer, fait pourtant établi par les gens qui y vivaient et par les services d'urgences qui y subissaient régulièrement de graves agressions.

En ce mois d'août, un enfant de 8 ans originaire de Somalie, venu de Birmingham à Göteborg pour rendre visite à sa famille, fut tué lors d'une attaque à la grenade liée à une guerre de gangs. Comme, un an auparavant, l'explosion d'une voiture piégée à Göteborg, dans laquelle une fillette de 3 ans avait été tuée, la violence de gangs ethniques faisait partie du paysage. En 2016, on apprit que près de 80 % des membres de la police suédoise envisageaient de démissionner du fait des nouveaux dangers auxquels leur travail les exposait, lorsqu'il s'agissait d'intervenir dans ces territoires hors la loi, où les immigrés régnaient en maîtres.

Comme partout ailleurs, le Gouvernement et les médias suédois avaient prétendu que ces migrants, pour la plupart, étaient médecins, ou universitaires. En réalité, on avait massivement importé, dans ce pays qui n'avait pas vraiment besoin de main-d'œuvre peu qualifiée, une population peu éduquée et qui ne parlait pas la langue.

Et tandis que le Gouvernement durcissait à contrecœur les procédures aux frontières, les dirigeants politiques, comme ceux de la société civile, continuaient à marteler que les frontières devaient disparaître et que l'immigration pouvait être illimitée. L'archevêque Jackelén rappela que Jésus n'aurait pas approuvé les restrictions à l'immigration qu'imposait le Gouvernement.

À l'été 2016, lors d'un séjour en Suède, je suis allé assister à une conférence régionale du parti des démocrates suédois à Västeras, dans le centre du pays. Plusieurs centaines de membres du parti s'étaient rassemblés pour assister à cette journée, conçue comme un colloque universitaire. Les dirigeants du parti se mêlaient aux militants et, bien que tout le monde se définisse comme nationaliste, on ne pouvait pas déceler la moindre trace de racisme ou d'extrémisme. Les débats entre leaders et militants du parti portaient sur la meilleure manière de mettre un coup d'arrêt à la politique d'immigration suédoise, mais les cadres, jeunes pour la plupart, brillaient par leur esprit de modération, qu'ils se soient exprimés en public ou en privé. En privé, ils interrogeaient leurs visiteurs sur Viktor Orbán et sur d'autres dirigeants européens qui, comme eux, s'opposaient à l'immigration de masse. Pouvait-on les apprécier ? Lesquels d'entre eux pouvaient être des alliés, lesquels étaient des « extrémistes » ? Ce parti que les médias, aussi bien en Suède qu'à l'étranger, persistaient à qualifier d'« extrême droite » et de « fasciste » semblait se soucier de la véritable extrême droite et du fascisme au moins autant qu'eux.

Quelles que soient ses idées, le succès récent de ce parti n'a rien d'étonnant. La vie politique du pays a changé très vite parce que sa démographie a changé très vite. Selon le Pr Sanandaji, économiste suédois (lui-même d'origine irano-kurde), en 1990 les immigrés non européens représentaient 3 % de la population suédoise. En 2016, les chiffres sont passés à 13-14 % et augmentent de 1 à 2 % par an. À Malmö, la troisième ville du pays, les Suédois d'origine extra-européenne représentent déjà la moitié de la population. Selon Sanandaji, en l'espace d'une génération, d'autres villes suivront et les Suédois de souche seront minoritaires dans les plus grandes villes du pays : à cause de l'immigration, à cause du taux de natalité, plus élevé chez les immigrés, et aussi parce que les Suédois de souche préfèrent quitter les endroits où vivent majoritairement des immigrés. L'un des constats les plus intéressants dans ces enquêtes sur le comportement des Suédois est le fait qu'en dépit de la hausse du phénomène de « fuite des Blancs », le Suédois moyen maintient sa défense du multiculturalisme. En réalité, ceux qui ont préféré quitter ces quartiers multiculturels sont paradoxalement les plus susceptibles de défendre l'idée qu'il faut y vivre[1]...

1. Erico Matias Tavares, « Sweden on the brink? – An Interview with Dr. Tino Sanandaji », 21 février 2016, sur https://www.linkedin.com/pulse/sweden-brink-interview-dr-tino-sanandaji-erico-matias-tavares.

Manifestement, il y a en Suède comme partout ailleurs en Europe un fossé entre ce que les gens pensent et ce qu'ils croient devoir penser. Et tandis que les opinions des Européens convergent – à différents tempos –, leurs dirigeants politiques continuent à prendre des décisions qui accélèrent encore le mouvement. La Suède n'est qu'un exemple extrême de cette dynamique.

Pendant toute l'année 2016, alors que les plaques tectoniques sociales et politiques de l'Europe se déplaçaient, les dirigeants européens ne dévièrent pas d'un iota. L'été de cette année, un accord fut passé avec la Turquie, ce qui ralentit l'immigration via la Grèce et provoqua une remontée du mouvement migratoire vers l'Italie. Ce mois d'août, en une seule journée, les gardes-côtes italiens secoururent 6 500 migrants au large de la Libye. Les gardes-côtes menèrent plus de 40 missions de sauvetage à moins de 12 miles de la ville libyenne de Sabratha. Les passagers des bateaux – la plupart étant originaires d'Érythrée ou de Somalie – les remerciaient. Mais en réalité, les passeurs ne se souciaient même plus de mettre suffisamment d'essence dans les bateaux pour atteindre Lampedusa. Sachant qu'ils allaient être interceptés à mi-chemin par les navires de sauvetage, ils se contentaient de la quantité de fuel nécessaire pour arriver… jusqu'aux navires de sauvetage. Les Européens étaient en quelque sorte chargés de prendre la relève[1].

Les politiques poursuivirent la même stratégie, injectant un nombre croissant de gens dans un système dont

---

1. « Thousands of migrants rescued off Libya », BBC News, 7 juillet 2016.

eux-mêmes reconnaissaient les failles. Mais partout en Europe, l'opinion publique changeait. En juillet 2016, moins d'un an après le grand geste de la chancelière Merkel, un sondage releva que moins d'un tiers des Allemands (32 %) croyaient encore au concept de *Willkommenskultur* et à l'immigration de masse dans leur pays. Un tiers des Allemands estimaient que l'existence même de leur pays était menacée par l'immigration et un tiers pensaient que la majorité des migrants étaient des migrants économiques et non de véritables réfugiés. Avant même qu'aient eu lieu les premiers attentats kamikazes et les attaques terroristes de l'été 2016, la moitié des Allemands craignaient que le terrorisme soit une des conséquences de l'afflux massif d'immigrés. Plus intéressant encore, on découvrait que, parmi les Allemands d'origine étrangère, 41 % seulement souhaitaient que l'immigration de masse continue, alors que 28 % voulaient qu'elle soit complètement interrompue. En d'autres termes, sur sa gestion du dossier migratoire, Merkel avait perdu l'approbation des immigrés eux-mêmes[1].

Le mois suivant, sa cote de popularité avait sombré, passant de 75 % (son niveau d'avril 2015) à 47 % seulement[2]. Une majorité d'Allemands était désormais en désaccord avec la politique de la chancelière. Aux élections régionales de septembre en Poméranie, Alternative für Deutschland, mouvement créé trois ans auparavant, relégua le parti d'Angela Merkel à la troisième place. Ces résultats furent métaphoriquement comparés à de

---

1. « Bye bye Willkommenskultur », *Die Zeit*, 7 juillet 2016.
2. Sondage mené par le diffuseur allemand ARD.

véritables chocs sismiques. En réalité, il ne s'agissait que de secousses minimes, qui n'entraînèrent aucun changement majeur. Dès lors qu'avait commencé l'immigration de masse, l'opinion publique européenne s'y était opposée. Mais aucun dirigeant, quelle que soit sa sensibilité politique, n'avait reconsidéré la question à la lumière des faits, aucun n'avait changé de stratégie pour l'adapter au réel. La chancelière Merkel avait certes accéléré le processus, mais celui-ci participait d'une dynamique que l'Europe subissait depuis des décennies. Les effets induits commençaient à se voir.

Le 19 décembre 2016, quelques jours avant Noël, un Tunisien de 24 ans, Anis Amri, braque un camion, tue son chauffeur polonais et, une fois au volant, fonce dans la foule. Sur le Kurfürstendamm, la principale artère commerciale berlinoise, le marché de Noël est bondé. Dans le carnage qui s'ensuivit, douze personnes furent tuées et bien plus encore furent blessées. Une fois descendu du camion, Amri prit la fuite. En cavale, il traversa toute l'Europe. Bien qu'il fût l'homme le plus recherché du continent, il réussit d'abord à se rendre aux Pays-Bas. Il se débrouilla ensuite pour entrer en France et traverser le pays, pourtant censé être en état d'alerte maximal, placé depuis deux ans en état d'urgence. Amri parcourut aussi l'Italie, où deux policiers milanais voulurent contrôler son identité. Il s'empara alors d'une arme, tira sur un des policiers italiens avant que l'autre ne l'abatte. On découvrit qu'Amri, qui avait juré fidélité à Daech avant l'attentat, avait débarqué comme migrant à Lampedusa en 2011. Sa demande de permis de résidence italien ayant été refusée, il avait incendié le foyer où l'État logeait les migrants, ce qui lui avait valu de séjourner dans les prisons siciliennes.

En 2015, à peine libéré, il entre en Allemagne où on l'enregistre, sous au moins neuf noms différents, comme demandeur d'asile. L'absence de communication entre les autorités régionales allemandes, le laxisme en matière de contrôle des frontières extérieures, l'absence de contrôle des frontières intérieures avaient bien profité à Amri. Beaucoup moins aux badauds berlinois du marché de Noël.

Les meurtres de masse comme celui-ci firent certes les gros titres et, pour quelque temps, suscitèrent l'émoi de la presse européenne, mais sur le terrain, la réalité européenne poursuivait sa mutation. Pour la seule année 2016, les autorités allemandes ont enregistré 680 000 nouvelles arrivées dans le pays. Une immigration de masse continue, les taux de natalité, élevés chez les immigrés et faibles chez les Européens de souche, garantissent une chose : le mouvement en cours ne peut que s'accélérer dans les prochaines années.

Les Allemands ont fait la preuve lors des derniers scrutins que, politiquement, même Merkel n'est pas immortelle. Mais elle a participé à l'altération de l'Europe, à la transformation de toute une culture, dont les générations à venir vont devoir payer le prix.

CHAPITRE XVI

Le sentiment d'une histoire à bout de souffle

Quand on a des ennemis, il faut l'admettre. Aujourd'hui, les adversaires de la culture et de la civilisation européennes lancent de nombreuses accusations contre notre continent. Ils accusent notre histoire d'avoir été particulièrement cruelle – alors qu'elle ne l'a pas été davantage que d'autres civilisations et, sans doute, même beaucoup moins que nombre d'entre elles. Ils affirment que nous n'agissons que dans notre propre intérêt, comme si l'histoire nous donnait l'exemple de sociétés rechignant à se défendre ou prêtes d'emblée à adopter les vues de ses adversaires.

Nous participons d'une culture parmi les plus ouvertes du monde, qui pratique l'autocritique et se souvient de ses fautes, à tel point que nous apportons de l'eau au moulin de nos détracteurs. Sur un point pourtant, il est possible que nos détracteurs aient raison. Ils ne l'identifient certes pas de façon très claire, et lorsqu'ils le font, ils préconisent les pires solutions. Mais c'est un problème qui mérite d'être nommé, ne serait-ce que pour nous obliger à le traiter.

Le problème est de ceux qu'on ressent plutôt qu'on ne les démontre, mais il se pose à peu près en ces termes : dans les démocraties modernes libérales, la vie est dans une certaine mesure inconsistante et superficielle. En Europe de l'Ouest en particulier, la vie a perdu tout sens de la finalité. Non que nos vies soient totalement dépourvues de sens, ni même que les démocraties libérales, seules à nous permettre d'être heureux de la façon qui nous plaît, soient dans l'erreur. Au quotidien, la plupart des gens trouvent une véritable raison d'être et un amour profond auprès de leurs familles, leurs amis, etc. Mais des questions demeurent, questions essentielles pour chacun de nous, auxquelles les démocraties libérales seules ne peuvent répondre, ce qui d'ailleurs n'a jamais été leur but.

« Pourquoi suis-je sur terre ? Quel sens a ma vie ? Y a-t-il une finalité qui dépasse l'existence elle-même ? » Ces questions ont toujours mené les êtres humains, nous nous les sommes toujours posées et nous continuons, aujourd'hui encore, à nous les poser. Néanmoins, pour les Européens de l'Ouest, les réponses à ces questions, qui nous ont occupés pendant des siècles, semblent être épuisées. Nous sommes heureux de l'admettre, mais c'est un bonheur de courte durée : cette idée selon laquelle l'histoire est achevée n'empêche pas que nous soyons toujours taraudés par les mêmes questions. Poser ces questions aujourd'hui est pratiquement considéré comme un signe de mauvaise éducation. Et les lieux où on peut les poser – et a fortiori y répondre – ont diminué en conséquence, non seulement par leur nombre, mais aussi par la qualité des réponses qu'ils peuvent offrir. Comme les gens ne vont plus à l'église pour satisfaire leurs interrogations, on espère à tout le moins qu'ils donneront quelque sens à leur existence en fréquentant les galeries d'art et les clubs de lecture.

En 2007, le philosophe allemand Jürgen Habermas évoqua une facette du problème lors d'une conférence qu'il tint à l'institut jésuite de philosophie de Munich, conférence intitulée « Une conscience de ce qui manque ». À cette occasion, il tenta de définir l'abîme qui se trouve au cœur de l'ère « postséculaire » dans laquelle nous vivons. Il raconta comment, en 1991, il avait assisté à l'enterrement d'un ami dans une église de Zurich. L'ami en question avait laissé des instructions, qui furent scrupuleusement suivies pendant la cérémonie. Le cercueil était exposé, et deux amis firent des discours. Mais il n'y eut ni prêtre, ni bénédiction. Les cendres devaient être « dispersées quelque part » et il ne devait pas y avoir d'« amen ». L'ami en question, agnostique, avait d'un seul geste renié tradition et religion, mais il avait ce faisant surtout démontré à tous l'échec d'une perspective non religieuse. Voici ce que son défunt ami inspira à Habermas : « L'âge moderne des Lumières a échoué à remplacer de façon satisfaisante le rite religieux du passage final, celui qui met un terme à la vie[1]. »

Le défi que l'ami d'Habermas avait lancé s'exprime à bas bruit dans notre Europe moderne, alors que

---

1. Jürgen Habermas et al., *An Awareness of What Is Missing: Faith and Reason in a Post-Secular Age*, traduction Ciaran Cronin, Polity Press, 2010, p. 15.

la question posée demeure sans réponse. Peut-être restons-nous circonspects simplement parce que nous ne croyons plus aux réponses qui lui ont été apportées et que, suivant le vieil adage selon lequel celui qui n'a rien à dire fait mieux de se taire, nous préférons ne rien dire. Il est également possible que nous ayons conscience du nihilisme existentiel qui sous-tend notre société, mais que nous en ayons honte. Quelle que soit l'explication, les changements qui ont affecté l'Europe ces dernières décennies et qui se poursuivent à une vitesse exponentielle font que ces questions ne peuvent plus être laissées en suspens. L'arrivée massive de gens dont les conceptions de la vie et de sa finalité diffèrent des nôtres – voire rivalisent avec elles – rend urgente la nécessité de s'y intéresser. Cette urgence n'est motivée par rien moins que la certitude que les sociétés, tout comme la nature, ont horreur du vide.

Parfois, il arrive qu'un homme politique prenne en compte ces angoisses qui bouillonnent et remontent à la surface, et qu'il reconnaisse l'urgence qu'elles expriment. Mais alors, son aveu prend la forme d'un fatalisme horrifié et à bout de forces. Par exemple, le 25 avril 2016, un mois après les attentats de Bruxelles, le ministre de la Justice belge, Koen Geens, expliqua aux parlementaires européens que « très bientôt » en Europe, les musulmans dépasseraient en nombre les chrétiens. « L'Europe ne s'en rend pas compte, mais c'est la réalité », annonça-t-il au comité parlementaire des affaires intérieures et de la justice. Son collègue de gouvernement, Jan Jambon, ministre de l'Intérieur, ajouta : bien que, selon ses estimations, « l'immense majorité » des 700 000 membres de la communauté musulmane belge partage les valeurs de la Belgique, « comme je l'ai dit des milliers de fois, la pire des choses serait de nous faire un ennemi de l'islam. Voilà vraiment la pire erreur que nous puissions commettre ».

De tout ceci se dégage l'impression qu'à la différence de ce qui se passe dans d'autres sociétés – comme la société américaine d'aujourd'hui –, les choses pourraient très vite changer en Europe. Le philosophe anglais Roger Scruton l'avait remarqué : nos sociétés, qui depuis des années s'éloignent du christianisme, peuvent soit s'en détacher définitivement, soit être poussées vers d'autres rivages. Quoi qu'il en soit, avant même qu'elles se soient mises à muter comme on le voit aujourd'hui, nos sociétés, malgré les apparences, portent depuis longtemps les germes de questions très perturbantes.

Il y a par exemple ce dilemme, posé par Ernst-Wolfgang Böckenförde dès les années 1960 : « Un État sécularisé et libre peut-il exister sur la base de normes qu'il n'est pas capable de garantir lui-même[1] ? » Cette question est rarement soulevée dans nos sociétés. Nous avons le sentiment qu'il faut répondre par l'affirmative, mais nous avons du mal à développer la réponse. Si notre libre arbitre et nos libertés sont en réalité extra-ordinaires, au sens propre du mot, s'ils ne découlent que de croyances que nous avons abandonnées, que nous

---

1. E.-W. Böckenförde, « Die Entstehung des Staates als Vorgang der Sakularisation » (1967), dans *Recht, Staat, Freiheit*, Frankfurt am Main, 1991, p. 112.

reste-t-il à faire ? Dans l'Europe du XXᵉ siècle finissant, la réponse généralement apportée consiste à nier l'histoire : on insiste sur l'évidence de ces normes, gommant la dimension tragique propre à la culture et à l'existence. Des gens, cultivés et intelligents, semblent penser qu'il est de leur devoir non pas de protéger et de perpétuer la culture qui les a formés, mais au contraire de la nier, de l'attaquer et de la rabaisser. Pendant ce temps, un nouvel orientalisme a prospéré : « Nous ne nous estimons pas, sans doute, mais nous sommes enclins à aimer sans conditions tout ce qui n'est pas nous. »

Il y eut un moment, lors des dix dernières années, où les vents de l'opinion ont lentement commencé à tourner. On commençait à reprendre le propos des renégats et des dissidents des années d'après-guerre, et à admettre, à contrecœur, que les sociétés libérales occidentales avaient peut-être une dette à honorer envers la religion dont elles provenaient. Cette reconnaissance ne se fondait pas sur la découverte de nouveaux indices : rien n'avait changé, de ce point de vue. Ce qui était nouveau en revanche, c'était une prise de conscience : d'autres cultures, de plus en plus présentes, ne partageaient pas nos passions, nos préjugés et nos présupposés culturels.

Notre prétention à considérer comme allant de soi les idées et les façons de faire européennes en prit pour son grade. À force de leçons assez percutantes – une attaque terroriste par-ci, un meurtre « d'honneur » par-là, quelques caricatures ailleurs – l'idée fit progressivement son chemin que tous ceux qui étaient venus vivre ici ne partageaient pas forcément notre conception des choses. Ils ne partageaient pas notre conception de l'égalité entre les sexes. Ils ne partageaient pas notre conception qui accorde à la raison la primauté sur la révélation. Et ils ne partageaient pas notre conception du libre arbitre et des libertés. Pour le dire autrement, l'extraordinaire équilibre européen qu'avaient façonné la Grèce et la Rome antiques, qu'avait propulsé la religion chrétienne et affiné l'incandescence du siècle des Lumières, se révélait finalement un héritage très particulier.

Alors que nombre d'Européens avaient passé des années à résister à cette vérité, la prise de conscience a malgré tout eu lieu. Et même si certains résistent encore, il est aujourd'hui possible de dire que la culture des droits de l'homme, par exemple, doit bien plus aux valeurs prêchées par Jésus de Nazareth qu'à, disons, celles prêchées par Mahomet. De cette découverte s'est ensuivi un certain désir de renouer avec nos traditions. Mais poser un problème n'est pas le résoudre. Car en Europe, la question de savoir si on peut faire l'impasse sur les croyances dont provient notre culture reste à la fois essentielle et problématique. S'inscrire dans une tradition ne signifie pas croire comme croyaient ceux dont elle procède, même si on admire ce qu'ils ont créé. On ne peut pas se contraindre à devenir croyant, c'est peut-être pour cela que nous évitons toute question profonde. Non seulement parce que nous ne croyons plus aux réponses qui y étaient autrefois apportées, mais aussi parce que, d'une certaine façon, nous avons le sentiment diffus de vivre une phase civilisationnelle transitoire : les réponses d'aujourd'hui pourraient ne pas durer. Après tout, combien de temps une société peut-elle survivre coupée de sa source et de sa dynamique fondatrice ? Peut-être sommes-nous sur le point de trouver la réponse.

Une étude récente de l'institut Pew montre que la déchristianisation de la Grande-Bretagne se poursuit plus rapidement que dans presque tous les autres pays. En 2050, selon les projections de cet institut, la proportion de personnes qui se disent appartenir à la religion chrétienne sera tombée à un tiers de la population du Royaume-Uni, alors qu'en 2010 cette proportion était des deux tiers. Ce qui signifie que pour la première fois, l'appartenance à la religion chrétienne sera minoritaire. À la même époque, comme l'indique Pew, la Grande-Bretagne abritera la troisième communauté musulmane d'Europe, devant la France, l'Allemagne ou la Belgique. Le démographe de gauche Eric Kaufmann écrivait en 2010 que même en Suisse, à la fin du XXIe siècle, près de 40 % des adolescents de 14 ans seront musulmans[1]. Bien sûr, ce type de prévision est toujours sujet à variation. Par exemple, elles reposent sur le présupposé que les chrétiens continueront à délaisser la religion, ce que ne feront pas les musulmans. Or, ceci peut se produire, mais aussi ne pas se produire. Ces statistiques néanmoins échouent à prendre en compte la poursuite de l'immigration de masse, à plus forte raison l'explosion migratoire de ces dernières années. En tout cas, cette tendance, qu'on trouve en Europe et aux États-Unis (où, à partir de 2050, les musulmans seront plus nombreux que les juifs), ne peut qu'entraîner de profonds

---

1. Eric Kaufmann, *Shall the Religious Inherit the Earth?*, Profile Books, 2010, p. 182.

changements. Les études démographiques révèlent que les Suédois de souche formeront une minorité en Suède, avant même que la plupart des gens actuellement en vie n'arrivent au terme de leur existence, ce qui soulève la question fascinante de savoir si l'identité suédoise a la moindre chance de survivre à cette génération. Question qui se posera également à l'ensemble des pays d'Europe occidentale. L'Europe était fière de ses « villes cosmopolites » mais comment l'opinion publique réagira-t-elle à la réalité d'un « pays cosmopolite » ? Quelle conception nous ferons de nous-mêmes ? Et d'ailleurs, qui diable sera ce « nous » ?

Poser explicitement ces questions, ou même simplement admettre qu'elles sont essentielles, est devenu tellement rare qu'on peut se demander si ce silence n'est pas en partie volontaire, comme si nos problèmes, exactement comme l'ennui, nous incitaient plutôt à nous divertir. Les médias et les réseaux sociaux, malgré la possibilité sans pareille qu'ils offrent, ne font que tourner en boucle, entre réactions à chaud et ragots. S'immerger trop longtemps dans la culture populaire revient à se vautrer dans une superficialité quasi insoutenable. Le projet, l'accomplissement européens étaient-ils vraiment destinés à tomber si bas ? Tout autour de nous, nous voyons se manifester cette superficialité. Alors que nos ancêtres ont bâti des édifices admirables, Saint-Denis, Chartres, York, San Giorgio Maggiore, Saint-Pierre ou El Escorial, les grandes réalisations contemporaines se contentent de rivaliser de hauteur, de clinquant et de nouveauté. Les bâtiments administratifs semblent avoir été conçus, non pas pour inspirer, mais pour déprimer.

Les gratte-ciels des villes européennes détournent le regard de plus nobles horizons, désormais éclipsés. À Londres, le monument qui célèbre la fin du deuxième millénaire n'était même pas une structure pérenne, mais une immense tente vide. S'il est vrai que la plus grande preuve de civilisation réside dans les monuments qu'une société produit et dans leur pérennité, nos descendants n'auront pas grande opinion de nous. Nous ressemblons à des gens qui ont perdu tout désir d'inspirer les autres parce que nous n'avons rien d'inspirant.

En même temps, les sommités de notre culture semblent ravies de dire – au mieux – que le monde est complexe, qu'il faut embrasser cette complexité et ne pas chercher de réponses. Au pire, il se dit ouvertement que tout ceci est désespéré. Bien sûr, nous vivons une époque de prospérité extraordinaire, qui nous permet de vivre confortablement, même si nous désespérons. Mais il n'en sera peut-être pas toujours ainsi. Même aujourd'hui, alors que le soleil du profit économique nous baigne de sa douce lumière, certains remarquent l'abîme qui marque notre culture et tentent de le combler à leur façon.

Il y a de cela des années, j'ai été particulièrement frappé par de nombreux témoignages de gens qui s'étaient convertis à l'islam, témoignages de première main, ou rapportés dans des écrits. Ces histoires frappent par leur ressemblance. Dans presque tous les cas, elles apparaissent comme des variations autour d'un même thème : une histoire que n'importe quel jeune pourrait raconter. Ça se passe à peu près comme ça : « J'avais atteint un certain âge (en général la vingtaine ou bien le début de la trentaine), j'étais dans une boîte de nuit, j'étais soûl et c'est à ce moment que je me suis dit, "La vie doit avoir plus à offrir que ceci". » Quasiment plus rien dans notre culture ne permet de répondre : « Mais oui bien sûr, regarde ceci ! » En l'absence de cette petite voix, les jeunes gens cherchent et ils découvrent l'islam. Qu'ils choisissent l'islam représente déjà en soi quelque chose. Pourquoi ces jeunes hommes et ces jeunes femmes (très souvent des femmes) ne se tournent-ils pas vers le christianisme ? En partie parce que les différentes filiales du christianisme européen ont perdu la confiance en soi nécessaire pour convertir les autres ou même pour croire en leur propre message. Pour l'Église suédoise, l'Église d'Angleterre, l'Église luthérienne allemande et bien d'autres branches de la chrétienté européenne, le message chrétien est devenu une sorte de vision politique gauchiste, menant des programmes sociaux ou encourageant la tolérance vis-à-vis de la diversité. Ces Églises défendent la logique des « frontières ouvertes » mais sont réticentes à citer les textes qu'elles prêchaient jadis comme vérité révélée.

Il existe également une autre raison. L'analyse critique et les travaux universitaires portant sur les racines du christianisme ne se sont pas encore attaqués à l'islam, ou pas au même point. La campagne mondiale d'intimidation et de meurtre mise en place s'est montrée exceptionnellement efficace pour empêcher ce mouvement. Même aujourd'hui, les quelques rares personnes qui travaillent en Occident sur les origines du Coran et produisent des travaux universitaires sérieux sur le sujet

– comme Ibn Warraq et Christoph Luxenberg – publient leurs travaux sous pseudonymes. Toute personne accusée d'avoir blasphémé la religion dans les pays où les musulmans sont majoritaires sera en danger de mort. De même en Europe, ceux qui se sont consacrés à l'étude critique des sources et du fondateur de l'islam seront suffisamment menacés pour être contraints soit d'arrêter, soit de se cacher, soit, comme Hamed Abdel-Samad en Allemagne, de vivre sous protection policière. Ceci a certainement permis de protéger l'islam pour un temps en endiguant la marée montante des études critiques portant sur ses origines et ses croyances. Depuis 1989, les textes, les idées et même l'image de l'islam ont été tellement édulcorés, y compris en Europe occidentale, qu'il serait tout à fait compréhensible qu'une jeune personne éduquée politiquement et religieusement pendant les dernières décennies en arrive à la conclusion que la seule chose que nos sociétés tiennent pour sacrée et inaccessible à la dérision et à la critique soit les discours et les enseignements de Mahomet.

Mais la police antiblasphème ne pourra pas éternellement endiguer la vague du progrès critique. L'université montre un intérêt grandissant pour les études consacrées aux origines de l'islam, études qu'Internet, entre autres, a permis de répandre et de disséminer aux quatre coins du monde avec une facilité inédite historiquement. Morten Storm, par exemple, un ancien extrémiste danois, a renié sa croyance en l'islam et quitté les rangs d'Al-Qaida après avoir, dans un accès de rage, allumé son ordinateur, cherché « contradictions du Coran » et s'être mis à lire. Plus tard, il a écrit : « Ma foi était en fait comme un château de cartes, chaque étage reposant sur l'autre. Il suffisait d'en supprimer un pour que les autres s'effondrent d'eux-mêmes[1]. » Storm ne représentait certes pas le musulman type, mais la crainte qu'il éprouvait à aborder la question des origines et du sens de l'islam, la nécessité qu'il ressentait parallèlement à le faire, est une réalité que vivent de nombreux musulmans. Beaucoup luttent contre cette urgence de savoir, la répriment et veulent réprimer celles des autres : ils savent que leur foi pourrait être mise en danger. Cette déclaration d'un haut dignitaire religieux, le sheikh Yusuf al-Qaradawi, qui en 2013, lors d'un entretien affirma que si les musulmans ne punissaient plus l'apostasie par la peine de mort, « l'islam n'existerait pas aujourd'hui », donne un aperçu des enjeux. Ces chefs religieux savent ce qui les attend et ils lutteront par tous les moyens pour défendre ce en quoi ils croient. S'ils échouent, ce qui sera probablement le cas, alors le mieux que l'on puisse souhaiter est que l'islam de demain en soit au même stade que les autres religions : délitteralisé, blessé, inoffensif. Ceci nous enlèverait certes une épine du pied. Mais pour autant, même s'ils s'en trouvaient allégés, les problèmes de l'Europe occidentale ne seraient pas réglés.

Le désir d'un changement radical, la sensation de vide qu'éprouvent ceux qui se convertissent ne disparaîtront pas. Le désir et la quête de certitudes seront toujours là. Néanmoins, ce désir manifestement inné va à l'encontre de quasiment tous les présupposés et les aspirations de

---

1. Morten Storm avec Paul Cruickshank et Tim Lister, *Agent Storm: My Life inside al-Qaeda*, Viking, 2014, p. 117-119.

notre époque. La quête de sens en soi n'est pas une nouveauté. La nouveauté, c'est qu'il n'existe pratiquement plus rien dans la culture européenne moderne qui permette de satisfaire cette quête. Rien n'indique plus « Voici un patrimoine intellectuel, culturel, philosophique et religieux qui a nourri les gens pendant des siècles et qui pourra très certainement te combler toi aussi ». Au contraire, on dira, au mieux : « Trouve le sens que tu veux. » Au pire, le credo nihiliste résonnera comme suit : « Ton existence est absurde dans un univers absurde. » Celui qui fait sien un tel credo n'est littéralement tenu à rien. De même, les sociétés fondées sur ce credo ne sont tenues à rien, à aucune réalisation. Le nihilisme peut se justifier chez quelques individus, mais il devient fatal dès qu'il est pratiqué à l'échelle d'une société.

Nous cherchons les réponses aux mauvais endroits. Les politiques, par exemple, qui veulent se mettre au diapason de nos pensées, et qui, pour atteindre les franges les plus larges de la population, énoncent de telles généralités qu'elles ont quasiment perdu toute signification. Eux aussi s'expriment comme s'il n'y avait plus de sujets importants à évoquer et se consacrent à de simples questions d'organisation. Ces questions d'organisation, dont relève aussi l'éducation, sont importantes. Mais rares sont les politiciens qui réfléchissent en profondeur à ce qu'est une existence qui a du sens, ou du moins, à ce qu'elle pourrait être. Peut-être n'est-ce pas leur rôle. Néanmoins, même si la sagesse de notre époque suggère que l'éducation, la science et le simple accès à l'information ont fait taire en nous d'autres exigences, plus profondes, ces exigences et la nécessité de les prendre en compte sont toujours vivaces, quoi qu'on en prétende.

La manière dont la science, la voix dominante de notre époque, nous parle et nous parle de nous est également révélatrice. Au début de son ouvrage de 1986 *The Blind Watchmaker* (*L'Horloger aveugle*), Richard Dawkins écrit : « Ce livre fut écrit dans la conviction que notre propre existence constituait jadis le plus grand des mystères mais que tel n'est plus le cas : le mystère a été résolu. Il a été résolu par Darwin et Wallace. » Nous pouvons observer ici le gouffre qui sépare la vision couramment acceptée d'un monde sécularisé et athée de la manière dont les gens vivent et ressentent en réalité leur existence. Car, même si Dawkins pense que le mystère de notre condition n'en est plus un – ce que confirme en partie la science –, la plupart d'entre nous ne se sentent pas délivrés du mystère. Nous ne menons pas nos vies et nous ne ressentons pas notre existence comme celle d'êtres simples et transparents à eux-mêmes. Bien au contraire, nous ressentons, comme jadis nos ancêtres, nos fragilités et nos contradictions, vulnérables que nous sommes face à ce qui nous échappe, en nous-mêmes ou autour de nous.

De la même façon, alors qu'aucune personne sensée ne refuse ce que nous savons aujourd'hui de notre filiation au règne animal, rares sont ceux qui se réjouissent d'être réduits à la simple animalité. Pour se désigner lui-même en public, l'écrivain athée Christopher Hitchens employait souvent le terme « mammalien ». Cependant, s'il est percutant et stimulant de rappeler nos origines et la matière dont nous provenons, nous savons aussi que nous ne nous réduisons pas à être des animaux et que la simple animalité avilit ce que nous sommes. Que nous ayons raison ou tort en l'occurrence, c'est une réalité que nous percevons intuitivement.

De la même manière, nous savons que notre existence ne se réduit pas à la consommation. Il nous est insupportable de nous représenter comme les simples rouages de la grande machine économique. Nous ne nions pas d'être ces rouages, nous nous révoltons de n'être que cela. Nous savons que nous sommes autre chose que cela, même si nous ne savons pas précisément quoi.

Bien sûr, ce genre de débat paraît éminemment frustrant aux croyants, car pour eux, la seule question valable est la suivante : « Pourquoi ne vous contentez-vous pas de croire ? » Cependant, cette position élude deux réalités : d'une part les dégâts probablement irréversibles causés par la science et l'histoire à la vérité au premier degré que présente la religion, d'autre part le fait qu'on ne peut contraindre personne à avoir la foi. Entre-temps, les non-croyants s'inquiètent du moindre débat, de la moindre discussion qui pourrait accorder quelque concession à la question religieuse, et faire ainsi revenir, selon eux, des arguments strictement religieux dans l'opinion publique.

C'est peut-être une erreur, notamment parce que cela encourage les gens à entrer en guerre avec ceux dont la vie et les idées, que cela leur plaise ou non, sont issues du même arbre. Il n'y a pas de raison pour que l'Europe, héritière de la civilisation judéo-chrétienne et des

Lumières, passe son temps à guerroyer contre ceux qui tiennent à une religion dont découlent justement tant de ces idées et de ces droits. De la même manière, il est absurde que, parmi ces mêmes héritiers de l'Europe judéo-chrétienne et des Lumières, certains, qui entretiennent des vues différentes, décident que tous ceux qui ne croient pas littéralement en Dieu sont leurs ennemis. C'est absurde parce qu'à tout le moins, nous sommes en passe d'affronter des ennemis de loin plus féroces, qui non seulement haïssent notre culture, mais toute notre façon d'être. C'est peut-être pour cette raison que Benedetto Croce a dit au milieu du siècle dernier, ce que Marcello Pera a plus récemment répété : nous devrions tous nous considérer comme chrétiens[1].

Aucune issue ne sera possible tant que les non-croyants n'arriveront pas à œuvrer avec, plutôt que contre, la source dont provient leur culture. Après tout, bien que d'aucuns s'y essaient, il est peu probable que quiconque puisse créer ex nihilo un nouvel assortiment de croyances. Tant que personne ne nous délivrera un nouvel objet de foi, nous ne pourrons retrouver la faculté de dire le vrai et de donner du sens. Mais ce n'est pas tout : nous y perdrons jusqu'à la capacité à métaphoriser. La culture populaire se gave de blablas sur les « anges » et d'amour qui dure « toujours ». Des bougies, comme d'autres oripeaux religieux, traînent de-ci de-là. Mais la langue et les idées sont dénuées de sens. Comme une métaphore

---

1. Benedetto Croce, « Why we cannot help calling ourselves Christians », dans *My Philosophy*, George Allen & Unwin, 1949 ; Marcello Pera, *Why We Should Call Ourselves Christians*, Encounter Books, 2011.

creuse, coupée de ce à quoi elle se réfère : symptômes d'une culture qui tourne à vide.

Néanmoins, la dimension religieuse qui a façonné notre culture n'est pas la seule énigme que nous devons résoudre. Pendant des années, les libéraux, comme ils aimaient eux-mêmes à se nommer, ont supposé que ce que professaient les Lumières – la raison, la rationalité et la science en majesté – possédait une telle force d'attraction que tout un chacun ne pouvait qu'être convaincu par ces valeurs-là.

Et de fait, à la fin du XXe siècle et au début du XXIe siècle, nombreux furent ceux en Europe pour qui la foi dans le « progrès » humain relevait pratiquement de la croyance. Ils pensaient que l'humanité était sur une trajectoire ascendante, initiée par le progrès technique et entraînant avec elle le progrès intellectuel. L'idée se développa qu'étant plus « instruits » que nos ancêtres et sachant mieux qu'eux de quoi l'univers était fait et pourquoi nous étions là, nous éviterions de commettre les mêmes erreurs qu'eux. Le pouvoir de séduction du savoir acquis grâce à la science, à la raison et au rationalisme agissait à tel point qu'on tenait pour acquise l'irréversibilité du progrès. Ce en quoi on était bien libéral. Une fois la voie du progrès empruntée, au regard des bénéfices offerts, il n'était pas possible d'imaginer rebrousser chemin, du moins si on en avait goûté les plaisirs.

Pourtant, à l'ère des migrations de masse, ceux qui pensaient ainsi commencèrent peu à peu à voir que sous leur nez vivaient des gens qui parcouraient la voie du progrès à contresens. Une lame de fond, un puissant contre-courant.

Ceux qui pensaient qu'en Europe, la bataille de la théorie de l'évolution avait été gagnée, découvrirent que les masses immigrées non seulement n'y croyaient pas mais qu'elles étaient en outre déterminées à prouver qu'elle était fausse. Ceux qui croyaient que les « droits », droits des femmes, des homosexuels, des minorités religieuses allaient de soi virent brutalement un nombre croissant de gens qui, eux, pensaient non seulement que ces droits n'allaient pas de soi mais qu'ils étaient en outre fondamentalement mauvais et pervers. La prise de conscience libérale eut donc lieu : il était possible qu'un jour, on finisse par avoir davantage de gens marchant à contresens du progrès historique naturel – ou considéré comme tel – que de gens qui allaient dans son sens. Le sens général de l'histoire pourrait alors s'inverser et les libéraux eux-mêmes devenir minoritaires. Et alors, que se passerait-il ?

Si cette peur surgit, elle ne suffit pas à calmer les instincts libéraux. En fait, tandis que les libéraux des démocraties d'Europe occidentale envisageaient les détails de plus en plus labyrinthiques des droits des femmes ou des homosexuels, ils continuaient à défendre la venue de millions de gens qui, eux, ne comprenaient même pas qu'on ait pu un jour parler de droits des femmes ou de droits des homosexuels. Et alors que la deuxième décennie de ce siècle fut, pour les adeptes du progressisme social, marquée par la question des droits des transsexuels, ces mêmes progressistes ont fait venir des millions de gens convaincus que les femmes ne sauraient bénéficier des mêmes droits que les hommes. S'agissait-il là de prouver la force des Lumières ? De démontrer que les valeurs du libéralisme étaient si puissantes, si convaincantes qu'elles ne manqueraient pas, à terme, de convertir l'Érythréen et l'Afghan, le Nigérian et le Pakistanais ? Si tel était le cas, alors l'actualité quotidienne de ces dernières années a apporté un sérieux démenti à cette prétention.

La prise de conscience a dû être cruelle pour ceux qui l'ont vécue. Les effets en ont été variables. Parmi ceux-ci, le déni de réalité (on le retrouve, par exemple, chez ceux qui prétendent que toute société, en réalité, est au moins « patriarcale » et « répressive »). On trouve aussi l'idée que : « *Fiat Justitia ruat caelum* » (« Que justice soit faite, même si le ciel s'effondre ») : très noble sentiment, jusqu'à ce qu'on se retrouve au milieu des décombres. Et puis, comme toujours, on trouve ceux qui haïssent l'Europe, qui haïssent ce que nous sommes et ce que nous avons été, à un point tel qu'ils espèrent la venue de toute autre culture qui prendrait le pouvoir.

À Berlin, au plus fort de la crise migratoire, j'ai discuté avec un intellectuel allemand. Selon lui, le peuple allemand était antisémite et xénophobe, et ne serait-ce que pour cette raison – bien qu'il y en eût d'autres –, il méritait d'être remplacé. La possibilité que certains de ces « remplaçants » puissent faire regretter même les Allemands des années 1930 et 1940 – et à plus forte raison les Allemands d'aujourd'hui – lui échappait complètement.

Plus vraisemblablement, ce qui progresse, c'est l'idée que les gens sont différents, que ces gens différents ont des croyances différentes, et que nos propres valeurs ne sont peut-être pas si universelles qu'on le dit. Voilà une idée plus cruelle encore. Car si la lutte pour les droits et le progrès social qui ont marqué le XXe siècle, si la défense de la raison et de la rationalité qui s'est répandue en Europe depuis le XVIIe siècle ne concernent pas toute l'humanité, cela signifie bien qu'il ne s'agit pas là d'un ensemble universel de valeurs, mais de simples valeurs parmi tant d'autres.

Cela signifie non seulement que ces valeurs ne l'emporteront pas nécessairement, mais qu'elles pourraient même être à leur tour balayées, comme tant d'autres le furent avant elles.

Il n'est pas exagéré de dire que pour beaucoup de gens, l'effondrement de cet idéal est, ou sera, au moins aussi douloureux que l'effondrement religieux le fut pour ceux qui l'ont vécu. Le grand rêve libéral post-Lumières a toujours exhalé un léger parfum de religion. Non pas qu'il s'en soit revendiqué, mais il se trouve qu'il a emprunté à la religion quelques schémas signifiants. L'esprit des Lumières entretenait par exemple son propre mythe de la création : un « big bang » intellectuel, un éveil de la raison qui rompait avec le magma de théories particulières qui précédait, magma informe qui avait mis des siècles à apparaître. Il entretenait également le mythe de sa pertinence universelle. En Europe de l'Ouest, ces mythes ont été enseignés et transmis, et leur puissance quasi religieuse a marqué nombre d'esprits. Ils donnent une raison de croire, de se battre, mais aussi, une raison de vivre. Ils structurent l'existence et lui donnent un sens. Et s'ils ne peuvent promettre la vie éternelle comme le font les religions, ils laissent au moins la possibilité de croire – bien que ce soit faux – que grâce à l'admiration de ses pairs, on peut atteindre une forme d'immortalité.

En d'autres termes, le rêve libéral sera sans doute aussi difficile à anéantir que le fut la religion en son temps, dans la mesure où il présente les mêmes arguments de poids. En période de paix et de tranquillité, ce type de « religion » peut être considérée comme inoffensive, et ceux qui la récusent laissent les autres vivre à leur guise, sans être inquiétés. Mais dès que ces idées d'universalité dérangent la façon de vivre de ceux qui ne les partagent pas, apparaît alors une attitude bien moins généreuse et œcuménique envers ceux qui les défendent. Quoi qu'il en soit, le gouffre qu'a ouvert la disparition de la religion sera encore élargi par la disparition de ce dernier rêve européen non religieux. À la suite de quoi, privés de rêve mais toujours en quête de réponses, nous nous heurterons de nouveau aux mêmes questions et aux mêmes nécessités.

Le dernier art

Aujourd'hui, la réponse la plus évidente à cette question-réponse qui fut celle qu'apporta le XIXe siècle brille par son absence. L'art en effet ne pourrait-il pas prendre la relève, débarrassé qu'il est de toutes les pesanteurs religieuses ? Les œuvres de ceux qui prétendent encore à cette vocation nous indiquent une réponse. Celle-ci, presque toujours, a la même aura qu'une cité antique en ruines. Certains de ceux qui l'ont défendue, aujourd'hui déchus, comme Wagner, laissent penser que ce genre d'aspiration est vaine, voire dangereuse.

Peut-être est-ce cette prise de conscience qui a mené tant d'artistes contemporains à renoncer à la quête de vérités durables, à abandonner toute ambition envers le beau ou le vrai pour se contenter de dire à leur public « Je patauge dans la même boue que vous ». Le xxᵉ siècle témoigna assurément d'une évolution des ambitions artistiques et des attentes du public. Cela se vit à la façon dont le rapport à l'art changea, le spectateur passant de l'admiration (« J'aimerais pouvoir en faire autant ! ») au dédain assumé (« Un enfant en ferait autant ! »). L'ambition technique diminua de manière significative, puis finit par complètement disparaître. L'ambition morale suivit la même trajectoire. On pourrait en rendre Marcel Duchamp et sa sculpture *Fontaine* (un urinoir) responsables. Mais le fait que la sphère artistique européenne l'ait en grande partie suivi laisse penser que Duchamp, en réalité, n'avait fait qu'ouvrir une voie que d'aucuns souhaitaient depuis longtemps emprunter.

Celui qui aujourd'hui flâne dans une galerie d'art comme celle du Tate Modern à Londres sera frappé, plus encore que par l'absence de compétences techniques, par le manque d'ambition des œuvres exposées. Les œuvres les plus audacieuses évoqueront la mort, la souffrance, la cruauté ou la douleur, mais n'en diront rien, hormis le fait qu'elles existent. Elles se révèlent incapables de fournir la moindre réponse aux problèmes représentés. Tout le monde sait que la souffrance et la mort existent et si on ne le sait pas, ce n'est pas une galerie d'art qui va nous l'apprendre. L'art de notre époque semble avoir abandonné tout désir de susciter quelque chose en nous. Il a en particulier renoncé au désir de nous relier à ce qu'on pourrait appeler le sacré, ou à l'exaltation de la reconnaissance (ce qu'Aristote nommait l'*anagnorisis* : le sentiment qui accompagne la découverte d'une vérité présente de toute éternité, qui attendait d'être mise au jour).

C'est peut-être parce que cette sensation n'advient que lorsque vous touchez à une réalité profonde et que le désir de se risquer à une telle aventure est quelque chose qui pour les artistes, comme pour tout le monde, suscite la méfiance ou l'impuissance. Rendez-vous dans un de ces temples de la culture moderne : vous y verrez déambuler des foules de gens, errant à la recherche de quelque chose, mais de quoi, c'est difficile à savoir. Certaines disciplines artistiques peuvent, néanmoins, encore évoquer ce qui nous dépasse.

Une fois, alors que j'errai comme une âme en peine dans une galerie d'art, j'entendis les circonvolutions de *Spem in Alium*. Je me suis dirigé vers la musique. Soudain, j'ai compris pourquoi la galerie était vide. Tout le monde avait migré vers l'« installation sonore » de Janet Cardiff, quarante enceintes disposées en ovale, qui retransmettaient chacune la voix d'un chanteur du chœur. Les gens se tenaient au beau milieu, comme hypnotisés. Des couples se tenaient la main, certains se tenaient enlacés. C'était avant que les travaux de Thomas Tallis soient repris dans les romans sadomasochistes de E. L. James : qui sait sinon ce qui se serait passé…

Il était extrêmement touchant, mais aussi surprenant, de comprendre que pour les spectateurs, Janet Cardiff était auteur de l'œuvre, et non Thomas Tallis. Mais c'était bel et bien une *anagnorisis* qui se produisait là. On ne pouvait savoir combien de gens dans la foule connaissait les mots ou la signification de l'œuvre qui avait inspiré cette « installation sonore ». Mais quelque chose s'était produit, envoûtant et hors du temps. La sculpture d'Antony Gormley, *Another Place*, est une des rares œuvres contemporaines à susciter un effet comparable. Cent silhouettes en métal, de la taille d'un homme, regardent la mer à Crosby Beach, près de Liverpool. L'installation – qui à la demande des habitants est restée en place – produit tout son effet lorsque la marée se retire, ou au coucher du soleil. La raison est en partie la même. C'est une image qui fait irruption dans notre quotidien et ravive la mémoire d'une histoire (dans ce cas la résurrection) émanant du cœur même de notre culture. Elle n'y répond certes sans doute pas, mais elle nous la remémore.

Ces œuvres ne sont cependant rien de plus que le pendant artistique du problème posé par Ernst-Wolfgang Böckenförde. Ce qui les rend puissantes ne provient pas directement d'elles, mais de quelque chose qui les a précédées.

En réalité, on pourrait presque dire que ces œuvres réussissent justement parce qu'il s'agit en quelque sorte d'œuvres parasites, qui empruntent leur sens à une tradition qu'elles-mêmes ne peuvent plus affirmer et défendre. Néanmoins, ces œuvres entendent traiter des mêmes grandes questions que la religion. Les réponses qu'elles apportent sont peut-être plus floues, moins sûres d'elles que par le passé, mais au moins concernent-elles les mêmes besoins et les mêmes vérités. La partie la plus originale de l'art européen traite du grand traumatisme sous-jacent du XXᵉ siècle. Tout en participant d'une tradition continue, il en a aussi marqué l'arrêt brutal.

Avant même la Première Guerre mondiale, un pan entier de l'art et de la musique européens – en Allemagne plus qu'ailleurs – tendait à la maturité, puis au dépassement de la maturité avant de basculer vers tout autre chose. Les derniers avatars de la tradition romantique austro-allemande – représentés par Gustav Mahler, Richard Strauss et Gustav Klimt – semblent s'être quasiment autodétruits en atteignant un pic de maturité, lequel ne pouvait engendrer qu'un effondrement complet. Ce n'était pas tant lié à l'obsession de la mort qui était leur thème de prédilection qu'au sentiment que la tradition ne pouvait plus progresser, ne pouvait plus innover, à moins de se disloquer. Et elle s'est disloquée : le modernisme et le postmodernisme étaient nés. On a le sentiment que dès lors, l'art européen lorsqu'il réussit, et notamment l'art allemand, n'a pu naître qu'au milieu des décombres qu'a entraînés cette explosion. Personne n'envisage d'autre explication.

Les plus grands artistes visuels de l'Allemagne d'après-guerre ont construit leur carrière sur les décombres de la catastrophe qui avait touché leur culture. Qu'on les glorifie parce qu'ils s'y confrontent ou qu'ils s'y confrontent pour être glorifiés, il n'en reste pas moins que les plus reconnus des artistes allemands restent plongés jusqu'au cou dans ce désastre. La carrière de Gerhard Richter, par exemple, né en 1932, ne décolla qu'à partir des années 1960 grâce à une série de peintures à l'huile réalisées à partir de photographies. Certaines sont plus faciles à interpréter que d'autres. Parmi les plus aisément déchiffrables et les plus célèbres, on peut retenir *Oncle Rudi* (1965), tableau perturbant peint à partir d'une photographie : on y voit un homme légèrement bancal, revêtu d'un uniforme nazi mal ajusté. D'autres œuvres dégageaient manifestement la même impression d'angoisse, même si le spectateur était bien incapable d'en identifier précisément le thème. *Herr Heyde* (1965), par exemple, se contente de montrer un vieil homme qui se dirige vers un immeuble, un policier à ses côtés. Même si le nom ne nous évoque rien, nous n'avons pas besoin pour comprendre le tableau de savoir que Werner Heyde est un SS, capturé après presque quinze années de cavale, qui s'est pendu en prison. D'autres œuvres, comme *Familie Liechti* (1966), brouillent encore davantage les lignes. Avons-nous sous les yeux une famille de bourreaux ou une famille de victimes ? Ils ont vécu ces années-là. Quelque chose a dû leur arriver. Par-delà son talent technique, la réussite de Richter vient de sa capacité à rendre, par le biais de ces images marginales, l'ombre qui plane sur les années ainsi représentées, mais aussi sur les années qui leur ont donné naissance. Un halo de culpabilité et de reproche nimbe notre culture, comme un brouillard[1].

---

1. Voir Dietmar Eger, *Gerhard Richter, Catalogue raisonné, Vol. I, 1962-1968*, Hatje Cantz, 2011 ; *Onkel Rudi*, p. 208 ; *Herr Heyde*, p. 233 ; *Familie Liechti*, p. 249.

Il en va de même des œuvres d'Anselm Kiefer. Né treize ans après Richter, pendant la dernière année de la Seconde Guerre mondiale, son œuvre s'attache, de façon encore plus explicite, à montrer la fin d'une grande culture, qui se suicide au milieu des décombres. *Interior* (1981), œuvre de grande dimension, témoigne de toute évidence de l'horreur, à l'instar des travaux de Richter pendant les années 1960. En l'occurrence, celui qui découvre ce tableau peut probablement deviner, du fait de l'immensité de la salle et de la dégradation qu'exprime l'image – le plafond de verre brisé, les lambeaux qui pendent des murs du grand hall –, qu'il s'agit là d'un bâtiment nazi. Plus tard, on apprendra qu'il s'agit en fait des bureaux de la nouvelle chancellerie du Reich conçue pour Hitler par Albert Speer. Mais l'impression que suscite cette œuvre impressionnante (le tableau fait près de neuf mètres carrés), à savoir qu'une chose terrible s'est produite, est aussi immédiate qu'à la vue de cet homme, manifestement coupable et encadré par des policiers. Des œuvres plus récentes, comme *Ages of the World* (2014), rapportent elles aussi de façon circonstanciée la ruine d'une société. Comme si, après la catastrophe, on ne pouvait faire autre chose que de s'accommoder du fait que tout est éphémère, que rien ne dure, et qu'autant dire rien ne peut être sauvé[1].

Nul ne peut dire ce qui s'ensuivra de cette fin de la tradition. Les artistes ont apparemment du mal à

---

1. Voir Richard Davey, Kathleen Soriano et Christian Weikop, *Anselm Kiefer*, Royal Academy, 2014 ; *Interior*, p. 144 ; *Ages of the World*, p. 172-173.

dépasser la catastrophe. Ils savent certes que la politique et l'art européens ont mal tourné, mais là n'est sans doute pas la vraie raison de leur incapacité. Ils semblent plutôt avoir peur (une peur sans doute montée en épingle) que l'art en l'occurrence ait en partie aiguillé la politique sur la mauvaise voie. Ceci bien sûr aboutit à une méfiance certaine, voire à une crainte, envers ce dont il est ici question.

Pour l'heure, la sphère de la grande culture fait toujours partie de la vaste scène de crime européenne. Les artistes et d'autres encore peuvent toujours ramasser les débris pour tenter de comprendre ce qui s'est passé. Mais ils savent que la poursuite de la tradition peut aussi, à un moment ou à un autre, raviver les cendres et provoquer le retour du crime. La seule conclusion possible ? Ce qui a eu lieu se serait produit malgré l'art. L'art en d'autres termes n'aurait en rien déterminé la culture. S'il en est ainsi, si l'art ne produit aucun effet, alors on peut conclure en dernière analyse que la culture n'est d'aucune importance. Voilà au moins une explication possible aux petits jeux simplistes et déconstructifs auxquels se livre le monde de l'art, suivant en cela la voie ouverte par l'université. Ceci expliquerait aussi pourquoi ce qui vient de New York, art de l'impertinence, naïf, clin d'œil ironique ou cauteleux, inonde à ce point les galeries d'art et se vend à des sommes astronomiques.

Ces trois tendances de l'art contemporain – le parasitisme, le fantôme de la tradition disparue, la roublardise délibérée – ne sont pas des aberrations culturelles. Au contraire, elles ne représentent que trop bien la culture.

La première ne peut exister par elle-même, la deuxième pèse si fort sur les consciences qu'on souhaiterait plutôt s'en débarrasser, quant à la troisième, elle ne présente aucun intérêt. Nous pouvons en voir le résultat, tout autour de nous.

Que l'on se rende dans n'importe quelle ville mentionnée dans ce livre, on y retrouve le même geste déstabilisant. Bien que les concerts aient lieu aux mêmes endroits que par le passé, on remarque partout la même tentative de s'adapter à l'air du temps local. À Malmö où je passai une nuit, le seul groupe qui jouait ce soir-là donnait dans la « fusion » et avait apparemment à voir avec le falafel, ce qui avait au moins le mérite de la cohérence. La culture est à l'image de la société et la société a changé. Les programmes des salles de concert sont à l'image de la société, au même titre que les synagogues qui se vident. Ce sont deux exemples de ce qui se passe, et qui montrent bien dans quelle époque nous vivons.

Ce passage d'une culture vers autre chose constitue la meilleure réfutation de ce que croient les jeunes générations. Malgré tous les espoirs et toutes les paroles rassurantes, ceux qui sont venus en Europe ne se sont pas immergés dans notre culture et ne s'y sont pas intégrés. Ils ont apporté leur culture et ils l'ont fait précisément au moment où nous propre culture en était à un tel stade de manque de confiance en soi qu'elle ne pouvait se défendre. En réalité, c'est avec un certain soulagement que de nombreux Européens ont accueilli ces mutations qui leur permettaient de se libérer enfin d'eux-mêmes. Ils se sont mis à l'air du temps, se sont progressivement effacés, ou ont complètement muté.

Lucidité dépressive

Personne ne sait, bien sûr, ce qui arrivera. Il est possible que cet état s'éternise. Ou il se peut que tout change et qu'incroyablement vite, quelque chose vienne combler cette vacuité culturelle et spirituelle. Si Michel Houellebecq a toutes les raisons de devenir l'écrivain le plus emblématique de notre époque, cela ne tient pas uniquement au fait qu'il soit un bon chroniqueur et un modèle de nihilisme absolu. C'est surtout parce qu'il annonce ce qui pourrait bien suivre, rigoureusement et de façon convaincante.

Pour Houellebecq et ses personnages, la vie est un effort pénible, solitaire et absurde, dénué d'intérêt, de joie et de confort, exception faite de quelque fellation occasionnelle, généralement dispensée par une prostituée. Que le chroniqueur d'une telle existence ait été honoré par ses pairs, en recevant entre autres récompenses le prix Goncourt, est peut-être moins surprenant que la popularité dont il jouit auprès du public. Depuis près de vingt ans, ses livres sont de véritables succès de librairie, aussi bien en France qu'à l'étranger. Lorsque des livres se vendent si bien – en particulier s'ils sont d'une certaine qualité littéraire –, c'est qu'ils expriment quelque chose de notre époque. Houellebecq livre une version extrême de l'existence moderne, mais la dimension revigorante du nihilisme houellebecquien ne suffirait pas à elle seule à attirer les lecteurs, si ceux-ci n'éprouvaient pas, a minima, le frisson quelque peu dégoûté de se voir eux-mêmes représentés.

Son premier grand roman, *Les Particules élémentaires* (1998), posait les bases de ce qui devait devenir sa marque de fabrique, en décrivant une société, des vies détachées de toute finalité. Les relations familiales, quand elles existent, sont destructrices. La mort et la peur de la mort emplissent l'espace qui était jadis occupé par les affaires religieuses. À un moment, le héros du livre reste au lit deux semaines durant, et s'interroge compulsivement, les yeux fixés sur le radiateur : « Combien de temps la civilisation occidentale pourra-t-elle durer sans religion ? » Aucune révélation ne s'ensuit, si ce n'est la contemplation prolongée du radiateur.

Dans ce qui est ici qualifié de « lucidité dépressive », il n'y a aucun moment de plaisir – si on excepte le sexe. Christine, avec qui Bruno entretient une conversation hésitante et absurde, rompt le silence : ils pourraient aller sur une plage nudiste pour partouzer. Ils sont submergés par l'absurdité de l'état dans lequel se trouve leur culture, un état « philosophique ». Comme on le lit plus loin : « Pris dans le suicide de l'Occident, il était évident qu'ils n'avaient aucune chance. » Bien que les joies du consumérisme ne soient sans doute pas suffisantes, elles peuvent au moins divertir. Alors que Bruno est censé organiser la cérémonie d'enterrement ou l'incinération de sa mère, il joue à Tetris sur sa Game Boy. « *Game Over* », dit-il alors en sifflotant un petit air guilleret.

Alors que les thèmes et les personnages des *Particules élémentaires* sont repris dans *Plateforme* (publié pour la première fois en anglais en 2002), ils se concentrent autour du même sujet. Encore une fois, les scènes de sexe, redites et variations sur le même thème, constituent la seule lueur d'espoir dans cette atmosphère lugubre. Valérie, qui accepte d'être le jouet sexuel du héros, Michel, est à la fois une bonne prise et une raison d'espérer. Mais, même ainsi, les choses du sexe sont, comme on nous le fait comprendre, « une bien maigre compensation » pour les malheurs, l'inutilité et la brièveté de la vie. Néanmoins, dans *Plateforme*, une nouvelle vision du monde s'impose aux personnages de Houellebecq.

Après avoir quitté son emploi de fonctionnaire, Michel amène Valérie en vacances en Thaïlande. Il méprise la décadence touristique et il méprise les touristes, alors même qu'il est l'un d'entre eux. Un jour, des terroristes islamistes – qui méprisent également la décadence en action, mais qui ont leur propre idée du traitement à lui réserver – prennent la plage d'assaut et massacrent nombre de touristes, parmi lesquels Valérie. Quand on pense aux attaques terroristes qui eurent lieu à Bali en 2002, ce scénario semble prémonitoire. Mais quelle que soit la gloire qui aurait pu récompenser l'intuition visionnaire de Houellebecq, elle fut éclipsée par les problèmes que lui attira son livre en France. Après le massacre, son mépris pour l'islam le pousse à rédiger un paragraphe où il nous livre le produit de ses réflexions :

Il est certainement possible de demeurer en vie en étant simplement animé par un désir de vengeance ; de nombreuses personnes vivent ainsi. L'islam avait détruit ma vie et l'islam était certainement quelque chose que j'aurais pu haïr ; dans les jours qui suivirent, je me consacrais entièrement à tenter de ressentir de la haine pour les musulmans. J'y étais assez bon et j'ai commencé à suivre à nouveau les informations internationales. À chaque fois que j'entendais qu'un terroriste palestinien ou qu'un enfant palestinien ou qu'une femme palestinienne avait été abattue sur la bande de Gaza, je ressentais un frémissement d'enthousiasme à l'idée que cela signifiait qu'il y avait un musulman de moins. Oui, il était possible de vivre ainsi.

À cause de ce passage et d'autres, parus dans des interviews et dans *Les Particules élémentaires*, et qui furent considérés comme insultants (un personnage y décrit l'islam comme « la religion la plus stupide, la plus fausse et la plus obscurantiste de toutes »), Houellebecq se retrouva au cœur de procédures judiciaires. Que ce soit pour cette raison ou pour son désir assumé d'échapper au fisc, Houellebecq quitta la France pour s'installer en Irlande.

La bêtise, peut-être, était ce qui l'avait chassé. Car ceux qui ont vraiment lu Houellebecq – et non pas simplement les extraits susceptibles de nourrir leur indignation – comprennent que ses personnages se montrent bien plus critiques et méprisants envers l'Occident moderne qu'envers les préceptes et les enseignements de l'islam ou envers les musulmans. Le mépris de Houellebecq n'épargne personne : ni les homosexuels, ni les hétérosexuels, ni les Chinois, ni tant d'autres gens encore. Traîner Houellebecq devant les juges et l'accuser d'avoir insulté les musulmans témoignaient d'un grossier chantage à la susceptibilité et d'une ignorance crasse en matière littéraire. Pas simplement dans la volonté de traîner un écrivain au tribunal pour ce qu'il a écrit, mais aussi dans le fait de ne pas voir que la dérision et le mépris de Houellebecq dépassent largement les gémissements et les plaintes de tel ou tel groupe particulier : ce qui le caractérise, ce sont la rage et le dégoût de notre époque et de l'espèce humaine en général.

Néanmoins, quels que soient les acrobaties et les feux d'artifice mis au service de ce genre littéraire, il doit toujours, à un moment ou à un autre, soit parvenir à maturité, soit tourner court. Avec *La Carte et le Territoire* (2010), Houellebecq prouva qu'il avait encore des choses à dire. C'est l'histoire d'un artiste, devenu fabuleusement riche sans avoir vraiment travaillé. Grâce à sa fortune, il peut vivre en ermite, loin d'une France vouée sous peu à se muer en parc d'attractions culturel pour nouveaux riches chinois et russes. L'œuvre ne se limite pas à explorer les thèmes traditionnels de Houellebecq (la pathologie familiale, la mécanique du sexe qui tourne à vide, la solitude), c'est aussi une satire sans concession de la culture moderne. Elle comprend notamment un autoportrait hilarant et ravageur – ce qui nous rappelle que les critiques les plus redoutables finissent toujours par se regarder eux-mêmes. L'artiste rend visite à l'écrivain Michel Houellebecq, qui est ivre, dans sa demeure irlandaise, qui est loin de tout et pas franchement attrayante.

L'autoportrait est remarquablement exact. Dépressif, divaguant, alcoolique et à la dérive, le portrait de Houellebecq dans *La Carte et le Territoire* révèle une existence presque provocante à force d'être desséchée. C'est également une vie qui se crée des ennemis. Un détail curieux : dans le roman, « Houellebecq » est retrouvé mort – décapité et mutilé. En 2016 néanmoins, la scène revêt une dimension moins comique.

Soumission devait sortir le 7 janvier 2015. Avant même sa publication, l'ouvrage a fait l'objet de controverses politiques et critiques. L'intrigue évoque la vie politique française dans les années 2020. Le président François Hollande achève un second mandat désastreux. Le Front national de Marine Le Pen mène dans les sondages. La droite modérée de l'UMP (Union pour un mouvement populaire) s'effondre, tout comme le PS. Mais un autre parti est apparu au cours des dernières années – un parti musulman dirigé par un islamiste modéré, parti soutenu par une population musulmane française en augmentation. À l'approche des élections, il paraît évident aux principaux partis que le seul moyen d'empêcher le Front national d'arriver au pouvoir est d'appuyer le parti islamiste. C'est ce qu'ils font, et le parti islamiste remporte la victoire. En manœuvrant de vieux gauchistes français bien disposés à leur égard, les islamistes entreprennent alors de transformer la France, mettent la main sur l'éducation et transforment (à l'aide de subventions venues du Golfe) les universités publiques, dont la Sorbonne, en institutions islamiques. Peu à peu, le personnage principal du roman lui-même – un universitaire aux mœurs dissolues et spécialiste du romancier du XIXᵉ siècle J. K. Huysmans – comprend l'intérêt de se convertir à l'islam.

Dans les rares commentaires publics qu'il fit de son livre, Houellebecq prit soin de souligner son admiration pour l'islam – démonstration supplémentaire que l'intimidation et les menaces dont use la police de la pensée fonctionnent. On s'attendait à ce que ces plaidoyers soient étouffés, et ils le furent, mais pas pour les raisons qu'on pensait. Parmi ceux qui avaient attaqué et ridiculisé Houellebecq pour son livre, considéré comme volontairement provoquant, on trouvait un magazine satirique hebdomadaire, *Charlie Hebdo*, alors peu connu en dehors de la France. Le magazine – qui avait une longue tradition de gauchisme laïque et anticlérical – avait conquis une petite audience internationale au cours des dernières années, en se montrant disposé à publier, et ce à plusieurs reprises, des caricatures du prophète de l'islam (disposition qui s'était faite bien rare dans la presse européenne après l'affaire des caricatures danoises de 2005). Malgré les agressions, les menaces de procès et une attaque à la bombe incendiaire dans ses bureaux parisiens, la publication avait tenu bon, comme elle l'avait fait auparavant lorsqu'elle avait critiqué le pape, Marine Le Pen ou d'autres personnalités.

Pour le lancement de son dernier roman, la couverture de *Charlie Hebdo* prévoyait de montrer la caricature, comme il se doit monstrueuse, d'un Houellebecq hideux et semblable à un gnome. En ce jour de janvier, deux islamistes pénétrèrent dans les bureaux parisiens de *Charlie Hebdo* et abattirent dix des rédacteurs du magazine et deux policiers. Quand les terroristes, des musulmans français entraînés au Yémen, quittèrent les bureaux, on les entendit hurler « Nous avons vengé le prophète Mahomet » et « *Allahu Akbar* ». Parmi les victimes qui assistaient à la conférence de rédaction ce matin-là, se trouvait l'économiste Bernard Maris, un ami proche de Houellebecq.

Les éditeurs de Houellebecq annulèrent immédiatement la tournée promotionnelle et l'auteur fut mis sous protection. Depuis, il est toujours accompagné de gardes du corps. Néanmoins, bien que l'État français participe à sa protection, il ne s'est d'aucune façon rallié à sa cause. Immédiatement après les attaques à *Charlie Hebdo*, le Premier ministre socialiste Manuel Valls choisit de faire un discours où il déclara que : « La France ce n'est pas Michel Houellebecq... ce n'est pas l'intolérance, la haine et la peur. » Manifestement, à moins qu'il ait pu mettre la main sur un exemplaire envoyé aux journalistes, le Premier ministre n'avait pas lu le roman. Bien qu'un Premier ministre ne doive pas s'en soucier – même si le roman était provocateur –, il faut reconnaître que *Soumission* n'est pas une simple provocation. C'est un livre bien plus subtil et sophistiqué que le *Camp des saints* de Jean Raspail ou que d'autres romans dystopiques.

Le personnage principal, François, mène une existence non seulement racornie (comme toujours chez Houellebecq), mais aussi douloureusement en quête d'apaisement. Il observe tout autour de lui la décadence de la culture et de la société françaises. Dans ce contexte, il reçoit deux révélations. La première a lieu après que sa petite amie juive décide de quitter la France pour rejoindre sa famille en Israël. Après une dernière rencontre « sportive », elle lui demande ce qu'il compte faire, maintenant que les musulmans sont au pouvoir et que l'université semble devoir fermer. « Je l'embrassai doucement sur les lèvres et lui dis : "Il n'y a pas d'Israël pour moi." Ce n'était pas une pensée très profonde ; mais c'était comme ça. » Or, c'était là, au contraire, une pensée très profonde.

Mais la dimension spirituelle du roman apparaît surtout dans la réflexion de François quant à ses recherches universitaires. Houellebecq (comme il le faisait dans ses critiques littéraires) part du principe que ses lecteurs ne connaissent pas nécessairement les travaux de Huysmans, mais qu'une partie d'entre eux aura lu, ou, à tout le moins, entendu parler d'*À rebours*, un des textes majeurs de la décadence française de la fin du XIXᵉ siècle. Au début du roman, l'enthousiasme de François pour l'œuvre de Huysmans s'étiole, phénomène classique chez nombre d'universitaires dont la passion initiale ne résiste pas à la dimension répétitive des cours et des questions. Mais le choix de Huysmans comme référence récurrente du roman est important : au fur et à mesure du récit, François ne se contente pas de retrouver l'intérêt qu'il éprouvait pour Huysmans, il se trouve aussi confronté aux mêmes défis que celui-ci. Comme nombre de ses contemporains, décadents européens, Huysmans en effet avait fini par intégrer le giron de l'Église catholique romaine. Voie que François tente d'emprunter à son tour, alors que tout s'effondre autour de lui et que les signes avant-coureurs de violence, puis les passages à l'acte se multiplient dans toute la France.

François se rend au monastère où Huysmans avait ressenti la foi et où lui-même, jeune homme, avait

passé quelque temps sur les traces de son idole littéraire. Comme lui, il s'abîme dans la contemplation de
la Vierge et dans la méditation. Mais rien ne se passe :
il est retourné à la source, il a pu entrouvrir une porte
le temps d'un instant, mais il est au fond incapable de
franchir le pas qu'exige la foi. Il retourne donc à Paris où
les autorités universitaires – désormais islamiques – lui
expliquent (après lui avoir attribué une généreuse pen-
sion) l'intérêt de l'islam. En se convertissant, il pourrait
non seulement reprendre sa carrière à la Sorbonne, mais
aussi connaître une existence plus riche. Il pourrait avoir
plusieurs femmes (jusqu'à quatre et, s'il le souhaite, plus
jeunes que celles dont il a l'habitude). Et bien entendu,
il ferait, pour la première fois de sa vie, partie d'une
communauté qui donnerait sens à sa vie. Il pourrait ainsi
continuer à jouir des quelques plaisirs dont il profitait
déjà, tout en y ajoutant d'autres, plus plaisants encore
et dont il n'aurait pu rêver. Contrairement au catholi-
cisme, qui exige une ascèse et une rupture, l'islam est
une religion concrète. Ce qui, dans une société mûre
pour la soumission, constitue un argument irréfutable.

Avant même qu'il soit publié, la question se posait
de savoir si le propos de *Soumission* était un tant soit
peu plausible. Depuis, il semble que la question soit
en grande partie résolue. Toute ressemblance avec des
faits ou des personnages connus n'est pas entièrement
fortuite... Dans le livre, pendant la campagne des pré-
sidentielles, en 2017, médias et politiques français ont
délibérément mis sous le boisseau les sujets essentiels.
Quand ils évoquent les événements qui avaient eu lieu
en France courant décembre 2014 – des extrémistes

musulmans qui, au volant, fonçaient dans la foule en criant « *Allahu Akbar* » –, c'est pour mieux les balayer, en les présentant comme de simples accidents de la route.

Il y a aussi les dirigeants de la communauté juive, qui continuent à flatter leurs ennemis, à négocier avec eux en vue de leur intérêt privé, alors que tout annonce la destruction de leur communauté. Et le roman, comme il se doit, atteint son point d'orgue par la description de politiciens de tous bords, si soucieux de leur image d'« antiracistes » qu'ils préfèrent flatter le pire des mouvements racistes – mais dont l'influence va grandissant – au point de lui remettre le pays.

Mais le diagnostic sociétal en l'occurrence prend le pas sur l'analyse politique. Si Houellebecq domine la plupart des romanciers contemporains, c'est parce qu'il prend la mesure de l'ampleur et de la profondeur des questions auxquelles l'Europe occidentale est confrontée. Par un heureux effet du hasard, son travail artistique le plus abouti a coïncidé avec le moment où la société a basculé d'une maturité excessive vers autre chose.

Mais vers quoi exactement ? Plus de décadence, plus de barbarie ou bien vers la rédemption ? Quelle rédemption, et pour qui ?

CHAPITRE XVII

La fin

Une année après la grande décision de la chancelière Merkel, hommes politiques, stars des médias et célébrités diverses continuent à prêcher que l'Europe doit accueillir les migrants du monde entier. Ceux qui persistent à douter de cette politique (ce qui inclut la population) sont systématiquement mis au ban, gens au cœur de glace, probablement racistes. Ce qui explique qu'un an après, alors même qu'on reconnaît que la situation en Europe est catastrophique, les patrouilles navales du sud de la Méditerranée continuent à recueillir des milliers de gens. À vrai dire, selon les propres agences de l'UE, le nombre de migrants arrivés en Italie en juillet 2016 dépassait de 12 % les statistiques de juillet 2015. Un an après ce qui avait déjà été considéré comme un pic sans précédent, on a recueilli en moins de quarante-huit heures plus d'une dizaine de milliers de personnes au large de l'Afrique du Nord. À chaque fois que les médias rapportent ce genre d'événements, ils disent que les migrants ont été secourus, ou « sauvés » en Méditerranée. En réalité, la plupart des bateaux européens longeaient la côte nord-africaine et récupéraient les migrants dans les embarcations qui venaient d'être mises à l'eau. On laissait entendre qu'ils avaient été secourus, ou sauvés, en évoquant seulement les situations épouvantables qui les avaient poussés à embarquer. Et comme toujours, ces détails n'avaient aucune importance.

Parmi les détails manquants, le fait que les flux de migrants qui entraient en Italie comptaient peu de Syriens fuyant la guerre civile. À leur place, on trouvait quasi exclusivement des hommes jeunes, originaires d'Afrique subsaharienne. Autre élément intéressant : quel que soit ce qu'ils fuyaient, ce n'est sans doute pas plus terrible que ce que des centaines de millions d'autres gens voudront sans doute fuir dans les mois et les années à venir. Une fois les migrants « sauvés », les Européens bienveillants, qui avaient appelé au maintien de la politique migratoire, perdirent tout intérêt pour les nouveaux venus. Pendant la crise de 2015, de nombreuses personnalités britanniques, du dirigeant du Parti nationaliste écossais au ministre de l'Intérieur de l'opposition travailliste, en passant par des acteurs et des rock stars, avaient dit vouloir accueillir chez eux une famille de réfugiés. Plus d'un an après, aucun d'entre eux n'avait tenu promesse. Ainsi vont la générosité et la bienveillance en période de crise : une fois qu'on a soi-même prouvé sa solidarité envers tous les déshérités et les opprimés de la terre, on est en droit de demander aux autres de faire à leur tour preuve de bienveillance... et d'assumer ainsi les conséquences d'une bienveillance qu'ils n'ont pas choisie.

La réalité pourtant restait toujours aussi troublante et mal fichue. En septembre 2016, un mois après mon dernier séjour à Lesbos, des migrants installés à Moria ont mis le feu au camp. L'étincelle qui avait mis le feu aux poudres ? Les migrants étaient livrés à eux-mêmes depuis près de six mois. Les nations européennes insistaient sur l'importance des missions de sauvetage, fermaient leurs frontières et laissaient la Grèce s'occuper de ceux qu'elles avaient sauvés. Des rumeurs s'étaient répandues dans le camp, évoquant un renvoi imminent en Turquie. D'autres dirent qu'à l'origine de l'incendie, il y avait des bagarres survenues dans les files d'attente, pendant les distributions de nourriture. Soit ça, soit des tensions interethniques larvées. Sur une vidéo prise lors de l'incendie du camp, on entend les cris « *Allahu Akbar* ».

La semaine avant que Moria ne brûle, j'étais en Allemagne. Les conséquences de la décision prise par la chancelière un an auparavant étaient partout visibles. À la télévision, une émission de stand-up mettait en scène des migrants, spectacle destiné à divertir un certain public allemand. Cela donnait un visage au flux indistinct, et ceci permettait au public d'apprendre à aimer ce visage. Mais la majorité des migrants qui déferlaient sur l'Europe n'accédaient pas tous au Graal des paillettes audiovisuelles. Dans la cave d'une église luthérienne, au cœur de la banlieue berlinoise, j'ai rencontré 14 réfugiés qui vivaient dans des conditions précaires. Des hommes d'une vingtaine d'années, essentiellement originaires d'Iran, arrivés en 2015. L'un d'eux me dit avoir payé 1 200 dollars pour se rendre en Grèce, puis en Norvège. Le pays ne lui avait pas plu. Ces hommes m'ont dit aussi s'être convertis au christianisme : c'est pour cela qu'ils avaient pu trouver refuge au sein de l'Église. Leur démarche a peut-être été sincère, mais on sait aujourd'hui que la conversion au christianisme est devenue l'objet d'un véritable business, voire d'un racket. Dire qu'on s'est converti au christianisme offre en effet quasiment la garantie d'obtenir le statut de réfugié.

Au Bundestag, j'ai pu discuter avec un membre du Parlement, soutien majeur de la chancelière Merkel pendant la crise des migrants. Il abordait le problème sous un angle exclusivement bureaucratique. Le manque de logements, par exemple, « ne constituait pas une catastrophe, mais une mission ». Comment le pays pouvait-il améliorer l'intégration des migrants ? À ce jour, ceux-ci bénéficient de soixante heures de formation aux valeurs allemandes. Le député me dit qu'il faudrait peut-être monter à cent le nombre de ces heures. Je fus plus surpris encore de l'entendre reprendre à son compte ce vieux lieu commun, entendu partout en Allemagne, selon lequel le problème venait surtout des Allemands. Ceux qui s'inquiétaient que leur environnement ait changé « passaient trop de temps sur Internet et pas assez dans la réalité ». Et lorsque je m'enquis de la délinquance des migrants, il n'y alla pas par quatre chemins : « Les réfugiés sont moins délinquants que le citoyen allemand moyen. »

De même, le fait d'accueillir un million de personnes en un an « n'était pas un problème », selon ce député. « Imaginez-vous, ajouta-t-il, qu'il y ait 81 personnes dans cette pièce. On frappe à la porte. Là, on entend que celui qui vient de toquer sera tué si on le laisse dans le couloir. Qu'est-ce qu'on fait alors ? Bien entendu, on le laisse entrer. Et que ferez-vous, m'enquis-je un peu surpris, si, après avoir laissé entrer cette 82ᵉ personne, on frappe à nouveau à la porte ? La 83ᵉ personne doit-elle elle aussi entrer ? Certainement, me rétorqua le parlementaire. » Il semblait donc qu'aucune limite ne puisse justifier qu'on ferme un jour la porte. Je choisis alors un autre angle d'attaque. En 2015, l'Allemagne avait donné la priorité aux demandes d'asile formulées par des Syriens. Pourquoi, demandai-je en reprenant l'argumentaire des Afghans de Lesbos, les Syriens devraient-ils passer avant les autres ? Pourquoi l'Allemagne ne donnerait-elle pas aussi aux Afghans la priorité pour venir en Allemagne ? Et quid des autres ? On ne pouvait douter du fait que la situation était critique, en Érythrée et dans bien d'autres pays d'Afrique. Quid des gens que j'avais rencontrés qui venaient d'Extrême-Orient, de Birmanie, du Bangladesh et d'ailleurs ? Pourquoi l'Allemagne ne faisait-elle pas de ces gens-là aussi sa priorité ?

Le parlementaire commençait à montrer des signes d'exaspération : tout ceci n'était que vue de l'esprit. Il répondit que la situation n'existant pas réellement, il n'y avait aucune raison de s'y intéresser. Par ailleurs, les effectifs migratoires vers l'Allemagne avaient baissé, ce qui rendait superflue l'élaboration de ce genre de scénario. Ce fut, je dois le reconnaître, un temps fort de mon séjour. Ce parlementaire allemand, qui parlait ainsi à la fin de l'année 2016, aurait dû savoir ce que toute personne suivant l'actualité savait : le flux de migrants n'avait pas ralenti de lui-même, par une sorte de logique naturelle. Le flux de migrants avait diminué parce que le gouvernement européen, et le gouvernement allemand en particulier, avaient pris des mesures sur le terrain. En 2016, deux choses avaient réduit les effectifs migratoires de quelques centaines de milliers. Tout d'abord, sous l'impulsion du gouvernement allemand, l'UE avait passé un accord avec le gouvernement turc, en le rétribuant pour qu'il empêche les migrants de sortir du pays et les navires de faire route vers la Grèce. Ensuite, parce que, parfois en sous-main, parfois de façon plus visible, on avait rétabli les frontières de l'Europe. Aucune de ces mesures n'avait suscité l'opposition des Allemands. Le rétablissement de la frontière macédonienne, notamment, avait bien servi les intérêts du gouvernement allemand : le goulot d'étranglement ainsi créé maintenait les migrants en territoire grec, migrants qui ne pouvaient plus désormais se rendre en Allemagne ou plus loin, comme ç'avait été le cas l'année précédente.

Irrité par cette casuistique, j'ai poussé mon interlocuteur dans ses retranchements. Il devait bien savoir, comme ses collègues, que le flux migratoire avait diminué pour ces deux raisons-là. Si l'Allemagne, comme il le prétendait, se souciait tant du sort des opprimés, des assiégés, de ceux qui subissaient la guerre, alors les solutions ne manquaient pas pour alléger les souffrances de ces derniers. Plus besoin de faire porter à la Grèce le poids des migrants ! Pourquoi l'Allemagne n'affrétait-elle pas une flotte aéroportuaire pour aller récupérer ceux-ci, coincés au fin fond des îles grecques, et les amener directement à Berlin ? Si le pays phare de l'Europe abhorrait à ce point le retour des frontières – comme il le prétendait officiellement – alors il devait faire en sorte que ces frontières cessent d'entraver son activisme humanitaire. Ainsi, la mise en place de vols charters reliant la périphérie de l'Europe à son cœur battant constituait de toute évidence LA solution au problème.

Mon interlocuteur ne concéda rien, et c'est ainsi que fut administrée la preuve que même ces gens-là, députés partisans de Merkel et pro-immigration, ont un point de rupture. Et celui-ci était tout proche. Ce monsieur qui prenait fait et cause pour tous les migrants, qui refusait toute forme de frontières, prétendait en même temps que le flux avait baissé de lui-même, naturellement. C'était une façon de concilier les exigences contradictoires de sa conscience et de son instinct de survie. Prétendre que les migrants ne venaient plus, tout en soutenant la politique qui les avait arrêtés net : ainsi, on peut préserver sa fibre humaniste et conserver le pouvoir. Il avait conclu avec lui-même un pacte auquel de nombreux Allemands commençaient également à penser.

L'actualité allemande a bizarrement beaucoup de mal à s'exporter. Le coût des reportages à l'étranger, l'entretien d'un correspondant à temps plein dans une capitale européenne constituent des explications possibles. De même, l'intérêt faiblissant du public, qui préfère la presse à potins et la télé-réalité. Les élections sont toujours couvertes, évidemment, comme les événements d'importance. Mais pour un continent qui aime à vanter le réseau couvrant son territoire, il est étrange que l'actualité allemande ne traverse pas davantage les frontières. Néanmoins, comme tout connaisseur de l'Allemagne le sait, les informations quotidiennes qu'on ne trouve guère que dans la presse germanophone montrent un pays au bord du gouffre.

L'actualité d'une seule journée du mois de septembre 2016 suffit à s'en convaincre. Les gros titres – comme ceux des chaînes d'informations en continu – évoquent l'attentat à la bombe contre une mosquée de Dresde. Ce genre d'événement n'est plus inhabituel désormais. Pas de blessés graves, pas d'atteinte majeure au bâtiment.

Malgré sa gravité, c'est le type d'histoire que les médias savent traiter. On continue à mettre l'événement sur le compte de l'intolérance en général, et des préjugés contre les migrants en particulier. Si on ouvre le journal, on trouve d'autres faits divers, traités moins longuement, et qui, davantage encore que ce qu'indiquent les gros titres, font désormais partie du paysage. Par exemple, dans un village, de violentes bagarres entre motards allemands et migrants. Le gang de migrants était près de l'emporter sur le gang de bikers, et puis la police était intervenue. On avait ainsi échappé de justesse à un carnage.

Un autre article rapporte ce qui la veille s'est produit dans un foyer pour demandeurs d'asile. Le soir du 27 septembre, un migrant appelle la police. Vivant dans un foyer de Berlin, il dit avoir vu un autre migrant en train de violer un enfant dans les buissons. Trois policiers se déplacent et trouvent effectivement dans les buissons un Pakistanais de 27 ans en train de violer une fillette irakienne de 6 ans. Un policier emmène la fillette, les deux autres passent les menottes au Pakistanais et le font monter dans leur véhicule. Ce faisant, le père de la fillette violée – un Irakien de 29 ans – se dirige vers la voiture en courant, un couteau à la main. La police lui crie d'arrêter mais sa soif de vengeance le rend inaccessible aux coups de semonce. Les policiers ont dû tirer sur le père. Les articles qui rapportaient l'événement posaient la question très bureaucratique de savoir si la police avait réagi « de façon appropriée[1] ». Mais personne ne relevait que ces vies irrémédiablement et arbitrairement détruites faisaient maintenant partie de la nouvelle Allemagne.

Une nouvelle Allemagne qui ne dénotait pas dans un continent lui-même métamorphosé. Au cours de ce même mois de septembre, avant les fêtes juives de Rosh Hashanah et de Yom Kippur, fut publiée une étude des comportements au sein des communautés juives européennes. L'enquête, réalisée par deux organisations juives, passait au crible les comportements des communautés juives, de la Grande-Bretagne à l'Ukraine. L'enquête révéla que malgré les mesures de sécurité renforcées dont faisaient l'objet les synagogues d'Europe, 70 % des Juifs européens disaient éviter de s'y rendre. En 2016, la crainte d'attaques terroristes ou antisémites empêchait la majorité des Juifs européens de pratiquer leur foi[2].

En septembre, le peuple allemand eut enfin l'occasion d'exprimer son ressenti à la chancelière. Qu'avait-elle

---

1. « Tödliche Schüsse in Berliner Flüchtlingsheim », *Die Welt*, 29 septembre 2016.
2. « European Jews are too afraid to go to synagogue on religious holidays due to fears of anti-Semitic attacks », *The Daily Mail*, 20 septembre 2016.

fait de leur pays ? Les électeurs berlinois infligèrent à la CDU les résultats les plus bas de la capitale, le parti plafonnant à 17,5 %. Entre-temps, pour la première fois, l'AfD fit son entrée au parlement berlinois avec 14,1 % des voix. Ce qui signifiait que le nouveau parti avait des députés dans la plupart des Länder. Les scores de l'AfD étaient particulièrement élevés en ancienne Allemagne de l'Est, ce qu'on avait tendance à attribuer aux conditions socio-économiques, plus fragiles ici qu'ailleurs. L'intervention d'autres facteurs – comme le fait que, peut-être, les habitants de l'ex-Allemagne de l'Est se rappelaient certaines choses que leurs compatriotes de l'Ouest avaient pour leur part oubliées – était rarement évoquée par les médias. Ce qu'avait entrepris la chancelière était nécessairement juste. Il fallait ne pas être dans son état normal pour ne pas le comprendre et penser autrement. Tel était pourtant le cas de l'opinion publique allemande.

Ces résultats permirent néanmoins d'extorquer à la plus célèbre des filles d'ancienne Allemagne de l'Est une chose dont elle n'était pas coutumière : un relatif aveu d'échec. Ce même mois, elle se livra en effet à ce que les médias du monde entier considérèrent comme un « mea-culpa ». À vrai dire, les mots qu'elle employa après l'échec électoral de son parti à Berlin ne méritaient pas tout à fait d'être ainsi qualifiés. « Si je le pouvais, je reviendrais plusieurs années en arrière, dit-elle, cela aurait permis à chacun – moi, le Gouvernement, les cadres de la fonction publique – de mieux pouvoir anticiper la situation qui nous a tous pris au dépourvu, à la fin de l'été 2015. » En réalité, personne n'avait été pris au dépourvu. Cela faisait des années que l'Allemagne, comme tous les pays européens, connaissait l'immigration de masse. Cela faisait quelques décennies que les contrôles aux frontières n'étaient plus assurés, qu'on avait renoncé à expulser les demandeurs d'asile déboutés et qu'on échouait à intégrer les nouveaux arrivants. À tel point qu'en 2010, Merkel elle-même l'avait admis. Si son discours « le multiculturalisme a échoué » avait été autre chose qu'un florilège de formules creuses, il aurait pu initier en Allemagne une réflexion sur les moyens de contrer le tsunami qui allait déferler cinq ans plus tard. Mais ce ne fut pas le cas, car ça n'avait été que des paroles en l'air.

En septembre 2016, Merkel reconnut que sa petite phrase de 2015, « Wir schaffen das » (« Nous pouvons le faire ») était « un simple slogan, quasiment une formule creuse » et qu'on avait considérablement mésestimé l'ampleur du défi. Mais là encore elle se payait de mots, comme le dit à la presse un de ses propres collègues parlementaires de la CDU. Député qui insistait sur le fait que « cela faisait un moment que le Gouvernement menait correctement sa barque. Mais nous devons améliorer notre communication. La chancelière semble l'avoir compris ». Le « mea-culpa » n'était en réalité qu'un moyen de rallier des électeurs à la CDU. Aucun remords ne fut sérieusement exprimé, aucun regret de ce que le pays avait subi. En effet, Merkel, lors de la même conférence de presse, ajouta – ce qui fut d'ailleurs bien moins cité – qu'il avait été « absolument juste » d'accepter plus d'un million de migrants l'année précédente. Néanmoins : « Nous avons compris la leçon.

Personne, y compris moi-même, ne veut revivre la même situation[1]. »

Néanmoins, il semble plutôt que les seules leçons que l'Allemagne ait retenues de l'histoire soient celles qu'on connaissait déjà, depuis plus de huit décennies. Après le succès de l'AfD aux élections berlinoises, le maire de Berlin, Michael Müller, du parti de gauche SPD, mit tout le monde en garde : un résultat à deux chiffres de l'AfD serait « perçu de par le monde comme le retour de l'extrême droite et des nazis en Allemagne ». Partout en Europe, dès que quelque chose se produisait, on répétait aux quatre vents ce genre d'avertissement.

Pendant que les élections régionales se déroulaient en Allemagne, un an après que le pays eut ouvert ses portes, le gouvernement britannique annonça qu'il allait devoir construire un mur supplémentaire à Calais, près du camp de migrants. Le mur, d'un kilomètre de long, devait protéger la zone d'entrée en Grande-Bretagne en empêchant les migrants de pouvoir grimper à bord des poids lourds qui se rendaient au Royaume-Uni. En réponse à cette proposition, la sénatrice française et vice-présidente du comité des affaires étrangères du sénat, Nathalie Goulet, rétorqua : « Cela me rappelle le mur construit autour du ghetto de Varsovie pendant la Seconde Guerre mondiale. » Et derrière l'éternelle accusation selon laquelle les frontières participaient du

---

1. « Merkel admits she would turn back the clock on refugee policy », *The Financial Times*, 19 septembre 2016.

nazisme pointait l'axiome tout aussi habituel qui voulait qu'elles appartiennent au passé. « Des murs ont été érigés tout au long de l'histoire, expliqua Mme Goulet, mais les gens finissent toujours par trouver un moyen de les contourner. Les murs sont des échecs. Regardez la grande muraille de Chine, maintenant, des touristes s'y promènent pour prendre des photos[1]. »

En Grande-Bretagne, Calais restait au centre des débats. Dans la mesure où, la plupart du temps, le camp comptait moins de 6 500 personnes, la solution au problème posé par Calais s'imposait, simple et allant de soi. Tout ce dont on avait besoin – disaient politiciens et militants de tout bord –, c'était d'un seul geste généreux : vider le camp. Celui-ci symbolisait à son échelle tout l'échec de l'Europe. À partir du moment où les migrants de Calais pourraient officiellement se rendre au Royaume-Uni, le problème n'en serait plus un – du moins le pensait-on. On prenait rarement en considération le fait que, si le camp se vidait, il serait tout simplement à nouveau occupé. Car le chiffre de 6 500 personnes représente le nombre moyen de migrants qui arrivent chaque jour en Italie. Entre-temps, tandis que les gouvernements français et britannique se querellaient pour savoir qui portait la responsabilité de la situation à Calais, des migrants, de jour comme de nuit, lançaient des projectiles sur les routes, projectiles destinés aux voitures, aux camions et aux poids lourds qui se rendaient en Grande-Bretagne. Ils espéraient qu'ainsi, les véhicules seraient contraints

---

1. « Trump wants border wall, but Britain is building one in France », *NBC News*, 12 septembre 2016.

de s'arrêter, qu'ils pourraient alors se faufiler à bord et traverser clandestinement la Manche.

Le débat sur Calais, à l'avenant de ce qui se passait depuis des dizaines d'années, se caractérisait par une grande myopie et une logique du court terme. Lorsque le gouvernement britannique accepta de laisser entrer un contingent de mineurs non accompagnés venus du camp, les journaux publièrent les photos des jeunes arrivants. Certains de ces « enfants » étaient de toute évidence adultes. Certains de ces « enfants » avaient dépassé la trentaine. Un député conservateur peu connu, David Davies, souligna le fait et suggéra qu'on utilise désormais des tests dentaires. Les sphères médiatique et politique le traînèrent dans la boue. Des animateurs télé profitèrent de l'occasion pour l'inviter sur leur plateau et le flinguer en direct. Certains députés clamèrent leur dégoût de devoir siéger au Parlement en sa présence. Soudain, le débat changea de direction et on s'interrogea sur le fait de savoir s'il était « raciste » de vérifier l'âge de quelqu'un par l'examen de ses dents. Un simple test, utilisé sur tout le continent, devenait d'un seul coup le signe d'une barbarie dépassant l'imagination. On resta bien d'accord : c'était une bonne chose que de laisser entrer tous les migrants. C'était en revanche une mauvaise chose que de proposer d'en limiter le nombre. Voire d'en appeler à l'application des lois en vigueur. Et comme souvent par le passé, le Gouvernement pesa le pour et le contre et décida d'abandonner purement et simplement.

Évidemment, les migrants qui avaient abouti à Calais dans le but d'entrer clandestinement en Grande-Bretagne n'avaient pu arriver là qu'en enfreignant toutes les lois communautaires. Ils n'avaient pas demandé l'asile dans le pays d'arrivée, ils ne s'étaient pas conformés au traité de Dublin, ils s'étaient entêtés jusqu'à parvenir dans le Nord de la France. En les acceptant, le gouvernement britannique pensait faire une bonne action. En réalité, il récompensait des gens qui avaient violé la plupart des règles et pris la place de migrants plus méritants. C'était un précédent établi depuis des années, précédent fort malavisé néanmoins. Partout c'était la même histoire. Être du côté des nouveaux arrivants, c'était être du côté des anges. Parler en faveur des peuples d'Europe vous plaçait d'emblée du côté du diable. Et tout le temps résonnait cette étrange hypothèse selon laquelle l'Europe, finalement, n'avait laissé entrer qu'une personne de plus dans la pièce. La question de savoir si la personne en question risquait vraiment la mort en restant dans le couloir ne se posait même pas. Si cette personne était pauvre, avait froid, si ses conditions de vie étaient inférieures à celles des gens qui étaient dans la pièce, alors elle aussi devait avoir le droit d'entrer. L'Europe ne pouvait plus tolérer de refuser quiconque. Et c'est ainsi que la porte demeura simplement ouverte à tous ceux qui voulaient la franchir.

CHAPITRE XVIII

Ce qui aurait pu être

Avec une direction morale et politique plus consé-
quente, les choses auraient pu se passer différemment.
La chancelière Merkel et ses prédécesseurs n'auraient
pas été forcément désavoués si dès le début, ils avaient
pris d'autres mesures.

Ils auraient pu commencer par se poser la question
que l'Europe ne s'était jamais posée : tout être humain,
d'où qu'il vienne, peut-il s'installer en Europe et s'y
considérer comme chez lui ? Tout être humain fuyant la
guerre doit-il trouver refuge en Europe ? Les Européens
ont-ils pour mission d'offrir un meilleur niveau de vie
à ceux qui, de par le monde, y aspirent ?
À la deuxième et à la troisième question, l'opinion
publique aurait certainement répondu par la négative.
Quant à la première question, les Européens auraient
sans doute eu du mal à y répondre. C'est d'ailleurs pour
cela que les partisans de l'immigration de masse, qui pour
leur part auraient répondu « oui » aux trois questions,
comprirent l'intérêt qu'il y avait à ne plus distinguer

ceux qui fuyaient la guerre et ceux qui fuyaient autre chose. Après tout, faisaient remarquer ces gens, quelle différence y a-t-il entre mourir sous les bombes et mourir de faim ?

Si la chancelière Merkel, ses homologues et ses prédécesseurs avaient pris le temps de la réflexion avant d'enclencher la transformation de l'Europe, ils auraient pu se référer à Aristote, pour ne citer que lui entre tant d'autres grands philosophes européens. Lire Aristote en effet leur aurait permis de saisir toute la complexité de ces questions. Ils voulaient en fait créer un équilibre, non pas entre le bien et le mal, mais entre deux qualités rivales : en l'occurrence, la justice et l'empathie. Aristote pensait que, si des qualités comme celles-ci entraient en contradiction, c'était en réalité parce qu'une d'entre elles était mal comprise. En ces temps de migration incontrôlée, il semble que l'empathie l'ait systématiquement emporté. C'est une qualité qu'il est extrêmement facile d'honorer, la plus rentable sur le court terme, une qualité très admirée dans une société sensible à ce genre d'argument. Bien sûr, on ne s'interrogeait pas vraiment sur l'empathie qu'il pouvait y avoir à faire venir des gens des quatre coins du monde, sachant qu'en Europe ils auraient du mal à se loger, du mal à trouver du travail, et qu'ils seraient encore moins accueillis à bras ouverts.

Pourtant la justice, si ouvertement négligée, puisqu'on piétinait allègrement les lois communautaires, avait ses exigences. Et si le recours en justice, notamment pour faire appliquer le traité de Dublin III, ou expulser les demandeurs d'asile déboutés, évoque surtout la paperasse administrative, cela n'en garantit pas moins une justice plus grande. Or, quand il commence à être question de justice, c'est toujours pour parler de celle qu'on doit aux nouveaux arrivants ou de celle qu'ils réclament. Les peuples d'Europe en revanche restent les grands absents du débat : à leur propos, la question de la justice n'est jamais envisagée. Peuples qui avaient supporté bien des choses et dont les voix pourtant, lorsqu'elles parvenaient à s'élever, n'étaient jamais écoutées.

En décidant d'un mouvement migratoire majeur, Merkel et ses prédécesseurs avaient bafoué tous les droits de ces peuples. Les libéraux européens avaient de bonnes raisons de se sentir lésés : la manière dont leurs coutumes et leurs lois avaient été foulées aux pieds, les transformations sans fin infligées aux sociétés libres menaçaient l'écosystème patiemment façonné par l'histoire qui fondait précisément ces sociétés. Les libéraux européens pouvaient à juste titre s'interroger : les sociétés nées d'évolutions politiques et culturelles s'étalant sur le long terme pouvaient-elles résister à un phénomène migratoire de cette ampleur ? Le fait que cette ligne de front migratoire implique toujours une menace pour les minorités – sexuelles, religieuses ou raciales – aurait dû mettre la puce à l'oreille des libéraux : la poursuite d'une politique migratoire « libérale » pouvait, peut-être, signer l'arrêt de mort des sociétés libérales.

La référence à une justice d'un autre genre aurait pu venir du rang des conservateurs. Ces derniers, par exemple, auraient pu reprendre à leur compte les idées de Burke qui, au XVIIIe siècle, énonça le principe fondateur de la doctrine conservatrice : on ne dirige pas une culture, une société pour complaire aux gens qui y vivent, mais pour exprimer le pacte profond qui unit les morts, les vivants et ceux qui vont advenir. Une telle conception de la société – peu importe qu'on souhaite disposer d'une inépuisable réserve de main-d'œuvre à bas prix, d'une offre culinaire étendue et diversifiée, ou qu'on veuille soulager la conscience de certains – vous retient de la transformer de fond en comble. Car le bien dont on a hérité doit être transmis. Considérer qu'on peut améliorer certaines idées ou certaines façons de vivre héritées de nos ancêtres n'implique pas qu'il faille transmettre à la nouvelle génération une société chaotique, divisée et méconnaissable.

En 2015 déjà, l'Europe n'avait pas su résoudre la partie la plus simple de l'équation migratoire. De l'après-guerre aux mouvements cataclysmiques du temps présent, on a voulu modifier l'essence même de la société européenne, par confort personnel, par paresse intellectuelle et par incurie politique. Il n'est donc pas surprenant que l'Europe ait buté contre l'obstacle migratoire que Merkel avait placé sur son chemin. Obstacle dont Merkel triompha sur les plateaux de télévision, face à une jeune fille libanaise, obstacle qui la fit chuter lorsque parurent les innombrables autres. Une capitulation en rase campagne qui allait à l'inverse du mouvement général, les gens ayant normalement horreur de la masse mais pouvant tout à fait prendre en pitié les individus. Merkel s'était en effet trompée sur ce qu'étaient la justice et l'empathie. Elle aurait pu faire preuve de pitié pour la jeune libanaise et de justice pour les Européens. Comment en était-on arrivé là ?

CE QUI AURAIT PU ÊTRE

Il aurait d'abord fallu se pencher sur les racines du problème : à qui l'Europe est-elle destinée ? Ceux qui pensent qu'elle appartient au monde entier n'ont jamais expliqué pourquoi ceci ne fonctionnait qu'à sens unique. Que les Européens parcourent le monde, et on les taxe de colonialisme. Que le monde vienne en Europe, et alors, ce n'est que justice. Ils n'ont pas non plus précisé que si l'immigration devait faire de l'Europe un endroit appartenant à tous, les autres pays en revanche restaient la propriété de leurs peuples. Ils ne sont parvenus à leurs fins que parce qu'ils ont trompé l'opinion et dissimulé ce qu'ils voulaient entreprendre.

Si les gouvernants européens avaient expliqué aux gens, dans les années 1950 ou plus tard, que l'immigration avait pour but d'altérer fondamentalement le concept d'Europe pour en faire la maison du monde entier, il y a fort à parier que ceux-ci se seraient rebellés et qu'ils auraient renversé leurs gouvernements respectifs.

Avant même la crise migratoire des dernières années, le principal défi posé par l'immigration portait sur l'authenticité des réfugiés. À l'instar du public, les dirigeants politiques ont toujours entretenu une certaine ambivalence envers les réfugiés – conflit d'opinions entre eux, certes, mais aussi cas de conscience. Personne ne laisserait un enfant se noyer en Méditerranée mais personne ne considère qu'il soit raisonnable d'accueillir le monde entier sous prétexte qu'il débarque sur les côtes d'Europe. Pendant l'été 2016, en Grèce, j'ai eu l'occasion de discuter avec deux hommes originaires du Bangladesh. L'un d'eux, âgé de 26 ans, était passé par l'Inde, le Pakistan, l'Iran et la Turquie avant d'arriver à Lesbos. Il me raconta que pendant sa route, « il avait vu des cadavres partout ». Pendant son voyage, il avait dépensé 15 000 euros. Il m'expliqua qu'il avait dû quitter le Bangladesh parce qu'il appartenait à l'opposition politique. « Mon père est directeur de banque, me dit-il. L'argent n'est pas la question. Il s'agissait de rester en vie. Tout le monde aime le pays où il est né », mais « neuf personnes sur dix sont ici parce qu'elles veulent vivre ». Les témoignages laissent plutôt à penser le contraire, à savoir que la motivation principale à venir en Europe est d'ordre économique. Néanmoins, même en admettant que tous ceux qui viennent ici risquent la mort s'ils retournent chez eux, il est concrètement impossible à notre continent d'accueillir ces millions de gens. Donc, la correction des erreurs migratoires de l'Europe se fonde elle-même sur une erreur.

Certains pensent que la crise n'est pas au premier chef une crise européenne mais une crise mondiale, et que le fait même d'en parler de cette manière reflète une vision très eurocentrée des choses. Mais il n'y aucune raison que les Européens ne se sentent pas ou ne soient pas eurocentrés ! L'Europe est le foyer des peuples européens et nous avons toute légitimité à privilégier notre foyer, comme le font les Américains, les Indiens, les Pakistanais, les Japonais et tous les autres peuples. On nous dit ensuite qu'il faut œuvrer à résoudre les problèmes mondiaux. Cet argument est fallacieux. L'Europe n'a pas le pouvoir de « résoudre » la situation en Syrie. Pas plus qu'il n'entre dans ses capacités d'augmenter le niveau de vie en Afrique subsaharienne, de résoudre les conflits mondiaux, de protéger aux quatre coins du monde les droits des uns et des autres, ou de régler les problèmes de corruption à travers le monde. Ceux qui pensent que l'Europe peut résoudre ces questions-là devraient d'abord présenter un plan détaillé de résolution du problème érythréen. Et avant toutes choses, savoir situer l'Érythrée sur une carte.

Toute personne au pouvoir qu'anime le souhait authentique d'aider les migrants peut prendre certaines mesures. Les gouvernants peuvent par exemple privilégier les mesures permettant aux migrants de rester à proximité du pays qu'ils fuient. Des experts en migration, dont Paul Collier et David Goodhart, ont, même avant la crise actuelle[1], exposé l'importance de ce genre de mesure. Cela permet d'éviter le choc culturel que subissent ceux qu'on encourage à partir loin de chez eux, sur un autre continent. Cela permet aussi aux populations déplacées de retourner chez elles plus facilement lorsque le désastre qu'elles ont fui touche à sa fin. Pendant toute la crise syrienne, la Turquie, le Liban et la Jordanie ont accueilli de forts contingents de réfugiés. La Grande-Bretagne et d'autres pays ont versé des sommes substantielles pour soutenir financièrement les camps et les lieux d'accueil destinés aux réfugiés syriens. Les mesures suggérées par Collier sont constructives. Celle, entre autres, qui propose aux pays européens de payer les migrants pour qu'ils aillent travailler dans les pays du Moyen-Orient (où, pour des raisons de sensibilités

---

1. Paul Collier, *Exodus: Immigration and Multiculturalism in the 21ˢᵗ Century*, Allen Lane, 2013 ; David Goodhart, *The British Dream: Successes and Failures of Post-war Migration*, Atlantic Books, 2013.

locales, les lois interdisent souvent aux réfugiés d'intégrer la population active). Ces suggestions se réfèrent à la logique selon laquelle il est préférable pour un Syrien de pouvoir travailler en Jordanie que d'être au chômage au fin fond de la Scandinavie.

Par ailleurs, même en supposant que les attentes des immigrés présents et à venir constituent la seule et unique préoccupation du gouvernement suédois, le budget consacré à ce jour en Suède au logement des immigrés est bien trop élevé.

Le manque de logements en Suède, qui comme au Royaume-Uni est principalement dû à l'immigration, pose un problème majeur au gouvernement suédois. Pas uniquement sur le plan financier. Dans les pays du sud de l'Europe, comme l'Italie ou la Grèce, une solution temporaire consiste à loger les migrants dans des tentes. Du fait du climat de la Suède, il est de 50 à 100 fois plus coûteux de créer des campements pour migrants que ça ne l'est au Moyen-Orient. Comme l'a fait remarquer le docteur Tino Sanandaji, il revient plus cher de loger 3 000 migrants sous tentes en Suède que de financer le plus grand camp de réfugiés en Jordanie, qui abrite près de 100 000 réfugiés syriens[1].

Une autre mesure que les dirigeants européens auraient dû adopter dès le départ consiste à s'assurer que les

---

1. Erico Matias Tavares, « Sweden on the Brink? – An Interview with Dr. Tino Sanandaji », 21 février 2016, https://www.linkedin.com/pulse/sweden-brink-interview-dr-tino-sanandaji-erico-matias-tavares.

demandes d'asile soient traitées hors du territoire européen. Du point de vue légal et logistique, il est absurde de commencer à trier véritables demandeurs d'asile et migrants une fois qu'ils sont déjà en Europe.

Depuis une dizaine d'années, le gouvernement australien a mis en place des mesures de ce genre, après avoir été confronté à un afflux de migrants indonésiens venus s'échouer sur les côtes australiennes. Exactement comme en Méditerranée, nombre de bateaux firent naufrage, ce qui suscita un déferlement de compassion envers les migrants. Mais en Australie, les centres de demandeurs d'asile étaient complets, et les démarches administratives tournaient au cauchemar légal, dans la mesure où les migrants étaient déjà sur le sol australien. Bien que les eaux territoriales australiennes soient considérablement plus étendues qu'en Méditerranée, et que les chiffres soient sans comparaison, le gouvernement australien a institué une politique d'urgence qui, très rapidement, a fait chuter le nombre de bateaux en partance. Les Australiens se sont servis des îles de Nauru et de Manus, au large de la Papouasie-Nouvelle-Guinée, en ont fait des centres de rétention. C'est là que sont traitées les demandes d'asile. Les navires du gouvernement australien patrouillent sans relâche et détournent les bateaux qui tentent de rejoindre illégalement l'Australie.

La situation n'est pas tout à fait comparable, mais en privé, depuis que la crise que connaît l'Europe a commencé, les gouvernants australiens disent qu'à un moment ou à un autre, l'Europe sera obligée d'avoir recours aux mêmes méthodes.

Avec de la volonté politique et quelques incitations financières, il n'y a aucune raison que les gouvernements européens ne puissent pas passer des accords avec les différents gouvernements nord-africains, en vue d'installer ce genre d'établissements sur leur territoire. Il n'est pas inenvisageable de pouvoir « louer » à cet effet une portion du territoire libyen. La chose serait assurément faisable en Tunisie et au Maroc et le gouvernement français pourrait persuader les Algériens de coopérer de la même façon. L'Égypte pourrait également y être invitée, dans le cadre des accords de coopération européens. Le fait de gérer les demandeurs d'asile en Afrique du Nord n'aurait pas seulement un effet dissuasif, comme ça a été le cas en Australie ; cela permettrait également au système d'asile européen de reprendre son souffle.

Une autre solution consisterait à ce que l'Europe mette en place une stratégie concertée d'expulsion, visant tous ceux dont les demandes d'asile ont été rejetées. C'est plus facile à dire qu'à faire : des millions de personnes se trouvent à l'heure actuelle sur le sol européen, en dehors de toute légalité. Certains accepteraient certainement une aide pour rentrer chez eux, après avoir dû travailler pour des gangs ou parce qu'ils trouvent, finalement, la vie en Europe moins facile qu'ils le pensaient. Néanmoins, cela reste une tâche gigantesque à accomplir. Mais mieux vaut cela que de faire croire, comme l'ont fait les gouvernements allemand et suédois au cours des dernières années, qu'on va agir, alors qu'on sait pertinemment qu'on ne mettra pas sa menace à exécution. Pour « inclure » des gens dans une société, il faut nécessairement en « exclure » d'autres. Les gouvernements aiment à s'appesantir sur la dimension compassionnelle de « l'inclusion » (ce qui est très facile), mais l'opinion publique, aussi bien que les demandeurs d'asile légitimes, ont aussi besoin d'entendre parler d'exclusion.

Une autre mesure qui participerait d'une politique migratoire sensée et permettrait de rétablir la confiance des gens consisterait à créer un système d'asile temporaire. Si pendant les mois clés de 2015, la chancelière Merkel avait demandé aux pays européens d'accepter temporairement un certain nombre de réfugiés syriens, dont le dossier aurait été examiné et approuvé, le temps que l'ordre revienne en Syrie, le soutien politique et public aurait été nettement plus marqué.

Si un tel soutien a fait défaut – et c'est aussi ce qui explique l'opposition de l'opinion et des gouvernements au système des quotas cher à Merkel –, c'est que les pays savaient pertinemment qu'en général, lorsque le réfugié est là, il reste pour toujours. Il sera difficile de convaincre les Suédois du retour des migrants syriens une fois la Syrie stabilisée : la région des Balkans est pacifiée depuis vingt ans, et pourtant, la Suède abrite toujours des dizaines de milliers de demandeurs d'asile qui en viennent.

Par définition, la notion même d'asile temporaire pose quelques problèmes. La vie des gens continue une fois qu'ils ont immigré. Leurs enfants intègrent le système scolaire et des processus d'adaptation se mettent en place, qui compliquent le retour de familles entières dans leur pays d'origine. Mais c'est justement pour cela qu'il faudrait que les gouvernements européens appliquent strictement la politique de l'accueil temporaire. Si les gens qui ont déposé une demande d'asile savent qu'une fois acceptée, celle-ci leur octroie un statut généreux mais temporaire, les choses seraient plus claires. Si de telles mesures étaient mises en œuvre, le système d'asile et les questions migratoires susciteraient moins de méfiance.

Mettre un terme au problème migratoire actuel, relever le défi de la présence des migrants, ne peut se faire qu'à la condition que les dirigeants politiques européens reconnaissent s'être trompés par le passé. Ils pourraient par exemple admettre que, si la population européenne connaît un problème démographique, il existe des mesures plus judicieuses que celles qui consistent à importer les nouvelles générations d'Afrique. Ils pourraient admettre que, si la diversité est bénéfique à dose homéopathique, elle peut, lorsqu'elle prend une ampleur démesurée, mettre irrévocablement fin à la société que nous connaissons. Ils pourraient aussi mettre en avant le fait qu'ils ne souhaitent pas fondamentalement transformer nos sociétés. Voilà des concessions certes pénibles pour la classe politique, mais qui emporteraient le soutien sans réserve des peuples européens.

Au cours des dernières années, ces peuples se sont montrés exceptionnellement ouverts envers les migrants, tout en demeurant opposés à l'immigration de masse. Bien avant que leurs dirigeants politiques leur aient accordé l'autorisation de penser que oui, l'immigration de masse pouvait être problématique, ils en avaient conscience. Avant que les sociologues ne le prouvent, ils avaient compris que l'immigration affaiblissait le lien social. Et avant que les politiciens ne l'admettent, ils se sont battus pour envoyer leurs enfants dans les écoles cotées de leur ville. C'est à ces mêmes gens qu'on disait que le tourisme de santé était une bonne chose, alors qu'ils faisaient la queue dans des salles d'attente remplies de personnes venues de l'étranger.

Les gens savaient aussi, bien avant leurs dirigeants politiques, que les bénéfices que l'immigration nous avait sans aucun doute apportés n'étaient pas infinis. Ils avaient conscience, bien avant qu'on en accepte l'idée, qu'une immigration à telle échelle transformerait fondamentalement leur pays. Ils avaient remarqué que certains grands combats sociopolitiques du XXe siècle devaient au XXIe siècle être à nouveau menés, à cause d'une opposition croissante aux libertés. Ils avaient entériné le fait qu'en matière de libéralisme social, l'islam était le cancre de la classe. Avec comme résultat qu'au début du XXIe siècle, alors que l'Europe espérait avoir réglé ces questions-là – notamment la séparation de la religion d'avec la politique et le droit –, toute la société avait dû s'aligner sur le cancre de la classe. Ainsi, ces discussions de plus en plus fréquentes pour savoir si les femmes devaient se couvrir en public, ou si elles, appartenant à telle ou telle religion, devaient être amenées par leur mari devant des tribunaux spécifiques.

Les premiers arrivés avaient apporté quelque chose à l'Europe, une culture différente, une vibration particulière et une nouvelle cuisine. Mais qu'apportait donc de plus la dix-millionième nouvelle arrivée ? L'opinion publique sut bien avant les politiciens que le bénéfice lié à l'immigration n'était pas infini. Bien avant que les politiciens en aient pris conscience, l'opinion publique savait qu'un continent qui fait venir les peuples du monde entier fait également venir les problèmes du monde entier. Contrairement à ce que martelait l'industrie des relations interraciales, il apparut que les immigrés présentaient davantage de différences que de similitudes, non seulement avec les populations autochtones, mais aussi entre eux. Et que plus ils étaient nombreux, plus les différences s'accentuaient.

Car les tensions ne surgissaient pas uniquement entre les minorités immigrées et leur pays d'accueil, mais aussi entre les différentes minorités qui s'y étaient installées. Malgré l'horreur absolue que constitue « l'islamophobie » – horreur que relaient en Grande-Bretagne les mouvements « antiracistes » et d'autres encore –, il s'avère en réalité qu'en Angleterre, ce sont, dans une écrasante majorité, des musulmans qui ont tué d'autres musulmans, au nom de querelles doctrinales.

Il y a eu certes le cas d'un néonazi ukrainien, brièvement passé par l'Angleterre avant de tuer sa victime, qui était musulmane. Ce cas mis à part, les agressions les plus terribles visant des musulmans ont été fomentées par d'autres musulmans. Nombre de musulmans de la secte minoritaire Ahmadiyya, persécutés dans leur Pakistan natal, sont venus chercher refuge en Grande-Bretagne. Mais juste avant Pâques, en 2016, c'est un musulman sunnite de Bradford qui a fait le voyage jusqu'à Glasgow pour poignarder l'Ahmadiyya Asah Shah, un commerçant musulman. Pour le punir de son apostasie et de son hérésie supposées, il l'a frappé à la tête, à plusieurs reprises.

Et ce ne sont pas des racistes blancs et bas du front, mais bien des membres des communautés musulmanes écossaises qui ont contraint la famille du boutiquier assassiné à fuir le pays, suite à ce meurtre. Aujourd'hui, en Grande-Bretagne, ce sont rarement les racistes blancs qui vont publiquement appeler au meurtre des minorités. Ce sont les clercs pakistanais qui, faisant le tour du Royaume-Uni, prêchent à des milliers de citoyens britanniques la nécessité d'assassiner d'autres musulmans, en désaccord avec eux. Les tensions au sein même des minorités immigrées donnent un avant-goût de l'intolérance à venir.

Mais il y a plus inquiétant encore aux yeux de l'opinion, qui constate que nombre de ceux qui viennent en Europe, même s'ils n'expriment aucune velléité de blesser ou de tuer quiconque, se réjouissent à l'idée de transformer les sociétés européennes. Les hommes politiques ne peuvent pas s'emparer de cette question, dans la mesure où ils ont eux-mêmes encouragé ce genre d'idées, quand ils n'ont pas cherché à en dissimuler l'existence. Mais on ne peut plus plaider l'ignorance quand, en Allemagne, au plus fort de la crise migratoire, une musulmane d'origine syrienne, Lamya Kaddor, explique depuis un plateau de télévision qu'être allemand à l'avenir ne signifiera plus « être blond aux yeux bleus » mais plutôt être « d'origine immigrée ».

Il n'y a qu'en Allemagne, à l'heure actuelle, où ce genre de discours continue à provoquer les applaudissements. Mais la plupart des Européens n'apprécient guère cette jubilation face aux bouleversements qui affectent leur société ; les grands partis politiques seraient bien inspirés de prendre en compte cet état de fait et de reconnaître que ces angoisses en l'occurrence ne sont pas infondées.

Et s'ils veulent vraiment prendre en compte le réel, il serait également judicieux qu'ils définissent de nouvelles normes et repoussent les limites de ce qu'il est possible de dire en politique. Depuis quelques dizaines d'années, les partis du centre droit et du centre gauche ont tiré grand profit de la stratégie qui consiste à traiter de racistes, de fascistes ou de nazis tous ceux qui ne s'alignaient pas sur leur petit consensus. Ils savent pertinemment qu'il n'en est rien, mais le fait de clouer au pilori leurs adversaires pour des crimes commis au siècle dernier leur permet de se donner le beau rôle, celui de centristes et d'antiracistes.

La situation en Europe est complexe car il existe effectivement des partis aux origines fascistes ou racistes. Le Vlaams Belang belge, le Front national français et les démocrates suédois ont tous une histoire qui, à un moment ou à un autre, s'est fondée sur le racisme. De différentes manières, et à des degrés divers, ils ont évolué au cours des dernières décennies. Les grands partis politiques ont tout intérêt à prétendre que ces partis-là sont les seuls à ne pas changer, qu'ils en sont incapables, voire qu'ils mentent pour cacher leur véritable nature (et ce, même s'ils ont changé depuis des années). Néanmoins, à un moment, les gens doivent permettre à l'extrême droite de tempérer ses positions, de la même manière qu'on a autorisé les partis socialistes ou d'extrême gauche à intégrer le cénacle des partis respectables, processus qui a eu pour effet de modérer leurs idées. Les partis nationalistes devraient avoir leur place dans le débat politique, sans être en permanence ramenés au péché originel de leur passé.

Le passage de Jean-Marie Le Pen à Marine Le Pen, par exemple, témoigne tout à fait de ce genre d'évolution. Un authentique partisan de thèses racistes et nationalistes aurait aujourd'hui plus de difficulté à rejoindre le Front national. De nombreuses questions demeurent certes. Certains, qui continuent à nier l'Holocauste, ou qui défendent ce genre de thèses extrémistes, tentent toujours de s'y faire une place. Ceci tient en partie au fait – comme ce fut le cas pour l'EDL en Angleterre et pour Pegida en Allemagne – que les médias et la classe politique, en qualifiant systématiquement ces partis d'extrémistes, incitent les vrais extrémistes à les rejoindre. Il est exact que ces partis comptent dans leurs rangs des gens aux opinions quelque peu rancies. Mais il en va de même, il faut le souligner, des grands partis politiques, qu'ils soient de gauche ou de droite. On ne peut pas taxer de racisme, de nazisme et de fascisme des partis qui arrivent si régulièrement en tête aux élections : tout homme politique au fait de la vie publique sait, évidemment, que ça ne peut pas être le cas.

En d'autres termes, il faut élargir le consensus politique et accepter ces partis, réfléchis et manifestement pas fascistes, qui jadis étaient placés à « l'extrême droite » de l'échiquier politique. Il serait vraiment malavisé de continuer à marginaliser des gens qui pendant des années nous ont mis en garde contre ce qui allait se produire, précisément au moment où leurs prédictions se réalisent.

Et il serait tout aussi malavisé de laisser les choses en l'état, car alors, on aura du mal à nommer précisément les partis authentiquement fascistes qui vont apparaître dans les prochaines années (comme le Jobbik en Hongrie, Ataka en Bulgarie ou Aube dorée en Grèce) : galvaudée, appliquée à tout va, l'accusation de fascisme a eu le tort de mettre tout le monde sur le même plan. Les Européens ont dévalué trop tôt la rhétorique de l'antifascisme. Les accusations de fascisme devraient faire l'objet d'une grande prudence en Europe. Au cours des dernières années, elles ont perdu de leur impact et sont devenues tellement banales qu'elles en ont quasiment perdu toute signification. Finalement, les élites médiatiques et politiques européennes maintiendraient une position indéfendable en continuant à dire que le peuple prône des idées inacceptables (bien que majoritaires) et que les seules à pouvoir figurer sur l'échiquier politique européen seraient les idées promigratoires (défendues par une petite minorité).

La question du racisme doit peut-être être abordée différemment. Un moyen de limiter l'usage systématique et abusif de ce terme consisterait à pénaliser sur le plan social ceux qui lancent cette accusation à tort et à travers, de la même façon qu'on pénalise ceux qui en sont réellement coupables. Peut-être les Européens seront-ils dans les années à venir tellement lassés des accusations à tout-va et des procès qu'ils en viendront à admettre, implicitement, que si le racisme n'est pas chose plaisante, c'est un trait condamnable parmi tant d'autres, auquel tout le monde n'est pas enclin, et qu'à ce titre, il ne saurait constituer le fondement de toute prise de position culturelle ou politique.

Toute solution à la crise que nous traversons suppose une nouvelle vision de l'avenir, mais aussi une appréhension plus mesurée de notre passé. Une société ne peut pas survivre si elle abolit systématiquement son passé et se bat contre ce qui l'a fondée. De la même façon qu'une nation ne saurait prospérer en interdisant toute critique de son passé, une nation ne peut pas davantage survivre en détruisant la dimension positive de son histoire. L'Europe a bien des raisons de se sentir fatiguée, usée par son passé, mais elle pourrait faire preuve sur le sujet d'une certaine indulgence envers elle-même, au moins autant que d'autocritique. À tout le moins, l'Europe doit continuer à se pencher sur les gloires comme sur les plaies de son passé. Il n'est pas possible de donner ici une réponse exhaustive à cette difficile question, mais pour ma part, je ne peux pas m'empêcher de penser que l'avenir de l'Europe dépendra en grande partie de notre attitude envers les édifices religieux et le patrimoine architectural que nous avons sous les yeux. Les haïssons-nous ? Les ignorons-nous ? Dialoguons-nous avec eux ? Les vénérerons-nous ? Beaucoup de choses dépendront des réponses à ces questions.

Encore une fois, il faut s'interroger : que se passera-t-il si un jour la bulle explose, et si les prochaines générations d'Européens voyaient leur niveau de vie chuter brutalement, rattrapés par d'autres peuples, ou par les montants cumulés de la dette publique qui, pour avoir satisfait aux exigences européennes en termes de niveau de vie, aurait largement dépassé le seuil de l'acceptable ?

Même si elle semble agréable tant qu'elle dure, il va sans dire que l'existence, si elle se réduit à celle de simple consommateur, manque singulièrement de finalité et de sens. Au contraire, elle révèle un vide qui est au cœur de l'expérience humaine et que toute société à travers l'histoire a tenté de combler. Et si nos sociétés renoncent à tenter de combler ce manque, autre chose prendra le relais.

Une société qui se fonde uniquement sur les plaisirs qu'elle propose peut rapidement perdre de sa séduction. Le converti et night-clubeur repenti a fait l'expérience de tous les plaisirs avant de réaliser que cela ne suffisait pas. Une société qui définit l'individu exclusivement par le bar et la boîte de nuit, par l'amour de soi et la revendication de ses droits, ne peut prétendre à des racines profondes ni à la moindre chance de survie. Mais une société qui considère que notre culture englobe la cathédrale, le théâtre, le terrain de jeu, le centre commercial et Shakespeare a peut-être une chance.

Pourtant, une certaine réticence à se confronter à un questionnement plus profond persiste. À chaque fois, nous retombons apparemment dans un certain fatalisme, fondé notamment sur le sentiment d'avoir déjà tout essayé. Pourquoi vouloir tout recommencer ? Ce doit être une des raisons pour lesquelles les appels lancés aux Européens pour qu'ils renouent avec la foi – appels lancés également par les dignitaires de l'Église – n'ont plus comme autrefois ce ton sentencieux et autoritaire, et sonnent plutôt comme un aveu d'impuissance, voire de relative défaite.

Lorsque le pape Benoît XVI implore les Européens de se comporter comme « si Dieu existait », il reconnaît quelque chose que ses prédécesseurs ont rarement été en mesure d'accepter : certains de nos jours ne peuvent pas croire, et l'Église cependant doit se tourner vers eux. En fait, ce fut cet appel, plus que toute autre chose, qui fit d'Oriana Fallaci mourante une ouaille du pape Benoît, bien qu'elle fût toujours athée.

Ailleurs, le pape préconisait l'apaisement des relations entre religion et philosophie appelant en particulier à ce qu'elles cessent d'être ennemies et commencent à dialoguer entre elles[1].

À la racine d'un appel de ce genre, on trouve la conscience que les Européens, probablement, ne trouveront pas, ne créeront pas de nouvelle ni de meilleure culture. Cela rejoint le constat que les Européens modernes, dès l'école, transmettent très mollement une culture qui a pourtant nourri les croyants et les sceptiques des générations précédentes et qui pourrait également nourrir les croyants et les sceptiques d'aujourd'hui. Croyants et non-croyants sont de plus en plus nombreux à se dire que, pour affronter les bouleversements majeurs qui s'annoncent, il ne suffira pas de se présenter complètement nu. La pratique fait certes partie d'une certaine tradition française : lorsque le pays entend limiter le port

---

1. Voir en particulier Joseph Ratzinger et Marcello Pera, *Without Roots: The West, Relativism, Christianity, Islam*, Basic Books, 2006 ; Jürgen Habermas et Joseph Ratzinger, *The Dialectics of Secularization: On Reason and Religion*, Ignatius Press, 2006.

du foulard islamique, ou interdire la burka, il se fait pardonner en s'attaquant aussi au port des symboles juifs et chrétiens. Beaucoup en comprendront les raisons, mais c'est aussi prendre le risque que tout finisse en partie truquée de strip-poker : un des deux joueurs commence déjà déshabillé, tandis que l'autre arrive vêtu de pied en cap. Il est possible que les radicaux islamiques restent en France malgré l'interdiction de port du voile dans certains bâtiments publics, tout comme il est possible que les Juifs, pris entre les islamistes et la laïcité plus stricte qu'ils ont provoquée, s'en aillent. Rien de ceci n'est souhaitable.

Si la culture qui a façonné l'Europe occidentale ne fait plus partie de son avenir, alors d'autres cultures et d'autres traditions viendront certainement la remplacer. Pour retrouver notre propre culture, en lui redonnant son sens le plus profond, nul besoin d'avoir recours au prosélytisme. Il suffit de répondre à une certaine aspiration consciente. Bien sûr, il est toujours possible que la grande vague de foi qui, au XIXᵉ siècle, a entamé un long et tumultueux mouvement de reflux réapparaisse. Mais que ce soit ou non le cas, la régénérescence de la culture ne pourra pas advenir si les religieux d'une part vouent aux gémonies ce que l'arbre judéo-chrétien a produit (à savoir, la sécularisation), et si les branches sécularisées d'autre part considèrent qu'elles doivent absolument se couper de leur origine religieuse.

Nombreux sont ceux qui peuvent ressentir la douleur de cette séparation et, sous la surface, le besoin de sens qui en découle. Une fracture a traversé notre culture ; il faudra le travail d'une génération pour la réduire.

CHAPITRE XIX

Ce qui arrivera

Il serait bon d'envisager aussi – en se fondant sur les prestations actuelles des hommes politiques européens et sur la mentalité des populations – d'autres scenarios, plus probables que celui dressé à grands traits dans le précédent chapitre. Par exemple, il paraît probable que la vie politique européenne des prochaines décennies continue sur sa lancée, plutôt que d'amorcer un virage à 180°.

La classe politique n'a pas vraiment pris conscience du fait que les décennies d'immigration de masse qu'elle a initiées étaient en tout point regrettables. Aucun signe ne laisse penser qu'elle souhaite changer son fusil d'épaule en matière migratoire. Et de nombreux signes laissent penser qu'elle en serait bien incapable, même si elle le voulait. Les événements de 2015 n'ont fait qu'accélérer un processus enclenché depuis longtemps.

Plus un migrant a séjourné en Europe, plus il est difficile de l'en faire partir. Et la plupart d'entre nous ne comptent pas le mettre à la porte. Mais chaque nouvelle arrivée menace l'équilibre de la future configuration européenne. Ceux qui arrivent ont des enfants qui n'oublieront pas leurs racines. Ces enfants, plus tard, seront sans doute plus enclins que le reste de la population à s'opposer à de possibles restrictions migratoires. Plus les gens issus de l'immigration seront nombreux, moins ils seront susceptibles de soutenir un parti politique désireux de limiter l'immigration. Ils se méfieront de ces partis-là, même si le programme qu'ils proposent est sensé. Par-delà l'inquiétude de ces gens concernant leur propre cas, il leur sera difficile de comprendre pourquoi il serait interdit à d'autres de suivre le chemin qu'ils ont eux-mêmes emprunté et pour s'installer en Europe. La ligne de démarcation entre immigration légale et immigration illégale continuera à s'effacer. Ainsi, jour après jour, il deviendra de plus en plus difficile de s'appuyer sur une population opposée à l'immigration pour mettre en place les mesures capables d'inverser le processus, ou à tout le moins, de l'enrayer. Au fil du temps, au cours de ce siècle, d'abord dans les grandes villes, puis dans tous les pays, nos sociétés deviendront enfin ces « nations d'immigrés », dont nous disions il y a peu qu'elles avaient toujours existé.

Les hommes politiques qui voudront encore défendre des idées aussi minoritaires risquent d'être découragés par le prix à payer pour ce faire. Aux Pays-Bas, au Danemark et dans d'autres pays européens, les hommes politiques qui ont exprimé leur opposition à l'immigration de masse – et à l'arrivée de certaines communautés en particulier – vivent sous la protection permanente de la police, changent de maison chaque nuit et vivent parfois même sur des bases militaires. Si quelques-uns sont prêts à risquer leur carrière pour pouvoir encore appeler

les choses par leur nom, combien d'entre eux continueront à défendre les peuples européens, sachant que ce
genre de vie en est une conséquence obligée ? Et ce,
dans un contexte qui ne fera qu'empirer ? Pour l'instant,
la plupart des politiciens préfèrent personnellement les
bénéfices du court terme, en privilégiant une approche
« compassionnelle », « généreuse » et « ouverte », même si
sur le long terme, cela crée des tensions au niveau national. Ils s'entêteront à croire, comme ils le font depuis
des décennies, qu'il vaut mieux laisser ces questions difficiles à leurs successeurs, qui en géreront eux-mêmes
les conséquences.

Ils continueront ainsi à faire en sorte que l'Europe soit
le seul endroit au monde qui appartienne au monde.
On sait déjà quel type de société en résultera. Au milieu
de ce siècle, alors que la Chine ressemblera probablement encore à la Chine, l'Inde à l'Inde, la Russie à la
Russie et l'Europe de l'Est à l'Europe de l'Est, l'Europe
occidentale ressemblera à une version à grande échelle
des Nations unies. Beaucoup de gens verront ceci d'un
bon œil et cela présentera bien sûr quelques avantages.
Tout n'y sera certainement pas qu'enfer et désolation.
Beaucoup seront heureux de vivre dans cette Europe-là.
Ils continueront à profiter de services à bas coût, du
moins pour un temps, lorsque les nouveaux venus entre-
ront en compétition avec ceux qui sont déjà là et feront
toujours et encore baisser le coût du travail.
Nouveaux voisins, nouveaux collègues afflueront
sans cesse et nul doute que les conversations seront
aussi diverses qu'intéressantes. Ce lieu, où les villes
cosmopolites ressembleront de plus en plus à des pays

cosmopolites, sera sans doute bien des choses. Mais cela ne sera plus l'Europe.

Peut-être le mode de vie, la culture et la perception européens survivront-ils au sein de quelques niches de résistance. Selon un modèle déjà pratiqué, quelques zones rurales subsisteront, où les communautés immigrées feront le choix de ne pas s'installer, et où les non-immigrés iront alors se retirer. Ceux qui en ont les moyens, comme c'est déjà le cas, pourront conserver pendant plus longtemps le même mode de vie que par le passé. Quant aux autres, moins bien nantis, ils devront accepter le fait de ne plus vivre chez eux, mais dans le foyer du monde. Et tandis qu'on encouragera les nouveaux arrivants à conserver leurs traditions et leurs modes de vie, les Européens, dont les familles vivent ici depuis des générations, continueront sans doute à s'entendre dire que leurs traditions sont dépassées et tyranniques, alors même qu'ils ne représenteront qu'une part toujours plus minoritaire de la population. Il ne s'agit pas de science-fiction. C'est simplement ce que laisse entrevoir la situation démographique dans une grande partie de l'Europe de l'Ouest. C'est ce que montrent les projections démographiques quant à l'avenir du continent.

Bien que nos sociétés aient bien mieux intégré les gens que ne le redoutaient certains, elles ont néanmoins leurs limites : même un « melting-pot » ne peut pas accueillir en continu de nouveaux arrivants sans changer profondément de nature.

Pour en revenir à l'analogie du bateau de Thésée, on ne peut considérer qu'il est resté le même que parce qu'il est resté reconnaissable. Pour qu'il en soit ainsi, il a fallu qu'il soit réparé avec des pièces reconnaissables, adaptées à l'ensemble. Mais la société européenne contemporaine est de moins en moins reconnaissable et quelles que soient les chances qu'elle a de subsister, la plupart se sont dissipées dès lors qu'elle a décidé de mener une guerre contre son propre modèle. Les pièces qui ont été ajoutées au navire n'ont pas fait l'objet d'une sélection rigoureuse et ne s'emboîtent pas correctement au reste. Par volonté délibérée des gouvernements ou par incompétence, le navire a été démantelé et tout ce qui restait en place a été démoli à coups de barre à mine. On continue pourtant à l'appeler Europe.

Les dirigeants politiques européens n'en continueront pas moins à ressasser les mêmes idées bancales et contradictoires et à refaire les mêmes erreurs. C'est pour cela qu'il faut réexaminer l'analogie que m'avait exposée un député allemand. Mon interlocuteur présentait l'Europe comme une salle où devait être autorisée à entrer et rester toute personne qui aurait été en danger de mort.

En Grande-Bretagne et en Suède, les hommes politiques aiment parfois à présenter cette salle comme un vaste territoire, qu'on pourrait facilement aménager pour y accueillir les nécessiteux de ce monde. Mais nos sociétés ne ressemblent pas à cela. Toute politique migratoire sensée aurait pris en compte le fait que, bien que le navire Europe puisse occasionnellement sauver les gens en détresse dans les mers qui nous entourent, arrive fatalement un moment où – si nous prenons trop de gens à bord, trop vite, ou si nous accueillons ceux qui nous veulent du mal – nous ferons chavirer le seul navire dont, nous, Européens, disposons.

Pendant la crise migratoire, ce ne sont pas seulement les militants des « frontières ouvertes » qui ont cru raisonnable de prendre tout le monde à bord. Les membres du gouvernement grec et nombre d'hommes politiques majeurs en Europe en ont fait autant. Certains l'ont fait par idéologie. D'autres, tout simplement, n'ont trouvé aucun argument moralement acceptable pour refuser aux habitants du monde le droit d'entrée. D'autres cherchaient désespérément à trouver des excuses. Après le vote britannique en faveur de la sortie de l'UE, Daniel Korski, ancien directeur de l'unité de stratégie de David Cameron, se rappela la manière dont, avant le vote, les partenaires européens de la Grande-Bretagne avaient tenté de persuader le pays d'accepter encore davantage de migrants. Ils avaient, entre autres, eu recours à l'argumentaire selon lequel les migrants payaient davantage de taxes qu'ils ne consommaient de services publics. Même à ce moment-là, alors que la crise était à son paroxysme, l'Europe continuait à s'appuyer sur de vieux mensonges éculés. La déclaration de Korski empira encore les choses : « Nous n'*avons* jamais pu contrer cet argument » et bien qu'ils en aient cherché, dit-il, « Il n'y a jamais eu aucune preuve tangible[1] ». Les preuves, s'ils avaient regardé comme il convenait, étaient pourtant partout, à leur portée. Ils auraient pu se rendre dans les écoles, dans les services d'urgences des hôpitaux du quartier et se demander comment tous ces nouveaux venus avaient bien pu payer les services dont ils bénéficiaient. Voilà le genre de sujet qui intéressait le peuple britannique. Ses représentants étaient bien les seuls à se complaire ainsi dans la négligence, l'absence totale de curiosité, ou le déni.

---

1. Daniel Korski, « Why we lost the Brexit vote », *Politico*, 20 octobre 2016.

C'est ainsi que la politique menée, qui avait déjà fait des Britanniques une minorité dans leur propre capitale, a inévitablement accéléré la mutation démographique de l'Europe. La « sinistre spécificité » française devenait la « sinistre découverte » européenne. Les Européens, qui durant toute leur vie avaient entendu que ces changements étaient temporaires, qu'il ne s'agissait d'ailleurs pas vraiment de changements et que de toute façon, ils ne signifiaient rien, découvrirent que de leur vivant, ils allaient constituer une minorité au sein de leur propre pays. Que le pays concerné ait la réputation d'être libéral ou au contraire farouchement conservateur, la trajectoire était partout la même. Lorsque l'institut viennois de démographie confirma qu'au milieu de ce siècle, la majorité des Autrichiens de moins de 15 ans serait musulmane, on attendit des Autrichiens – comme de tout le monde en Europe – qu'ils fassent comme s'ils n'avaient rien entendu, ou comme s'ils avaient eux aussi souhaité la disparition de leur propre culture. En fin de compte, le vieux trait d'esprit brechtien était peut-être vrai : les élites politiques, mécontentes de leur peuple, avaient résolu le problème en le dissolvant et en en désignant un autre pour le remplacer.

En outre, tout ceci avait été mené au nom d'un présupposé plutôt risible : si toutes les cultures étaient égales, les cultures européennes étaient moins égales que d'autres. Celui qui aurait dit préférer la culture allemande à la culture érythréenne aurait été, au mieux, victime d'un préjugé dépassé et erroné, au pire un raciste pur et dur. Tout ceci avait été mené au nom d'une diversité qui, au fil des ans, devenait de moins en moins diverse. Voilà qui constituait pourtant le signal le plus évident.

Il y aurait bien une possibilité pour que ceci fonctionne : il faudrait que ces nouveaux Européens venus d'Afrique ou d'autres coins du monde apprennent rapidement à devenir aussi européens que l'étaient les Européens d'antan. Peut-être les institutions éprouvent-elles un léger malaise sur la question. Cela fait quelques années qu'en Grande-Bretagne, la liste annuelle des noms de bébés les plus populaires, citée par le bureau des statistiques nationales, suscite la polémique. Chaque année, les variantes du nom « Mohammed » grimpent d'un cran dans la liste. Les fonctionnaires avaient voulu conserver leur façon de faire, qui consistait à inscrire les « Mohammed » séparément des « Muhammad », et des autres graphies de ce prénom. Ce n'est qu'en 2016 qu'il apparut clairement que cela n'avait plus aucune importance : en Angleterre et au pays de Galles, le prénom sous toutes ses variantes était devenu le nom de garçon le plus populaire. À partir de là, la ligne officielle changea et devint celle du : « Et alors ? » On considéra que les Mohammed de demain seraient aussi anglais ou gallois que les Harry ou les Dafydds des générations qui les avaient précédés. En d'autres termes, la Grande-Bretagne resterait britannique, même si la plupart des hommes s'y appelaient Mohammed, au même titre que l'Autriche resterait l'Autriche même si la plupart des hommes y étaient appelés Mohammed. Nul besoin de longs discours pour dire que ceci est très peu probable.

En réalité, la quasi-totalité des indices montre plutôt l'inverse. Toute personne qui en doute devrait simplement se pencher sur l'étude des minorités au sein des minorités. Qui sont, par exemple, les musulmans les plus menacés en Europe ? Les plus radicaux ? Les dirigeants salafistes et khomeinistes, les chefs des Frères musulmans ou du Hamas qui vivent en Europe, font-ils l'objet de menaces ? Ont-ils à s'inquiéter d'avoir mauvaise réputation ? Aucune preuve ne l'indique. Même les groupes dont les membres continuent à décapiter les Européens se considèrent eux-mêmes comme les défenseurs des droits de l'homme en Europe, se vouant à combattre les injustices, endémiques dans nos sociétés racistes et patriarcales. C'est pour cette raison qu'en 2015, on trouvait davantage de musulmans britanniques dans les rangs de Daech que dans ceux des forces armées britanniques.

En réalité, ceux qui se mettent le plus en danger, ceux aussi qui sont les plus critiqués, que ce soit au sein des communautés musulmanes d'Europe ou dans la population en général, sont ceux qui ont cru aux promesses d'intégration de l'Europe libérale. Ce ne sont pas les bourreaux musulmans ou non musulmans d'Ayaan Hirsi Ali qui ont dû quitter les Pays-Bas, mais Hirsi Ali elle-même. Dans les Pays-Bas du XXIe siècle, elle a cru aux principes des Lumières, plus que ne le font les Néerlandais d'aujourd'hui. En Allemagne, ce ne sont pas les salafistes qui vivent sous protection policière, mais bien ceux qui les combattent, comme Hamed Abdel-Samad, dont la vie est en danger simplement pour avoir exercé ses droits démocratiques dans une société libre et laïque. En Grande-Bretagne, ce ne sont pas ceux qui prêchent à travers le pays le meurtre des apostats dans des mosquées pleines à craquer qui s'attirent les foudres des musulmans britanniques, et qui doivent faire attention en permanence. Non, ce ne sont pas eux, mais un musulman britannique progressiste d'origine pakistanaise, Maajid Nawaz, militant et éditorialiste, dont la seule erreur fut de croire la Grande-Bretagne quand elle disait vouloir l'égalité de tous devant la loi. En France, un auteur d'origine algérienne, Kamel Daoud, a publié un article dans *Le Monde*[1] où il aborde avec franchise les agressions sexuelles à Cologne. En conséquence de quoi il a été critiqué par une cohorte de sociologues, d'historiens et d'autres, l'accusant d'être « islamophobe » et de parler comme « l'extrême droite européenne ». Dans tous les pays d'Europe occidentale, ce sont des musulmans, venus ou nés ici, qui ont défendu nos propres idéaux – dont celui de la liberté d'expression – et qui ont été cloués au pilori par leurs coreligionnaires. Musulmans que ce qui fut jadis la société européenne « civilisée » a ensuite abandonnés à leur triste sort, sans dire un mot. Dire qu'à long terme ceci annonce la catastrophe sociétale relève de la litote.

On ne peut rien prédire. Mais partout en Europe, de nouveaux éléments semblent indiquer qu'une nouvelle direction s'amorce. En termes de politique étrangère, cela fait des années que l'Europe est incapable d'exprimer une vision stratégique concertée. Et maintenant, grâce à notre politique migratoire, la politique étrangère se confond avec la politique intérieure, ce qui prive pratiquement l'Europe de toute action décisive à l'international, qu'il

---

1. *Le Monde*, 31 janvier 2016.

s'agisse de *soft* ou de *hard power*. En juin 2016, quand les Nations unies ont accusé le gouvernement érythréen de crimes contre l'humanité, des milliers d'Érythréens ont manifesté devant le bâtiment de l'ONU à Genève[1]. On avait expliqué au peuple suisse, et aux peuples d'Europe, que ces gens étaient venus ici pour fuir un gouvernement d'oppression. Et voilà qu'ils étaient des milliers à soutenir ce même Gouvernement, dès lors qu'il s'était trouvé quelqu'un en Europe pour le critiquer. En 2014, la fuite d'un rapport du ministère de la Défense britannique révélait que les militaires experts en stratégie considéraient qu'une « Grande-Bretagne de plus en plus multiculturelle » et « une nation de plus en plus diverse » rendaient impossibles les interventions militaires britanniques à l'étranger. L'opinion aurait tendance à ne plus soutenir le Gouvernement, dès lors que les troupes britanniques seraient déployées dans des pays « dont les citoyens britanniques ou leurs familles sont originaires[2] ».

À l'échelle de notre pays, il est possible que la situation empire grandement. Le culte de la « diversité » et de la « différence » considérées comme des fins en soi, en lieu et place de « l'indifférence à la couleur de peau » et d'une véritable intégration, a entraîné cette conséquence : l'Europe du XXIe siècle est obsédée par la question de la race. Loin de perdre en importance, la question devient chaque jour plus envahissante. Qu'il s'agisse de la vie politique, de sport ou d'émissions de télévision, c'est

---

1. « It's bad in Erithrea but not that bad », *The New York Times*, 23 juin 2016.
2. « Multicultural Britain rejecting foreign conflict, MoD admits », *The Guardian*, 23 janvier 2014.

la même rengaine. Aucune émission de télé-réalité ne semble immunisée contre cette obsession incessante de la race. Si un candidat qui n'est ni blanc, ni européen tire son épingle du jeu, on l'acclame, c'est un exemple pour tous et un modèle d'intégration réussie. Si cette même personne est éliminée, on est certain d'avoir droit à un nouveau débat sur le racisme, dans lequel chacun s'interrogera : le candidat n'aurait-il pas été exclu à cause de ses origines ethniques ? Plus sérieusement, nul ne sait à long terme à quoi tout ceci peut nous mener.

Par exemple, on aurait pu penser qu'en Grande-Bretagne, les discriminations raciales avaient notablement diminué, au moins depuis les années 1980. Cependant, suite à la mondialisation qui touche les sociétés, personne ne peut plus prévoir les conséquences qu'auront des événements qui se sont produit à l'autre bout du monde sur la vie intérieure d'un pays. Par exemple, le mouvement Black Lives Matter, qui a vu le jour aux États-Unis en 2012, en réaction aux meurtres d'hommes noirs et désarmés par la police, s'est répandu en Grande-Bretagne et dans d'autres pays européens. Peu importe les torts ou les vertus du mouvement BLM en Amérique, la Grande-Bretagne ne présente presque aucune des conditions qui justifient l'existence de ce mouvement. En 2016, j'ai assisté à une manifestation BLM. Quelques milliers de personnes défilaient dans le centre de Londres, effectuant des saluts « black-power » et psalmodiant entre autres mots d'ordre : « Mains en l'air, ne tirez pas. » Pendant toute la manifestation, ils étaient encadrés par des policiers britanniques, qui, bien évidemment, ne portaient pas d'armes. Cette petite touche comique s'est évanouie quelques semaines plus tard, lors d'une des nuits les plus chaudes de l'année, quand une foule de gens s'est rassemblée à Hyde Park, clamant des slogans BLM. En fin de soirée, un fonctionnaire de police avait été poignardé et quatre autres blessés. La manifestation s'est répandue dans une des rues les plus fréquentées de Londres, et un homme a été agressé par trois autres, armés de machette. C'était le débordement le plus violent qu'on ait vu dans la capitale depuis des années.

Personne ne peut précisément savoir d'où surgiront les mouvements comme celui-ci. Mais lorsque des gens de toute origine vivent à proximité les uns des autres, lorsqu'ils sont nombreux, lorsqu'ils en viennent à nourrir un certain ressentiment, il est probable qu'à un certain moment, les tensions qui affectent le monde finissent par toucher ces communautés-là. Et le monde connaîtra toujours des tensions. Entre-temps, il n'est pas certain que les opinions publiques européennes continuent à résister aux sirènes racialistes. Si les groupes sociaux et les associations se réclament explicitement de la race, pourquoi les Européens s'en priveraient-ils ? De la même manière, il se peut que les Européens restent éternellement persuadés de leur injustice, historique et atavique, au point de se dire que les mesures raciales ne doivent concerner personne, à part eux.

Pour l'instant, il semble que rien ne change. Encore à ce jour, revient aux Européens, et à eux seuls, la mission de résoudre les problèmes mondiaux en faisant venir des gens du monde entier. Nous sommes les seuls, quand nous disons « Ça suffit ! », à être montrés du doigt et à nous sentir désarmés par les reproches qu'on nous adresse :

comportement que de nombreux pays et de nombreux dictateurs sont trop heureux d'encourager. Aucun pays d'Europe occidentale n'a joué de rôle majeur dans la déstabilisation du régime en Syrie ou dans la guerre civile qui s'est ensuivie. Mais les pays responsables – par exemple le Qatar et les Émirats arabes unis – refusent d'en assumer les conséquences sur le plan humanitaire. L'Iran – dont le Hezbollah, entre autres milices, combat depuis 2011 en Syrie pour le compte de l'Iran – a même fait la leçon aux Européens, leur reprochant de ne pas en faire assez pour aider les réfugiés. En septembre 2015, le président iranien Rohani a eu le culot de sermonner l'ambassadeur hongrois en Iran, évoquant les « manquements » supposés de la Hongrie dans la crise des réfugiés. On pourrait également citer l'Arabie Saoudite, qui depuis le début de la guerre civile syrienne a passé son temps à soutenir les camps qui l'arrangeaient. Non seulement l'Arabie Saoudite n'a jamais accordé la nationalité saoudienne à un Syrien, mais elle leur a également refusé l'usage de 100 000 tentes climatisées, lesquelles ne servent que cinq jours par an aux pèlerins venus faire le Hajj. Au plus fort de la crise de 2015, la seule offre des Saoudiens concernait la construction de 200 mosquées en Allemagne, destinées aux nouveaux arrivants.

Outre le fait qu'on continuera à abuser de la bonne volonté européenne, une autre certitude s'impose : l'amertume des peuples d'Europe va aller croissant. Bien que l'histoire récente prouve que les politiciens soient capables de mener leur barque pendant des décennies sans tenir compte de l'opinion, il n'est pas dit qu'une telle situation perdure indéfiniment. Un sondage représentatif, mené en 2014, a montré qu'à peine 11 % de la population britannique souhaitait que la population du pays augmente[1]. Néanmoins, dans les deux années qui ont suivi, la population a drastiquement augmenté. Depuis 2010, le nombre de gens nés en dehors du Royaume-Uni, mais qui y vivent, a augmenté de 1,4 million. Pendant la même période, 940 000 enfants sont nés en Grande-Bretagne de mères nées à l'étranger. Et ceci dans un pays qui avait su échapper aux pires conséquences de la crise de 2015.

Les gouvernements peuvent-ils continuer à éluder les conséquences de leurs actions et de leur passivité ? Cela sera peut-être le cas dans certains pays. D'autres, par cynisme, pourraient vite retourner leur veste. Pendant la crise, je me suis entretenu avec un homme politique français de centre droit, appartenant à un parti dont le programme – du moins pour ce qui concernait la politique migratoire – ne présentait aucune différence avec celui du Front national. Lorsqu'on l'avait interrogé sur le traitement qu'il comptait réserver aux fauteurs de troubles munis de la nationalité française, il avait rétorqué, avec une remarquable nonchalance, qu'il « serait sans doute nécessaire de modifier certains passages de la constitution ». Peut-être les petits arrangements avec la loi vont-ils devenir monnaie courante chez les politiciens.
Plutôt que de proposer des mesures bien pensées, les hommes politiques allemands ont suggéré que les binationaux partis combattre aux côtés de groupes terroristes étrangers perdent la nationalité allemande. Le Danemark a voté une loi permettant aux autorités de

---

1. YouGov poll for Population Matters, mai 2014.

saisir les biens des migrants pour couvrir le coût de leur présence dans le pays. Partout la question se pose, sous différentes reformulations : que faire de ces gens qui subvertissent l'État ? Pour le moment, les pays européens refusent d'enfreindre le droit international en en faisant des apatrides, mais le sentiment prévaut qu'il suffirait d'un nouvel attentat pour que les règles du jeu changent complètement. Alors, les Européens pourraient s'en référer à n'importe qui pour trancher.

Peut-être que, dans un futur proche, en Europe, un parti appartenant à ce qu'il est d'usage de nommer « l'extrême droite » arrivera au pouvoir. Peut-être qu'ensuite, un parti encore plus marqué à droite lui succédera. Une chose est certaine : si la vie politique s'appauvrit de plus en plus, c'est parce que les idées s'appauvrissent de plus en plus. Et si les idées s'appauvrissent de plus en plus, c'est parce que la rhétorique est de plus en plus limitée. Après les événements de Cologne et les agressions du même type, on a commencé à voir la langue se détériorer, attaquée dans ses marges. Dans les manifestations, on commençait à évoquer les bandes de « réfugiés-violeurs » arrivées en Europe. À Paris, j'ai rencontré des élus qui parlaient des migrants comme de « refu-jihadistes ». Il s'agissait là de termes aussi peu drôles qu'insultants, aux yeux de quelqu'un qui, comme moi, savait de première main qu'au moins quelques-uns de ces gens étaient venus ici pour échapper au viol ou au jihad. Mais cette détérioration de la langue est inévitable quand on a connu la malhonnêteté distillée par le camp d'en face. Affirmer pendant des années, et contre l'évidence, que tous les nouveaux venus en Europe sont des réfugiés politiques ne peut qu'engendrer la thèse qu'aucun d'entre eux ne l'est.

D'une certaine manière, il est étonnant qu'un tel mouvement n'ait pas déjà pris les choses en main. Pendant ce temps, l'opinion publique maintient inéluctablement son cap. En 2010, la classe politique allemande s'est inquiétée haut et fort du résultat de sondages d'opinion, lesquels montraient que 47 % des Allemands ne pensaient pas que l'islam faisait partie de l'Allemagne. En 2015, le nombre de musulmans en Allemagne avait augmenté, tout comme le nombre de gens pensant que l'islam n'avait pas sa place en Allemagne. En 2015, ils étaient 60 % à défendre cette opinion. L'année suivante, les 2/3 des Allemands considéraient que l'islam ne faisait pas partie de l'Allemagne, et seulement 22 % de la population estimaient que cette religion faisait partie intégrante de la société allemande[1]. En février 2017, après que le nouveau président américain ait tenté d'instaurer une restriction temporaire des visas destinés aux citoyens de sept pays musulmans peu stables, Chatham House a mené une enquête pour sonder l'opinion européenne. Le *think tank* londonien avait interrogé 10 000 personnes dans 10 pays européens : étaient-elles d'accord avec la déclaration « Toute nouvelle immigration provenant de pays principalement musulmans devrait être arrêtée » ? La majorité des gens, dans 8 des 10 pays sondés – y compris l'Allemagne –, approuvaient cette déclaration. La Grande-Bretagne fut un des deux pays européens où la

---

1. « Umfrage zeigt : Das Denken die Deutschen wirklich über den Islam », *Focus*, 5 mai 2016.

volonté de bloquer l'immigration musulmane est restée à l'état d'opinion minoritaire. En Grande-Bretagne, 47 % seulement des gens ont approuvé cette déclaration[1].

Les Européens sont dans la position de ne plus avoir confiance en leur propre histoire. Ils se méfient du passé, tout en étant conscients que d'autres visions du monde et d'autres histoires, dont ils ne veulent pas, sont en train de s'imposer. Partout, le sentiment se diffuse qu'il n'y a plus d'issue. Tous les chemins semblent avoir été déjà parcourus et aucun n'invite à s'y engager à nouveau. Le seul pays d'Europe capable d'arracher le continent au marasme pourrait être l'Allemagne. Pourtant, avant même le siècle dernier, les Européens avaient toutes les raisons de craindre le projet d'une domination allemande. Aujourd'hui, les jeunes Allemands ont tendance à redouter cette idée, davantage encore que leurs parents. C'est la raison pour laquelle perdure ce sentiment de dérive générale et de défaut de gouvernance.

Pendant ce temps, élus et bureaucrates continuaient à faire leur possible pour aggraver la situation à vitesse grand V. En octobre 2015, une réunion publique s'est tenue dans la petite ville de Kassel, en Hesse. Huit cents migrants devaient arriver dans les prochains jours et la réunion devait permettre aux habitants de rencontrer leurs représentants pour les interroger. Comme le montre la capture vidéo de cette réunion, les citoyens étaient calmes et polis mais inquiets. À un moment, leur président de district, un certain Walter Lübcke, les a calmement

---

1. « What do Europeans think about Muslim immigration? », Chatham House, 7 février 2017.

informés que tous ceux qui étaient en désaccord avec cette décision politique « étaient libres de quitter l'Allemagne ». On peut voir et entendre sur l'enregistrement le silence, les rires étonnés, puis les hués et les cris de colère[1]. On amenait de nouvelles populations dans leur pays et eux, les Allemands, devaient s'entendre dire que s'ils n'étaient pas contents, ils n'avaient qu'à partir ? Est-ce qu'aucun politicien ne se rend compte de ce qui pourrait arriver si on continue à traiter ainsi les peuples européens ?

Apparemment non. Pas plus d'ailleurs que certains nouveaux venus. En octobre 2016, *Der Freitag* et *Huffington Post Deutschland* ont publié conjointement un article rédigé par un migrant syrien de 18 ans, Aras Bacho. Il s'y plaignait du fait que les migrants en avaient « assez » du peuple allemand « en colère » qui « s'agite et insulte », peuple essentiellement composé de « racistes au chômage ». Entre autres imprécations, il continuait : « Nous les réfugiés... nous ne voulons pas vivre dans le même pays que vous. Vous pouvez, et je crois que vous devriez, quitter l'Allemagne. L'Allemagne ne vous plaît pas et bien pourquoi vous vivez ici ?... Cherchez-vous un nouveau foyer[2]. »

Le jour du Nouvel An 2016, date anniversaire des viols de Cologne, on a relevé de semblables agressions sexuelles dans de nombreuses villes européennes, dont Innsbruck et Augsburg. La police de Cologne avait été

1. La vidéo est disponible sur YouTube sous le titre « Erstaufnahme Asyl RP Lübke Kassel Lohfelden 14.10.2015 ».
2. « Die Wutbürger sollten Deutschland verlassen », *Der Freitag*, 12 octobre 2016.

fermement critiquée par les députés du SPD et des Verts, notamment pour avoir effectué un « profiling racial » des hommes qui voulaient se rendre sur la place principale de la ville, afin que ne se reproduisent pas les mêmes horreurs que l'année précédente. Un an plus tard, alors que l'Allemagne avait en partie pris conscience de la nouvelle réalité, les censeurs étaient de retour et avaient repris le contrôle. La même nuit en France, près de 1 000 voitures ont été brûlées – une augmentation de 17 % par rapport à l'année précédente. Le ministre de l'Intérieur français décrivit la nuit comme s'étant déroulé « sans incident majeur ».

Jour après jour, le continent Europe ne se contente pas de se transformer, il perd toute possibilité de s'adapter en douceur à ces évolutions. Toute une classe politique a échoué à prendre en compte ce que vivent beaucoup d'entre nous sur ce continent, qui a été le nôtre. Nous ne voulons pas que nos hommes politiques, par leur faiblesse, leur haine de soi, leur fatigue ou leur défaitisme, métamorphosent notre maison. Et même si les Européens savent faire preuve d'une empathie quasi infinie, nous savons aussi lui poser des limites. Sans doute l'opinion publique a-t-elle des désirs contradictoires, mais nous ne pardonnerions pas aux hommes politiques que, de manière fortuite ou délibérée, ils transforment complètement notre continent. S'ils le font malgré tout, alors la plupart d'entre nous le regretterons, calmement. D'autres le regretteront aussi, un peu moins calmement. Prisonniers du passé et du présent, il semble n'exister aucune réponse sensée à l'avenir des Européens. Nous irons là où le vent nous portera.

Index

Table

Dans la collection « Interventions »

Andrew **Hussey**, *Insurrections en France* (traduit de l'anglais), 2015

François **Jourdan**, *Islam et christianisme, comprendre les différences de fond*, 2015

Robert D. **Kaplan**, *La Revanche de la géographie* (traduit de l'anglais – USA), 2014

Matthias **Küntzel**, *Jihad et haine des Juifs* (traduit de l'Allemand), 2015

Collectif (sous la direction de Barbara **Lefebvre**), *Autopsie d'un déni d'antisémitisme*, 2017

Anne-Sophie **Nogaret**, *Du Mammouth au Titanic*, 2017

André **Perrin**, *Scènes de la vie intellectuelle en France*, 2016

Rémy **Prud'homme**, *L'Idéologie du réchauffement*, 2015

Ingrid **Riocreux**, *La Langue des médias*, 2016

Bruno **Riondel**, *Considérations inconvenantes sur l'École, l'Islam et l'Histoire en France à l'ère de la mondialisation*, 2015

Bruno **Riondel**, *Cet étrange Monsieur Monnet*, 2017

Ivan **Rioufol**, *Macron, la grande mascarade*, 2017

Thilo **Sarrazin**, *L'Allemagne disparaît* (traduit de l'allemand), 2013

Roger **Scruton**, *De l'urgence d'être conservateur* (traduit de l'anglais), 2016

Oskar **Slingerland** & Maarten **Van Mourik**, *La Crise incomprise*, 2013

Michèle **Tribalat**, *Assimilation la fin du modèle français*, 2013

Michèle **Tribalat**, *Statistiques ethniques, une querelle bien française*, 2016

Jean-Louis **Vullierme**, *Miroir de l'Occident – le nazisme et la civilisation occidentale*, 2014

Tarik **Yildiz**, *Qui sont-ils ? Enquête sur les jeunes musulmans de France*, 2016

Tous les titres sont aussi disponibles en version numérique.